创新系列·管理学

人力资源管理

Human Resource Management

◆王亚利　主编　　◆罗　堰　杨治国　副主编

電子工業出版社
Publishing House of Electronics Industry
北京·BEIJING

内容简介

本书共分为10章，主要涉及人力资源管理概论、人力资源战略与规划、工作分析与工作评价、招聘与选拔、员工培训与开发、绩效管理、激励管理、薪酬管理、团队管理、劳动关系管理等内容。本书主要有以下特色：一是围绕人力资源管理的职能模块将全书内容体系化；二是注重理论和实践的结合；三是定位为应用型教材，注重时效性和可读性。

本书适用于本、专科院校及高等职业院校管理类专业的学生，可以作为从事人力资源管理工作的社会人士的自学参考书，也可作为企业领导和管理人员的培训资料和参考。

图书在版编目(CIP)数据

人力资源管理/王亚利主编. —北京：电子工业出版社，2015.2
(华信经管创新系列·管理学)
ISBN 978-7-121-23504-7

Ⅰ.①人… Ⅱ.①王… Ⅲ.①人力资源管理-高等学校-教材 Ⅳ.①F241

中国版本图书馆CIP数据核字(2014)第124515号

策划编辑：王赫男
责任编辑：王赫男
印　　刷：北京虎彩文化传播有限公司
装　　订：北京虎彩文化传播有限公司
出版发行：电子工业出版社
　　　　　北京市海淀区万寿路173信箱　邮编100036
开　　本：787×1092　1/16　印张：21　字数：314千字
版　　次：2015年2月第1版
印　　次：2021年8月第4次印刷
定　　价：39.00元

凡所购买电子工业出版社图书有缺损问题，请向购买书店调换。若书店售缺，请与本社发行部联系，联系及邮购电话：(010)88254888。

质量投诉请发邮件至zlts@phei.com.cn，盗版侵权举报请发邮件至dbqq@phei.com.cn。

服务热线：(010)88258888。

前　言

“人力资源管理”是世界各国高等院校工商企业管理教育课程设置中一门重要的专业核心课程,也是企业内部培训的正式课程之一。随着时代的发展、管理的驱动,人力资源管理这门学科在管理实践和管理教育中的地位和作用举足轻重。

目前国内的人力资源管理教材主要分两大类:一类是直接引进国外的教材,一类是国内专家自己编写的教材。本书作为工商管理专业本科生和专科生的教材来编写,同时也可应用于企业培训,其内容可以提供32~48学时的课程使用。本教材结合人力资源管理的理论与实践,以人力资源管理的职能模块为主线,强调理论与实操并重,共包含人力资源管理概论、人力资源战略与规划、工作分析与工作评价、招聘与选拔、员工培训与开发、绩效管理、激励管理、薪酬管理、团队管理、劳动关系管理等10章内容。

本书定位于应用型教材,既考虑到理论的系统性,又保证教材的时效性以及读者的可读性。

本书的编写原则包括:

1)理论与实践结合:简要阐述理论、注重应用与训练;

2)经典与前沿结合:既涵盖经典理论,又关注热点和前沿问题;

3)课内与课外结合:既有课内学习内容,又有课外拓展阅读;

4)以“教”为主变为以“学”为主:以学生学习为中心,注重强化学生自主学习。

本书的创新和特色包括:

1)指导思想:既有一定的理论体系,又着重体现培养应用型人才的要求;

2)体系结构:编写体例清晰,各章节主要包含案例导入、学习指引、知识与理论、思考与练习、应用与训练、拓展阅读(热点问题、管理故事、拓展知识、经典读物推荐);

3)内容范围:从人力资源管理的导论开始,涵盖了人力资源管理的各大职能板块,并结合现代人力资源管理的需求,增加“团队管理”内容;

4)写作特点:除基本理论阐述外,关注热点、多用数据和图表,强调应用;

5)实践教学:每章节末设计应用与训练,通过实操提升学生专业能力。

王亚利教授担任本书的主编,确定本书编写的指导思想和特色定位,负责设计全书的框架体系、内容模块和编写体例,并审定各章的核心观点。罗堰、杨治国担任副主编,执行全书编写的组织和协调,进行书稿的汇总和修改。本书由从事人力资源管理专业教育一线的教师团队编写,章节编写的分工(按照章节的先后为序)为:罗堰编写第一章、第四章,杨雪编写第二章和第七章,王文贤编写第三章和第六章,杨安编写第五章,秦树东编写第八章,杨治国编写第九章,姚海波编写第十章。

本书在编写过程中引用和借鉴了大量国内外参考文献和资料,除注明出处的部分以外,限于篇幅未能一一说明,我们向同行所做的开拓性工作表示敬意和感谢!

特别感谢四川大学锦城学院兼职教授何承金对本书编写提出的宝贵建议,在此也一并感谢电子工业出版社的编辑提供的指导和帮助。

由于编者水平有限，加之时间紧迫，书中错误和遗漏之处在所难免，敬请使用本书的教师和同学以及专家学者批评指正,以使本书能不断充实和完善。

编　者

2014 年 11 月

目　　录

第一章

人力资源管理概论

案例导入

艾尔逊公司的人事管理

艾尔逊公司是一家中等规模的私有企业，员工约有2000余人。该公司主要从事电信行业的生产与销售，连续多年出现了高利润、高增长的发展趋势，未来发展潜力看好。在当今激烈的市场竞争中，公司提出以人为动力的“人本原则”，构筑了“沟通、合作、团队、奋斗”的企业文化。

鲍尔今年29岁，获得MBA学位后，进入艾尔逊公司工作，担任人事部经理。在此之前，他曾在一家安装公司做过3年的人力资源管理工作；现在，他准备到新公司好好干一番事业。

艾尔逊公司人事部有40多名员工，相对于全公司而言，大体是一个人事员工对应50名普通员工。人事部有多名职能主管，分管薪酬设计、人员招聘和培训开发以及绩效考核工作。

鲍尔到任之后不久便发现了问题。比如，除人事部以外，公司各部门的工作很少有“规划”，每个员工的工作都没有明确的分工，一份工作可以由甲干，也可以由乙干，全凭各人的技能和兴趣完成。人事部仅有一半员工具备人力资源及相关专业的学历，仅有1/4的员工具备人力资源管理经验。人事部的4名主管，一位原先是图书馆管理员，一位是办公室秘书，另两名主管虽然有人事工作经验，但又都没有专业学历。至于4名主管手下的员工，更是五花八门。人事部的决策很难对公司的大政方针产生影响。

鲍尔认为，公司的实际情况与先前所想象的大不一致。但仔细想想，自己又不能对此提出太多的异议。公司的每项制度与管理方式都有自己的传统，鲍尔还不敢说这种传统有多么不好，况且，目前公司运转情况还是不错的。

正当他犹豫不决时，他无意中听到财务部部长在训斥一名雇员：“你最近怎么搞的？连连出错！这样下去对你没什么好处！你知道吗？像你这样，即使送你去人事部，恐怕人家也不要你！”鲍尔听后，心里很不是滋味。

问题

艾尔逊公司人力资源管理上存在哪些问题？鲍尔应怎样强化人事部的职能？

学习指引

学习目标

1. 掌握基本概念，包括人力资源的定义及特征、人力资源管理的内涵、职能与任务；
2. 熟悉人力资源管理理论，包括人性假设理论、人本管理理论和人力资本理论。
3. 熟悉企业人力资源管理者的角色定位，包括在企业中的地位与角色、组织结构及其所承担的活动、从业人员的素质要求等。
4. 了解人力资源管理的历史发展及其发展趋势。

解决问题

1. 明确界定基本概念
2. 掌握人力资源管理理论基础
3. 认知人力资源管理者角色

知识与理论

知识经济时代，以人才为根本载体的智力资源已经成为支撑国家经济社会发展的第一要素。特别对于我国而言，人力资源更是我国的第一资源。改革开放三十多年来，我国所取得的举世瞩目的经济建设成就，离不开各条事业战线上的人力资源在其中做出的伟大贡献。

随着市场经济的深化，人力资源也日益成为企业获得持续竞争优势的战略性资产，针对人力资源的开发与管理也成为一种具有战略性意义的制度安排。

第一节　人力资源与人力资源管理

凡是有用的东西都可以称为资源。世界上的资源可分为若干种类，如物力资源、财力资源、信息资源、时间资源、技术资源、人力资源等。在所有的资源中，人力资源是最为宝贵的资源，是第一资源。

一、人力资源的概念及特征

社会经济发展的实践证明，人力资源的管理、开发与利用对经济发展的规模、速度与质量起着决定性的作用。在知识经济时代，人力资源的质量直接决定着效率。因此，目前在世界范围内，人力资源管理与开发越来越受到人们的高度重视。

（一）人力资源的定义

通常来讲，智力正常的人都是人力资源。国内外学者对人力资源的定义说法有很多。本书主要从宏观、微观两种意义上去界定人力资源。

从宏观意义上讲，人力资源指能够推动特定社会系统发展进步并达成其目标的该系统人们的能力的总和。这一定义多用于人口学、社会学和经济学。

从微观意义上讲，人力资源指特定社会组织所拥有的能推动其持续发展、达成其组织目标的成员能力的总和。此定义局限于在社会组织的层面讨论人力资源，而本书主要也是在微观层面上使用人力资源这一定义。这一定义突出了人力资源的归属性、功用性及能力的包容性。具体指：任何资源都均有归属，本书谈的人力资源，其归属于某一组织；人力资源必须有用，可以推动组织发展并达成其目标；定义中的能力包括智力、体力（身体健康）、情力（情商，与个性关系很大）、胆力（决策的能力）等。

（二）人力资源的特征

人力资源是进行社会生产最基本、最重要的要素，与其他资源相比较，它具有如下特征：

1. 能动性

这是人力资源区别于其他资源的最根本的区别。指人不同于其他资源处于被动使用的地位，它是唯一能起到创造作用的因素，能积极主动地、有意识地、有目的地认识世界和利用其他资源去改造世界，推动社会和经济的发展，因而在社会发展和经济建设中起着积极和主导的作用。

人力资源能动性具体体现为：

(1)自我强化：通过接受教育或主动学习，提高知识、技能、意志、体质等方面的素质。

(2)选择职业：在市场经济环境中，人作为劳动力的所有者可以按自己的特长和爱好自主择业。选择职业是人力资源主动与物质资源相结合的过程。

(3)积极劳动：人在劳动过程中，会产生敬业、爱业精神，能有效地利用其他资源为社会和经济发展创造性地工作。

2. 可再生性

人力资源的有形磨损是指人自身的疲劳和衰老，这是一种不可避免、无法抗拒的损耗；人力资源的无形磨损是指个人的知识和技能由于科学技术的发展而出现的相对老化。后者的磨损不同于物质资源不可继续开发，而是可以通过人的不断学习、更新知识、提高技能而持续开发。

人力资源的这一特点要求在人力资源的开发与管理中要注重终身教育，加强后期培训与开发，不断提高其德才水平。

3. 两重性

指人力资源既是投资的结果，同时又能创造财富，因而既是生产者，又是消费者。

首先，个人和社会都会在人力资源上进行投资(如教育投资、增进体力的投资)，且投资大小决定人力资源质量的高低，最后体现为劳动者的体力、智力和技能，因而从这个角度讲，人力资源是消费者，是个人和社会投资的结果，以至于成为一种资本——人力资本；但这种投资或消费行为和活动是必需的，是获得人力资源投资后期收益的必不可少的先期投入。

其次，由于在人力资源上的投资体现为劳动者身上的体力、智力和技能，成为人力资本，因而具有高增值性，且远远大于对其他资源的投资所带来的收益。有如下资料可予说明：

舒尔茨用投资收益率法研究了美国1929—1957年的经济增长贡献。结果表明，教育投资对经济增长的贡献是33；而根据挪威1900—1995年统计测算得出结论：对于固定资产、普通劳动者和智力投资的额度分别每增加1，则与其相对应的社会生产量分别增长0.2、0.76、1.8。所以，有学者提出与其他资源(要素)的边际报酬递减规律不同，人力资源所拥有的知识具有边际报酬递增的规律。

4. 时效性

指人力资源的形成、开发和利用都要受时间限制，且在能够从事劳动的不同年龄段(青年、壮年、老年)其劳动能力也不尽相同。此外，随着时间推移，科技不断发展，使人的知识和技能相对老化而导致劳动能力相对降低。

5. 社会性

人受到其所在的民族(团体)的文化特征、价值取向的影响，因而在人与人交往、生产经营中，可能会因彼此行为准则不同而发生矛盾。人力资源的社会性特点，要求人力资源管理中注重团队建设和民族精神，强调协调和整合。

人力资源的以上特征决定着在人力资源管理过程中要充分尊重人的时效性，对待不同成长背景的人应该用不同的管理手段和方法；调动人的积极性永远是人力资源管理的中心任务，善于了解人的需求，持续关注人的成长，有计划、有目的地开发人的潜力，将是未来人力资源管理者的必修课。

（三）人力资源对经济活动的作用①

在原始社会，起重要作用的资源是森林、河川等自然资源；在农耕社会，土地资源是首要；在产业社会，资源、技术资源非常重要；而在现在的知识经济时代，人力资源对社会、对组织来讲是第一资源。

1. 人力资源在经济增长中的作用

人力资源是社会经济迅速发展、民族振兴、国力增长的决定性因素，是提高企业竞争力，促进社会经济发展的核心动力。21 世纪的竞争，主要是科技的竞争、智力的竞争、知识的竞争，归根到底是作为知识和技能“承载者”的人力资源的开发及其潜能充分利用的竞争。

人力资源是推动经济增长的更为重要、起决定性作用的要素。人类的生产活动是劳动者与生产资料相结合的过程。人是生产过程中最积极、最活跃、最富有创造性的因素，是生产过程的主体。因此，人的潜能的充分发挥是经济发展的核心和原动力。二战前，各国的经济增长的基本因素主要是土地、矿产等自然资源和有形资本。但二战后，美国等国的经济发展迅速，而自然资源的增长却慢于经济的增长；某些自然资源匮乏的国家，如日本和新加坡却取得了经济增长的奇迹；而某些发展中国家虽然做了大量的投资，却未能改变贫穷的地位。由此可见，要素中除了自然资源和资本资源外，还有一种更为重要的、起着决定性作用的因素，就是人力资源。

现代经济理论认为，现代经济增长主要取决于四方面因素：①新的资本资源的投入；②新的可利用自然资源的发现；③劳动者的平均技术水平和劳动效率的提高；④科学、技术和社会知识储备的增加。后两项因素都与人力资源密切相关，他们对人力资源的质量起决定性作用。所以，可以说人力资源决定了经济的增长。经济学家也因此将人力资源称为第一资源要素。

2. 人力资源对企业生存和发展的重要意义

名人名言可以说明人力资源的重要性。现代管理大师彼得·德鲁克曾经说过：“企业只有一项真正的资源：人。”IBM 公司总裁华生也说过：“你可以搬走我的机器，烧毁我的厂房，但只要留下我的员工，我就可以有再生的机会。”现代社会竞争激烈，企业所拥有的各种资源又是有限的，如何用最好的资源使企业获得最大的经济效益，增强竞争力？这是企业家、学者们需思索的一个现实问题。幸运的是，这个问题被经济学家所解决。由于人力资源（资本）具有低投入高产出的特征，人力资源的重要性已被广泛认识。

人力资源是现代组织的首要资源，具体原因可用图 1-1 表示。

组织的运营需要各种资源的投入、包括土地、资金、技术、信息和人力资源，只有有效的整合和利用这些资源，才能获得组织自身利益的最大化，最终实现股东满意、员工满意、客户满意和社区满意。而在整个过程中，人力资源发挥了巨大的作用。

同时，依据美国田纳西大学工商管理学院教授劳伦斯·S·克雷曼的观点：“为了成功，企业组织必须获取并维持其对竞争对手的优势。这种竞争优势可以用两个途径达到：一是成本优势，二是产品差异化。”人力资源对企业成本优势和产品差异化优势意义重大。

---

① 陈维政、余凯成、程文文. 人力资源管理（第三版）[M]. 北京：高等教育出版社，2012.2：2-5.

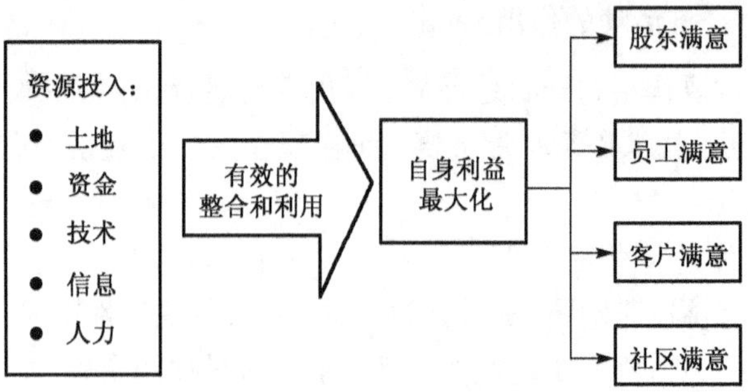

图 1-1　人力资源是现代组织的首要资源

（1）人力资源是企业获取并保持成本优势的控制因素。其一，高素质的雇员需要较少的职业培训，从而减少教育培训成本支出。其二，高素质员工有更高的劳动生产率，可以大大降低生产成本支出。其三，高素质的员工更能开动脑筋，寻求节约方法，提出合理化建议，减少浪费。其四，高素质员工表现为能力强、自觉性高，无须严密监控管理，可以大大降低管理成本。多种成本的降低就会使企业在市场竞争中处于价格优势地位。

（2）人力资源是企业获取和保持产品差别优势的决定性因素。企业产品差别优势主要表现为创造比竞争对手质量更好的产品和服务，提供竞争者提供不出的创新性产品或服务。高素质的员工能实现产品差别优势，使企业在市场竞争中始终处于主动地位。

（3）人力资源是制约企业管理效率的关键因素。企业效率离不开有效的管理，有效的管理离不开高素质的企业经营管理人才。科学的人力资源管理，包括选人、用人、育人、培养人、激励人，以及组织人、协调人等使组织形成互相配合、取长补短的良性结构和良好氛围，帮助企业获得和保持竞争优势。

（4）人力资源是企业在信息时代的宝贵财富。未来的工作者大部分将为知识工作者，企业成败的关键依赖于既掌握高深专门知识，又能利用信息科技进步，获取宝贵前沿信息作为决策依据的决策者们的努力。持久的工作热情、坚忍不拔的意志力、兼收并蓄的开放态度、人际协调沟通技能、团队合作精神等内在的健康人格均对企业竞争力具有重要意义。在知识经济时代，企业的生存和发展依赖于“智能型＋心理健康型”人才。

二、人力资源管理

1954 年德鲁克提出人力资源概念后，1958 年社会学家怀特·巴克（E. W. Bakke）将人力资源管理（Human Resource Management，HRM）视为企业的一种普通的管理职能，第一次提出了人力资源管理的概念。

人力资源管理也可以分为宏观管理和微观管理。人力资源宏观管理是由国家在全社会范围内进行，而人力资源微观管理是由组织在组织内进行。本书所指的人力资源管理一般都是人力资源的微观管理，特别是企业的人力资源管理。

在对国内外众多学者提出的人力资源管理这一概念进行分析和梳理后，本书对人力资源管理做了如下定义：人力资源管理就是组织通过各种管理实践（政策、制度和技术），对人力资源的获取（选人）、利用（用人）、开发（育人）、保持（留人）等进行合理配置和科学管理，处理人与人之间的关系，人与事的配合，从而影响员工的态度、行为和绩效，借以实现组织战略目标的管理活动。

如前文所述，人力资源固然重要，但人力资源并不自发发生作用。“可用”不等于能用好，用好资源需要管理。因此，人力资源管理的重要性凸显出来。

根据人力资源的特点与人力资源管理的主要活动范畴，人力资源管理的主要目标包括以下三个①：

(1)制定人力资源管理政策体系。通过建立符合政府法律法规，与组织战略相适应的制度、流程及规范，改善人力资源管理方针，促使组织最有效地利用资源，实现商业目标。

(2)创造理想的企业文化。创设适于员工发展的人力资源管理环境，激励员工斗志，鼓励个人创造性，培养积极向上的作风，保持组织的活力。

(3)构建柔性的组织体系，帮助组织实现竞争环境下的具体目标。

(一)现代人力资源管理与传统人事管理的区别

传统的人事管理本是与生产、营销、财务等管理一样，是工商企业的基本管理职能之一，但其重要性曾被长期忽略。早期的人事管理工作只限于人员招聘、选拔、委派、工资发放、档案保管等较琐细的具体工作，后来逐渐涉及职务分析、职务描述的编写，绩效考评制度与方法的拟定、奖酬制度的设计与管理，其他规章制度的制定，员工的培训活动的规划与组织等。传统的人事管理工作基本上都属行政事务性工作，活动范围有限，短期导向，主要由人事部门职员执行，很少涉及企业高层战略决策。

传统人事管理在企业中的地位不高。由于人事活动被视为是低档的、低技术含量的、无须特殊专长的、谁去都能掌握的工作，人事部门有时甚至被看做是安置其他部门不能胜任的人员的场所，人事功能本身也被贬低和轻视了。

而现代人力资源管理除了保持传统人事管理的基本职能外，更加强调与组织战略的互动。它们之间的不同之处主要表现在如下几个方面。

表 1-1　传统人事管理与现代人力资源管理的区别

比较项目	人力资源管理	传统人事管理
管理视角	视员工为第一资源、资产	视员工为负担、成本
管理目的	组织和员工利益的共同实现	组织短期目标的实现
管理活动	重视培训开发	重使用、轻开发
管理内容	非常丰富	简单的事务管理
管理地位	战略层	执行层
部门性质	生产效益部门	单纯的成本中心
管理模式	以人为中心	以事为中心
管理方式	强调民主、参与	命令式、控制式
管理性质	战略性、整体性	战术性、分散性

资料来源：董克用、叶向峰编著：人力资源管理概论. 28-29 页. 北京：中国人民大学出版社. 2004.

① 陈洪权. 人力资源管理. 清华大学出版社，2013. 2：6.

1. 管理理念不同

人事管理视人力为一种生产要素，一种成本；而人力资源管理视人力为一种具有稀缺性的资源，企业拥有丰富的人力资源，就具备了成功之本。

现代人力资源管理更注重人力资源开发，提高组织人力资本，具有主动性。传统人事管理往往只强调人力资源的管理，而忽略人力资源具有能动性的特征，忽略能动性的开发。现在，组织对人力资源的培训与继续教育越来越重视，其投资在不断增大。工作内容丰富化、岗位轮换、更多机会的提供、职业生涯的规划均成为新型的人力资源开发方法。当今的人力资源管理部门正在以独特的方式为组织创造价值。世界各个国家、组织，甚至个人都在纷纷通过教育培训等手段对人力资本进行投资。例如，美国近几年用于教育的经费多次超过国防经费，日本、新加坡和韩国用于人力资本投资的教育经费也都仅次于国防开支。许多组织也不再一味削减有关员工的开支，而是每年都从总利润中拨出大量资金用于员工的培训与开发。

2. 管理职能不同

人事管理以事为中心，讲求人适应制度；而人力资源管理则不单纯局限在人对制度的适应上，更注重于人、事、物管理的紧密结合，并以对人管理为中心，做到人与事与物的统一。更重要的是，人力资源管理力求在不断提高人力素质的基础上，使制度规范适应社会发展的需要而完善，以有效提高管理效率。如一些企业实行弹性工作制、在家办公等就是制度适应技术进步和人的素质提高进行的创新。

3. 管理活动不同

人事管理属“被动反应型”、“事后型”管理，根据企业运行情况，实施人事管理措施；人力资源管理则把人力资源规划纳入企业战略规划，根据企业内外部经营环境条件，制定并实施人力资源策略，把发挥人力优势作为赢得竞争的战略，是“主动型”、“事前型”管理活动。

4. 职能部门性质不同

传统人事管理部门是非生产部门(不创造效益)，人事管理活动不是生产性劳动；而人力资源管理则把管理活动视为发挥职工积极性和潜能的最重要工作，是企业重要的经济活动。

5. 管理主体不同

传统的人事管理由于是行政事务性管理，一般主要由专职的人事部门来完成，管理的主体仅限于人事管理人员。人力资源管理是企业所有管理者都要参与的管理，体现出一种全员管理的特点。按照现代管理的观点，企业的所有各级管理者，都是广义的人力资源管理者。人力资源管理的主要职责由直线管理者担负，他们是主角，处于第一线；人事职能管理者只是配角，处于二线，只起后勤、顾问的作用。

总之，人力资源管理较之传统人事管理更具有战略性、未来性和系统性，对员工进行管理的同时，更注重员工素质的开发，把人力资源当作一种资本进行开发使用，这与传统的人事管理有本质的区别。

(二)现代人力资源管理的特征

正是由于现代人力资源管理不同于传统的人事管理，才使得现代人力资源管理在组织中发挥着越来越大的作用，其特征可以归结如下。

1. 人本特征

人力资源管理采取人本取向，始终贯彻员工是组织的宝贵财富的主题，强调对人的关心、爱护，把人真正作为资源加以保护、利用和开发。

2. 专业性与实践性

人力资源管理是组织的最重要的管理职能之一，具有较高的专业性，从小公司的多面手到大公司的人力资源专家及高层人力资源领导，都有着很细的专业分工和深入的专业知识。人力资源管理是组织管理的基本实践活动，是旨在实现组织目标的主要活动，表现其高度的应用性。

3. 双赢性与互惠性

人力资源管理采取互惠取向，强调管理应该是获取组织的绩效和员工的满意度与成长的双重结果；强调组织和员工之间的“共同利益”，并重视发掘员工更大的主动性和责任感。

4. 战略性与全面性

人力资源管理聚焦于组织管理中为组织创造财富、创造竞争优势的人员的管理上，即以员工为基础，以知识员工为中心和导向，是在组织最高层进行的一种决策性、战略性管理。人力资源管理是对于全部人员的全面活动和招聘、任用、培训、发展的全过程的管理。只要有人参与的活动与地方，就要进行人力资源管理。

5. 理论基础的学科交叉性

人力资源管理采取科学取向，重视跨学科的理论基础和指导，包括管理学、心理学、经济学、法学、社会学等多个学科，因此现代人力资源管理对其专业人员的专业素质提出了更高的要求。

6. 系统性和整体性

人力资源管理采取系统取向，强调整体地对待人和组织，兼顾组织的技术系统和社会心理系统；强调运作的整体性，一方面是人力资源管理各项职能之间具有一致性，另一方面是与组织中其他战略相配合，依靠和支持整个组织的战略和管理。

(三) 人力资源管理对企业的重要性

美国《财富》杂志对美日两国成功与失败的企业做了一次调查，比较研究发现，几乎所有成功的企业都具有下列特征：以人为本、尊重个人；对员工的需求经常进行评估；重视企业内部沟通；重视员工的长远规划；重视优秀人才的培养与选拔。不难发现，成功的企业都以人为本，同时世界各国都在研究人力资源管理。

1. 人力资源管理对所有组织、所有管理人员都极为重要

管理人员在其管理职责范围内，需要而且必须做出关于员工招聘、薪酬政策、绩效考核、员工晋升和人员调配等人力资源管理方面的决策。

人力资源管理对不承担组织管理职责的员工同样重要，他们是组织中人力资源管理活动的主要对象，人力资源管理的最终效果体现在他们的具体行为之中。

2. 人力资源管理能够提高企业绩效

21 世纪是一个以智力资源为主要依托的新经济时代，能否获得高质量的人力资源并对其进行战略管理关乎着企业能否获得并维系竞争优势。根据密歇根大学全球人力资源能力

调查与研究的结果显示，高绩效企业最明显的特征是，人力资源战略和企业战略紧密有效地结合在一起，财务表现至少10%归结于人力资源的竞争和实施，人力资源对企业战略的整体影响力高达43%，几乎是其他因素中影响力最大者的两倍。

3. 人力资源管理能够有效帮助组织管理目标的实现

组织管理目标是由人制定、实施和控制的，组织管理人员实际上是通过别人来实现自己的工作目标。有些组织在规划、组织和控制等方面做得很到位，但由于用人失当或无法激励员工，最终无法实现目标。因此，人力资源管理能够有效帮助组织管理目标的实现。

4. 人力资源管理能够提高员工的工作绩效

企业运用人力资源管理营造和谐向上的组织气氛，为员工做好职业生涯设计，通过不断培训，进行横向、纵向岗位或职位调整，量才使用、人尽其才、发挥个人特长、体现个人价值；促使员工将企业的成功当成自己的义务，鼓励其创造性，培养员工积极向上的作风，转变员工的思想，改进员工队伍的素质，使员工变被动为主动，自觉维护并完善企业的产品和服务，从而提高员工个人的工作绩效。

5. 人力资源管理是现代社会经济发展的需要

伴随物质财富的增加和生活水平的提高，员工对职业质量和生活质量进一步结合的需要日益迫切。员工需要的不仅是工作本身及其带来的经济利益，还有各种非经济利益，如心理上的满足。因此，组织必须借助人力资源管理的观念和技术，寻求新的有效的选人、育人、用人、留人的方法。

（四）人力资源管理的职能

现代人力资源管理职责的履行是通过以下六大核心职能模块实现的。

1. 人力资源规划与职位分析

在不断变化的环境系统中，组织应合理地分析和预测对人力资源的需要和供给情况，并据此制定或调整相应的政策和实施方案，对组织内各职位的工作内容、工作职责及任职资格进行清晰的界定，以确保组织在恰当的时间、恰当的岗位上获得恰当人选。

2. 招聘与选拔

招聘是组织吸收与获取人才的过程，是获得优秀员工的保证。这一职能实际上包括两个相对独立的过程，即招募（recruitment）和选拔录用（selection）。

3. 培训与开发

培训与开发是组织进行人力资源开发和管理的主要组成部分，是“终身教育”、“终身学习”新理念的具体体现。具体工作包括建立培训体系、确定培训需求、编制培训计划、组织实施培训过程，对培训效果进行反馈总结等活动。

4. 绩效管理

绩效管理就是指制定员工的绩效目标并收集与绩效有关的信息，定期对员工的绩效目标完成情况做出评价和反馈，以改善员工工作绩效并最终提高企业整体绩效的制度化过程，包括制定绩效计划、进行绩效考核以及实施绩效沟通等活动。

5. 薪酬管理

薪酬管理是人力资源管理的一个重要方面，同时也是人力资源管理的有效手段之一。在经营战略的指导下，综合考虑内外部各种因素的影响，确定自身的薪酬水平、薪酬结构和薪酬形式，并进行薪酬调整和薪酬控制的整个过程，期望激发员工的工作热情，不断提高工作绩效。

6. 劳动关系管理

按照国家有关劳动就业的法律法规来处理人力资源管理过程中的劳资关系、劳动关系，解决各种劳动纠纷，维护劳动者的权益，保护企业的利益。通过各种手段管理劳动关系，协调劳方与资方、政府与组织、员工与员工之间的冲突和矛盾，以保障员工的个人合法权益不受侵犯，保证国家和地方的劳动政策法规的有效实施，建立和谐的劳动关系。

链接 1-1

16 种提高竞争优势的人力资源管理实践

(1)就业安全感　(2)招聘时的正确挑选
(3)高工资　(4)绩效薪金
(5)股权计划　(6)信息分享
(7)参与和授权
(8)自主团队和工作再设计
(9)培训和技能开发
(10)工作扩大化
(11)平等主义　(12)缩小工资差异
(13)内部晋升　(14)长期雇用观点
(15)对管理实践的测量
(16)价值观

资料来源：郑晓明. 人力资源管理导论. 北京：机械工业出版社，2011.4.

第二节　人力资源管理的理论基础

目前在世界范围内，人力资源越来越受到人们的重视。人力资源管理的理论越来越引起大家的关注。人力资源管理的对象是人，因此管理的人性观、人本理论、人力资本理论及管理基本原理是人力资源管理的理论基础。剖析这些理论有助于深入挖掘人力资源管理的理论内涵，进而寻找到现实问题的解决方案。

一、人的管理哲学——人性假设

人力资源管理是对人的管理，必然要研究人性。人性观指管理者对被管理的员工的本性的认识。美国行为学家埃德加·沙因在其 1965 年出版的《组织心理学》一书中把前人对人性假设的研究成果归纳为经济人假设、社会人假设和自我实现人假设，并在此基础上提出了复杂人假设。这应当说是到目前为止对人性假设所做的最全面的概括和研究。

(一)“经济人”假设

“经济人”假设相当于麦格雷戈提出的 X 理论。这一假设的核心内容包括以下五个方面：

(1)人是由经济诱因来引发工作动机的，其目的在于获得最大的经济利益。

(2)人的本性是不喜欢工作的，只要有可能，人就会逃避工作。由于人天性不喜欢工作，对于绝大多数人必须加以强迫、控制、指挥，才能迫使他为组织目标去工作。

(3)一般人宁愿受人指挥，希望逃避责任，较小心，对安全的需要高于一切。

(4)人以一种合乎理性的、精打细算的方式行事，总是力图用最小的投入获得满意的报酬。

(5)人的感情是非理性的，本质上不能自律，易受他人影响。

相应的管理方式主要有以下几种：

(1)管理工作在于提高劳动生产率、完成任务，而不考虑人的感情。管理就是进行计划、组织、指导和监督。

(2)管理是少数人的事，与一般员工无关。员工的任务就是听从指挥，努力生产。

(3)在奖励制度上，主要依靠金钱来刺激员工的生产积极性，对消极怠工者予以严惩。

(4)以权力和控制体系来保护组织并引导员工。

泰勒是这一观点的典型代表。“经济人”假设理论所阐述的观点，主要是工作动机的经济诱因及相应的管理职能，这在劳动工作仍是人们的谋生手段的历史条件下以及社会化大生产条件下，无疑是合理的。它代表的是资产阶级对劳动者的阶级偏见，是早期资本主义企业管理的理论解释。

(二)“社会人”假设

这种假设是人际关系学派的倡导者梅奥等人提出的，它最初的依据就是历时长达8年之久的霍桑实验所得出的一些结论。按照社会人的假设，管理的重点就是要营造和谐融洽的人际关系。沙因将社会人假设的观点总结为以下几点：

(1)人类工作的主要动机是社会需要，人们要求有一个良好的工作氛围，要求与同事建立良好的人际关系，通过与同事的关系获得基本的认同感。

(2)工业革命和工作合理化的结果，使得工作变得单调而无意义，因此必须从工作的社会关系中寻求工作的意义。

(3)非正式组织有利于满足人们的社会需要，因此非正式组织的社会影响比正式组织的经济诱因对人有更大的影响力。

(4)人们对领导者的最强烈期望是能够承认并满足他们的社会需要。

相应的管理方式主要有以下几种：

(1)管理人员不应只注意完成任务，而应把重点放在关心人和满足人的需要上。

(2)管理人员不能只注意传统的管理职能，更应重视人际关系，要培养和形成员工的归属感和整体感。

(3)主张集体奖，不主张个人奖。

(4)管理人员应在员工与管理当局之间起沟通联络作用。

(5)实行“参与式”管理，吸引员工在不同程度上参与企业决策的研讨。

(三)“自我实现人”假设

“自我实现人”是根据心理学家马斯洛的自我实现理论提出的。沙因将自我实现人假设的观点总结为以下几点：

(1)人的需要有低级和高级的区别，从低级到高级可以划分为多个层次，人的最终目的是满足自我实现的需要，寻求工作上的意义。

(2)人们力求在工作上有所成就，实现自治和独立，发展自己的能力和技术，以便富有弹性，能适应环境。

(3)人们能够自我激励和自我控制，外部的激励和外部的控制会对人产生威胁，产生不良的后果。

(4)个人自我实现的目标和组织的目标并不是冲突的，而是能够达成一致的。在适合的条件下，个人会自动调整自己的目标使之与组织目标相配合。

相应的管理方式主要有以下两种：

(1)管理者的主要任务是寻找什么工作对什么人最具有挑战性，最能满足员工自我实现的需要。

(2)管理制度应保证员工能充分施展自己的才能，充分发挥他们的积极性和创造性，主张下放权力，建立决策参与制度、提案制度、劳资会议制度，把个人的需要同组织的目标结合起来。

“经济人”、“社会人”和“自我实现人”的管理措施有所差异，如表1-2所示。

表1-2 经济人、社会人和自我实现人的管理措施差异比较①

差　异	经 济 人	社 会 人	自我实现人
管理重点的改变	重点放在物的因素上，重视生产，忽视人的因素	重点放在人的因素上，重视人的作用与人际关系的建立	重点放在环境和工作条件的创造上，以使人充分发挥潜能，自我实现
管理职能的转变	管理职能就是指挥、计划、组织、监督、控制	管理职能就是上下之间的联络员作用，是人际关系的协调者	为发挥人的才智，创造适宜条件，减少和消除员工自我实现中的困难与障碍
奖励方式的改变	主张金钱、物质刺激，以满足人的生理需要	主张协调好人际关系，以满足人的安全与社会需要	从人的内在动机上激发调动人的积极性，让员工在工作中获得知识、增长才干，以满足尊重和自我实现的需要
管理制度的改变	家长式 棍棒式 强制式	参与式 协商式 说服式	下放管理权限；建立决策参与制度；提案制度；实行目标管理；工作扩大化，丰富化，弹性化

(四)“复杂人”假设

无论是“经济人”、“社会人”，还是“自我实现人”的假设，都有其合理性的一面，但都不适用于一切人。一方面是因为人存在着很大的个体差异；另一方面是因为人的需要，随着年龄的增长、知识的丰富、地位的改变以及人际关系的变化而各不相同。所以，“复杂人”并不是单纯的某一种人，而“复杂人”假设是掺杂着善与恶混合的一种人性理论。

“复杂人”假设的主要观点包括以下五个方面：

(1)人的需要是多种多样的。人们是怀着许多不同的需要加入工作组织的，而且人的需要是随着人的发展和生活条件的变化而变化的。每个人的需要各不相同，需要的层次也因人而异。

(2)人在同一时期内会有各种需要和动机。它们会相互作用并整合为一个整体，形成复杂的动机模式。

---

① 陈洪权. 人力资源管理. 北京：清华大学出版社，2013.2，11-12.

(3)由于工作和生活条件的不断变化，人会不断产生新的需要和动机。

(4)个体在不同单位或同一单位的不同部门工作，会产生不同的需要。

(5)由于人的需要不同，能力各异，对于不同的管理方式会有不同的反应。因此，没有一套适合于任何时代、任何组织和个人的、普遍的行之有效的管理方法。管理者应该实施因人、因时、因事而异的管理，针对员工不同的需要和动机给予不同的刺激，实施不同的管理方式。

(五)对人性假设理论的评价

首先，这四种人性假设反映了西方管理界对人的认识逐步加深。从先天本性的研究转入后天环境的影响，说明从唯心主义观点逐渐转向唯物主义观点，从形而上学转向辩证法思想。其次，四种假设提出的管理主张有其合理、科学的一面，至今仍有借鉴作用，但也存在片面性和局限性，即单纯从人性特点提出管理对策，忽视了社会化大生产的客观要求；提出了社会环境的影响，但未能揭示产生与形成社会文化的经济基础。

二、人本管理理论

人本管理，即“以人为本”的管理模式，它不同于“见物不见人”或把人作为工具、手段的传统管理模式，而是在深刻认识人在社会经济活动中的作用的基础上，突出人在管理中的地位，实现以人为中心的管理。人本管理把人作为企业最重要的资源，以人的能力、特长、兴趣、心理状况等综合情况来科学地安排最合适的工作，并且在工作中充分地考虑到员工的成长和价值，使用科学的管理方法，通过全面的人力资源开发计划和企业文化建设，使员工能够在工作中充分地调动和发挥人的积极性、主动性和创造性，从而提高工作效率、增加工作业绩，为实现企业发展目标做出最大的贡献。

企业中老板与员工的关系由原来的雇佣与被雇佣关系转变为合作关系。老板是物质资本的投资者，员工是知识资本的投资者。

(一)人本管理的基本要素

人本管理有四大基本要素，它们是员工、管理环境、文化背景和价值观。

(1)员工。人既是管理活动的主体，又是管理活动的客体。管理首先是对人的管理。

(2)管理环境。管理活动是在一定的物质环境和人际关系环境中进行的，这种环境对人的心理、情绪、工作绩效都产生影响。

(3)文化背景。文化背景就是一个组织在工作、生产、经营和管理过程中形成的具有本组织特色的精神财富及其物质形态。

(4)价值观。价值观是人类在社会生活中产生的对客观现实的主观意念，反映了人们对世上万事万物的根本看法。

(二)人本管理的基本内容

(1)人的管理第一。在人、财、物及信息等所有管理对象中，人是第一位的。组织的盈利是通过对人的管理，进而支配物质资源来实现的，所以调动人的主动性、积极性和创造性就是提高人力资源作为一种生产要素的使用效率，也就是人本管理的本质。

(2)以激励为主要方式。激励是管理者针对下属的需要，采取外部诱因进行刺激，并使其内化，按照管理要求自觉行动的过程。在人本管理中，这是一种主要方式。人们在管理上的行为，并不是建立在自发的基础上的，管理者必须利用外部诱因刺激其未满足的需要和诱发潜在的需要(包括物质需要和精神需要)，激发人们按照管理的要求行事。

(3)建立和谐的人际关系。在管理组织中，人际关系影响到组织的凝聚力、工作效率、人的身心健康和个人行为。所以，实行人本管理就要尽量减少组织中的矛盾和冲突，使组织成员之间的目标相对一致，实现相容，建立和谐的人际关系。

(4)积极开发人力资源。人本管理的一个核心问题就是要开发人力资源，即开发人的智力，提高劳动者的素质。这是一个系统工程，它贯穿于人力资源过程的始终，所以实施人才战略是组织发展的要求、人才发展的规律，也是现代科学教育的发展趋势。

(5)培育和发挥团队精神。一个团队总体的力量大于其单个力量之和。所以，在人本管理中建立一个战斗力很强的集体是十分重要的。

三、人力资本理论

人力资本理论的“原始形态”可追溯到西方经济学的开山鼻祖亚当·斯密，他提出学习一种才能需要教育。虽然他未明确提出人力资本概念，但从人的才能形成的实质上看，“人的才能”实际上就是指“人力资本”。

人力资本理论的创始人是美国芝加哥大学教授西奥多·舒尔茨。他在 1960 年出任美国经济学会会长时，发表了《人力资本投资》的就职演说。该演说精辟地阐述了他关于人力资本的观点。舒尔茨认为，人力资本是通过对人力资源投资而体现在劳动者身上的体力、智力和技能，它是另一种形态的资本，与物质资本共同构成了国民财富，而这种资本的有形形态就是人力资源。这种理论突破了只有厂房、机器等物质资源才是资本的概念，把国家、地区和企业在教育、保健、人口、迁移等方面投资形成的人之能力的提高和生命周期的延长也看做资本的一种形态。当代经济学家普遍接受了舒尔茨的观点，他们认为，土地、厂房、机器、资金等已经不再是国家、地区和企业致富的源泉，唯独人力资源才是企业和国家发展之根本。

人力资本是由投资产生并由使用者根据某种价值标准衡量，可在劳动力市场上按市场规则进行评估的能力和技能；而人力资源是劳动者在劳动活动中运用的体力和脑力的总和。

人力资源作为一种经济资源具有稀缺性与有用性，是经过一定时期而形成的体力、智力等生产要素资源形式，强调人力作为生产要素在生产过程中的创造能力。人力资本首先是一种资本，是通过投资形成的，强调某种代价与获得成本之间的关系，强调投资的代价可以在提高生产力的过程中以更大的收益收回。

具体来讲，人力资源与人力资本有以下四点区别：

(1)概念的范围不同。人力资源包括自然性人力资源和资本性人力资源。自然性人力资源是指未经任何开发的遗传素质与个体；资本性人力资源是指经过教育、培训、健康与迁移等投资而形成的人力资源。人力资本是指所投入的物质资本在人身上所凝结的人力资源，是可以投入经济活动并带来新价值的资本性人力资源。人力资本存在于人力资源之中。

(2)关注的焦点不同。人力资源关注的是价值问题，而人力资本关注的是收益问题。

(3)性质不同。人力资源所反映的是存量问题，而人力资本反映的是流量和存量问题。

(4)研究角度不同。人力资源是将人力作为财富的源泉，是从人的潜能与财富的关系来研究人的问题，而人力资本则是将人力作为投资对象，作为财富的一部分，是从投入与收益的关系来研究人的问题。

四、人力资源管理的基本原理

(一)同素异构原理

同素异构原理是指在组织中同样数量和素质的一群人，由于组织结构和组织功能的不同，形成不同的权责结构和协作关系，产生不同的协调效应。根据这一原理，企业必须建立有效的组织人事调控机制，不断对组织和人员结构方式进行调整，以保证系统的正常运行。

(二)能岗匹配原理

能岗匹配原理是根据岗位的要求和员工的能力，将员工安排到相应的工作岗位上，保证岗位的要求与员工的实际能力相一致、相对应。根据这一原理，企业必须建立以工作岗位分析与评价制度为基础，运用人员素质测评技术等科学方法甄选人才的招聘、选拔、任用机制，提高岗位适合度，使人力资源得到充分开发与利用。

(三)互补增值原理

互补增值原理是充分发挥每个员工的特长，采用协调与优化的方法，扬长避短，发挥团队的优势，实现人力、物力和财力的合理配置。互补的形式是多层次的，主要有知识互补、能力互补、性格互补、年龄互补、关系互补等。

(四)动态适应原理

动态适应原理是指随着时间的推移，员工个体状况、组织结构、外部环境等发生变化，人力资源管理在动态中用好人、管好人，使人的才能与其岗位相匹配，充分开发利用人力资源的潜能，提高组织效能。主要有实施岗位的调整或岗位职责的调整、实施人员的调整，进行竞聘上岗、平行调动、实行弹性工作时间、实现岗位流动、实施动态优化组合。

(五)激励强化原理

激励是以物质和精神激发人的动机，鼓励员工充分发挥其内在动力，使之产生实现组织目标的特定行为的过程。激励分为外在激励和内在激励。外在激励包括合理的奖酬、工作保障、有效监督等；内在激励包括使工作本身具有吸引力，使员工努力谋求上进，使员工充分发挥自己的才能。

(六)公平竞争、相互促进原理

公平竞争、相互促进原理是在企业的人事活动中坚持“三公”原则，即公正、公平和公开的原则。激发员工的斗志，鼓舞员工的士气，营造良好的氛围，调动员工的积极性、主动性和创造性。

第三节　人力资源管理中的角色定位

一、人力资源管理在现代企业中的角色定位

人力资源管理者的角色不仅表现在对人的管理与控制上，更重要的表现为如何找到人与事的最佳结合点。因此，企业中的人力资源管理不仅是一种人事管理的专业性活动，更重要的它必须与经营相联系，是在战略指导下的一种专业性的管理活动。同时，研究发现要提高人力资源管理的战略地位，实现人力资源管理与企业经营管理系统的全面对接，人力资源管理必须在企业中扮演战略伙伴、专家顾问、员工服务者和变革的推动者四种角色（如表1-3所示）。人力资源管理通过这样的角色地位，必然能够有效地支撑企业的核心能力，帮助企业在激烈的竞争中获取竞争优势。

表1-3　人力资源管理的四种角色

角　色	行　为	结　果
战略伙伴	企业战略决策的参与者，提供基于战略的人力资源规划及系统解决方案	将人力资源纳入企业的战略与经营管理活动当中，使人力资源与企业战略相结合
专家(顾问)	运用专业知识和技能研究开发企业人力资源产品与服务，为企业人力资源问题的解决提供咨询	提高组织人力资源开发与管理的有效性
员工服务者	与员工沟通，及时了解员工的需求，为员工及时提供支持	提高员工满意度和忠诚度
变革的推动者	参与变革与创新，组织变革（并购与重组、组织裁员、业务流程再造等）过程中的人力资源管理实践	提高员工对组织变革的适应能力，妥善处理组织变革过程中的各种人力资源问题，推动组织变革进程

资料来源：彭剑锋. 人力资源管理概论. 上海：复旦大学出版社，2003.11.

二、现代人力资源管理的职责分工

现代人力资源管理几乎与每个管理人员都有关，管理者都承担着一定的人力资源管理职能，如选拔、培训、评估等。但人力资源管理职能的有效运行需要专门机构或专门的管理人员。企业人力资源的管理职能是由两种不同类型的管理人员共同完成的。一类为直线管理人员（直线经理），一类是专职人力资源管理人员，即人力资源职能管理人员。在企业中，直线管理人员除了指挥下属完成生产、销售等组织的基本目标，还要负责本部门具体的人力资源管理工作；人力资源职能管理人员则被授权以协助和建议的方式支持直线管理人员去实现这些基本目标。直线经理与人力资源部经理的职责分工见表1-4。

表 1-4 直线经理与人力资源部经理的职责分工

	直线经理的工作	人力资源部经理的工作
招聘与录用	1. 对所讨论的工作职责范围做出说明，为工作分析人员提供帮助	1. 根据部门主管提供的信息编写或组织编写工作说明书
	2. 提出未来的人员需求以及需要雇用的人员类型	2. 制订人事安排计划，对员工的晋升作出安排
	3. 说明工作对人员的要求，为人力资源部门的选聘测试提供依据	3. 开展招聘活动，并不断扩大应聘人员队伍
	4. 面试应聘人员并做出录用决策	4. 进行初步筛选，并将合格的候选人推荐给部门主管
培训与开发	1. 根据公司的工作要求安排员工，对新员工进行指导和培训	1. 准备培训材料、定向文件
	2. 为新业务的开展评估、推荐管理人员	2. 根据公司既定的未来需要就管理人员的发展计划向总经理提出建议
	3. 进行领导和授权，建立高效的工作团队	3. 在规定和实际运作企业质量改进计划以及团队建设方面充当信息源
	4. 运用公司的绩效评估表格对员工进行绩效评估	4. 开发绩效评估工具，保存评估记录
	5. 对下属的进步给予评价并就其职业发展提出建议	
薪酬管理	1. 向人力资源部门提供各项工作性质及其相对价值方面的信息，作为薪酬决策的基础	1. 实施工作评估程序，决定每项工作在公司的相对价值
	2. 决定给下属奖励的方式和数量	2. 开展薪资调查，了解同样或近似的职位在其他公司的工资水平
	3. 决定公司提供给员工的福利和服务	3. 在奖金和工资计划方面向一线经理提出建议
		4. 开发包括保健护理、退休金等在内的福利、服务项目，并与一线经理协商
劳资管理	1. 营造相互尊重、相互信任的氛围，维持健康的劳资关系	1. 分析导致员工不满的深层原因
	2. 坚持贯彻劳资协议的各项条款	2. 对一线经理进行培训，帮助他们了解和理解协议条款及法规方面易犯的错误
	3. 确保公司的员工申诉程序按劳资协议执行，申诉的最终裁决在对上述情况进行调查后进行	3. 在如何处理员工投诉方面向一线经理提出建议，帮助有关各方面就投诉问题达成最终协议

资料来源：于桂兰，魏海燕. 人力资源管理. 北京：清华大学出版社，2004.

(一) 直线经理的人力资源管理功能

对于一个组织来说，人力资源管理应该是一种全员管理工作。事实上，直接与人打交道几乎是所有直线经理们不可避免的工作职责。譬如，发挥人力资源管理各项职能作用、激励员工等，往往体现在日常所有的现场工作之中，是由直线经理们来履行的。因此，所有的管理者都承担着一定的人力资源管理职能工作。直线经理们在此方面体现出来的人力资源管理方面的功能主要在于：

(1) 把合适的人员安排到与之工作能力相匹配的工作岗位上。

(2) 指导新员工尽快适应岗位工作，帮助新老员工及时解决日常工作中遇到的问题，使他们能够改进工作业绩。

(3) 控制劳动力成本。

(4) 解释公司政策与工作程序，进行充分的信息沟通。

(5)创建和谐的人群工作关系。

(6)激励员工，采用一切合理手段调动员工工作积极性。

(7)保护员工的健康并改善工作环境。

(8)配合人力资源管理部门进行招聘甄选员工、员工沟通、考核评估员工、处理投诉和处罚等。

需要强调的是，在大公司，直线经理们行使以上职权时，他们有时并不能很好地独立完成，因为他们缺乏专业培训、工作繁重、缺乏实践等，这时就需要人力资源管理专业人员的帮助和指导，学会用人力资源管理的专业知识和专业技能来很好地加以完成。值得注意的是，从直线经理们承担着更多日常的人力资源管理工作这个事实来看，人力资源管理专业人员的数量势必呈现减少的趋势，对直线经理们的人力资源管理专业素质要求却在日益增强。因此，从大学生开始就大力培养人力资源管理方面的专业素质是非常必要的。

(二)人力资源管理部门的功能

人力资源管理部门发挥着三种功能：第一是直线功能。人力资源管理部门行使的是直线职权，直接与高层管理者和各个直线经理沟通，就人员调整、薪酬变动等激励员工问题与高层共同讨论，制定各种方针策略，进行决策并且下发各直线部门执行。第二是协调功能，又称为控制功能。人力资源管理部门作为最高管理层的直接助手，要协助企业高层保证人事方面的目标、政策和各项规定的贯彻执行。通过制定各种有效的人才激励措施，增强企业凝聚力，协调组织内部的活动达到一致。第三是服务功能。人力资源管理部门为直线经理提供并教授准确的人事政策和专业激励方法、手段，帮助直线经理搞好日常的员工激励，如招聘、培训、评价、奖惩、调整人力；处理保险、退休、休假等福利计划；普及、贯彻、执行国家各项有关劳动和人事方面的法律和规定，处理员工申诉、劳资关系等。

三、人力资源管理者的素质模型

对人力资源管理者的角色定位，无疑对企业人力资源管理者的个人综合素质提出了更为严格的要求，如思想品德修养、性格、心理素质、知识结构层次、专业技术水平、宏观战略能力、语言文字能力、沟通协调能力乃至体能健康状况等方面。

美国密根大学商学院提出了人力资源管理者的素质模型，如图 1-2 所示。

素质模型中的素质应该包括：奉献(dedication)、诚信(credibility)、好胜(aggresive)、成长需求(growth orientation)、人性(humanity)、良知(conscience)、责任(responsibility)、道德(ethics)、支配(command)、勇气(courage)、创意(ideation)、专注(focus)、自律(discipline)、开发(develop)、团队(team)、组织(organization)等。

这个模型主要涉及五个领域：战略贡献、个人可信度、HR 实施、业务知识和 E-HR 技术。为此，人力资源管理的专业人员应该具备以下素质：

(1)知识。知识包括专业知识与业务知识。专业知识指履行人力资源管理职责所必需的各种知识，如公司的人力资源政策、制度、人事管理流程及相关的法律、法规等；业务知识指了解本企业所在行业、本企业的运作环境、产品及相关设计、制造以及销售等情况。

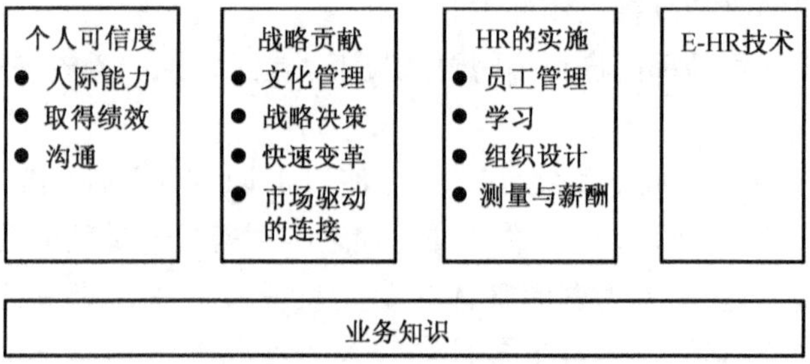

图 1-2　人力资源管理者的素质模型

（2）技能。指运用人力资源管理技术的能力。

（3）执行与实施能力。指执行与实施人力资源管理政策和制度，以及开展其他人力资源管理活动的能力。

（4）动机。指主动进行工作的冲动和愿望。

（5）价值观与道德。指工作中要遵循的原则和具备的行为标准，如较强的责任心、诚实守信等。

链接 2-1

中国人力资源管理者职业水平标准

由中国人力资源开发研究会联合清华大学、北京大学、中国人民大学等相关机构以及众多大型企业、国内外知名学者、人力资源从业者，历时 9 年共同研发的《中国人力资源管理者职业水平标准》（2009 年版）确定了人力资源管理者职业角色模型，界定和描述了人力资源管理人员在组织中胜任其职能工作所承担和发挥的专业角色与作为，包括：专家、战略伙伴、业务伙伴、员工服务者、知识管理者与变革推动者六个关键角色；同时标准首次对人力资源标准化职业水平序列进行定级。

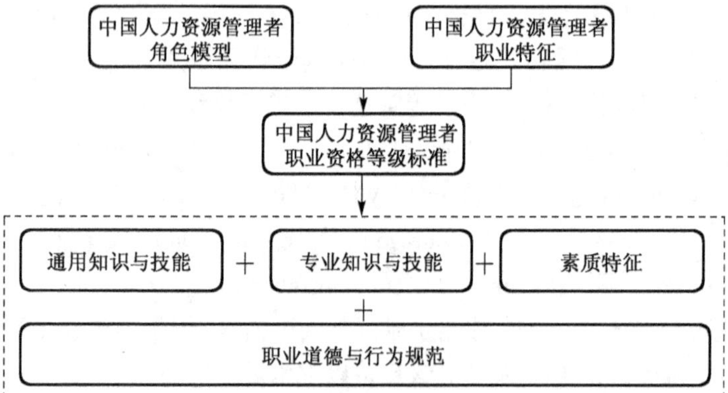

图：中国人力资源管理者职业化标准体系

资料来源：http://www.chinachrp.org 中国注册人力资源管理师 -（CHRP）官方网站

表　中国人力资源管理者职业化标准类别

通用技能	信息收集、数据分析、演绎推理、分析归纳、文字表达、方案制定、专业英语
通用知识	管理学、人力资源管理、组织行为学、职业道德
专业知识与技能	人力资源战略规划、企业文化、职位分析与职位管理、人力资源培训与开发、绩效管理、薪酬管理、员工关系、人力资源外包、集团化人力资源管理、国际化人力资源管理
素质模型特征	成就导向、主动性、敏锐性、分析判断、执行力、团队领导、统率、激励、影响力、建立关系、人际能力、培养他人、授权、团队协作、诚信、创新、弹性与适应、学习能力、组织承诺、服务意识、自信、自我控制能力

资料来源：http://www.chinachrp.org 中国注册人力资源管理师－(CHRP)官方网站.

第四节　人力资源管理的发展历程

一、西方人力资源管理的发展阶段

有关人力资源管理的发展阶段在国外已有多种说法，如以华盛顿大学的弗伦奇为代表，从管理的历史背景出发提出的六阶段论；以罗兰和费里斯为代表，从管理的发展历史出发提出的五阶段论；以科罗拉多大学的韦恩·F·卡肖为代表，从功能的角度提出的四阶段论；以福姆布龙等为代表，从人力资源管理所扮演的角色角度提出的三阶段论等。对人力资源管理的发展阶段进行划分，其目的并不在于这些阶段本身，而是要借助这些阶段来把握人力资源管理的整个发展脉络，从而可以更加深入地理解它。

(一)经验管理阶段

这一阶段是指19世纪中叶以前，这一时期生产的形式主要以手工作坊为主，并开始向机器化大工业转化。为了保证具有合格技能的工人能充足供给，对工人技能的培训是以有组织的方式进行的。师傅与徒弟的生活和工作关系，非常适合家庭工业生产的要求。由于管理主要是经验式的管理，各种管理理论只是处于初步摸索之中，还未形成体系。这一阶段的特点主要有：(1)组织的所有权与经营权合一，企业主既是所有者又是经营者；(2)并未建立健全统一的有理论依据的规章制度，而且存在的所谓制度也极不稳定，经常出现一换领导就换制度的现象；(3)在组织内容的人际关系处理中是典型的“人治”，没有法制，所以对于规律性的事情常会出现随管理者主观而变化的处理结果，很难使被管理者形成稳定的预期；(4)在决策上缺乏科学的决策程序，一般依靠主观判断来进行决策，决策风险很大；(5)没有形成科学而合理的分工，执行的是面对面的管理，主观随意性很强；(6)从管理效果上看存在两个特点：一是管理的效率低下，二是组织的团队士气不高。

(二)科学管理阶段

这一阶段几乎是所有学者公认的一个发展阶段，指19世纪末到20世纪早期，这一时期生产的形式是机器化大工业。随着农业人口涌入城市，雇佣劳动大规模开展，雇佣劳动部门也随之产生，工业革命导致劳动专业化水平的提高和生产效率提高，与之相应的技术进步也促使人事管理方式发生变化。最出名的代表人物是被称为“科学管理之父”的泰勒，另外还有提出行政管理理论的韦伯和提出管理要素与管理职能的法约尔，他们的理论也统一被称为古典管理理论。其中最有代表性的是泰勒于1911年出版的《科学管理原理》一书中提出的思想，可以概括为六个方面。

第一，最佳动作原理。具体方法是选择合适而熟练的工人，对他们的每一个动作，每一道工序的时间记录下来，并把这些时间加起来，再加上必要的休息时间和其他延误时间，就得出完成该项工作需要的总时间，据此来定出一个工人的“合理的日工作量”。用这一合理的日工作量，来要求不同岗位上的工人，制定他的工作定额。泰勒认为，人的生产力的巨大增长这一事实，标志着文明国家和不文明国家的区别，标志着我们在一两百年内的巨大进步，科学管理的根本就在于此。因为科学管理同节省劳动的机器一样，其目的正在于提高每一单位劳动力的产量。

第二，第一流工人制。即根据不同的体质和禀赋来挑选和培训工人，如身强力壮的就应该分配他干重活，而不应分配去干精细的活。这样挑选和培训出来的工人就是第一流的。

第三，刺激性付酬制度。即根据工人是否完成工作定额而采取“差别计件工资制”，超额完成生产任务的，单件的工资额更高，收入就更多。

第四，职能管理原理或职能工长制。即将管理工作细致地予以分割，每个管理者只承担一两种管理职能，这样管理的职责比较单一明确，培养管理者所花的时间和费用也比较少。但是，由此也带来一些问题，即一个工人要从几个职能不同的上级那里接受命令。

第五，例外原理。即企业的高级管理人员，应把一般的日常事务授权给下级管理人员去处理，而自己只保留对例外事项(重要事项)的决策和监督权。

第六，“精神革命论”。即对工人进行思想压制的理论。在泰勒进行实验的工厂里，不许4个以上的工人在一起工作。他认为，当工人结帮成伙时，会把许多时间用在对雇主的批评、怀疑甚至公开斗争上面，从而降低效率。如果把工人隔开，工人就会专心致志地按规范操作，从而可提高工效和增长工资。泰勒认为，工人的工资一旦提高，“精神革命”也就会随着发生，即工人和雇主“双方都不把盈余的分配看成是头等大事，而把注意力转到增加盈余量上来，直到盈余大到这样的程度，以致不必为如何分配而争吵”。

从这些学者的观点中可以总结出这一时期的特点有：(1)组织所有权与经营权开始分离，组织出现了专门从事职能管理的人员，这是对管理作为重要生产要素的一种肯定；(2)采用“经济人”的人性假设，管理工作的重点在于提高生产率、完成生产任务，不去考虑人的感情；(3)组织中制定了严格的规章制度，依法治人，不留情面；(4)在对人的控制上选择外部控制的手段，依靠外部监督，实行重奖重罚的措施；(5)管理手段上讲究科学化，决策程序与机制的建立使得决策科学性大大提高，定量分析工作的方法大大提高了生产率；(6)从管理效率上看，生产效率大为提高，这也是资本主义发展史上的黄金时期，但由于漠视人的主观感受，不讲感情，使得组织的士气大受影响，员工的对抗情绪较为强烈，有时甚至可以影响生产效率。

(三)现代管理阶段

第二次世界大战以后，人事管理进入飞速发展阶段。随着组织规模的不断扩大，人事管理逐渐形成较为完整的管理体系，并成为企业管理的一个支持系统。最初的人事管理工作的主要任务是人员招聘、工资支付、工作记录、档案管理等，随后人事管理又纳入了更多的内容，如培训、劳动关系咨询等。这一时期，人事管理的主要特征是档案管理。

20 世纪 60 ~ 70 年代出现了专门的人事管理专家，使人事管理职能得以扩大，薪酬和福利管理、员工培训与发展等成为人事管理的主要职能。这一时期人事管理的理念是以工作为中心，员工是企业的成本，人事管理的核心是如何最大限度地使用员工。在管理方式上强调监督与控制。

20 世纪 80 ~ 90 年代，人事管理发展到人力资源管理阶段，并且在组织中的地位不断提高。这种变化不是简单的名称变化，而是管理理念和管理方式的巨大变化。人力资源管理将员工视为组织最重要的资源，重视对员工的长期开发和合理使用。在管理职能方面，人力资源管理不再仅仅承担单纯性的行政事务性工作，更关注影响组织目标实现的长期的战略性工作。在管理方式上，人力资源管理强调“以人为本”的管理理念，使管理方法不仅科学化，而且更为人性化。

20 世纪 90 年代以后，现代人力资源管理进入战略的人力资源管理时代，要求人力资源管理的职能必须围绕组织的战略目标展开，实现人力资源管理专业的核心价值。

二、我国人力资源管理的发展历史

（一）我国人力资源管理的发展阶段[①]

从 1949 年新中国成立以来，我国企业管理发展经历了计划经济、经济改革两大发展阶段。人力资源管理的发展是从单一计划体制下的人事管理到目前多种所有制并存的人力资源管理阶段，可以将其分为三个发展阶段。

1. 计划体制人事管理阶段（1949—1978 年）

在这一阶段，企业只有国营和集体两种所有制。这一阶段的重要特征就是单一计划体制的“统包统配”的政府劳动人事部门统一调配。企业没有用人自主权，实行终身制，国家统一制定工资标准，企业负担员工的各种福利。企业的人事管理主要是简单的档案管理和资料统计工作。

2. 人事管理改革阶段（1978—1994 年）

这一阶段可根据我国经济改革阶段的划分将其分为人事改革初期（1978—1983 年）和人事改革的后期（1984—1994 年）两个时期。

人事改革初期，人事制度的特征主要表现为：企业根据自身的需要可以按照精简和效能的原则决定自己的机构设置和人员配备；有权处分和辞退严重违反劳动纪律的职工；恢复了奖励制度。人事改革后期，人事制度的重要特征为：政府只负责企业的重要领导的调配、考核、培养和奖励，其他人员由企业自己负责配备、考核、培养和奖惩。企业可以招聘所需人才，劳动合同制开始实施；企业实行工资总额和经济效益挂钩。

3. 人事管理向人力资源管理的过渡阶段（1995 年以后）

这一阶段以《中华人民共和国劳动法》的正式实施为标志。这一阶段的特征主要表现为：固定用工制被废除，劳动合同制被确立为基础制度，企业有相当大的用工自主权，但由

① 陈洪权. 人力资源管理. 北京：清华大学出版社，2013. 2，21.

于历史原因，企业还存在相当多数量的固定员工。这一特征为国营企业从传统人事管理向人力资源管理过渡提供了法律基础和保障。部分国营企业引进人力资源管理的理论，并积极探索和实践将企业人事管理向人力资源管理过渡。

需要说明的是，以上划分的阶段是以国营企业的改革与发展为主要线索来划分的，并没有考虑其他所有制企业的人力资源管理。自从改革开放以来，非公有制企业如雨后春笋般迅速发展。由于这些企业是社会市场经济的产物，因此，它们的资源配置是市场化的，基本不存在计划经济的制约。因此，这些企业在人力资源管理方面走在国营企业的前面。

（二）我国人力资源管理的理论研究和人才培养

随着我国国有企业人事制度的逐步改革，众多的学者和理论工作者在这方面进行了大量的研究。1988 年 9 月，在贵阳召开的“国际劳工组织亚洲人力资源开发网、中国人力资源开发研究会中心成立暨首届学术研究会”，标志着我国人力资源管理理论研究的开始。此后，人力资源开发丛书编委会、光明日报等单位举行了人力资源开发理论研究会，人力资源理论开始在我国进行传播。一段时间后，各种人力资源译著陆续问世，一些国际性机构与中国的高等院校开始进行广泛的学术交流，国内一些具有较高水平的学术性专著也逐渐增多，人力资源理论的研究与探讨达到了前所未有的高潮。

随着理论研究的不断深入和发展，国内一些高等院校陆续设立了人力资源管理专业。1992 年，中国人民大学劳动人事学院将人事管理教研室更名为人力资源管理教研室；1993 年，将人事管理专业调整为人力资源管理专业，并招收本科生，成为我国第一所设立人力资源管理专业的大学。1995 年后，MBA 开始推广，人力资源管理的概念逐渐在社会上普及。

截止 2014 年，全国有 669 所高等院校开设了人力资源管理专业，并有不少高校招收人力资源管理方面的硕士生或博士生。这些高等院校为我国人力资源管理的理论和实践的发展培育了大量的高素质人才。有些高等院校和一些人力资源咨询公司为企业举办人力资源管理培训班或研修班，为企业培养了大量的急需人才。

现在，随着大量的外资企业进入中国，人力资源管理的概念已经深入人心，加上国际著名的人力资源咨询公司的进入，国内人力资源咨询公司雨后春笋般的涌现，无论是人力资源管理理论还是人力资源管理实践都将迈上一个新的台阶。

三、人力资源管理的新趋势

近年来，人力资源管理实践活动中的各种热点现象层出不穷。就范围来说，从企业波及到政府机关、事业单位。从深度来讲，在个体层面上，人力资源管理更加关注人的素质或胜任特征或领导力；在群体层面上，人力资源管理重视团队、团队建设和团队精神；在组织层面，人力资源管理关注制度和文化层面对人们行为的影响。由此也出现了一系列的人力资源管理方面的新趋势。

1. 人力资源管理网络化

21 世纪是信息技术的时代，由于网络的广泛使用，必将引起或已经引起了人力资源管理的新方式，主要体现在以下这些方面。

首先，是招聘网络化。现在大多数公司都实现了网络招聘。这样不仅公司招聘的速度更快、费用更省，而且给应聘者提供的信息传递更准确。同时，企业还能在网络上享受到专业公司为招聘人才提供各种人才测评的服务。这种方法大大提高了招聘工作效率，增强了人才招聘的有效性。

其次，是利用网络作为远程培训平台，这不仅使得员工培训与学习成为一种更加便利的工作，员工可以灵活安排学习时间和地点，保证在工作繁忙之际也能够进行学习，为企业加大员工培训数量和力度做出贡献，还可以节省培训成本。更加有效果的是，可以远程学习，这为企业在世界各地寻找并培训符合自己需要的未来员工，创造了很好的条件。

再次，是信息沟通网络化。公司内部网络的建立，可以使得员工之间、员工与上司之间的沟通越来越便利。网络传递信息更大的优势在于，克服了信息传递过程中的信息丢失和信息扭曲现象，使得公司的意图能够更准确地为各级员工接受并执行，还能使管理者更能够及时得到来自下级的工作状况和信息反馈，以便于调整工作，减少失误。

2. 人力资源管理增加了更多的新职能

(1)人力资源管理的新职能：除了人力资源管理必须具备的一般性职能以外，还必须承担起企业管理全方位的责任，包括企业内的政治和权力、企业发展战略的策划、提高全员效率的策略、为企业提供有用的人才保证、使企业一直持有强劲的生命力和竞争力等，都已经或者将要成为人力资源管理的新职能。

(2)人力资源管理者的新技能：适应着人力资源管理的新职能，人力资源管理者必须具备前所未有的新技能。包括：敏锐的眼光、各种综合知识、根据企业经营目标制定有效的人力资源发展战略措施并使得人力资源战略成为企业发展总体战略的重要组成部分、支持和推动企业发展的总体战略。最集中要求的技能是：要有预见性和高超的管理技能。

3. 人力资源管理创新

在新形势下，人力资源管理创新主要体现在：人力资源管理组织的创新——构建权变型组织。组织是企业一切活动的平台，这个平台搭建得好不好，直接涉及组织活动的效率。在新形势下，企业都在寻找一种能够适应不断变化环境的适应性组织。但是，不管哪种组织形式，每种组织都应该适应市场变化，使企业自身成为一个有利于员工不断学习的学习型组织。因此，企业组织应该是一个权变型组织；人力资源管理方法应有创新——个性化管理。个性化的人力资源管理主要是指，为了达到对不同文化背景、不同需求、可能做出不同贡献的员工都能进行最有效的激励，依据各类员工在企业内的不同作用进行个性化管理，如对不同员工可以实行不同的招聘方式、不同的薪酬激励制度等。看似不同，实际上却能真正起到对不同员工的不同激励作用。

4. 人力资源管理工作外包化

人力资源管理外包就是将组织的人力资源管理活动委托给组织外部的公司承担，主要原因是组织内部投资结构和工作量的经常变化。一部分基础型工作向社会化的企业管理服务网络转移，企业的档案管理、社会保险、招聘和培训等庞杂的事务性工作从人力资源部门转移出去，而组织设计、工作分析等职能交给管理咨询公司。人力资源管理外包的实质是降低管理成本，通过从战略高度对企业成本结构和成本行为的全面控制与改善，寻求长久的竞争优势，以达到有效地适应外部的持续发展的能力。

5. 战略性人力资源管理与管理创新紧密相关

人力资源真正成为企业的战略性资源，人力资源管理要为企业战略目标的实现承担责任。人力资源管理在组织中的战略地位上升，并在组织上得到保证，如很多企业成立人力资源委员会，使高层管理者关注并参与企业人力资源管理活动。人力资源管理不仅仅是人力资源职能部门的责任，更是全体员工及全体管理者的责任。

正确的人力资源管理决策对组织绩效的影响巨大，战略创新和战略性人力资源管理日益重要；企业重视全面创新，即管理创新、组织创新、制度创新、技术创新、产品创新、服务创新等，以创新制胜；日益加强创新体系的建立与完善；技术创新与创新行为管理进入崭新的平台；项目管理正改变着传统的职能性组织管理，项目管理能力已经成为公司的核心管理能力。人力资源管理中将使用新的技术手段，利用互联网建立和完善人力资源管理信息系统，以用于人力资源管理决策。人力资源管理战略与规划成为企业战略管理不可分割的组成部分；人力资源管理状况成为识别企业实力与优劣的重要指标；双轨运营，既经营产品/服务，又经营资本；从国际化的总部中心向全球化无中心转变，形成全球化的思想，地区化的行动；既分散(无中心公司)，又集中(具有全球性协作中心的国家级公司联合体)。组织的全球化必然要求人力资源管理策略的全球化，通过人力资源的开发与培训，使得企业经理人才和员工具有全球的概念。

6. 人力资源管理与企业文化建设紧密结合

主要体现在：(1)业务流程再造、组织结构再设计、管理与评估系统重建、价值观重塑等都视为人力资源管理问题。(2)高度重视企业价值观的构建，突出企业宗旨、使命、愿景的设计，更加重视未来性"变化管理"，强调认识变化、关注变化、适应变化、主动变革、控制变革；鼓励创新和适度冒险，重视创造未来，宽容工作过失，重视失败的经验；注重相互信任、相互沟通、资源共享、团队协作，部门合作逐步形成"无界状态"，尊重知识、尊重人才，重视实绩；承认能力差异、效率差异、业绩差异和报酬差异；工作生活质量日益受到重视；更多地下放权力和向一线员工授权，重视员工参与；学习成为个人终身化行为，培训成为组织的战略投资行为等；形成创新文化、沟通文化、团队文化、绩效文化、人才文化、培训文化、竞争与合作的文化等。(3)跨文化沟通加强，重视文化自尊，消除文化奴性。国际化的人才交流市场与人才交流将出现，并成为一种主要形式。人才的价值(价格)将不仅仅是在一个区域市场内体现，更多的是要按照国际市场的要求来看待，跨文化的人力资源管理成为重要内容。(4)人才本土化战略日益为更多的跨国公司所青睐。

7. 团队中的人力资源管理①

现代及未来的企业组织具有网络化、扁平化、灵活化、多元化、全球化的特点，这些特点使得团队工作方式应运而生。团队指由两个或两个以上的人组成的群体，他们为了共同的目标来到一起，遵守共同的规则，分担责任和义务，并为实现这个目标而努力。仅仅形成工作群体并不一定就是真正意义上的团队，只有当群体中的成员在团队精神纽带的维系上产生强烈的群体统一感时，团队才能产生相应的绩效职能。团队工作方式以其良好的互动性及明确的分工协作，很好地满足了组织的发展。

团队工作方式的出现，使组织和工作方式发生了深刻的变革，为了适应这种工作方式，团队中的人力资源管理也产生了种种变化。团队中人力资源管理的特点突出表现在：

---

① 杨河清. 人力资源管理. 东北财经大学出版社，2010. 12：13-14.

(1)从管理模式上，团队工作方式要求人力资源管理打破传统的“自上而下”方式，体现现代及未来企业“员工参与式管理”的发展趋势，强调员工在团队中的价值，强调员工对管理工作的参与性，最大程度地满足员工个人发展的需要。

(2)从工作绩效看，团队工作方式重视员工对团队的长期价值，而不是既往和目前的业绩，强调个人绩效和团队绩效并重，引导团队成员追求“团队产出”的最大化。在追求高工作效率和业绩的过程中，员工发展潜力、员工的忠诚以及企业的良好声誉等目标都能够不同程度地实现。

(3)从员工素质看，团队工作方式对成员素质提出了新的要求，仅靠单打独斗型的“工作高手”不能保证团队的高绩效，其成员应该既是合格的工作者，又是自我管理和人际关系的管理者，团队成员的工作更加灵活和弹性化，团队内部工作关系和谐依靠的不是明确的职责安排，而是成员间的“默契”与合作意识。

(4)从培训开发看，在团队管理方式下，组织的培训不仅要对员工的知识和能力进行培养，还要对员工进行团队精神和团队生活技巧的培养，通过多种方式的培训使员工具备团队工作能力。

四、人力资源管理面临的挑战

1. 人力资源管理环境带来的挑战

(1)全球经济一体化带来的挑战。随着信息技术的迅速发展，全球经济一体化的趋势越来越明显，并正在以前所未有的高速度向前发展。随着区域性合作组织如欧盟、北美自由贸易区、亚太经合组织等的产生，国与国之间的界限已经越来越模糊。这种趋势在过去几年中迅速在全球蔓延，使世界经济已经形成“牵一发而动全身”的整体，亚洲金融危机和美国“9.11”事件都充分说明了这一点。当今的世界，国与国之间不仅仅只是竞争，更重要的是一个相互联系、相互制约、相互依存的整体。一个地区、一个国家的经济和社会动荡，很快就会影响到全球的经济，甚至影响到其他国家的安定与发展。世界经济格局的这一重大变化，对全球的劳动力市场都是一个巨大的冲击。随着全球经济一体化的逐步形成，作为全球经济一体化的必然产物——跨国公司将不得不面对不同的政治体制、法律规范和风俗习惯，作为管理者将会经常遇到不同国籍、不同文化背景、不同语言的员工，如何才能更好地完成工作，如何才能进行更好的交流与沟通，如何才能确立完善的管理制度等，这些很现实的问题都摆在管理者面前。

在我国，随着中国经济的蓬勃发展中国已经成了许多跨国公司投资的热点。中国企业不仅要面对国内的竞争者，而且还要面对全球竞争者的挑战。人力资源作为企业管理的一个重要组成部分，同样面临着非常激烈的挑战。中国的企业管理者如何确保自己的人才不会流失，中国的企业管理者如何保持长期的竞争优势，这是每一个有责任感的管理者都应该深思和解决的问题。

世界经济的一体化已经使人才竞争与人才流动国际化变成了现实。如今企业家的竞争和热门技术人才的竞争已趋于白热化，只有那些能够吸引人才、留住人才并能够对人才进行规范开发和合理激励的企业，才能真正营造核心竞争优势。

(2)技术进步带来的挑战。通常来说，技术进步必然带来两种结果：一是它能够使组织更有实力、更具竞争性；二是它改变了工作的性质。例如，网络的普及使许多人在家办公已经成为了一种可能，然而，这种高科技的使用必然对员工的素质提出更高的要求，在这种自由宽松的工作秩序下，如何对员工进行考评已成了一个新的课题。事实上，随着技术的进步，其对组织的各个层次都产生了重要的影响，劳动密集型工作和一般事务性工作的作用将会大大削弱，技术类、管理类和专业化工作的作用将会大大加强。这样一来，人力资源管理工作就面临着结构调整等一系列重大变化。

(3)组织的发展带来的挑战。随着全球经济一体化的加剧，组织作为社会的基本单元已经发生了很大的变化，如今的时代，灵活开放已经成了组织发展的一种趋势。竞争的加剧、产品生命周期不断缩短以及外部市场的迅速变化，这些都要求组织要有很强的弹性和适应性。现代企业要参与市场竞争，就必须具有分权性和参与性，要以合作性团体来开发新的产品并满足顾客需求，这就对人力资源管理提出了新的要求：现代企业的人力资源部门必须具备良好的信息沟通渠道；现代企业的人力资源管理部门对员工的管理要做到公平、公正和透明，要对员工有更加有效的激励措施；要求组织内的每一位管理者都要从战略的高度重视人力资源管理与开发，从而不断适应组织变革的需要。

(4)人口结构变化带来的挑战。人口数量的变化具有明显的地域差别。在欧美发达国家，由于经济文化、思想观念等因素的影响，人口的出生率普遍偏低，人力资源供应相对不足；在亚非国家，由于人口出生率没有得到有效的控制，人口出生率普遍偏高，人力资源相对供大于求。

劳动力的结构也发生了巨大变化。相对亚非国家来说，欧美国家人口老龄化问题比较突出，而亚洲由于劳动力过剩，年轻劳动力的比例远远高于发达国家。相对来说，人才短缺仍然是世界各国普遍存在的问题。比如，我国在很长一段时期内，由于缺乏人才培养战略与市场需求导向，造成人才结构严重的不平衡，部分专业人才过剩，而部分专业人才严重缺乏，这对我国经济的发展带来了很大的影响。

与此同时，员工对自身价值的认识也有了一定的提高，表现在员工不仅对物质层次的要求有了明显提高，更重要的是，在物质层次得到满足后，员工开始具有更高的需求层次，他们希望被尊重、被认可，他们希望参与组织管理并实现自身价值。

2. 人力资源管理自身发展的挑战

(1)企业员工个性化发展的挑战。即企业员工日益跨文化、多样化、差异化、个性化，要求人力资源管理必须提供个性化、定制式人力资源产品/服务和关系管理，在人力资源管理中恰当地平衡组织与员工个人的利益。

(2)工作、生活质量提高的挑战。即员工不再仅仅追求工资、福利，而是对企业在各个方面所能满足自己日益增多的各种需求的程度越来越高、更全面化，人力资源管理必须提供更加全面周到的人力资源产品/服务。

(3)工作绩效评估的挑战。即员工考核与报酬日益强调以工作绩效考评为基础，并形成绩效、潜力、教导三结合的功能。

(4)人员素质的挑战。即对企业家(CEO)、各类管理人员的素质要求日益提高，培训、教育、考核、选拔、任用越来越重要。

(5)职业生涯管理的挑战。主要是员工日益重视个人职业发展计划的实现，企业必须日益重视职业管理，为员工创造更多的成功机会和发展的途径，获得个人事业上的满意度。包括较成熟的企业组织的中上层职位在显示饱和的情况下如何处理员工的晋升问题。

(6)人力资源要素发展变化的挑战。要求人力资源管理必须不断提高人力资源管理的预测性、战略规划与长远安排。

(7)部门定位的挑战。人力资源部门如何在众多的企业职能部门中发挥其作用或显示其特别绩效，人力资源管理应担当哪些角色以保证人力资源的有效利用。

应用与训练

深入一家企业，了解其人力资源管理的内容和方法，并绘制该企业人力资源管理流程图，同时对该企业人力资源管理流程与传统企业人力资源管理流程进行比较和分析。

思考与练习

1. 人力资源的概念和特征是什么？
2. 人力资源和人力资本有何区别？
3. 什么是人力资源管理？它和传统人事管理有何区别？
4. 人力资源管理的演变经历了哪些阶段？
5. 人力资源管理者在企业中扮演怎样的角色？
6. “经济人”和“社会人”假设下管理的模式分别是哪些？举例说明。
7. 人本管理的本质是什么？企业的人本管理表现在哪些方面？
8. 我国企业的人事管理如何从传统人事管理转变为现代人力资源管理？
9. 一个合格的人力资源管理专业人员应该具备哪些素质？

拓展阅读

HR 成为企业战略伙伴的七个工具

人力资源管理者要成为企业的战略伙伴是人力资源管理者的共识，如何转变角色定位，从过去的服务提供者变成价值创造者，也是大家十分热衷探索的课题。如何成为企业的战略伙伴，以下的七个工具也许会对你有所帮助。

工具一：人力资源战略规划

人力资源管理者要根据企业的整体战略目标，结合企业人力资源现状，建立符合企业战略方向、与企业人力资源发展需求相匹配的人力资源战略。同时，根据企业的现状选择合适的方式方法，不断研究探讨、明确和实施各种符合战略的人力资源规划，如基于人才供给需求的规划，基于人力资源策略层面的规划，基于核心人才队伍建设的规划等，为企业战略落地提供人力资源保障。

工具二：基于战略的绩效管理

众所周知，建立绩效管理体系的根本目的就是不断提升组织绩效，人力资源管理者要学会通过绩效管理驱动企业战略目标的实现。通过绩效管理系统，使公司的战略目标在各级组织和员工中上下沟通、达成共识、层层分解、传递，引导全体员工为整体目标的实现和公司的可持续发展做贡献。

工具三：领导力开发方案

领导力是企业战略得以实现的重要保障。基于战略领导力的开发与继任者计划，是人力资源管理者成为企业战略伙伴的又一重要工具。人力资源管理者可以通过技术建立这种模型，并以此提出领导力开发解决方案、继任者计划的草案，为企业战略的落地实施提供领导力保障。

工具四：基于战略的人才地图

基于战略的人才储备与开发，通过建立人才信息系统建立内部的人才市场，搭建起完整的适合企业业务发展和战略扩张的前瞻性的人才供应链体系，描绘出基于战略的人才地图，是人力资源管理者成为企业战略伙伴的重要基础。如配合企业的战略扩张，配合企业的资本运作，从战略伙伴的角度提出前瞻性的人力资源的并购计划，可以有力地支撑企业战略目标的实现。

工具五：基于战略的业务发展培训方案

对于培训方案，人力资源管理者必须从企业战略的业务、要求以及目前所面临人力资源盘点的基础上出发，然后提出基于企业战略业务发展的培训解决方案，针对人才供应链体系，针对核心人才提供个性能力的发展计划。

工具六：基于战略的薪酬激励体系

基于战略的薪酬激励体系，不再是简单发工资和奖金的问题。人力资源管理者要基于企业的整体发展战略，基于人的潜力开发建立全面的富有弹性的薪酬激励体系，在企业整体人力成本不增加的前提下，提高员工对薪酬的满意度。

工具七：基于增值的人力资源服务

人力资源管理者，要关注组织战略和流程的需求，通过部门、个人之间的合作，基于企业的经营问题，对业务部门提供人力资源的增值服务和系统的人力资源解决方案，为企业各相关业务职能部门提供有价值的人力资源和产品服务。

资料来源：张薇. 人力资源管理. 大连：大连理工大学出版社，2011.7，25-26.

参考文献

[1] 陈维政、程文文. 人力资源管理. 北京：高等教育出版社，2011.
[2] 陈洪权. 人力资源管理. 北京：清华大学出版社. 2013.
[3] 董克用、叶向峰. 人力资源管理概论. 北京：中国人民大学出版社，2004.
[4] 彭剑锋. 人力资源管理概论. 上海：复旦大学出版社，2003.
[5] 于桂兰，魏海燕. 人力资源管理. 北京：清华大学出版社，2004.
[6] 郑晓明. 人力资源管理导论. 北京：机械工业出版社，2011.
[7] 张薇. 人力资源管理. 大连：大连理工大学出版社，2011.
[8] 杨河清. 人力资源管理. 大连：东北财经大学出版社，2012.

第二章

人力资源战略与规划

案例导入

手忙脚乱的人力资源经理

A公司在短短3年内由一家手工作坊发展成国内著名的食品制造公司。最初该公司从来不制定计划，缺人手，就去人才市场招聘。在公司日益正规后，开始在每年年初时定计划，如收入多少，利润多少，产量多少，员工定编人数多少等。人数少的可以新招聘，人数超编的就要减人，一般在年初招聘新员工。可是，因为一年中会有人升职、有人平调、有人降职、有人辞职，年初又有编制限制不能多招，而且人力资源部门也不确定应当招多少人或者招什么样的人，结果人力资源经理一年到头往人才市场跑。

近期，有3名高级技术工人退休，2名跳槽，生产线立即瘫痪，集团总经理召开紧急会议，命令人力资源经理3天之内招到合适的人员顶替空缺，恢复生产。人力资源经理着急得两个晚上没睡觉，频繁奔走于全国各地人才市场和面试现场，最后勉强招到2名已经退休的高级技术工人，使生产线重新开始运转。人力资源经理刚刚喘口气，地区经理又打电话给他说自己的公司已经超编了，不能接收前几天分过去的5名大学生，人力资源经理不由得怒气冲冲地说："是你自己说缺人，现在招来了，你又不要了!"地区经理说："是啊，我两个月前缺人，你现在才给我，早就不缺了。"人力资源经理分辩道："招人也是需要时间的，我又不是孙悟空，你一说缺人，我就变出一个给你?"……

思考

A公司出现以上情况的根本原因是什么？应该如何解决呢?

学习指引

学习目标

1. 掌握人力资源战略的相关概念和人力资源战略的制定方法；
2. 了解人力资源战略与企业战略之间的关系；
3. 熟悉人力资源规划的常用技术与方法。

解决问题

1. 能够选择并确定与不同企业战略协调的人力资源战略；
2. 能够运用人力资源规划常用的定性和定量方法解决企业人力资源管理的实际问题。

知识与理论

第一节　战略性人力资源管理

一、战略性人力资源管理概述

战略性人力资源管理（Strategic Human Resources Management，SHRM）产生于20世纪80年代中后期，定位于在支持企业的战略中人力资源管理的作用和职能。在这一时期，美国由于新经济的崛起，使得对人力资源的重视提高到了一个前所未有的高度，战略性人力资源管理概念的提出正是迎合了这种需要。

对于战略性人力资源管理的概念，米勒（Miller）将其定义为在企业中所有与人力资源有关的决策，而这些决策主要是为了协助实施企业战略以获得竞争优势。① 赖特（Wright）和麦克马汉（McMahan）认为战略性人力资源管理是为企业实现目标所进行和采取的一系列有计划、有战略意义的人力资源部署和管理行为，强调战略性人力资源管理必须实现垂直整合与水平整合。其中，垂直整合的目的在于促进人力资源管理活动与企业战略规划程序互相整合，而水平整合则强调通过规划人力资源管理的活动和步骤，使不同的人力资源管理实务具有协调性和整合性。② 舒勒（Schuler）认为战略性人力资源管理问题，主要是在于整合和调适，其活动是为了确保三项活动的落实，即人力资源管理必须与企业战略和战略性需求完全整合；人力资源政策应该与企业的功能性政策和层析结构之间保持一致；人力资源管理实务必须经过调适修正，应为组织全体成员所接受，且为直线经理与员工所共同参与。③

从以上研究者对战略性人力资源管理的阐述中可以看出，战略性人力资源管理的核心在于：一方面，人力资源是企业持久竞争优势的源泉；另一方面，人力资源战略必须与企业战略整合。

因此，战略性人力资源管理是指在企业总体战略框架下对人力资源进行使用、管理、控制、监测、维护和开发，以创造协同价值，达成企业战略目标，包括战略性人力资源管理理念、战略性组织管理体系、战略性工作管理体系、战略性人力资源配置体系、战略性薪酬管理体系、战略性绩效管理体系、战略性培训教育体系以及战略性人才培养体系等。

在对内外部环境理性分析的基础上，明确企业人力资源管理所面临的挑战以及现有人力资源管理体系的不足，清晰地勾勒出未来人力资源愿景目标以及与企业未来发展相匹配的人力资源管理机制，并制定出能把目标转化为行动的可行措施以及对措施执行情况的评价和监控体系，从而形成一个完整的人力资源战略系统。

---

① Miller D. The genesis of configuration[J]. Academy of Management Review, 1987(12): 686-701.

② Wright P M & McMahan G C. Theoretical perspective for strategic HRM[J]. Journal of Management, 1992(18): 295-320.

③ Schuler R S. Strategic human resource management: linking the people with the strategic needs of the business[J]. Organizational Dynamics, Summer, 1992: 18-31.

(一)战略性人力资源管理的特点

战略性人力资源管理以战略为导向，贯穿于人力资源的整个行动过程，以保证组织获得竞争优势和实现最优绩效，具有以下四大特点。

1. 人力资源管理的战略性

企业拥有的人力资源是企业获得竞争优势的源泉，战略性人力资源是指在企业的人力资源系统中，具有某些或某种特别知识(能力和技能)，或者拥有某些核心知识或关键知识，处于企业经营管理系统的重要或关键岗位上的那些人力资源。相对于一般性人力资源而言，这些被称为战略性的人力资源具有某种程度的专用性和不可替代性。

2. 人力资源管理的系统性

企业为了获得可持续竞争优势而部署的人力资源管理政策、实践及方法、手段等构成的一种战略系统。

3. 人力资源管理的战略匹配性

即“契合性”，包括“纵向契合”，即人力资源管理必须与企业的发展战略契合和“横向契合”，即整个人力资源管理系统各组成部分或要素相互之间的契合。

4. 人力资源管理的目标导向性

战略性人力资源管理通过组织建构，将人力资源管理置于组织经营系统，促进组织绩效最大化。

(二)战略性人力资源管理的职能

战略性人力资源管理的核心职能包括人力资源配置、人力资源开发、人力资源评价和人力资源激励四方面，从而构建科学有效的“招人、育人、用人和留人”人力资源管理机制，如图 2-1 所示。

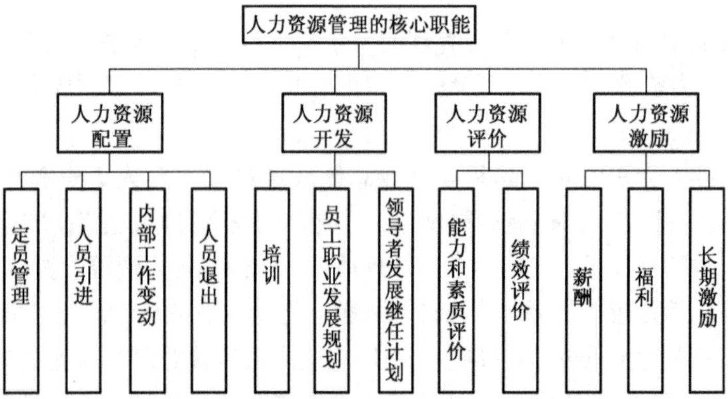

图 2-1　战略性人力资源管理的核心职能

战略性人力资源配置的核心任务就是要基于公司的战略目标来配置所需的人力资源，根据定员标准来对人力资源进行动态调整，引进满足战略要求的人力资源，对现有人员进行职位调整和职位优化，建立有效的人员退出机制以输出不满足公司需要的人员，通过人力资源配置实现人力资源的合理流动。

战略性人力资源开发的核心任务是对公司现有人力资源进行系统的开发和培养，从素质和质量上保证满足公司战略的需要。根据公司战略需要组织相应培训，并通过制定领导者继任计划和员工职业发展规划来保证员工和公司保持同步成长。

战略性人力资源评价的核心任务是对公司员工的素质能力和绩效表现进行客观的评价，一方面保证公司的战略目标与员工个人绩效得到有效结合，另一方面为公司对员工激励和职业发展提供可靠的决策依据。

战略性人力资源激励的核心任务是依据公司战略需要和员工的绩效表现对员工进行激励，通过制定科学的薪酬福利和长期激励措施来激发员工充分发挥潜能，在为公司创造价值的基础上实现自己的价值。

(三)战略性人力资源管理与传统人事管理的区别

战略性人力资源管理是组织为达到战略目标，系统地对人力资源各种部署和活动进行计划和管理的模式，是组织战略不可或缺的有机组成部分。而传统人事管理强调为完成组织任务，对组织中涉及人与事的关系进行专门化管理，使人与事达到良好的匹配。

战略性人力资源管理与传统人事管理的区别总结见表2-1。

表2-1 战略性人力资源管理与传统人事管理的区别

	战略性人力资源管理	传统人事管理
对人的态度	以“人”为核心，视人为“资本”，强调一种动态的、心理的调节和开发，属“服务中心”。管理出发点是“着眼于人”，达到人与事的系统优化、使企业取得最佳的经济和社会效益之目的。	以“事”为中心，将人视为一种成本，把人当作一种“工具”。强调“事”的单一方面的静态的控制和管理，属“权力中心”，其管理的形式和目的是“控制人”。
人力资源部门在企业中的位置	人力资源部门作为企业的核心部门，是企业经营战略的重要组成部分，主要通过促进企业长期可持续发展来实现对经营战略的贡献；涵盖组织建设、文化建设与系统建设各个方面，通过企业文化整合战略、组织和系统，保证企业战略的执行和实现、推动企业长期稳定地成长。	人事部门属于企业的辅助部门，对企业经营业绩没有直接贡献，主要的工作是负责员工的考勤、档案及合同管理等事务性工作。
对待规章制度的方式	可以灵活地按照国家及地方人事规定、制度，结合企业的实际情况制定符合企业需求的各种人力资源政策，从而建立起系统的人力资源管理体系，确保企业实现经营战略目标。	主要是制度的执行，即按照国家劳动人事政策和上级主管部门发布的劳动人事管理规定、制度对员工进行管理，人事部门基本上没有制度的制定和调整权；最多只能“头痛医头、脚痛医脚”，难以根据实际情况对管理政策和制度进行及时调整。
人力资源管理者的角色定位	要求人力资源管理者以企业战略的高度，主动分析和诊断人力资源现状，为决策者准确、及时地提供各种有价值的人力资源相关数据，协助决策者制定具体的人力资源行动计划，支持企业战略目标的执行和实现。	只能站在部门的角度，考虑人事事务等相关工作的规范性，充其量只能传达决策者所制定的战略目标等信息。

二、战略性人力资源管理和企业战略的关系

比尔·盖茨曾经说过：“如果把我们最优秀的20名员工拿走，微软将变成一个无足轻重的公司。”在现代社会，人力资源是组织中最有能动性的资源，如何吸引到优秀人才，如何使组织现有人力资源发挥更大的效用，支持组织战略目标的实现，是每一个领导者都必

须认真考虑的问题，这也正是为什么企业的最高领导越来越多地来源于人力资源领域的一个重要原因。因此，企业要想建立持久的竞争优势，就必须在人力资源的开发和使用上做出更多的努力，必须充分认识到企业战略与人力资源战略之间相互影响、相互作用和相互依赖的关系，只有实现企业战略与人力资源战略的一致，将彼此影响的人力资源战略与企业战略融为一体，才能真正实现企业持久的竞争优势。

战略性人力资源管理认为，人力资源是组织战略不可或缺的有机组成部分，包括公司通过人来达到组织目标的各个方面，如图 2-2 所示。

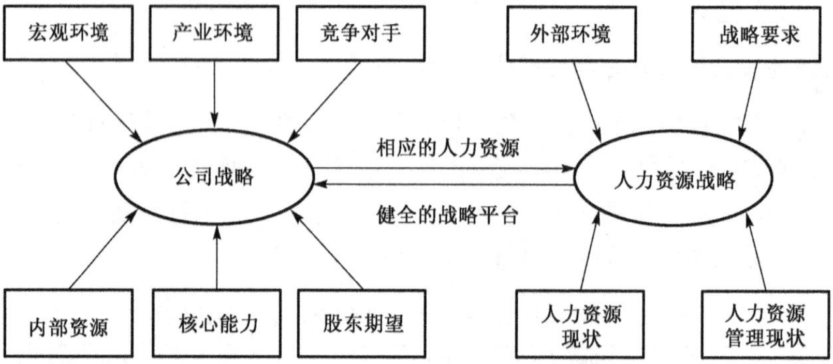

图 2-2　战略性人力资源管理和企业战略的相互依赖关系

战略性人力资源管理认为，开发人力资源可以为企业创造价值，企业应该为员工提供一个有利于价值发挥的公平环境，给员工提供必要的资源，赋予员工责任的同时进行相应的授权，保证员工在充分的授权内开展自己的工作，并通过制定科学有效的激励机制来调动员工的积极性，在对员工能力、行为特征和绩效进行公平评价的基础上给予相应的物质激励和精神激励，激发员工在实现自我价值的基础上为企业创造价值。

一方面，企业战略的关键在于确定好自己的客户，经营好自己的客户，实现客户满意和忠诚，从而实现企业的可持续发展，但是如何让客户满意？需要企业有优良的产品与服务给客户创造价值，带来利益；而高质量的产品和服务，需要企业员工的努力。所以，人力资源是企业获取竞争优势的首要资源，而竞争优势正是企业战略得以实现的保证。

另一方面，企业要获取战略上的成功的各种要素，如研发能力、营销能力、生产能力、财务管理能力等，最终都要落实到人力资源，因此，在整个战略的实现过程中，人力资源的位置是最重要的。

战略性人力资源管理强调通过人力资源的规划、政策及管理实践达到获得竞争优势的人力资源配置的目的，强调人力资源与组织战略的匹配，强调通过人力资源管理活动实现组织战略的灵活性，强调人力资源管理活动的目的是实现组织目标，战略性让人力资源管理提升到战略的地位，就是系统地将人与组织联系起来，建立统一性和适应性相结合的人力资源管理，如图 2-3 所示。

由图 2-3 可知，战略性人力资源管理理念是灵魂，以此来指导整个人力资源管理体系的建设；战略性人力资源规划是航标，指明人力资源管理体系构建的方向；战略性人力资源核心职能是手段，依此确保理念和规划在人力资源管理工作中得以实现；战略性人力资源管理平台是基础，在此基础之上才能构建和完善战略性人力资源管理职能。

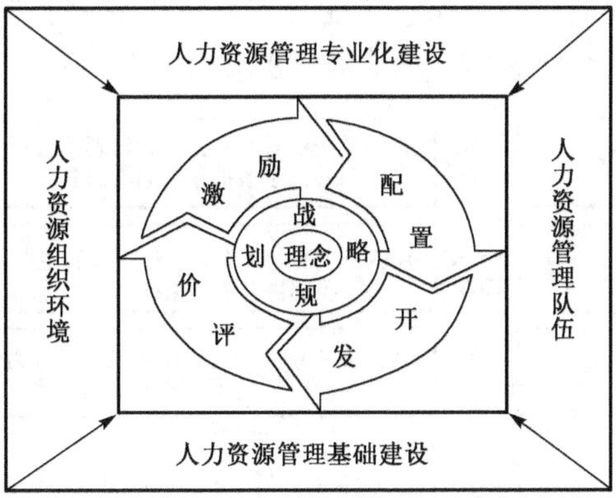

图 2-3　战略性人力资源管理体系

综上所述，战略性人力资源管理的实现方法是正确制定和有效实施人力资源战略，而要使这种方法取得很好效果的关键在于确保人力资源战略与企业战略的一致。按照以资源为基础的战略管理理论的观点，企业取得成功的根本在于拥有独特的资源，进而培育出独特的能力，然后通过对这种能力的运用来使企业取得超越一般的业绩。人力资源是企业获得持久竞争优势的源泉，企业战略的核心也应当是对人力资源的有效利用。从这个角度来看，企业战略与人力资源战略核心是一致的，两者也只有保持一致才能实现企业经营的外部整合和内部整合，才能使企业长久发展。①

第二节　人力资源战略

一、人力资源战略概述

人力资源战略（Human Resource Strategy，HRS）是企业根据总体战略的要求，为适应企业生存和发展的需要，科学地分析预测组织在未来环境变化中人力资源的供给与需求状况，制定必要的人力资源获取、利用、保持和开发策略，确保组织在需要的时间和需要的岗位上，对人力资源在数量上和质量上的需求，使组织和个人获得不断的发展与利益所进行的长远性的人力资源管理方面的专业谋划和方略。

人力资源战略的定义可以从以下五个角度进行理解，如图 2-4 所示。

（一）人力资源战略的特征

由于人力资源战略是企业人力资源管理水平不断提升、层次不断深入的产物，是企业人力资源管理发展到较高层次的产物。因此，人力资源战略具有以下特征②。

1. 企业人力资源战略是企业发展战略的重要组成部分

企业战略可分为三个层次：企业总体发展战略、战略单元战略和职能战略。企业人力

---

① 陈维政，余凯成，程文文．人力资源管理与开发高级教程［M］．北京：高等教育出版社，2004.3：36-37.

② 罗碧华，李昱，谭谊．人力资源管理理论与实务［M］．长沙：湖南大学出版社，2008.8.

资源战略是企业一项重要的职能战略。企业总体发展战略是企业人力资源的前提和基础，企业人力资源战略为实现企业总体发展战略提供有力的人力资源支撑平台。

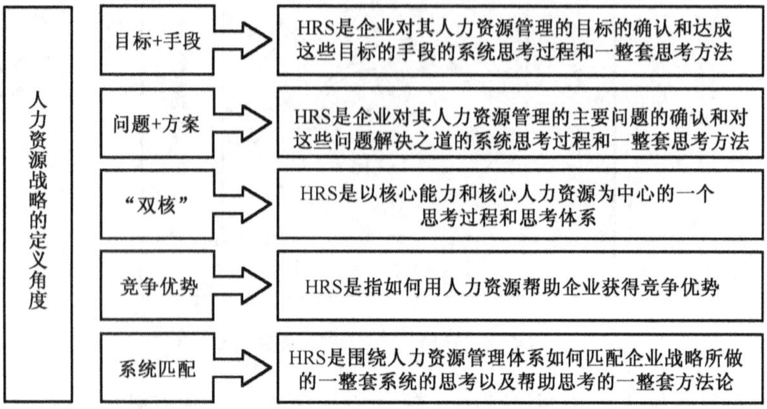

图 2-4　人力资源战略的五种定义角度

2. 企业人力资源战略是确保人力资源供需平衡的调节器

企业人力资源供给和需求总存在一定的差距，特别是在质的方面，高层次人才对于企业来说，往往供不应求；而低层次人力资源又总是供过于求。人力资源供求平衡不会自发地形成，需要通过有针对性地制定人力资源战略规划来加以调节。否则，就会出现一方面企业需要的关键人力资源短缺，另一方面又存在大量人力资源过剩的尴尬局面，不利于企业发展战略的实现。

3. 企业人力资源战略为企业人力资源管理开发提供指引

人力资源管理的主要目的，是为了推动人力资源开发与管理工作的发展。因而要把企业人力资源战略与企业人力资源管理开发工作紧密结合起来，并作为企业人力资源管理与开发工作的重要一环牢牢地把握住。企业人力资源管理开发的具体工作如招聘、调配、培训、绩效考核、薪酬制度等都应该以企业人力资源战略为指导，为实现人力资源战略服务。

4. 企业人力资源战略强调具有可操作性

战略不是用来看的，是用来做的。制定人力资源战略必然具有一定的超前性，但这种超前性是建立在对企业现实的科学分析和未来发展准确预测的基础之上的，能够指导企业人力资源管理和开发工作，否则便失去了存在的意义。

5. 企业人力资源战略具有相对稳定性

企业人力资源战略是对企业人力资源方向性、全局性、根本性和长远性的规划。要贯彻执行企业人力资源战略，必须确保人力资源战略的相对稳定性，不能朝令夕改，一届领导一个战略，否则人力资源战略便没有意义。人力资源战略是企业对人力资源未来的一种谋划，而未来总是变动不已的，总有一些预料不到的情况，这就要求企业人力资源战略具有一定的弹性空间，体现于战略家们对客观世界固有的认识方式。

（二）人力资源战略的作用

作为企业人力资源管理的核心，人力资源战略决定着企业人力资源管理的最终成果，在企业中具有重要的作用。

1. 人力资源战略是企业战略的核心

在目前的企业竞争中，人才是企业的核心资源，人力资源战略处于企业战略的核心地位。企业的发展取决于企业战略决策的制定，企业的战略决策基于企业的发展目标和行动方案的制定，而最终起决定作用的还是企业对高素质人才的拥有量。有效地利用与企业发展战略相适应的管理和专业技术人才，最大限度地发掘他们的才能，可以推动企业战略的实施，促进企业的飞跃发展。

2. 人力资源战略有助于提高企业的绩效

员工的工作绩效是企业效益的基本保障，企业绩效的实现是通过向顾客有效地提供企业的产品和服务体现出来的。而人力资源战略的重要目标之一就是实施对提高企业绩效有益的活动，并通过这些活动来发挥其对企业成功所做出的贡献。过去，人力资源管理是以活动为宗旨，主要考虑做什么，而不考虑成本和人力的需求；现在，经济发展正在从资源型经济向知识型经济过渡，企业人力资源管理也就必须实行战略性的转化。人力资源管理者必须把他们活动所产生的结果作为企业的成果，特别是作为人力资源投资的回报，使企业获得更多的利润。从企业战略上讲，人力资源管理作为一个战略杠杆，能有效地影响公司的经营绩效。人力资源战略与企业经营战略结合，能有效推进企业的调整和优化，促进企业战略的成功实施。

3. 人力资源战略有助于企业形成持续的竞争优势

随着企业间竞争的日益白热化和国际经济的全球一体化，很难有哪个企业可以拥有长久不变的竞争优势。往往是企业创造出某种竞争优势后，经过不长的时间就被竞争对手所模仿，从而失去优势。而优秀的人力资源所形成的竞争优势则很难被其他企业所模仿。因此，正确的人力资源战略对企业保持持续的竞争优势具有重要意义。人力资源战略的目标就是不断增强企业的人力资本总合。扩展人力资本，利用企业内部所有员工的才能吸引外部的优秀人才，是企业战略的一部分。人力资源工作就是要保证各个工作岗位所需人员的供给，保证这些人员具有其岗位所需的技能，即通过培训和开发来缩短及消除企业各职位所要求的技能和员工所具有的能力之间的差距。当然，还可以设计与企业的战略目标相一致的薪酬系统、福利计划、提供更多的培训、为员工设计职业生涯计划等来增强企业人力资本的竞争力，达到扩展人力资本、形成持续竞争优势的目的。

4. 人力资源战略对企业管理工作具有指导作用

人力资源战略可以帮助企业根据市场环境变化与人力资源管理自身的发展，建立适合本企业特点的人力资源管理方法。如根据市场变化确定人力资源的长远供需计划；根据员工期望，建立与企业实际相适应的激励制度；用更科学、先进、合理的方法降低人力成本；根据科学技术的发展趋势，有针对性地对员工进行培训与开发，提高员工的适应能力，以适应未来科学技术发展的要求等。一个适合企业自身发展的人力资源战略可以提升企业人力资源管理水平，提高人力资源质量；可以指导企业的人才建设和人力资源配置，从而使人才效益最大化。将人力资源由社会性资源转变成企业性资源，最终转化为企业的现实劳动力。

可见，人力资源战略是实现企业战略目标，获得企业最大绩效的关键。研究和分析人力资源战略，有利于提升企业自身的竞争力，是达到人力资本储存和扩张的有效途径。人力资源战略在企业实施过程中必须服从企业战略，企业战略形成的实际中也必须积极考虑人力资源因素，二者只有达到相互一致、相互匹配，才能促进企业全面、协调、可持续发展。

(三)人力资源战略的分类

人力资源战略是有关企业人力资源管理的最高层次的纲领性文件，反映了企业对待员工的总体观念、态度和价值观。各个企业对人力资源认识的不同，其人力资源战略会表现出不同的特征，从而分为不同的人力资源战略类型。

1. 美国康奈尔大学戴尔和霍德的分类

根据美国康奈尔大学学者戴尔和霍德的研究，人力资源战略可分为三种：诱引战略、投资战略和参与战略。

(1)诱引战略

这种战略主要通过丰厚的薪酬去引诱和培养人才，从而形成一支稳定的高素质的员工队伍。常用的薪酬制度包括利润分享计划、奖励政策、绩效奖酬、附加福利等。由于薪酬较高，人工成本势必增加。为了控制人工成本，企业在实行高薪酬的诱引战略时，往往要严格控制员工数量，所吸引的也通常是技能高度专业化的员工，招聘和培训的费用相对较低，管理上则采取以单纯利益交换为基础的严密的科学管理模式。

(2)投资战略

这种战略主要是通过聘用数量较多的员工，形成一个备用人才库，以提高企业的灵活性，并储备多种专业技能人才。这种战略注重员工的开发和培训，注意培育良好的劳动关系。在这方面，管理人员担负了较重的责任，确保员工得到所需的资源、培训和支持。采取投资战略的企业的目的是要与员工建立长期的工作关系，故企业十分重视员工，视员工为投资对象，使员工感到有较高的工作保障。

(3)参与战略

这种战略谋求员工有较大的决策参与机会和权力，使员工在工作中有自主权，管理人员更像教练一样为员工提供必要的咨询和帮助。采取这种战略的企业很注重团队建设、自我管理和授权管理。企业在对员工的培训上也比较重视员工的沟通技巧、解决问题的方法、团队工作等。

三种人力资源战略类型的对比见表2-2。

表2-2 康奈尔大学人力资源战略三种类型的比较

特征＼类别	诱引战略	投资战略	参与战略
适用企业	处于激烈竞争环境下、有快速增长需求的企业	实施差别化战略的企业	实行分权和扁平组织结构的企业
实施策略	不自己培养员工，通过丰厚的报酬(高薪酬、优福利)去诱引员工	用自己培养的方式来获取高素质的员工	通过实际工作来培养员工
费用情况	人工成本较高而对员工的培训费用较低	对员工的培训费用较高	投入产出比较高

（续表）

特征 \ 类别	诱引战略	投资战略	参与战略
工作重点	严格控制员工人数，重点诱引高质量的员工，从而形成高素质的员工队伍	对员工的支持、培训和开发	为员工提供咨询和帮助，注重团队建设和授权
企业与员工的关系	主要是金钱关系	雇佣关系，注重培养员工的归属感	互相尊重与平等关系
员工稳定情况	流动率较高	流动率较低	流动率较低
管理方式	主要是泰勒式的科学方式	采用开发式的管理	参与式与自助式管理

2. 斯特雷斯和邓菲的分类

根据斯特雷斯和邓菲的研究，人力资源战略可能因为企业变革程度的不同而采取四种不同的人力资源战略，即家长式战略、发展式战略、任务式战略和转型式战略，如表2-3所示。

表2-3　斯特雷斯和邓菲的人力资源战略分类

企业变革程度	人力资源战略	管理方式
基本稳定，微小调整	家长式人力资源战略	指令式管理为主
循序渐进，不断变革	发展式人力资源战略	咨询式管理为主 指令式管理为辅
局部变革	任务式人力资源战略	指令式管理为主 咨询式管理为辅
整体变革	转型式人力资源战略	指令式管理与 高压式管理并用

（1）家长式人力资源战略

这种战略主要运用于避免变革、寻求稳定的企业，主要采取指令式管理，其主要特点是：

- 集中控制人事的管理；
- 强调秩序和一致性；
- 刚性的内部任免制度；
- 重视操作与监督；
- 人力资源管理的基础是奖惩与协议；
- 注重规范的组织结构与方法。

（2）发展式人力资源战略

当企业处于一个不断发展和变化的经营环境时，为适应环境的变化和发展，企业往往会采用渐进式变革和发展式人力资源战略。发展式人力资源战略的主要特点是：

- 注重发展个人和团队；
- 尽量从内部招聘；
- 大规模的发展和培训计划；
- 运用“内在激励”多于“外在激励”；

- 优先考虑企业的总体发展；
- 强调企业的整体文化；
- 重视绩效管理。

(3)任务式人力资源战略

当企业面对的是局部改革，战略制定采取的是自上而下的指令方式。采取这种战略的企业依赖于有效的管理制度，其主要特点是：

- 非常注重业绩和绩效管理；
- 强调人力资源规划、工作再设计和工作常规检查；
- 注重物质奖励；
- 同时进行企业内部和外部的招聘；
- 开展正规的技能训练；
- 重视战略事业单位的组织文化。

(4)转型式人力资源战略

当企业已完全不能再适应经营环境而陷入危机时，全面改革破在眉睫，此时企业只能采取强制高压式和指令式管理。其主要特点是：

- 企业组织结构进行重大变革，职务全面进行调整；
- 进行裁员，调整员工队伍的结构，缩减开支；
- 从外部招聘骨干人员；
- 对管理人员进行团队训练，建立新的“理念”和“文化”；
- 打破传统习惯，废弃旧的组织文化；
- 建立适应经营环境的新的人力资源系统和机制。

3. 舒勒的分类

舒勒(1989)将人力资源战略分成三种：累积型战略、效用型战略和协助型战略。

(1)累积型战略

这种战略强调用长远的观点看待人力资源管理，注重人才的培训，强调通过甄选来获取人才；以终身雇用为原则，以公平原则来对待员工，在此战略指导下，员工晋升的速度较慢；薪酬是以职务及年功为依据，高层管理者与新员工的工资差距不大。

该战略的基础是建立员工最大化参与技能培训，开发员工的能力、技能和知识，获取员工的最大潜能。

(2)效用型战略

这种战略强调用短期的观点来看待人力资源管理，为员工提供的培训较少。企业职位一有空缺会随时进行填补，采用非终身雇佣制，员工晋升速度较快，采用以个人为基础的薪酬方案，注重员工能力、技能和知识与工作的匹配。

(3)协助型战略

这种战略介于累积型战略和效用型战略之间，要求个人具备技术性的能力，还要在同事间拥有良好的关系。员工知识与能力的提高以自己为主，企业提供协助。

二、企业战略与人力资源战略的整合

企业的人力资源战略派生于和从属于企业的总体战略，要制定有效的人力资源战略就必须明确企业的总战略，并根据企业战略的类型来制定企业人力资源战略。人力资源战略只有很好地切合了企业战略，才能发挥其支持和促进的作用，才能有效满足企业战略对人员数量和质量的要求，有效激励员工，激发员工的主动性、创新性，切实保障企业战略的实现。

(一)企业战略

企业战略(Enterprise Strategy)是企业管理层所制定的“策略规划”，是以企业未来为出发点，旨在为企业寻求和维持持久竞争优势而做出的有关全局的重大筹划与谋略，是企业为自己确定的长远发展目标和任务，以及为实现这一目标而制定的行动路线、方针政策和方法。

总体来讲，企业战略是对企业各种战略的统称，其中既包括竞争战略，也包括营销战略、品牌战略、融资战略、技术开发战略、人才开发战略、资源开发战略等。企业战略虽然有多种，但基本属性是相同的，都是对企业的谋略，都是对企业整体性、长期性、基本性问题的计谋。例如，企业竞争战略是对企业竞争的谋略，是对企业竞争整体性、长期性、基本性问题的计谋；企业营销战略是对企业营销的谋略，是对企业营销整体性、长期性、基本性问题的计谋；企业技术开发战略是对企业技术开发的谋略，是对企业技术开发整体性、长期性、基本性问题的计谋；企业人才战略是对企业人才开发的谋略，是对企业人才开发整体性、长期性、基本性问题的计谋。以此类推，都是一样的。各种企业战略有同也有异，相同的是基本属性，不同的是谋划问题的层次与角度。总之，无论哪个方面的计谋，只要涉及的是企业整体性、长期性、基本性问题，就属于企业战略的范畴。

按照不同的标准，企业战略的分类如表 2-4 所示。

表 2-4　企业战略的分类

分类标准	战略类型	战略要点
基层战略层次的划分	公司战略	整个公司和所有业务的战略
	经营战略	各个业务领域的战略
	职能战略	各个业务领域中各个具体职能单元的战略
基于公司整体方向的划分	增长型战略	扩展公司活动的战略
	稳定型战略	不改变公司现有活动方向性的战略
	缩紧型战略	压缩公司活动水平的战略
	混合型战略	以上三种战略中两种或三者同时使用的战略
基于战略态势的划分	防御者战略	在有限的市场范围内，通过深入开发而提高效率，维持竞争能力的战略
	探索者战略	不断探索新产品、新市场机会的战略
	分析者战略	有稳定的事业和领域，很高的市场占有率，并注意开发或引进有希望的新产品的战略

1. 基于战略层次的划分

斯蒂芬·罗宾斯等学者将战略分为三个层次，即公司战略、经营战略与职能战略。如图 2-5 所示。

(1)公司战略

公司战略描述公司总的方向，主要表明在增长、多种业务和产品种类的管理等方面的态度，决定企业应该选择哪类经营业务，进入哪些领域。

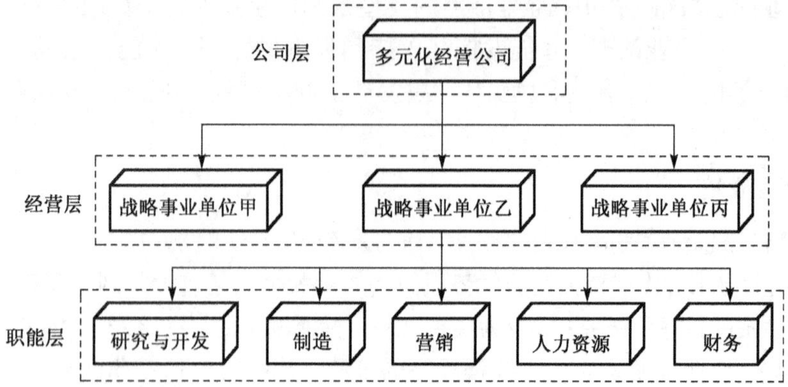

图 2-5　基于战略层次划分的企业战略类型

（2）经营战略

经营战略通常发生在事业部或产品层次上，重点强调公司产品或服务在某个产业或事业部所处的细分市场中竞争地位的提高，包括竞争战略与合作战略。主要涉及如何在选定的领域内与竞争对手开展有效的竞争，关心的主要问题是开发哪些产品或业务，以及这些产品提供给哪些市场，以达到组织的目标，如远期盈利能力和市场增长速度等。

（3）职能战略

职能战略为营销、研发等职能领域所采用，通过最大化资源产出率来实现公司和事业部的战略和目标，主要涉及如何使企业的不同职能，如营销、财务、生产、人力资源等，更好地为各级战略服务，从而提高组织的效率。

2. 基于公司整体方向的划分

从公司整体发展方向来看，公司战略可以分为四大类，即增长型战略、稳定型战略、紧缩型战略和混合型战略。

（1）增长型战略

从企业发展的角度来看，任何成功的企业都应当经历长短不一的增长型战略实施期，因为从本质上说只有增长型战略才能不断地扩大企业规模，使企业从竞争力弱小的小企业发展成为实力雄厚的大企业。

（2）稳定型战略

稳定型战略是指在内外环境的约束下，企业准备在战略规划期使企业的资源分配和经营状况基本保持在目前状态和水平上的战略。按照稳定型战略，企业目前所遵循的经营方向是其正在从事经营的产品和面向的市场领域，企业在其经营领域内所达到的产销规模和市场地位都大致不变，或以较小的幅度增长或减少。

（3）紧缩型战略

紧缩型战略是指企业从目前的战略经营领域和基础水平收缩和撤退，且偏离起点战略较大的一种经营战略。与稳定型战略和增长型战略相比，紧缩型战略是一种消极的发展战略。一般来说，企业实施紧缩型战略只是短期的，其根本目的是使企业挨过低迷期后转向其他的战略选择。有时，只有采取收缩和撤退的措施，才能抵御竞争对手的进攻，避开环境的威胁并迅速地实行自身资源的最优配置。可以说，紧缩型战略是一种以退为进的战略。

(4)混合型战略

混合型战略是稳定型战略、增长型战略和紧缩型战略的组合，事实上，许多有一定规模的企业实行的并不只是一种战略，从长期来看是多种战略的结合使用。从采用情况来看，较大型的企业采用混合型战略的较多，因为大型企业相对来说拥有较多的战略业务单位，这些业务单位很可能分布在完全不同的行业和产业群中，它们所面临的外界环境、所需要的资源条件完全不同，因而若对所有的战略业务单位都采用统一的战略态势，可能会导致由于战略与具体的战略业务单位不一致而使企业的总体效益受到伤害。因此，可以说混合型战略是大型企业在特定历史阶段的必然选择。

3. 基于战略态势的划分

基于战略态势，企业战略可以分为防御者战略、探索者战略和分析者战略。

(1)防御者战略

防御者战略寻求向整体市场中的一个狭窄的细分市场稳定地提供有限的一组产品。在这个有限的细分市场中，防御者拼命奋斗以防止竞争者进入自己的地盘。这种战略倾向于使用标准的经济行为，如以竞争性价格和高质量的产品或服务作为竞争手段。防御者倾向于不受其细分市场以外的发展和变化趋势的诱惑，而是通过市场渗透和有限的产品开发获得成长。经过长期的努力，真正的防御者能够开拓和保持小范围的细分市场，使竞争者难以渗透。

(2)探索者战略

探索者战略追求不断开发新产品，通过捕捉和开发新的市场机会获取竞争优势，其核心能力是新产品开发和市场开拓。采用探索者战略而取得成功的公司追求创新，依靠发现和发掘新产品和新市场机会而获得竞争优势，这一点与防御战略形成对照。探索者战略要求公司具备开发和俯瞰大范围环境条件、变化趋势和实践的能力，因此，灵活性对于该战略的成功十分关键。

(3)分析者战略

分析者战略试图使风险最小化和利润机会最大化，它靠模仿探索者的成功思想而生存。成功地实行这一战略的公司通常是紧跟在比它规模更小但更具创新精神的竞争对手后面，进入竞争对手已证实的市场中，然后推出性能比竞争对手更优越的同类产品。这是一类规避风险同时又能够提供创新产品和服务的企业，它致力于有限的产品和技术，以质量提高为手段，力争超越竞争对手。

采用分析者战略的公司要想取得胜利，必须快速响应那些领先一步的竞争者，同时还必须保持其稳定产品和细分市场的经营效率。而探索者必须保持很高的边际利润率，以平稳风险和补偿他们生产上的低效率。一般情况下，分析者的边际利润低于探索者，但其效率更高。

(二)企业战略与人力资源战略的协调

企业战略是一组企业活动的决策，企业战略目标的实现依赖于一系列功能性战略，而这一系列功能性战略中，人力资源战略最重要。温勒和米切尔指出，人力资源战略与企业战略的协调，可以帮助企业利用市场机会，提升企业的内部组织优势，帮助企业达成战略目标。

1. 与波特的竞争战略相协调的三种人力资源战略

根据波特的理论，各种战略使企业获得竞争优势的三个基本点是：成本领先、差异化和集中化战略。基于波特的竞争理论，戈梅斯(Gomez)和麦加(Mejia)等人提出了与之相匹配的三种人力资源战略。

(1)当企业采用成本领先战略时，主要是通过低成本来获取竞争优势，因此应严格控制成本和加强预算。为了配合低成本的企业战略，此时的人力资源战略强调的是有效性、低成本生产，强调通过合理的高结构化的程序来减少不确定性。在采用成本领先战略时，企业一般采用结果导向的绩效评价办法，并把绩效评价当成控制手段。

(2)当企业采用差异化的竞争战略时，这种战略思想的核心在于通过创造产品或者服务的独特性来获得竞争优势。因此，这种战略的一般特点是具有较强的营销能力，强调产品的设计和研究开发，企业以产品质量著称。此时的人力资源战略则是强调创新性和弹性，形成创造性氛围，采用以团队为基础的培训和评价，差异化的薪酬策略等，在绩效评价时一般采用行为导向的评价方法，并且把绩效评价作为员工发展的手段。

(3)当企业采用集中化的战略时，企业战略的特点是综合了低成本战略和差异化战略，相应的人力资源战略的特点是上述两种人力资源战略的结合。

2. 与迈尔斯和斯诺的企业战略相协调的人力资源战略

迈尔斯(Miles)和斯诺(Snow)将企业战略分为三类：防御者战略、探索者战略和分析者战略。伯德(Baird)和比奇勒(Beechler)认为，对应于企业的防御者战略、探索者战略和分析者战略，企业应当采取与之相匹配的人力资源战略。

(1)当企业采用防御者战略时，与之相对应的人力资源战略是累积者战略。累积者战略是强调最大化的员工投入和员工技能培养，充分发挥员工的最大潜能。

(2)当企业采用探索者战略时，最优的人力资源战略选择是效用者战略。效用者战略是基于极少的员工承诺和高技能的利用，企业将雇用具有目前所需技能且可以马上使用的员工，使员工的能力、技能与知识能够配合特定的工作。

(3)当企业采用分析者战略时，与之相对应的人力资源战略是协助者战略。协助者战略是基于新知识和新技能的创造，鼓励及支持员工能力、技能和知识的自我开发。

第三节　人力资源规划

一、人力资源规划概述

人力资源规划(Human Resource Planning, HRP)是企业建立战略型人力资源管理体系的前瞻性保障，通过对企业人力资源的供需分析，预见人才需求的数量和质量要求，以此确定人力资源工作策略。

从狭义上来讲，人力资源规划是企业从战略规划和发展目标出发，根据其内外部环境的变化，预测企业未来发展对人力资源的需求，以及为满足这种需要所提供人力资源的活动过程。

从广义上来讲，人力资源规划是企业所有各类与人力资源工作相关的规划的总称。

通常，人力资源规划是根据企业的发展规划和发展战略，通过对企业未来的人力资源需要和供给状况的分析及估计，对人力资源的获取、配置、使用、保护等各个环节进行职能性策划，以确保组织在需要的时间和需要的岗位上，获得各种必需的人力资源的规划。

按照人力资源规划的时限划分，人力资源规划分为三种类型：长期人力资源规划、中期人力资源规划和短期人力资源规划。但对具体的时限却没有统一标准。有的企业将短期规划定为3~6个月，将中期规划定为6个月~2年，长期规划则定为2~5年。而有的企业，即使短期规划，也都定在10年以上。显然，具体的规划时限应根据组织的性质、规模来定。

（一）人力资源规划的目标

一般来说，企业进行人力资源规划工作的目标主要有：

1. 得到和保持一定数量具备特定技能、知识结构和能力的人员；
2. 充分利用现有人力资源；
3. 能够预测企业组织中潜在的人员过剩或人力不足；
4. 建设一支训练有素，运作灵活的劳动力队伍，增强企业适应未知环境的能力；
5. 减少企业在关键技术环节对外部招聘的依赖性。

（二）人力资源规划的作用

人力资源规划的主要作用体现在以下几个方面。

1. 应对竞争激烈的市场经济

计划经济体制下的企业人力资源被牢牢地束缚在企业内部某一特定岗位上，除极少数的自然减员和调动以外，人员数量和结构无多大变化。尽管有时企业人力资源结构和数量不合理，但由于计划经济体制下的企业并不追求经济效益，企业也就缺乏优化人力资源数量和结构的动力，因此，企业人力资源规划也就无用武之地。但在市场经济机制中，情况却有了根本的变化，企业发展的各种资源必须依靠市场机制的作用实现合理配置。因此，老企业的倒闭、新企业的诞生成为司空见惯之事。同时，外部劳动力市场的建立，使得人力资源的大量流动也习以为常。为保证企业的运行效率，企业内部必然要进行人力资源的结构调整和优化。这种人力资源数量和结构的剧烈变动，时常将企业原有的人力资源平衡打破。此时，企业若不进行人力资源规划就很难为企业在合适的时间内准备好合适的员工去应付企业所面对的市场经济的激烈竞争。人力资源已成为在市场经济条件下决定企业成败的关键因素，任何一个希望能够在市场经济条件下获得生存和发展的企业，都无法离开科学的企业人力资源规划。

2. 为企业经营战略目标的实现提供必需的人力资源

企业为了实现自己的经营战略目标，需要在企业实现经营战略目标的每个阶段都拥有与完成企业经营战略目标相适应的人力资源。企业人力资源规划就是在战略高度上，根据企业发展的需要对企业人力资源需求提出总体构想和预测；在人力资源发展战略的导向下，企业在未来一定时期内为达到经营战略目标所需的企业人力资源发展规模和结构制定的具体对策。企业人力资源规划包含了企业人力资源发展的宗旨、目标、战略和对策等，目的是使企业人力资源发展与企业的经营战略目标相适应。

企业人力资源规划就是科学地分析、预测企业在不断变化的环境中，人力资源供给和需求的状况，制定必要的政策和措施，以确保企业在需要的时间和需要的岗位上能获得需要的人力资源，使企业经营战略目标得以实现。

3. 对企业人力资源管理起到纲领性的指导作用

企业人力资源规划作为企业人力资源管理中的战略性指导纲领，可以在人力资源管理中发挥重要作用。企业人力资源管理的主要职能有人力资源的晋升、补充、培训、配置和补偿等工作，企业人力资源规划对这些职能管理是从战略的高度进行决策和指导的。人力资源的不同职能管理由各种人力资源活动和项目组成，人力资源规划就是明确和指导这些项目和活动的实施过程，也是制定新政策、决定新的人力资源项目和活动的过程。这些新的人力资源项目和活动是为了保证在未来变化的环境下，人力资源管理系统能有效地运行。即企业人力资源各项管理工作和活动必须在人力资源规划的指导下进行，才能构成一个完整的、协调一致的人力资源管理系统，如图 2-6 所示。

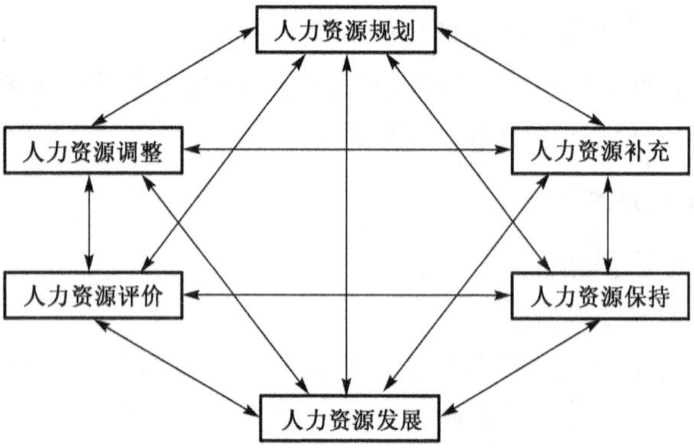

图 2-6　人力资源规划与人力资源管理功能的关系

4. 完成现代企业制度的建设

现代企业人力资源管理制度是现代企业制度建设中的一个关键制度，只有建立、健全现代企业人力资源管理制度的企业才能完成现代企业制度的建设。现代企业人力资源管理制度是指与市场经济要求相适应的，能够促进企业和人力资源双方相互选择，获得最佳经济效益和社会效益的市场化、社会化和法规化的企业人力资源管理制度。在现代企业人力资源管理制度的指导下，实现企业劳动用工市场化、工资增减社会化和劳动争议仲裁法规化。即企业自主用工，劳动者自主择业，企业自主确定工资分配水平，企业实现能者上(干)、庸者下(走)的人力资源聘任制度。总之，在市场经济时代，各种人力资源管理制度、政策和规定都需要由每个企业人力资源管理部门在国家的劳动法等法律框架约束下自行制定和执行。这些制度、政策和规定制定的好坏，影响到企业人力资源的发展和使用效果。也就是说，只有在正确的企业人力资源规划指导下所制定的企业人力资源管理制度、政策和规定才能对现代企业人力资源管理制度的建立提供保障。

5. 加强企业人力资源的开发

企业人力资源是企业发展的重要资源，这一资源的开发主要依靠企业。企业人力资源的开发必须依靠各种人力资源开发的政策体系。没有科学的人力资源发展规划，就无法制定出正确的、全面的、能够促进企业人力资源开发的政策，导致人力资源开发政策要么不符合企业实际状况，无法得到员工的积极支持，要么就是不能满足企业经营战略管理的需要。例如，在人力资源开发政策中，员工晋升政策、培训政策、分配政策和招聘政策对人力资源的开发影响很大，调整也很困难。为了使这些政策的制定正确无误，就需要人力资源规划提供准确的人力资源信息和分析成果。

6. 适应现代管理技术的需要

人力资源管理的任务就是有效地组合劳动力和资源，这种组合的有效性应该在企业的实际运行中一直存在。规划作为管理的基本职能之一，就是为了在未来的企业经营活动中使人力资源和其他资源的组合能够有效地运作。而不同的企业、不同的生产技术条件，对人力资源的数量、质量和结构等方面的需求是不一样的。在后工业社会和知识经济时代，科学技术迅猛发展，企业生产的技术基础也快速变化，这就需要企业对其所拥有的人力资源进行不断调整，以满足在快速发展的技术条件影响下对人力资源的需要或促使企业员工对工作的适应。同时，随着科学技术的变化和企业生产技术的改变，也出现了各种不同的现代管理技术。这些新的现代管理技术对企业人力资源发展提出了新的要求。如果企业不预先进行人力资源规划，不为企业现代管理技术准备好各种所需的人力资源，企业将无法使用这些先进的管理技术，从而不能满足现代科学技术发展的需要。

7. 为企业的重要人事决策提供依据

企业人力资源规划是企业人力资源管理中的战略管理。人力资源规划为检查各项人力资源活动情况及活动效果提供了依据，并成为人力资源政策的具体体现和制定依据。企业人力资源的发展受人力资源管理政策的影响极大，如果不依据企业人力资源发展规划进行人力资源管理政策的制定，所制定出的人力资源管理政策不仅不能够促进企业所需人力资源的开发，而且还会使企业投入大量资金所进行的人力资源开发努力付诸东流。

如果在企业的经营战略实施过程中，不能事先为各个经营阶段提供所需要的人力资源，则企业就有可能出现人力资源短缺或者过剩，影响到企业经营战略的实现和企业生产经营活动的开展，导致企业经营战略的失败。企业发展过程中所需要的人力资源，有普通劳动者和职业劳动者，一般性的普通劳动者可以随时通过劳动力市场获得，或通过对录用人员进行简单培训得到，而对企业生产经营活动或经营战略目标实现发挥关键作用的职业劳动者，则往往无法立即通过劳动力市场或简单的培训来满足企业的急需，这就必须依靠企业人力资源规划的支持。

（三）影响企业人力资源规划的因素

影响企业人力资源规划的主要因素有人口和劳动力队伍的变化、经济发展状况、技术变化、法律和法规的约束、企业发展阶段的影响、职工对工作和职业态度的变化等。

1. 人口和劳动力队伍的变化

人口的变化将导致劳动力供给的变化，这也就意味着企业获得所需要的具有一定劳动技能的人力资源也将发生变化。现在的婴儿，二十年后，就是劳动力队伍的新成员。因此，人口统计数据的变化，对企业长期人力资源规划有着重要的意义。人口统计中的人口总数、劳动适龄人口数量、女性与受过高等教育的人口变化等都是重要的人口信息，这些信息最终将导致企业劳动力队伍和结构的变化。因此，在企业人力资源规划中必须考虑这些因素的影响。

2. 经济发展状况

不同的经济发展状况会对企业人力资源需求产生影响，自然也要对企业人力资源规划加以影响。例如，人力资源流动成本的变化、流动方向的变化、人力资源结构的变化等因素，都会直接影响到企业人力资源规划中的人力资源供给，而这些因素的变化都和经济的发展状况息息相关。经济发展迅速，自然会使人力资源的流入加快，同时，经济的发展将促使国民收入提高，也就会增加人力资源的流动成本。经济发展到一定程度，就需要有一定质量和相应数量的人力资源与之相适应。如果经济发展速度加快，对人力资源数量和结构的需求就会上升；经济发展速度减缓，对人力资源数量需求就会下降，但是对人力资源结构的需求则有可能会继续上升。因此，经济发展状况是企业人力资源规划中必须考虑的一个关键因素。

3. 技术变化

新材料、新资源和新技术在企业中的应用，给企业带来了多方面的变化，这些变化必然导致对企业人力资源需求的改变，且对人力资源质量、数量和结构提出了新的要求。企业常常需要更多掌握新知识的人力资源与技术的变化相适应，这就必然导致企业的人力资源结构调整。在这种人力资源结构的调整中，一方面需要吸纳大批具备新知识的劳动者，另一方面又排斥知识老化的员工。这就是说，由于技术的变化，将使企业的人力资源流动加快，这是在企业人力资源规划中必须考虑的一个重要因素。

4. 法律和法规的约束

为了保护劳动者的权益，政府制定了有关这方面的法律、法规，以保证人力资源活动的正常有序进行。近几年，我国出台的关于平等就业、职业安全与健康、劳动争议、社会保险及劳动法等一系列法律、法规都对企业的人力资源活动起到了规范和约束作用。企业的人力资源规划必须在这些法律、法规框架中进行，忽视这些法律、法规的影响，必将导致人力资源规划制定和实施的失败。

5. 企业发展阶段的影响

企业在不同发展阶段中对人力资源数量和结构的需求是不同的。例如，在企业的成长期，随着业务的增长，企业规模的扩大，对人力资源的数量需求必然增长，对人员的素质要求偏重于开拓性的人力资源；在企业的成熟期，因为业务增长趋于稳定，人力资源的数量增长开始稳定，但是对人力资源的质量需求开始提高，要求有成熟技术的、全面型的人力资源，并要求外来人员能够和企业已经形成的企业文化相适应；在企业发展后期，为保持企业的活力，使企业能够持续发展，常常开始逐步裁减人员，强调人员的经验和资历，对留下来的人员往往通过多次精选才确定。因此，企业在进行人力资源规划时，必须要考虑企业所处的特定发展阶段。只有根据企业不同发展阶段所需人员的不同侧重点制定人力资源规划，才能与企业整体规划和职能规划相协调，促进企业的正常发展。

6. 职工对工作和职业态度的变化

职工对工作和职业的态度反映了社会选择工作的取向和动力，对人力资源的招聘、培训和薪金分配都会产生影响。如果人们的就职取向与企业的招聘岗位一致，则招聘和选择工作会容易些，也易于招聘到合格人员，否则就难以招聘到合适的员工。这样，必须提高薪金吸引人才，或对内部人员进行培训。因此，在人力资源规划中应该注意企业和所需求岗位在社会公众中的吸引力。

此外，企业进行人力资源规划时，所需要考虑的因素还有企业的组织形式、功能配置等。也就是说，需要考虑企业各部门各职能人员总数与企业业务发展关系，受企业财务状况影响的可能限制条件，企业未来的可能变化，企业所在行业的全球性、地区性及地域性的发展趋势，企业本身的中长期经营战略规划，以及同行业中其他企业的组织形式、人员配置组织功能和组织效率等各种因素。

二、人力资源规划的过程

企业人力资源规划的制定实施过程一般分为 6 个步骤：

1. 设立人力资源衡量指标，收集关于人力资源规划的所有信息并进行处理；

2. 进行企业现有人力资源状况和背景分析；

3. 进行企业人力资源需求与供给的预测，即利用合适的预测模型估计企业在某一个时间段内所需要的人员数量和企业内外部可以供给的人力资源数量；

4. 就人力资源供需预测进行分析，确定两者是否平衡，就两者的不平衡状况进行分析，并提出解决问题的对策；

5. 制定企业人力资源总体发展规划和业务规划，业务规划通常包含员工晋升规划、员工培训规划、员工补充规划、员工补偿规划、员工配置规划和员工职业生涯规划等，并对所制定的企业人力资源规划进行评估，评估企业人力资源规划是否与企业经营发展战略相符合，人力资源规划实施后可能带来的后果，人力资源规划的投入与人力资源规划的收益相比较是否合适；

6. 根据人力资源规划的评价结果选择适当的规划，投入具体实施，并在实施过程中进行控制和修正。

在人力资源规划实施后需要对实施结果进行评价，并依据评价结果进入下一阶段的人力资源规划，如图 2-7 所示。这样就可以使企业人力资源规划进入一个延续不断的循环过程，使企业人力资源在这一循环过程中得到持续发展。

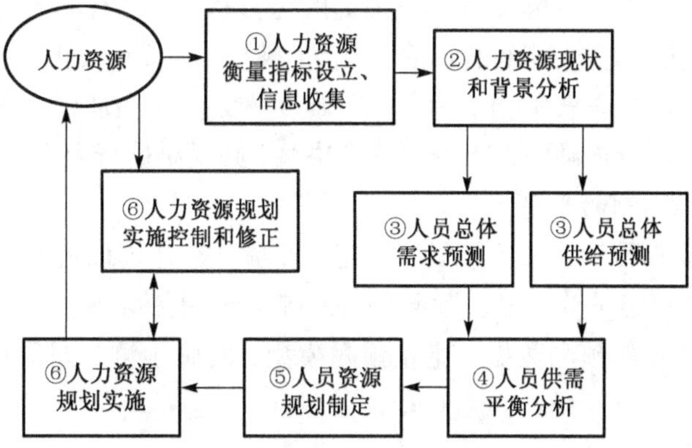

图 2-7　企业人力资源规划的过程

三、人力资源供需预测

企业人力资源预测是企业人力资源规划中的一个重要环节，包含对企业人力资源环境的了解、预测企业未来人力资源需求、预测企业未来人力资源供给、企业人力资源供需平衡分析等内容，如图 2-8 所示。

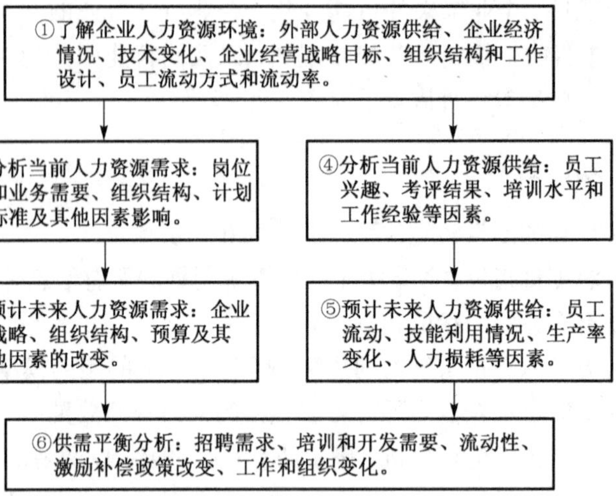

图 2-8　企业人力资源预测过程

由于企业人力资源规划的依据就是企业人力资源需求预测、供给预测和供需平衡分析的结果，因此，企业人力资源需求预测是企业人力资源规划中一个必不可少的环节，它是以企业的战略目标、发展规划和工作任务为出发点，综合考虑各种因素的影响，对企业未来人力资源的数量和质量的需求进行事前估计，是企业人力资源规划的要点，其准确性对人力资源规划的成败起决定性作用。

(一)人力资源需求预测

企业人力资源需求预测是指对企业未来某一段时间内人力资源需求的总量、专业的结构、学历层次结构、专业技术职务结构与技能结构和人力资源的年龄结构等进行事前估计。

由于企业的人力资源需求除受到企业内部的经营状况、已有的人力资源状况等诸多内部因素的影响外，还受到企业外部的政治、经济、科技、教育和文化等多种不可控因素的影响，这就使企业人力资源需求预测更为复杂、难度更大。但在现代企业管理中，要制定合理的人力资源规划，进行正确的人力资源管理决策，必须要进行人力资源需求预测。

1. 人力资源需求预测的步骤

企业人力资源需求预测一般比较复杂，需按步骤、有计划地进行。对企业人力资源需求预测的步骤，一般可以分为：提出预测任务、确定预测任务承担者、预测对象的初步调查、选择预测方法、收集预测数据、建立预测模型、实施预测、评价预测报告，如图 2-9 所示。

(1)提出预测任务

企业人力资源需求预测是一项复杂的系统工程，必须有目的、有系统地按照系统工程方法，有步骤地进行。首先需要提出预测任务。人力资源需求预测任务的提出，可能是由企业最高领导层提出，也可能是由企业人力资源管理部门提出。提出对企业人力资源需求预测的目的是为了应对外部环境和市场竞争对人力资源的需求所提出的挑战，为了完成这一挑战就必须确定企业人力资源的预测范围、预测年度、预测种类和预测对象等具体预测目标。

(2)确定预测任务承担者

有了明确的预测任务就需要由具体的人员或部门来承担，这些人员或部门在一些大型企业可以是专门的研究部门。一些小型企业由于缺乏专职的研究人员，就需要邀请外界有关的科研部门或高等院校研究人员共同进行。不论采用哪种方式，都需要有企业人力资源职能管理部门人员的参加。当然，随着计算机技术的提高和计算机应用在管理工作中的普及，一些复杂的预测问题也有可能由职能管理部门人员来独自解决。

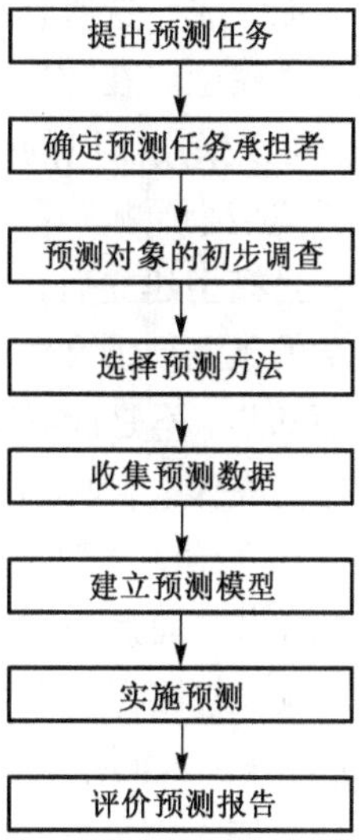

图 2-9 企业人力资源需求预测过程

(3)预测对象的初步调查

当预测任务承担者接受预测任务后，就需要对预测的对象进行初步调查，了解预测中所需要的人力资源和相关的人力资源发展背景信息。通常在预测中需要了解的员工信息主要有：员工的基本情况，如姓名、性别、年龄等；工作情况，如参加工作时间、用工方式、来源等；所工作过的企业和岗位及服务时间与相应的工作评价；技术与能力，如教育状况、培训经历、学习情况、技能资格、工作经验、工作爱好和活动等；背景信息主要有企业发展状况、未来趋势等。在初步调查中还需要掌握企业现有人力资源状况，一般可以通过调查企业结构、工作范围、关键岗位数来了解员工数量。在调查中可以从企业结构和工作分析入手，从下到上估计工作项目的变化和在岗、缺岗情况，估计企业所需要的新岗位、目前岗位的变化、岗位超编情况、负荷过重或过轻岗位及预算等。

(4)选择预测方法

对预测对象与环境有了初步了解以后，就可以确定具体的预测方法。能够用于人力资源需求预测的方法有数百种，预测承担者需要根据预测的任务要求和预测中所遇到的主客观条件，从这些方法中选择既能满足预测要求，又能节约人力、物力和财力的方法。选择预测方法的原则是：如果简单的预测方法能够满足需要，就不必选择复杂的预测方法；如果一般精度的预测方法可以满足预测要求，就不必选择高精度的预测方法。因为高精度的、复杂的预测方法往往需要较高的预测条件和较全面的原始数据。然而，不论选择哪种预测方法，最重要的是必须满足预测要求。在预测中要注意预测工作的科学性和严谨性，决不能随意凑合几个数据，敷衍了事。

(5)收集预测数据

企业人力资源需求预测往往需要大量的人力资源历史数据和环境数据。因此，在确定预测方法以后，就需要完成数据收集工作。

(6)建立预测模型

企业人力资源需求预测是对人力资源这一复杂的系统进行预测，必须基于科学的预测模型才能完成。这些预测模型主要分定性模型和定量模型两大类，每一类型又包含许多具体的不同模型。在建立预测模型时，不仅要注意模型的适用范围和条件，而且在必要的情况下，可以采用不同的模型对同一对象进行预测，对预测结果进行对比分析。

(7)实施预测

一旦模型建立后，就可以实施人力资源预测。预测工作，尤其是定量预测往往需要一些复杂的预测模型和大量的计算工作。因此，许多企业从事人力资源职能管理的人员往往会望而却步，不是放弃对人力资源的预测，就是胡乱应付，拍脑袋出数据，造成人力资源规划工作的失误。因此，在进行人力资源预测时，应该注意利用计算机技术在预测中的应用，以降低建立预测模型和实施预测的复杂性。在预测时还应注意到，对人力资源的预测不是一时的工作，而是一项长期、经常进行的工作。因此，对所建立的预测模型，在成功进行预测后，应该将其保留下来，以备日后的需要。

(8)评价预测报告

在完成人力资源预测实施后，就应该编写预测报告，在报告中需对预测目标、预测方法和预测结果进行详细的叙述，并组织有关专家与职能管理人员对预测报告进行评价。只有经过评价的预测报告才能用于企业人力资源规划。对人力资源预测报告的评价，主要集中在对预测结果的精度、灵敏度和可能性的评价上。预测结果的评价可以由预测人员自我进行，也可以由预测人员与企业内部人力资源管理人员共同进行，或由企业外部的专家进行。只有通过评价并得到认可的企业人力资源预测报告才可以作为企业人力资源规划的依据。

2. 人力资源需求预测的方法

人力资源需求预测一般可分为定性预测法和定量分析预测法两种。

(1)定性方法

常用的人力资源需求定性预测方法有：

① 经验预测法

经验预测法就是企业根据以往的经验对人力资源进行预测的方法，简便易行。采用经验预测法是根据以往的经验进行预测，预测的效果受经验的影响较大。企业在有人员流动的情况下，如晋升、降职、退休或调出等，可以采用与人力资源现状规划结合的方法来制定规划。

② 德尔菲法

德尔菲法又称专家会议预测法，是 20 世纪 40 年代末在美国兰德公司的“思想库”中发展出来的一种主观预测方法。德尔菲法分几轮进行，第一轮要求专家以书面形式提出各自对企业人力资源需求的预测结果，反复几次，直至得出大家都认可的结果。通过这种方法得出的是专家们对某一问题的看法达成一致的结果。

③ 描述法

描述法是人力资源规划人员通过对本企业组织在未来某一时期的有关因素的变化进行描述或假设，并从描述、假设、分析和综合中对未来人力资源的需求进行预测规划。由于这是假定性的描述，因此，人力资源需求就有几种备选方案，目的是适应和应付环境因素的变化。

(2)定量方法

定量分析预测法是利用数学和统计学的方法进行人力资源需求分析预测。常用的、较为简便的方法有以下几种。

① 趋势分析法

趋势预测法是利用企业的历史资料，根据某些因素的变化趋势，预测相应的某段时期人力资源的需求，常用的方法有散点图分析法。散点图分析法首先收集企业在过去几年内人员数量的数据，并根据这些数据做出散点图，把企业经济活动中某种变量与人数间的关系和变化趋势表示出来，如果两者之间存在相关关系，则可以根据企业未来业务活动量的估计值来预测相关人员的需求量，同时，可以用数学方法对其进行修正，使其成为一条平滑的曲线，从该曲线可以估计出未来的变化趋势。趋势预测法在使用时一般都要假设其他的一切因素保持不变或者变化的幅度保持一致，往往忽略了循环波动、季节波动和随机波动等因素。

② 工作负荷预测法

工作负荷预测法是指按照历史数据和工作分析的结果，先计算出某一特定工作每单位时间(如一天)每人的工作负荷(如产量)，然后根据未来的生产量目标(或者劳务目标)计算出所需要完成的总工作量，最后依据前一标准折算出所需要的人力资源数量。这种方法的考虑对象是企业工作总量和完成工作所需要的人力资源数量之间的关系，考虑的是每位员工的工作负荷和企业总体工作量之间的比率。可用公式表示为：

未来每年所需员工数 = 未来每年工作总量/每年每位员工所能完成的工作量

= 未来每年的总工作时数/每年每位员工的工作时数

因此，工作负荷预测法的关键部分是准确预测出企业总的工作量和员工的工作负荷。当企业所处的环境、劳动生产率增长比较稳定的时候，这种预测方法就比较方便，预测效果也比较好。

③ 统计预测法

统计预测法是指根据过去的情况和资料建立数学模型，并由此对未来的趋势做出预测的一种定量的预测方法。常用的方法有比例趋势预测法和线性回归预测法。

比例趋势预测法通过研究历史统计资料中的各种比例关系，例如，部门管理人员与该部门工人之间的比例关系，员工数量与机器设备数量的比率，考虑未来情况的变动，估计预测期内的比例关系，进而预测未来各类员工的需要量。这种方法简单易行，关键在于历史资料的准确性和对未来情况变动的估计。

一元线性回归分析，又称简单的单变量预测模型。在进行人力资源需要预测时，如果只考虑一种因素对人力资源需求的影响，例如企业的市场规模，而忽略其他因素的影响，就可以采用一元线性回归预测法；如果考虑两个或者两个以上因素对人力资源需求的影响，则需要运用多元线性回归预测法；如果其中某一影响因素与人力资源需求量之间的关系不是直线相关的线性关系，那么就需要用非线性回归法来预测。

(二)人力资源供给预测

在制定企业人力资源规划前，除了要进行企业人力资源需求预测外，还需要对企业人力资源的供给进行预测。只有在正确进行企业人力资源需求预测和供给预测的基础上，才能对企业所需的人力资源和能够供给的人力资源进行正确评价，这样才能判断企业人力资源的需求与供给两方面是否能够达成平衡，才能进一步对如何达成平衡进行规划，从而保证企业人力资源规划是建立在正确的人力资源供需基础上的。

1.人力资源供给预测的步骤

企业人力资源供给预测是一个比较复杂的过程，它的步骤呈现出多样化特征，一般情况下企业的人力资源供给预测可以采取这样一些步骤：

步骤1：对企业现有的人力资源进行盘点，了解企业人力资源现状。

步骤2：分析企业的职务调整政策和历史员工调整数据，统计出员工历史调整统计数据。

步骤3：向各部门的人事决策者了解可能出现的人事调整情况。

步骤4：将步骤2和步骤3的情况汇总，得出企业内部人力资源供给预测情况。

步骤5：分析影响外部人力资源供给的地域性因素，包括：

- 企业所在地区的人力资源整体现状；
- 企业所在地区的有效人力资源供求现状；
- 企业所在地区对人力资源的吸引程度；
- 企业薪酬对所在地区人力资源的吸引程度；
- 企业能够提供的各种福利对当地人力资源的吸引程度；
- 企业本身对人力资源的吸引程度。

步骤6：分析影响外部人力资源供给的全国性因素，包括：

- 与企业所需专业相关的全国大学生毕业人数及分配情况；
- 国家在就业方面的法规和政策；
- 该行业全国范围内的人力资源供需状况；
- 全国范围内从业人员的薪酬水平和差异。

步骤7：根据步骤5和步骤6的分析，得出企业外部人力资源供给预测。

步骤8：将企业内部人力资源供给预测和企业外部人力资源供给预测汇总，得出企业人力资源供给预测。

2.人力资源供给预测的方法

企业人力资源供给从来源来看主要分为外部与内部两个方面。因此，常用的人力资源供给预测方法又分为外部供给预测和内部供给预测。

(1)外部人力资源供给预测

企业外部人力资源供给预测主要是预计企业外部未来可能提供的人力资源供给数量和结构，以确定企业在今后一段时间内能够获取的人力资源供给量。

分析外部人力资源供给，主要在于了解企业外部人力资源状况所提供的机会和造成的威胁。对于组织外部人力资源供给预测，以下因素需要予以考虑：

① 企业所在地区的人力资源现状

包括人力资源的整体情况，尤其是有效的人力资源情况，例如，企业需要哪一类型的人力资源？这一类型人力资源的市场供给情况如何？别的企业对这一类型人力资源的需求如何？通过对地区人力资源供给情况的了解，使企业了解本企业所需要的人力资源是否能够从外部获取？从外部获取的难易程度如何？

② 企业所在地区对人力资源的吸引程度

一个对人力资源具有强大吸引力的地区能为企业提供充沛的外部人力资源。一般主要分析企业所在地对人力资源的各种吸引因素，例如，企业所在地区的居住环境怎样？企业所在地区的地域文化怎样？在企业所在地区工作是否具有安全感？企业所在地区对各类人力资源是否具有包容性？

③ 企业自身的吸引程度

企业自身对人力资源的吸引力是企业能否获取充沛人力资源补充的根本原因。影响企业吸引外部人力资源的因素有：企业薪酬对人力资源的吸引程度如何？企业能够提供的各种福利对人力资源的吸引程度如何？员工在企业工作的发展前景如何？企业发展目标是否与员工个人发展目标统一？

④ 预期经济增长

预期经济增长主要考虑的是企业所在行业的经济增长情况。如果预计行业经济增长率将提高，那么其他相关企业对相关人力资源的需求会增加，这将导致企业相关人力资源的供给减少。

⑤ 预期失业率

主要通过预期失业率来了解本企业可以从劳动力市场获取人力资源补充的情况，一般情况下，失业率越低，人力资源供给越少。预期失业率与经济增长率紧密相关，这些信息可以参考各类统计资料和专家对经济形势的预测。

⑥ 全国范围的劳动力市场状况

包括该行业全国范围内的人力资源供需状况；国家关于该类职业在就业方面的法规和政策；全国范围内该职业从业人员的薪酬水平和差异；全国相关专业的大学生毕业人数及分配情况等。这些因素直接影响到企业可以从劳动力市场获取的人力资源数量与质量。

⑦ 政府的政策法规

企业人力资源供应预测千万不能忽视政府政策法规的影响，企业外部人力资源的供给或多或少地会受到企业所在地政府有关政策的限制。各地政府为了各自经济的发展，保护本地劳动力的就业机会，都会颁布一些相关的政策法规。例如，禁止外国劳动力无序进入本国劳动力市场；防止外地劳动力盲目进入本地劳动力市场；不准歧视妇女就业；保护残疾人就业；严禁童工就业；员工安全保护法规；从事危险工种保护条例等。这些法律法规是进行企业进行外部人力资源供给预测中必须考虑的因素。

⑧ 劳动力市场发育程度

劳动力市场发育状况，对企业劳动力外部供给预测影响很大。发育良好的劳动力市场有利于劳动力的自由流动，并能形成由市场工资率引导劳动力合理流动的机制。但此时，对市场供给的人力资源总量和结构的预测将十分困难，因为这需要对全国各地劳动力市场的状况能够及时、详细地了解，而在尚未建成全国统一的劳动力市场信息系统时，很难完成全国劳动力市场的信息收集工作。

（2）内部人力资源供给预测

分析内部人力资源供给，主要是了解企业内部人力资源的优劣势，除分析现状外，也要预测未来的状况。分析内部人力资源供给，可以从企业的人员编制表开始，来了解包括企业的不同职位在任者、现有空缺，甚至是未来可能出现的空缺等情况。

常用的内部人力资源供给预测方法主要有：

① 员工基本能力情况调查表

员工基本能力情况调查表是用来反映员工基本能力情况的表格，见表2-5，这些基本能力情况主要包括员工的培训背景、工作经历、持有的证书、已经通过的考试、主管的能力评价等。员工基本能力情况调查表真实地反映了企业人力资源供给基本情况，可以用来帮助人力资源规划人员估计现有员工调换工作岗位的可能性大小，决定有哪些员工可以补充到空缺岗位中。企业人力资源规划不仅要保证为空缺的工作岗位提供相应数量的员工，同时还要保证每个空缺都有合适的人员来补充。因此，建立员工基本工作能力与职业发展动向的基本记录是十分重要的，在这些记录中应该反映出那些基层操作员工的技能和管理人员的管理能力种类及所达到的水平，并且包含他们所希望的发展职位或岗位的方向及愿意接受的进一步培训。

表2-5　员工基本情况调查表

<table>
<tr><td rowspan="4">个人数据</td><td>姓名</td><td>出生年月</td><td>到职日期</td><td colspan="2">填表日期</td></tr>
<tr><td></td><td></td><td></td><td colspan="2"></td></tr>
<tr><td>工作职称</td><td>部门</td><td>科室</td><td colspan="2">工作地点</td></tr>
<tr><td></td><td></td><td></td><td colspan="2"></td></tr>
<tr><td rowspan="2">教育背景</td><td>学位种类</td><td>毕业时间</td><td>学校</td><td colspan="2">专业</td></tr>
<tr><td></td><td></td><td></td><td colspan="2"></td></tr>
<tr><td rowspan="2">工作经历</td><td>工作单位</td><td>起止日期</td><td>担任何种工作</td><td colspan="2"></td></tr>
<tr><td></td><td></td><td></td><td colspan="2"></td></tr>
<tr><td rowspan="2">培训经历</td><td>培训主题</td><td>培训时间</td><td>培训机构</td><td colspan="2"></td></tr>
<tr><td></td><td></td><td></td><td colspan="2"></td></tr>
<tr><td rowspan="2">技能</td><td>技能种类</td><td>证书</td><td></td><td colspan="2"></td></tr>
<tr><td></td><td></td><td></td><td colspan="2"></td></tr>
<tr><td rowspan="3">志向</td><td colspan="3">是否愿意到其他部门工作？</td><td>是</td><td>否</td></tr>
<tr><td colspan="3">是否愿意担任其他类型的工作？</td><td>是</td><td>否</td></tr>
<tr><td colspan="3">是否愿意接受工作轮换以丰富工作经验？</td><td>是</td><td>否</td></tr>
<tr><td rowspan="2">需要接受何种培训</td><td colspan="5">改善目前的技能和绩效</td></tr>
<tr><td colspan="5">提高晋升所需的经验和能力</td></tr>
<tr><td>愿意接受何种指派</td><td colspan="5"></td></tr>
</table>

② 人员接替模型

在企业人力资源管理中，为了对一些岗位出现的空缺能够及时进行补充，或者能够有意识地为不同的岗位准备接替人力资源，常常需要对一些重要的岗位设计岗位接替模型，如图2-10所示。岗位接替模型表明了每个不同岗位的接替状况，它记录了每个接替人员的能力、工作经历、工作绩效和所需要改进之处等内容。由此可以用来确定每个关键职位的接替人选，评价接替人选目前的工作情况，以及是否达到了提升的要求。例如，从图2-10中可以看到，现任公司总经理是林云，接替他的人选主要有李纹和王海两人。至于由谁来接替，还需要根据两人的经历、能力、业绩以及存在的缺陷等因素进行对比以后才能判断。如果李纹接替了总经理一职，就需要有人来接替李纹提升以后所空缺的销售副总经理一职。而可以接替销售副总经理的人选有郑岭和万飞两人。利用这种企业岗位接替模型可以有条不紊地实现企业关键岗位的人员接替。

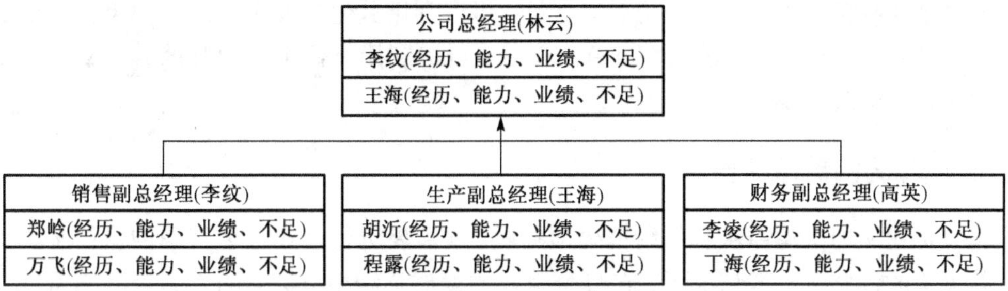

图 2-10　企业人力资源需求预测过程

企业岗位接替模型主要用于确认特定职位的内部候选人。建立岗位接替模型的关键，首先是根据岗位分析的信息，明确不同岗位对员工的具体要求；然后确定一位或几位较易达到这一岗位要求的候选人，或者确定哪位员工具有潜力，经过培训后可以胜任这一工作；最后，再把各岗位的候补人员情况与员工的职业发展生涯计划综合起来考虑，协调好员工生涯发展计划与不同岗位接替之间的关系。

③ 马尔科夫转移矩阵

企业内部的人力资源供给是指依靠企业的人员培训、调配等措施来填补企业的人力资源需求缺口。因此，对企业内部人力资源的供给预测，实际上就是对企业人力资源在当前状况下，依据企业人力资源自身发展规律在今后某一阶段可能达到状况的预测。在企业内部人力资源供给预测中，常用马尔科夫模型来预测各个层次或各种类型人员的未来分布情况。马尔科夫模型假定：在给定时期内从低一层次向高一层次的转移人数，或从某一类型向另一类型转移的人数是起始时刻低层次总人数或某一类型总人数的一个比例，这个比例称为人员转移率。一旦企业各个层次的人数或某种类型的人数及其相应的转移率已经确定，那么企业未来的人员层次分布或类型分布的情况也就确定了。如果已经获取了对企业未来人员所需要的总数及结构状况的预测，则企业未来的人员短缺情况也就可以确定，即有：

$$n_i(t) = \sum_{j=1}^{k} n_i(t-1) \cdot P_{ij} + r_i(t)$$

其中，$n_i(t)$——t 时刻 i 类的人数；

P_{ij}——从 j 类向 i 类转移的转移率；

$r_i(t)$——在时间$(t-1,\ t)$内 i 类所补充的人数；

k——工作分类数；

$i,j=1,2,\cdots,k$。

则在$(t-1,\ t)$时间段内，各人力资源层次补充人数的行向量为：

$$P = \begin{pmatrix} P_{11} & P_{12}\cdots & P_{1k} \\ P_{21} & P_{22}\cdots & P_{2k} \\ \vdots & \vdots & \vdots \\ P_{k1} & P_{k2}\cdots & P_{kk} \end{pmatrix}$$

如果企业缺乏某些人员的历史转移数据，可以利用其他类似企业的同类型人员的数据替代，或用本企业类似人员的数据计算。例如，可以利用企业中工程师的转移概率来估计高级工程师的转移概率。

四、企业人员供需平衡分析

完成企业人力资源需求和供给情况预测后，就需要进行企业人力资源的供需平衡评估与供需失衡的调整。一般情况下，在整个企业的发展过程中，企业的人力资源不可能自然地处于供求平衡状态。实际上，企业始终处于人力资源的供需失衡状态，大体有供给不足、结构失衡和供大于求等三种情况，如表 2-6 所示。

表 2-6　企业发展不同阶段的人力资源供需状态

企业发展状态	企业人力资源表现状况	企业人力资源供需状况
扩展时期	人力资源需求旺盛，供不应求。	供给不足
稳定时期	人力资源数量稳定，有退休、离职、晋升、降职、职位调整、补充空缺等情况。	结构失衡
衰退时期	人力资源需求量小，离职人员多于补充人员。	供大于求

人力资源供需平衡是企业人力资源规划的目的，前面章节所介绍的人力资源需求预测和人力资源供给预测都是围绕着人力资源供需平衡展开的。通过人力资源的平衡过程，企业才能有效地提高人力资源利用率，降低人力资源成本，从而最终实现企业发展目标。

企业的人力资源供需平衡就是企业通过增员、减员、人员结构调整、人员培训等措施，使企业人力资源的供需从不相等达到相等的状态。

按照企业发展的目标，各个岗位、各种职务的需求是有所不同的，一般情况下，主要出现供求平衡、供不应求、供过于求和结构失衡的情况。企业的人力资源供求平衡是指企业人力资源需求与人力资源供给相等；企业的人力资源供不应求是指人力资源需求大于人力资源供给；企业的人力资源供过于求是指人力资源需求小于人力资源供给；企业的人力资源结构失衡是指某些类型人员供不应求，而其他一些类型人员又供过于求。

企业人力资源的供不应求、供过于求和结构失衡是在企业人力资源规划中需要解决的人力资源失衡问题。根据这些人力资源供求不平衡的不同状态，可采用不同的调整方法。

（一）企业人力资源供不应求的调整方法

当企业出现职位空缺时，不论是从内部选拔还是从外部招聘，都各有利弊。内部选拔是指员工的能力得到充分证实后，被委以更高职务，需要承担更大的责任。外部招聘的方法则是最常用的人力资源供不应求的调整方法，当企业生产工人或技术人员供不应求时，从外部招聘可以较快地得到熟练的员工，及时满足企业生产的需要。但是，如果依靠从外部招聘管理人员来解决关键岗位员工短缺，由于这些从外部招聘来的人员需要一段时间用于熟悉企业内部情况，故见效较慢。因此，在调整关键岗位员工的时候，如果企业有内部调整、人员晋升等计划，则应该优先考虑启动这些计划，其次才考虑外部招聘。

1. 企业人力资源失衡的内部调整

企业人力资源失衡的内部调整方法有：企业人力资源的内部招聘、聘用临时工、延长工作时间、内部晋升、管理人员接替计划、技能培训、扩大工作范围、提高技术改革水平和返聘等。

(1)企业人力资源的内部招聘

内部招聘是指当企业出现职务空缺时，从企业内部调整员工到该岗位，以弥补空缺的职位。内部招聘可以节约企业的招聘成本，丰富员工的工作内容，提高员工的工作兴趣。但对于比较复杂的工作，内部招聘的员工可能需要一段时间的培训。

(2)聘用临时工

聘用临时工是企业从外部招聘员工的一种特殊形式。聘用临时工可以减少企业的福利开支，而且临时工的用工形式比较灵活，企业在不需要员工的时候，可以随时与之解除劳动关系。当企业产品季节性比较强或企业临时进行专项生产时，采取临时招聘的方式比较合适。例如，季节性生产比较强的企业在产品销售旺季招收临时性生产工人，而在销售淡季与之解除劳动关系。

(3)延长工作时间

延长工作时间也称为加班制，在企业工作量临时增加时，可以考虑延长工人的工作时间。延长工作时间具备聘用临时工的优点，节约福利开支，减少招聘成本，而且可以保证工作质量。但长期延长工作时间会降低员工的工作质量，而且延长工作时间也受到政府政策法规的限制。

(4)内部晋升

当较高层次的职务出现空缺时，有内部晋升和外部招聘两种手段，企业一般优先考虑提拔企业内部员工。因为在许多企业里，内部晋升是员工职业生涯规划的重要内容，对员工有较大的激励作用，而且内部员工比较了解企业的情况，比外部招聘人员能够更快适应工作环境、提高工作效率，同时也节省了外部招聘成本。不过，如果企业缺乏活力，可以考虑从外部招聘人员。

(5)管理人员接替计划

管理人员接替计划的具体做法就是按照岗位接替模型，由人力资源部门对企业的每位管理人员进行详细调查，并确定哪些人有权利升迁至更高层的位置，然后制定相应的企业岗位接替模型，列出企业重要管理岗位可以替换的人选。

(6)技能培训

对公司现有员工进行必要的技能培训，使之不仅能适应当前的工作，还能适应更高层的工作，这样，就为内部晋升政策的有效实施提供了保障。如果企业即将出现经营转型，企业应该及时对员工进行新的工作知识和工作技能培训，以保证企业在转型后，原有的员工能够符合职务任职资格的要求。这一措施的最大好处是防止了企业的冗员现象并保持企业人力资源队伍的稳定。

(7)扩大工作范围

当企业某类员工紧缺，在人力资源市场上又难以招聘到相应的员工时，可以通过修改职务说明书，扩大员工的工作范围或责任范围，从而达到增加企业工作量的目的。此时需要注意的是，扩大工作范围必须与提高待遇相对应，不然会造成员工的不满情绪，影响企业的生产活动。扩大工作范围可以与企业的业务流程再造结合使用，在调整过程中，利用先进的管理技术或操作技术在扩大员工工作责任的同时减轻员工的工作量。

(8)提高技术改革水平

当市场工资上升时，企业可以考虑提高技术含量，以降低企业对人力资源的需求，即采取各种激励措施，鼓励员工对自身工作岗位进行各种技术改革，提高岗位的技术含量，以解决人力资源的供不应求。当然，提高技术改革水平还需与员工技术培训相结合。

(9)返聘

在企业急缺人员，或企业需要某些退休员工来支持工作时，可以考虑对退休或即将退休的员工进行返聘。

2. 企业人力资源失衡的外部调整

企业人力资源失衡的外部调整方法主要是进行外部招聘。

外部招聘是根据一定的标准和程序，从企业外部的众多候选人中选拔符合空缺职位工作要求的人员。外部招聘的人员具有“外来优势”。所谓“外来优势”，主要是指被聘者没有“历史包袱”，大家只知其目前的工作能力和实绩，而对其历史、特别是职业生涯中的失败记录知之甚少。因此，如果他确有工作能力，便可迅速打开局面。相反，如果从内部提升，部下可能对新上司在成长过程中的失败教训有着非常深刻的印象，从而可能影响后者大胆地放手工作。此外，外聘人员的最大局限莫过于对内部员工的打击。大多数员工都希望在企业中有不断发展的机会，都希望能够担任越来越重要的工作。如果企业经常从外部招聘管理人员，且形成制度和习惯，则会堵死内部员工的升迁之路，从而挫伤他们的工作积极性，影响他们的士气，同时，有才华、有潜力的外部人力资源在了解到这种情况后也不敢应聘，因为一旦应聘，虽然在企业中的起点很高，但今后提升的希望却很小。

(二)企业人力资源供过于求的调整方法

当预测企业人力资源供给大于人力资源需求时，通常采用提前退休、减少人员补充、增加无薪假期和裁员等措施来保证企业的人力资源供求平衡。

1. 提前退休

企业可以适当放宽退休的年龄和条件限制，促使更多的员工提前退休。如果退休条件有足够的吸引力，会有更多的员工愿意接受提前退休。提前退休使企业比较容易减少员工，但企业也会因此背上比较重的包袱，而且提前退休也受到政府政策法规的限制。

2. 减少人员补充

减少人员补充是人力资源供过于求时最常用的方式。当企业出现员工退休、离职等情况时，对空闲岗位不进行人员补充，这样做可以通过不紧张的气氛减少企业内部的人员供给，从而达到人力资源供求平衡。但采取减少人员补充的方式往往数量有限，而且难以从外界获取企业所需要的员工。

3. 增加无薪假期

当企业出现短期人力资源过剩的情况时，采取增加无薪假期的方法比较适合，这样做可以使企业暂时减轻财政上的负担，而且可以避免企业需要员工时再从外部招聘。

4. 裁员

裁员是一种没有办法的办法，但是这种方式相当有效。企业进行裁员时，要制定优厚的裁员政策，如为被裁减者发放优厚的失业金等。一般应裁减那些主动希望离职的员工和工作考评成绩较低的员工。由于裁员会降低员工对企业的信心，挫伤员工的积极性，而且被裁减的员工有时会做出诋毁企业形象的行为，所以企业采取裁员对策之前一定要慎重考虑。

（三）企业人力资源结构失衡的调整方法

实际上，在制定人力资源平衡措施的过程中，不可能是单一的供不应求或供过于求，企业人力资源往往出现结构失衡。可能是高层次人员供不应求，而低层次人员供过于求。企业应该根据具体情况，对供不应求和供过于求的员工采用相应的调整方法，制订出合理的人力资源规划，使各部门人力资源在数量和结构等方面达到协调平衡。需要注意的是，如果企业不是缺乏活力，应以内部调整为主，把某类富余职工调整到需要人员的岗位上；如果企业组织比较僵化，则应招聘一些外部员工，给企业带来新的生产技术和新的管理措施等，这时应以外部调整为主。

人力资源结构失衡的调整通常是两种调整方法的综合运用，即对那些富余专业、富余类型的人力资源采取供过于求的调整方法；而对那些急需专业、急需类型的人力资源采取供不应求的调整方法。

应用与训练

某公司新设一条生产线，包括A、B、C、D四类工作，已知这四类工作所需的标准任务时间分别为0.5，1.2，0.8，1.6（小时/件）。假设每位员工每年工作小时数为1600小时，且都可胜任这四类工作，在估计未来三年每一类工作所需工作产量的基础上，预测未来操作所需的最低人力数，完成下表：

工作（单位：件）	第一年	第二年	第三年
A	11 000	12 000	13 000
B	95 000	96 000	97 000
C	26 000	36 000	46 000
D	30 000	40 000	50 000
人员需求数			

思考与练习

1. 战略性人力资源管理与传统人事管理有什么不同？
2. 企业战略与人力资源战略的关系是什么？如何整合？
3. 人力资源规划的过程包含哪些主要环节？

拓展阅读

福特六和的人力资源部门在其竞争优势中的作用[①]

1903年，福特企业成立之初，原本只是底特律的一家小工厂，凭借杰出的设计和制造能力，在1915年突破了百万的生产量，成为全球汽车主要供应商之一。现在，福特汽车更是销售遍及26个国家，成为全球第二大制造商。

鉴于中国台湾市场的惊人潜力，福特汽车早在20世纪70年代就极力争取在中国台湾发展的机会，而在经过实地评估之后，位于中坜六和的汽车公司成为福特汽车合作的最佳伙伴。1972年11月20日，六和汽车与福特集团在美国密西根州福特总部正式签署合作协定，并于同年12月1日成立“福特六和汽车股份有限公司”，员工人数1828人，营业项目包括各种汽车、引擎、发动机的制造及销售各种汽车零件；汽车相关产品的进出口贸易及国内销售业务；汽车相关产品的代理委托投标、报价及销售；与汽车相关的计算机软件的开发、设计、维护及技术咨询顾问业务。公司人力资源部的组织结构如下：

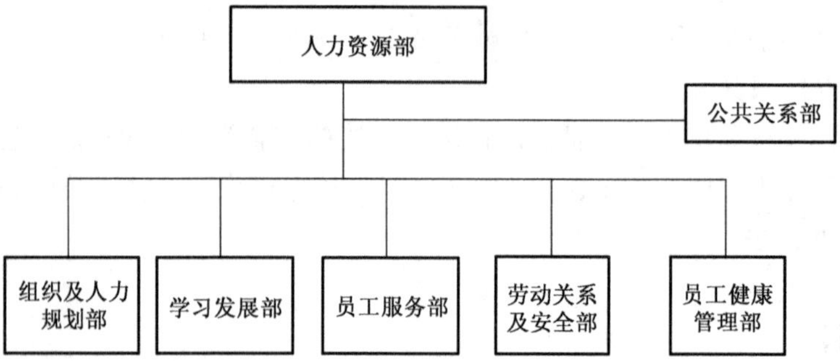

人力资源管理如何在企业中发挥影响力，下面进行详述。

1. 管理阶层共同制定与执行人力资源政策

人力资源管理政策与组织目标紧密连接；制订策略者即实施政策者，要对政策负责。人力资源参与和制订策略的过程可由下图表示：

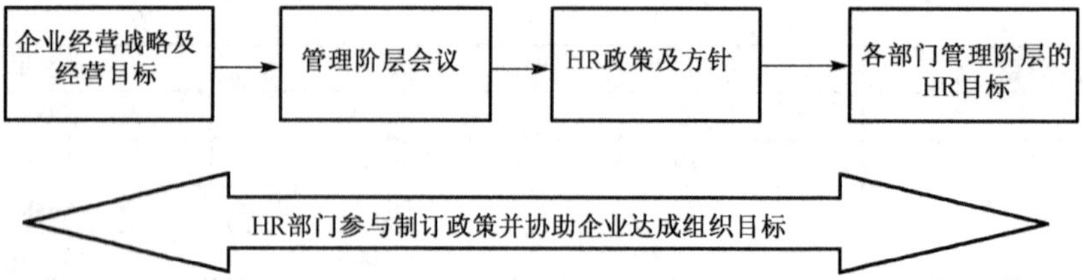

2. 人力资源绩效评估具体化

人力资源管理管理者强调，评估经过人力资源管理实施与服务所能展现的品质与效率非常重要。管理人员对与人力相关的绩效负责，采用平衡计分卡的方法。肯定组织中人力资源的价值，认同并给予人力资源管理部门确切的角色，以管理公司的人力资源。

---

① 文跃然. 人力资源战略与规划[M]. 上海：复旦大学出版社，2007.

3. 人力资源管理者的领导风格

公司的副总认为，人力资源也需要包装，领导者心中需要有一个愿景，要主动提升自己的层次，由于人力资源部门对于公司来说并不是一个赚钱的部门，无法创造利润，因此更要有危机意识，并且要主动发挥影响力，而非被动地等待机会。很多人认为，人力资源部门是一个常识性部门，进入门槛很低，但是要把它经营得很专业，是一门学问也是一项很大的挑战。

4. 人力资源部门的定位

福特的人力资源管理者直接报告给总经理，和其他一级主管的地位平行，并一起参与公司的营运会议及拟定营运方针。有别于一些隶属于管理部门内的人事单位，福特原有的体制就比别人好，相对地，他所能够发挥得空间也比较大。公司的经理提到，福特的人力资源专员是公司的战略伙伴，并由下而上，从基层员工到公司总经理一层一层去发挥影响。人力资源的各项活动和计划要直接与公司的目标和策略相联系，人力资源部门才能发挥功用。人力资源不是支持的角色，而是有主导公司战略的视野与雄心。这种想法不只是人力资源的管理者才有，而是整个人力资源部门的人都要有。

5. 人力资源在六个标准差中所发挥的功能与角色

“品质第一，顾客满意”是福特六和一项追求的品质境界，身为汽车制造业的一员，福特六和相当清楚高品质的重要性。目前，福特六和公司采取六个标准差的管理手法，带领企业变革，同时展现出了高品质的成效。面对公司最为重要的六个标准差的推动，人力资源部门相当了解六个标准差对人力资源部门的影响，以及部门如何从顾客满意角度出发，并调整战略和策略，此外，也在企业内推动六个标准差而扮演的不同的角色，包括提供全面而系统性的人力资源整体规划与训练，提升人力资源素质；促进组织变革，扮演支援服务与宣导的角色；对 HR 部门而言，则必须掌握内部顾客满意度等。HR 学习并应运用六个标准差管理手法，对人力政策和战略大有裨益。

6. E- HR 发挥强大功能

(1)研发能协同创造价值的系统，建立竞争优势

良好地执行人力资源工作是人力资源部门发挥影响力的基础。要使人力资源的工作得到良好的执行，人力资源部门要拥有最佳的人力资源执行实力，即最佳的任用制度，最好的教育训练计划，最佳的绩效评估与奖励体系。人力资源政策的有效执行才能为公司创造价值，对人力资源而言，发展一组能协同创造价值的系统，把原本各自独立的功能如任用、教育训练、绩效评估、薪酬等透过 E- HR 系统形成相互关联且高度依存的系统，以整合不同的人力资源业务在执行时不致于产生冲突。

(2)人力资源功能无所不在

福特六和有二千多名员工，其中一千多名分布在不同的厂区，企业所提供的 E- HR 系统，整合人力资源相关政策咨询，及其他企业内部咨询的界面与沟通渠道，它就像是 24 小时不打烊的便利商店，全年无休息地提供给员工咨询和服务，大大拉近员工与人力资源部门的距离，时时感受到人力资源无所不在。

(3)创造良好互动

为了能够让每一名员工都能及时了解公司内外的重要信息，福特六和在办公室及车厂区设置了“内部沟通视觉系统”，全天候进行播放。这些有形的良好的互动，大大改善了公司工作环境，使工作变得更有效率，更有成就感。

7. 创意

人力资源不要过于死板，而要有创意。如福特在重新定位品牌是，福特对外有一系列性质相似的活动，对外是“获得精彩”，对内是“精彩生活”。“精彩生活”的诉求对象，从买车的消费者转变为福特六和合内部员工。

8. 人力资源目前面对的挑战

(1)挑战的极限

挑战再挑战！在屡次被评选为“亚洲最佳雇主”的福特六和，人力资源部的高级主管不单只是思考如何达到目标，还要对公司未来的人力资源规划提出策略，设定未来目标，以继续维持这种盛誉。

(2)信息化后人力资源的冲击

信息化后大大减少了人力资源部门的行政事务，过剩的人力资源如何处理，是一项重要的课题。

(3)人力资源士气

人力资源成员每个年龄阶层的工作态度与学习意愿都有些差异，特别是要转变年纪较大的员工的思想观念不是一件容易的事情。

(4)培养女性主管

福特的公司文化很重视员工的多元化，但是目前人力资源的女性主管不多。从重视多元化的角度看，应该再多培养些女性主管。

思考

请结合人力资源战略与规划的相关知识，分析福特六和的人力资源部门在其竞争优势中发挥了怎样的作用?

参考文献

[1] Miller D. The genesis of configuration[J]. Academy of Management Review, 1987(12): 686-701.

[2] Wright P M & McMahan G C. Theoretical perspective for strategic HRM[J]. Journal of Management, 1992(18): 295-320.

[3] Schuler R S. Strategic human resource management: linking the people with the strategic needs of the business. Organizational Dynamics[J], Summer, 1992: 18-31.

[4] 陈维政，余凯成，程文文. 人力资源管理与开发高级教程. 北京：高等教育出版社，2004.

[5] 罗碧华，李昱，谭谊. 人力资源管理理论与实务. 长沙：湖南大学出版社，2008. 8.

[6] 文跃然. 人力资源战略与规划. 上海：复旦大学出版社，2007.

第三章
工作分析与工作评价

案例导入

A 公司的岗位职责说明

A 公司是一家大型的家用电器集团公司。由于近年来公司发展过于迅速，人员飞速增加，因此许多问题也逐渐暴露出来。表现比较突出的就是岗位职责不清，有的事情没有人管，有的事情大家都在管，而且时常发生推诿扯皮的现象。现在公司使用的岗位职责说明已经是几年前的版本了，可实际情况却已经发生了很大变化，因此根本就无法起到指导工作的作用。由于没有清晰的岗位职责，因此各个岗位上的用人标准也比较模糊。这样，人员的招聘、选拔、提升等就全凭领导的主观意见了；公司的薪酬体系也无法与岗位价值相对等。员工在这些方面意见很大，士气也有所下降。最近，公司进行了一系列重组工作，年轻有为的新高层团队开始发挥作用，他们看到公司目前面临的问题，决定请专业的咨询顾问进行一次系统的人力资源管理诊断和设计工作。

思考

如何解决 A 公司目前面临的问题？

学习指引

学习目标

1. 掌握工作分析的含义、内容及相关术语；
2. 阐明工作分析的主要作用；
3. 掌握工作分析的步骤与常用方法；
4. 了解工作评价的主要方法；
5. 阐明工作分析与人力资源其他职能之间的关系。

解决问题

1. 根据所学的理论知识，系统性地设计工作分析方案，通过选择合适的方法，对目标岗位进行工作分析，形成相关工作说明书；
2. 选择合适的方法进行工作评价。

知识与理论

第一节 工作分析概述

一、工作分析的基本含义

工作分析(Job Analysis)又称职位分析、岗位分析或职务分析，简单地说，就是分析者在短时间内，用以了解有关工作信息与情况的一种科学手段；具体地说，就是一种活动或过程，它是分析者采用科学的手段与技术，直接收集、比较、综合有关工作的信息，就工作岗位的状况、基本职责、资格要求等做出规范性的描述与说明，为组织特定的发展战略、组织规划、人力资源管理及其他管理行为提供基本依据的一种管理活动。

工作分析的主体是工作分析者，客体是整个组织体系，对象是工作，包括战略目标、组织结构、部门职能、岗（职）位中的工作内容、工作责任、工作技能、工作强度、工作环境、工作心理以及工作方法、工作标准、工作时间及其在组织中的运作关系。

二、工作分析的作用

工作分析对于人力资源管理的各个职能具有非常重要的作用。全面和深入的进行工作分析，可以使组织充分了解工作的具体特点和对工作人员的行为要求，为做出人力资源管理决策奠定坚实的基础。

在人力资源管理中，几乎每一个方面都涉及工作分析所取得的成果。表3-1列出了工作分析的结果在各方面的应用。总的来说，这些作用可以分为三个部分：(1)组织决策(如组织结构开发)；(2)人力资源管理；(3)工作和设备设计。

表3-1 工作分析的结果应用

组织决策	人力资源管理	工作和设备设计	其他用途
组织结构 组织计划 组织政策	人员的聘用、选拔和安置 培训和人员开发 绩效测量和评定 职务分类系统 工资管理 劳动关系	工作设计 方法设计 职务设计 安全	制订教育课程计划 职业咨询

具体地说，工作分析有以下八个方面的作用：

(1)选拔和任用合格的人员。通过工作分析，能够明确地规定工作职务的近期和长期目标；掌握工作任务的静态和动态特点；提出有关人员的心理、生理、技能、文化和思想等方面的要求，选择工作的具体程序和方法。在此基础上，确定选人用人的标准。有了明确而有效的标准，就可以通过心理测评和工作考核，选拔和任用符合工作需要和职务要求的合格人员。

(2)制订有效的人事预测方案和人事计划。每一个单位对于本单位或本部门的工作职务安排和人员配备，都必须有一个合理的计划，并根据生产和工作发展的趋势做出人事预测。工作分析的结果，可以为有效的人事预测和计划提供可靠的依据。在职业和组织面临不断变化的市场和社会要求的情况下，有效地进行人事预测和计划，对于企业和组织的生存和发展尤其重要。一个单位有多少工作岗位，这些岗位目前的人员配备能否达到工作和职务的要求，今后几年内职务和工作将发生哪些变化，单位的人员结构应做出什么相应的调整，几年甚至几十年内，人员增减的趋势如何，后备人员的素质应达到什么水平等问题，都可以依据工作分析的结果做出适当的处理和安排。

(3)设计积极的人员培训和开发方案。通过工作分析，可以明确从事的工作所应具备的技能、知识和各种心理条件。这些条件和要求，并非人人都能满足和达到，必须通过不断培训和开发。因此，可以按照工作分析的结果，设计和制订培训方案，根据实际工作要求和聘用人员的不同情况，有区别、有针对性地安排培训内容和方案，以培训促进工作技能的发展，提高工作效率。

(4)提供考核、升职和作业的标准。工作分析可以为工作考核和升职提供标准和依据。工作的考核、评定和职务的提升如果缺乏科学依据，将影响管理人员、职工的积极性，使工作和生产受到损失。根据工作分析的结果，可以制定各项工作的客观标准和考核依据，也可以作为职务提升和工作调配的条件和要求。同时，还可以确定合理的作业标准，提高生产的计划性和管理水平。

(5)提高工作和生产效率。通过工作分析，一方面，由于有明确的工作任务要求，建立起规范化的工作程序和结构，使工作职责明确、目标清晰；另一方面，明确关键的工作环节和作业要领，能充分地利用和安排工作时间，使干部和职工能更合理的运用技能，分配注意和记忆等心理资源，增强他们的工作满意度，从而提高工作效率。

(6)建立先进、合理的工作定额和报酬制度。工作和职务的分析，可以为各种类型的各种任务确定先进、合理的工作定额。所谓先进、合理，就是在现有工作条件下，经过一定的努力，大多数人能够达到，其中一部分人可以超过，少数人能够接近的定额水平。它是动员和组织职工、提高工作效率的手段，是工作和生产计划的基础，也是制定企业部门定员标准和工资奖励制度的重要依据。工资奖励制度是与工资定额和技术等级标准密切相关的，把工作定额和技术等级标准的评定建立在工作分析的基础上，就能够制定出比较合理公平的报酬制度。

(7)改善工作设计和环境。通过工作分析，可以确定职务的任务特征和要求，建立工作规范，而且可以检查工作中不利于发挥人们积极性和能力的方面，并发现工作环境中有损工作安全、加重工作负荷、造成工作疲劳与紧张以影响社会心理气氛的各种不合理因素。有利于改善工作设计和整个工作环境，从而最大程度地调动工作积极性和发挥技能水平，使人们在更适合于身心健康、安全舒适的环境中工作。

(8)加强职业咨询和职业指导。工作分析可以为职业咨询和职业指导提供可靠和有效的信息。职业咨询和指导是人力资源管理的一项重要内容。

第二节 工作分析的内容

一、基本信息

职位的基本信息包含这个职位的名称、任职者的名字，是否从属于一个小的部门，任职人的主管的名称，以及任职人和主管人的签字。

二、设立岗位的目的

这个岗位为什么存在，如果不设立这个岗位会有什么后果。

三、工作职责和内容

这是最重要的部分。我们可以按照职责的轻重程度列出这个职位的主要职责，每项职责的衡量标准是什么；列出工作的具体活动，发生的频率，以及其所占总工作量的比重。

在收集与分析信息的时候，可以询问现在的任职者，他从事了哪些和本职无关的工作，或者他认为所从事的这些工作应该由哪个部门去做，就可以区分出他的、别人的和他还没有做的工作。

四、职位的组织结构图

组织结构图包括：职位的上级主管是谁，职位名称是什么，与他平行的是谁，他的下属是哪些职位，有多少人，以他为中心把各相关职位列出来。

五、职位的权力与责任

职位的权力与责任包括以下几方面的内容。

(1)财务权：资金审批额度和范围。

(2)计划权：做哪些计划及做计划的周期。

(3)决策权：任职者独立做出决策的权利有哪些？

(4)建议权：是对公司政策的建议权，还是对某项战略及流程计划的建议权？

(5)管理权：要管理多少人，管理什么样的下属，下属中有没有管理者，有没有技术人员，这些管理者是中级管理者，还是高级管理者？

(6)自我管理权：工作安排是以自我为主，还是以别人为主？

(7)经济责任：要承担哪些经济责任，包括直接责任和间接责任等。

(8)在企业声誉方面和内部组织方面的权力和责任：比如他的工作失误给公司带来什么样的影响等。

六、与工作关联的信息

与工作关联的信息就是这个职位在企业的内部和企业的外部，包括与政府机构、供应商、客户之间发生怎么样的沟通关系，沟通的频率、沟通的方式是什么样的，是谈判沟通还是日常信息的交流。

七、职位的任职资格

职位的任职资格包括以下几方面。

(1)从业者的学历和专业要求。

(2)工作经验。

(3)专业资格要求。

(4)专业知识方面要求。

(5)职位所需要的技能：沟通能力、领导能力、决策能力、写作能力、外语水平、计算机水平、空间想象能力、创意能力等。

(6)个性要求：这一项是选择性的。还有其他方面，如这个职位要求的最佳年龄段、身体状况、身高等，也可以在其他要求里做注明。

(7)与岗位培训有关的内容，也有的在培训需求中体现。

八、职位的工作条件

如职位的体力消耗程度，压力、耐力、精神紧张程度等。是否需要经常出差，出差的频率；这个工作是不是有毒、有害，有没有污染等。还有用电、爆炸、火警等安全性方面的问题也要写明。有的还要对经济和政治上的危险进行列举。

九、职位需使用的设备和工具

比如所从事工作需要的机床、计算机、扫描仪等。

十、劳动强度和工作饱满的程度

劳动强度和工作饱满的程度，如工作姿势，是坐着还是站着，有没有弯腰等。对耐力、气力、坚持力、控制力、调整力的要求。是否要执行倒班制度，实行弹性的工作时间还是固定的工作时间，还是综合的计时制等。

工作饱满程度是指是否要经常超负荷工作，要不要经常加班，还是刚刚达到饱满程度，或是半负荷，甚至说超低负荷。可以听一听任职者的建议，从而确定人员编制。

十一、工作特点

一是工作的独立性程度。有的工作独立性很强，需要自己做决策，不需要参考上一级的指示或意见。而有的工作需要遵从上级的指示，不能擅自做主。

二是复杂性。要分析问题、提出解决办法，还是只需要找出办法。需要创造性还是不能有创造性。

十二、职业发展的道路

这个职位可以晋升到哪些职位，可以转换到哪些职位，以及哪些职位可以转换到这个职位，这些有助于未来做职业发展规划时使用。

十三、被调查人员的建议

向被调查人员提出一些开放式的问题，比如“你认为这个岗位安排的工作内容是否合理，在业务上是否需要做一些调整?”请任职者提出一些建议，这也是一个很好的收集建议的途径。

表3-2中总结了工作分析的具体内容。

表 3-2　工作分析的具体内容列表

序　号	内容概略	
①	基本信息	
②	设立岗位的目的	
③	工作职责和内容	
④	职位的组织结构图	
⑤	职位的权力与责任	财务
		计划
		决策
		建议
		管理
		自我管理
		经济责任
		在企业声誉方面和内部组织方面的权力和义务方面的权利和责任
⑥	与工作关联的信息	
⑦	职位的任职资格	从业者的学历和专业要求
		任职要求的工作经验
		从业者的专业资格要求
		专业知识方面要求
		职位所需要的技能
		个性要求
		与岗位培训有关的要求
⑧	职位的工作条件	
⑨	职位需要的设备和工具	
⑩	劳动强度和工作饱满程度	
⑪	职业特点	
⑫	职业发展的路径	
⑬	被调查人员的建议	

第三节　工作分析方法

工作分析的方法多种多样，但企业在进行具体的工作时要根据工作分析的目的不同、工作分析方法的利弊，针对不同人员的工作分析采用相对应的工作分析方法。工作分析方法见表 3-3。

表 3-3　工作分析方法

通用工作信息收集方法	以人为基础的系统性方法	以工作为基础的系统性方法	传统工业企业职位分析方法
访谈法（Interview）	职位分析问卷法（Position Analysis Questionnaires）	职能性职位分析法（Functional Job Analysis）	时间研究法（Time Study）
非定量问卷法（Non- quantity Question- naires）	管理职位分析问卷（Management Positi- on Description Questionnaires）	任务清单分析法（Task Inventory Analysis）	动作研究法（Motion Study）

（续表）

通用工作信息收集方法	以人为基础的系统性方法	以工作为基础的系统性方法	传统工业企业职位分析方法
主题专家会议法（Subject Matter Expert Conference）	工作要素法（Job Element Method）	关键事件法（Critical Incident Technique）	标杆研究法（Work Sampling）
文献分析法（Job Documentation Analysis）	工作诊断调查法（Job Diagnostic Survey）	管理及专业职位功能清单法（The Management and Professional Job Function Inventory）	工作负荷分析及人事规划法（Workload Analysis and Personnel Scheduling）
工作日志法（Work Diaries）	能力需求量表法（Job Requirement Scales）		
观察法（ Observing Work）	临界特质分析系统（Threshold Traits Analysis）	计算机模拟职位分析法（Computer Simulation and Job Analysis）	
	工作成分清单（Job component Inventory）		
	职位分析清单法（Occupation Analysis Inventory）		

一、通用工作信息收集方法

（一）访谈法

访谈法是目前国内企业中运用最广泛、最成熟、最有效的工作分析方法。访谈是访谈人员就某一岗位与访谈对象，按事先拟订好的访谈提纲进行交流和讨论。能够适用各类职位的职位分析要求，而且对中高层管理职位进行深度工作分析效果最好的方法。访谈的成果不仅仅表现在书面信息的提供上，更重要的是通过资深工作分析师牵引指导，协助任职者完成对职位的系统思考、总结与提炼，访谈的内容如下。

1. 工作目标：组织为什么设立这一职务，根据什么确定职务的报酬。

2. 工作内容：任职者在组织中有多大的作用，其行动对组织产生的后果如何。

3. 工作的性质和范围：这是访谈的核心，包括该工作在组织中的关系，其上下级职能的关系，所需的一般技术知识、管理知识、人际关系知识，需要解决的问题的性质及主动权。

4. 所负责任：设计组织、战略政策、控制、执行等方面。

访谈法应注意的问题：

1. 访谈者的培训：工作分析访谈是一项系统性的、技术性的工作，因此在访谈准备阶段应对访谈者进行系统的工作理论分析与技术培训。

2. 事前沟通：应在访谈前一星期左右事先通知访谈对象，并以访谈指引等书面形式告知其访谈内容，使其提前对工作内容进行系统总结，并有利于获得访谈对象的支持与配合。

3. 技术配合：在访谈之前，访谈者须事前对访谈工作进行文献研究，并通过开放式工作分析问卷初步收集、整理与汇总职位信息，形成对职位的初步印象，找到访谈的重点，使访谈能够有的放矢。

4. 沟通技巧：在访谈过程中，访谈者应与被访谈者建立并维持良好的互信和和睦的关系，适当地运用提示、追问、控制等访谈技巧，把握访谈的节奏，防止访谈中出现“一边倒”现象。

5. 信息确认：访谈过程中，访谈者应就获得的信息及时向被访谈者反馈并确认，在访谈结束前，应当向被访谈者复述所获信息的要点，以得到最终的认可。

6. 访谈对象：包括该职位的任职者；对工作较为熟悉的直接主管人员；与该职位工作联系比较密切的工作人员；任职者的下属。为了保证访谈效果，一般要事先设计访谈提纲，事先交给访谈者准备。

在面谈完成后，要与被访谈者本人或其直接上级主管一起对所获得的资料进行检查与核对。

访谈法可分为结构型访谈和非结构型访谈，前者的特点是按定向的标准程序进行，通常是采用问卷或调查表；后者指没有定向标准化程序的自由交谈。根据受访人的多少，可分为个人访谈和团体访谈。

麦考米克于 1979 年提出了面谈法的一些标准，它们是：

1. 所提问题要和职位分析的目的有关；

2. 职位分析人员语言表达要清楚、含义准确；

3. 所提问题必须清晰、明确，不能太含蓄；

4. 所提问题和谈话内容不能超出被谈话人的知识和信息范围；

5. 所提问题和谈话内容不能引起被谈话人的不满，或涉及被谈话人的隐私。

访谈法一般不能单独使用，最好与其他方法配合使用。该方法适合于不可能实际去做某项工作，或不可能去现场观察以及难以观察到某种工作时；还适用于短时间的生理特征的分析，也适用于长时间的心理特征的分析；适用于对文字理解有困难的人。访谈法也适合于脑力职位者，如开发人员、设计人员、高层管理人员等。

知识链接

工作分析访谈示例

1. 请您用一句话概括您的职位在本公司中存在的价值是什么，它要完成的主要的工作内容和要达成的目标是什么？

2. 请问与您工作联系的主要人员有哪些？联系的主要方式是什么？

3. 您认为您的主要工作职责是什么？请至少列出 8 项职责。

4. 您认为这些职责您是怎样完成的，在执行过程中碰到的主要困难和问题是什么？

5. 请您指出以上各项职责在工作总时间中所占的百分比重。（请指出其中耗费时间最多的三项工作）

6. 请您指出您的以上工作职责中最为重要、对公司最有价值的工作是什么？

7. 组织所赋予您的最主要的权限有哪些？您认为这些权限有哪些是合适的，哪些需要重新界定？

8. 请您就以上工作职责，谈谈评价这些职责是否出色的完成的标准是什么？

9. 您认为在工作中您需要其他部门、其他职位为您提供哪些方面的配合、支持与服务？在这些方面，目前做得好的是什么，尚待改进的是什么？

10. 您认为要出色的完成以上各项职责需要什么样的学历和专业背景？需要怎么样的工作经验（类型和时间）？在外语和计算机方面有何要求？

11. 您认为要出色的完成以上职责需要具备哪些专业知识和技能？您认为要出色地完成以上各项职责需要什么样的个人品质？

12. 请问您工作中自主决策的机率有多大？工作中是否经常加班？工作繁忙是否具有很大的不均衡性？工作中是否要求精力高度集中？工作负荷有多大？

资料来源：编者根据某公司工作分析内部资料自主编写。

（二）非定量问卷调查法

问卷法是工作分析中广泛运用的方法之一，它是以书面的形式、通过任职者或其他职位相关人员单方信息传递来实现的职位信息收集方式。在实践中，工作分析专家开发出大量的不同形式、不同导向的问卷，以满足工作分析中不同需要。

工作分析问卷主要分为定量结构化问卷和非结构化问卷。

定量结构化问卷是在相应理论模型和假设前提下，按照结构化的要求设计的相对稳定的工作分析问卷，一般采用封闭式问题，问卷遵循严格的逻辑体系，分析结果可通过对信息的统计分析加以量化，形成对岗位的量化描述或评价，定量结构化问卷最大的优势在于问卷经过大量的实证检验，具有较高的可信度和有效性，便于岗位之间的相互比较。

非结构化问卷是目前国内使用较多的工作分析问卷形式。其特点在于能对岗位信息进行全面、完整的调查收集，适用范围范围广泛，能根据不同的组织性质、特征进行个性化设计。与定量结构化问卷相比，非结构化问卷存在精度不够、随意性强、与分析时主观原因高度相关等缺陷，但是非结构化问卷也有适应性强、灵活高效等优势。非结构化问卷不仅是信息收集工具，而且包含了任职者和工作分析师信息加工过程，因而其分析过程更具互动性、分析结果更具智能型。

问卷的构成：

问卷是以书面的形式，根据研究假设而设计的问题表格。对于结构型问卷，它的基本成分就是由问题与限制性答案两个方面组成的。问卷通常包括前言、个人特征资料、事实性问题和态度性问题等四个基本部分。

基本程序：

第一步：调查准备。包括初步了解工作分析的范围及工作特性、确定工作分析人员等；事先须征得样本员工直接上级同意，尽量获取直接上级的支持。

第二步：设计调查问卷。精心设计的问卷是获取大量有用信息的关键。

第三步：填写调查问卷。为样本员工提供安静的场所和充裕的时间；向样本员工讲解工作分析的的意义，并说明填写问卷调查表，不要对表中填写的任何内容产生顾虑；职务分析人员随时解答样本员工填写问卷时提出的问题。问卷可以有承担工作的员工来填写，也可以由工作分析人员填写。

第四步：回收并处理调查资料。样本员工填写完毕后，工作分析人员要认真检查是否有漏填、误填的现象；如果对问卷填写有疑问，工作分析人员应该立即向样本员工进行提问；问卷填写准确无误后，完成信息收集工作，向样本员工致谢。

第五步：填写工作说明书。

注意问题：

① 问卷设计应该科学合理，这是调查成败的关键；

② 对问卷中的调查项目要做统一的说明，如编写调查表填写说明；

③ 应该及时回收问卷调查表，以免遗失；

④ 对调查表提供的信息做认真的鉴别和必要的调整。

（三）SMEs 会议法

主题专家会议法（Subject Matter Experts）通常指与熟悉目标职位的组织内部任何外部人，包括任职者、直接上司、曾经任职者、内部客户、其他熟悉目标职位的人以及咨询专家、外部客户、其他组织标杆职位任职者的集思广益的过程。在工作分析中主题专家会议法主要用于建立培训开发规划、评价工作描述、讨论任职者绩效水平、分析工作任务、职位设计等。专家会议法的特点：专家会议法的一个突出特点就在于参加预测的人员必须是与预测问题有关的专家。所谓专家，在这里一般指具有专业知识、精通业务、在某些方面经验丰富、富有创造性和分析判断能力的人（无论有无名望）。专家会议法的另一个突出特点在于可以对某些难以用数学模型定量化的因素考虑在内，在缺乏足够统计数据和原始资料的情况下，可以给出定量估计。

专家会议法的具体形式包括以下几种：

1. 专家会议调查法

专家会议调查法，是根据市场预测的目的和要求，向一组经过挑选的有关专家提供一定的背景资料，通过会议的形式对预测对象及其前景进行评价，在综合专家分析判断的基础上，对市场趋势做出量的推断。

采用专家会议调查法进行市场预测应特别注意以下两个问题：

（1）选择的专家要合适

1）专家要具有代表性；

2）专家要具有丰富的知识和经验；

3）专家的人数要适当。

（2）预测的组织工作要合理

1）专家会议组织者最好是市场预测方面的专家，有较丰富的组织会议的能力；

2）会议组织者要提前向与会专家提供有关的资料和调查提纲，讲清所要研究的问题和具体要求，以便使与会者有备而来；

3）精心选择会议主持人，使与会专家能够充分发表意见；

4）要有专人对各位专家的意见进行记录和整理，要注意对专家的意见进行科学的归纳和总结，以便得出科学的结论。

2. 头脑风暴法

组织各类专家相互交流意见，无拘无束地畅谈自己的想法，敞开思想发表自己的意见，在头脑中进行智力碰撞，产生新的思想火花，使预测观点不断集中和深化，从而提炼出符合实际的预测方案。

采用头脑风暴法进行预测，其开会的方法与普通会议的根本区别在于四条规则：

（1）不批评别人的意见；

（2）提倡自由奔放地思考；

（3）提出的方案越多越好；

（4）提倡在别人方案的基础上进行改进或与之结合。

头脑风暴法的类型包括：

(1) 直接头脑风暴法。就是按照头脑风暴法的规则，通过一组专家会议，对所预测的问题进行创造性思维活动，从而得出满意方案的一种方法。

(2) 质疑头脑风暴法。这种方法是同时召开由两组专家参加的两个会议进行集体讨论，其中一个专家组会议按直接头脑风暴法提出设想，另一个专家组会议则是对第一个专家组会议的各种设想进行质疑直至形成一致意见，从而形成一个更科学、更可行的预测方案。

3. 个人判断法

个人判断法是用规定程序对专家个人进行调查的方法。这种方法是依靠个别专家的专业知识和特殊才能来进行判断预测的。

4. 集体判断法

这种方法是在个人判断法的基础上，通过会议进行集体的分析判断，将专家个人的见解综合起来，寻求较为一致的结论的预测方法。这种方法参加的人数较多，所拥有的信息量远远大于个人拥有的信息量，因而能凝集众多专家的智慧，避免了个人判断法的不足，在一些重大问题的预测方面较为可行可信。但是，集体判断的参与人员也可能受到感情、个性、时间及利益等因素的影响，不能充分或真实地表明自己的判断。

因此，运用集体判断法，会议主持人要尊重每一位与会者，鼓励与会者各抒己见，使与会者在积极发言的同时要保持谦虚恭敬的态度，对任何意见都不应带有倾向性。同时还要掌握好会议的时间和节奏，既不能拖得太长，也不要草草收场，当话题分散或意见相持不下时，应适当提醒或调节会议的进程等。

专家会议的人选原则：

(1) 如果参加者相互认识，要从同一职位（职称或级别）的人员中选取，领导人员不应参加，否则可能对参加者造成某种压力；

(2) 如果参加者互不认识，可从不同职位（职称或级别）的人员中选取。这时，不论成员的职称或级别的高低，都应同等对待；

(3) 参加者的专业应力求与所论及的预测对象的问题一致。

一是要注意专家代表的选取，尽可能保证代表选取的结构合理，使专家们的意见具有更大的代表性；二是要注意避免“权威者”左右与会专家的意见，尽可能让大家都有充分发表意见的机会，并不受他人意见的干扰。

（四）文献分析法

文献分析法是通过现存的与工作相关的文档资料进行系统性分析，来获取工作信息，由于它是对现有资料的分析提炼、总结加工，通过文献分析法无法弥补原有资料的空缺，也无法验证原有描述的真伪，因此文献分析法一般用于收集工作的原始信息，编制任务清单初稿。

文献分析法的操作流程如下。

1. 确定信息来源

信息来源包括内部信息和外部信息。

(1) 内部信息包括《员工手册》、《公司管理制度》、《职位职责说明》、《绩效评价》、《会议记录》、《作业流程说明》、《ISO 质量文件》、《分权手册》、《工作环境描述》、《员工生产记录》、《工作计划》、《设备材料使用与管理制度》、《作业指导书》等。

(2)外部信息主要指其他企业工作分析的结果，这些资料可以为本企业的工作分析提供参照。为了保证所收集到的信息有较强的适用性，在收集信息的时候应该注意两点：第一，目标企业应该与本企业在性质上或者行业上具有较高的相似性；第二，目标职位应该与本企业典型职位有较高的相似性。

2. 确定并分析有效信息

进行文献分析时，需要快速浏览文献，从大量的文档中寻找有效信息点。针对文献中信息不完整和缺乏连贯性的情况，应一一做好标记，在编制工作分析提纲时，作为重点问题加以明示：对于文献中隐含的工作内容以及绩效标准，应深入挖掘，在以后的分析中得以求证。

文献分析法的优点在于分析成本较低，工作效率高；能够为进一步工作分析提供基础资料、信息。其缺点在于收集到的信息不够全面，尤其是小型企业或管理落后的企业往往无法收集到有效、及时的信息；要与其他工作分析方法结合起来使用。

应注意的问题如下：

(1)搜集文献应当客观、全面。(2)材料与评论要协调、一致。(3)针对性强。(4)提纲要简单并突出要点。(5)适当使用统计图表。(6)不能混淆文献中的观点和个人主观的思想。

(五)工作日志法

工作日志法，是由任职者按时间顺序，详细记录自己在一段时间内的工作内容与工作过程，经过归纳、分析，达到工作分析的目的的一种工作分析方法。

1. 注意的操作要点

单向信息：工作日志法是来源于任职者的单向信息的收集方法，后期信息交流方法容易造成信息缺失、理解误差等系统性或操作性错误，因此在实际操作过程中，工作分析人员应采取措施加强与填写者的沟通交流，削弱信息交流的单向性，如事前培训、过程指导、中期辅导等。

结构化：工作日志法是一项所获信息相当庞杂的职位信息收集方法，后期信息整理工作量极大，因此在工作日志法填写表格设计阶段，我们应该按照后期分析整理的要求，设计结构化程度较高的填写表格，以控制任职者填写过程中可能出现的偏差和不规范之处，以减少后期分析的难度。

适用条件：在理论界，对于工作日志法的可信度问题存在一定的争议——由任职者自己填写的信息是否可信？实践证明：由于岗位所包括的工作活动数量、内容的庞杂性以及大量的重复性，使得“造假”成为相当困难或是微不足道的事情。对于组织中的核心关键岗位，其职责或是重大的，或者是稳定性差则工作日志法不宜作为主导方法。

过程控制：在工作日志法的填写过程中，工作分析人员应积极参与填写过程，为任职者提供专业帮助与支持，另外项目小组也可组织中期讲解、工作分析研讨会等形式跟踪填写过程，减少误差。

2. 工作日志法的基本程序

第一步：准备阶段。向工作分析的对象解释工作分析的目的、意义和工作日志法的基本要求。

第二步：实施阶段。要求员工严格按照规定的格式和要求填写工作日志。

第三步：分析阶段。

第四步：编写工作说明书。

3. 工作日志填写要求

(1)应在每天工作开始前将工作日志放在手边，每天按时间顺序记录自己所进行的工作任务、工作程序、工作方法、工作职责、工作权限以及各项工作所花费的时间等。

(2)要严格按照表格要求进行填写，不要遗漏那些细小的工作活动，以保证信息的完整性。

(3)为了避免损害自己的利益，务必提供真实的信息。

(4)做好保管工作，防止遗失。

(5)以真诚的态度与管理人员合作。

表3-4 所示为工作日志法填写实例。

表3-4 工作日志填写实例

工作日志填写实例

工作日志填写说明：

1. 请您在每天工作开始前将工作日志放在手边，按工作活动发生的顺序及时填写，切不可在一天工作结束后一并填写。

2. 要严格按照表格的要求进行填写，不要遗漏那些细小的工作活动，以保证信息的完整性。

3. 请您提供真实的信息，以免伤害您的利益。

4. 请您注意保留工作日志，防止遗失。

谢谢您的合作！

月　日　　工作开始时间　　　工作结束时间　　　岗位名称

序　号	工作活动名称	工作活动内容	工作活动结果	时间消耗	备　注
1	复　印	复印文件	4 张	6 分钟	存　档
2	起草公文				
3	参加会议				
4	接　待				

填写人签名：

需要说明的是，工作日志的格式可以是多种多样的，只要方便员工填写即可。

(六)观察法

观察法就是岗位分析人员在不影响被观察人员正常工作的条件下，通过观察将有关工作的内容、方法、程序、设备、工作环境等信息记录下来，最后将取得的信息归纳整理为适合使用的结果的过程。利用观察法进行岗位分析时，应力求观察的结构化，根据岗位分析的目的和组织现有的条件，事先确定观察的内容、观察的时间、观察的位置、观察所需的记录单等，做到省时高效。观察法又分为直接观察法、阶段观察法、工作表演法三种形式。

1. 应用观察法的要求

(1)注意所观察的工作应具有代表性。

(2)观察人员在观察时应尽量不要引起被观察者的注意。在适当的时候，工作分析人员应该以适当的方式将自己介绍给员工。

(3)观察前应确定观察计划工作，计划工作中应含有观察提纲、观察内容、观察时刻、观察位置等。工作分析观察提纲见表3-5。

表3-5　工作分析观察提纲

工作分析的观察提纲(部分)
被观察者的姓名
观察者的姓名
日期
观察时间
工作类型
工作部分
观察内容：
1. 什么时候开始正式工作?
2. 上午工作多少小时?
3. 上午休息几次?
4. 第一次休息的起讫时间?
5. 第二次休息的起讫时间?
6. 上午完成产品多少件?
7. 平均多长时间完成一件产品?
8. 与同事交谈几次?
9. 每次交谈多长时间?
10. 室内温度是多少?

(4)观察时思考的问题应结构简单，并反映工作有关的内容，避免机械记录。

(5)在使用观察法时，应将工作分析人员用适当的方式介绍给员工，使之能够被员工接受。采用观察法进行岗位分析结果比较客观、准确，但需要岗位分析人员具备较高的素质。当然，观察法也存在一些弊端，如不适用工作循环周期很长的工作，难以收集到与脑力劳动有关的信息。

一般来说，观察法适用于外显特征较明显的工作岗位，如生产线上工人的工作、会计员的工作等。不适合长时间的心理素质的分析。不适于工作循环周期很长、脑力劳动的工作，偶然、突发性工作也不易观察，且不能获得有关任职者要求的信息。

2. 观察法的程序

第一步：选择合适的分析人员。分析人员必须要熟悉观察对象的工作。

第二步：初步了解工作的有关信息。

第三步：观察并记录分析对象的工作。

第四步：对收集的信息进行分析。

第五步：编制工作说明书。

二、以人为基础的系统性方法

(一)职位分析问卷法(Position Analysis Questionnaires，PAQ)

PAQ实施的基本步骤和策略如下。

明确工作分析→赢得组织支持→确定信息收集的范围与方式→培训PAQ分析人员→与员工沟通整个项目→收集信息并编码→分析工作分析的结果。

PAQ包含194个项目，其中187项被用来分析完成工作过程中员工活动的特征(工作元素)，另外7项涉及薪酬问题。PAQ问卷维度如表3-6所示。

表 3-6　PAQ 问卷维度示例

1. 信息输入：从何处以及如何获得工作所需的信息？		2. 体力活动：工作中包含了哪些体力活动，需要使用什么工具设备？	
知觉解释	解释感觉到的事物	使用工具	使用各种机器、工具
信息使用	使用各种已有的信息资源	身体活动	工作过程中的身体活动
视角信息获取	通过对设备、材料的观察获取信息	控制身体协调	操作控制机械、流程
知觉判断	对感觉到的事物作出判断	技术性活动	从事技术性或技巧性活动
环境感知	了解各种环境条件	使用设备	使用各种各样的装备和设备
知觉运用	使用各种感知	手工活动	从事手工操作性相关的活动
		身体协调性	身体一般性协调
3. 脑力处理：工作中有哪些推理、决策、计划、信息处理等脑力加工活动？		4. 工作情境：工作发生的自然环境和社会环境如何？	
决策	做出决策	潜在压力环境	环境中是否存在压力和消极因素
信息处理	加工处理信息	自我要求环境	对自我严格要求的环境
		工作潜在危险	工作中的危险因素
5. 人际关系：工作中需要与哪些人发生何种内容的工作联系？		6. 其他特征：其他活动、条件和特征	
信息互换	相互交流相关信息	典型性	典型和非典型工作时间的比较
一般私人接触	一般性私人联络和接触	事务性工作	从事事务性工作
监督/协调	从事监督协调等相关活动	着装要求	自我选择与特定要求着装的比较
工作交流	与工作相关的信息交流	薪资浮动比率	浮动薪酬与固定薪酬的比率
公共接触	公共场合的相关接触	规律性	有无规律工作时间的比较
		强制性	在环境的强制下工作
		结构性	从事结构性和非结构性工作活动
		灵活性	敏锐的适应工作活动、环境的变化

所有的项目被划分为信息输入、思考过程、工作产出、人际关系、工作环境、其他特征共6个类别，PAQ给出每一个项目的定义和相应的等级代码。

职位分析问卷(PAQ)的使用：

1. 计分方法。在应用这种方法时，职位分析人员要依据6个计分标准对每个工作要素进行衡量，给出评分。这6个计分标准是：信息使用程度、工作所需时间、对各个部门以及各部门内各个单元的适用性、对工作的重要程度、发生的可能性，以及特殊计分。

2. 使用PAQ时，用6个评估因素对所需分析的职务一一进行核查。核查每项因素时，都应对照这一因素细分的各项要求，按照PAQ给出的计分标准，确定职务在职务要素上的得分(具体示例如表3-7所示)。

表 3-7　PAQ 计分

使用程度：NA：不曾使用　1：极少　2：少　3：中等　4：重要　5：不重要

资料投入

工作资料来源(请根据任职者使用的程度，审核下列项目中各种来源的资料)

工作资料的可见来源

__4__ 书面资料(书籍、报告、文章、说明书等)

__2__ 计量性资料(与数量有关的资料，如图表、报表、清单等)

__1__ 图画性资料(如图形、设计图、x光片、地图、描图等)

1	模型及相关器具（如模板、钢板、模型等）
2	可见陈列物（如计量表、速度计、钟表、划线工具等）
5	测量器具（如尺、天平、温度计、量杯等）
4	机械器具（如工具、机械、设备等）
3	使用中的物料（如工作中、修理中和使用中的零件、材料和物体等）
4	尚未使用的物料（如未经过处理的零件、材料和物体等）
3	大自然特色（如风景、田野、地质样品、植物等）
2	人为环境特色（如建筑物、水库、公路等，经过观察或检查以成为工作资料的来源）

实施技巧：

实施的一般程序包括被调查者的选取、发放问卷、回收问卷、分析问卷及结果处理。一般有两种发放和回收方式：一种是现场发放、集中做答，现场回收；另一种则是先发送到各个部门，再另找时间做答。

第一种方式的回收和做答效果最好，但操作时由于受时间、场地等诸多条件的制约，往往较难实现。

第二种方式最为常用，但操作时须注意，将问卷发放到各部门时，应首先召集各部门的各级主管进行动员和培训。培训内容包括调查目的、如何消除员工疑虑、常见问题及解答等。建议人力资源工作者带着主管人员先浏览整个问卷，然后由部门主管负责组织本部门员工集中填答。员工填完后，须交由主管审核签字，以确保资料的准确性。问卷回收后，人力资源工作者首先必须检查是否填写完整，并仔细查看是否有不清楚、重叠或冲突之处。若有问题，便需决定是否约此任职者或其主管进行面谈，以确认资料收集的准确性。另外，为提高调查质量，建议提供“工作分析问卷范例”，以提高员工填写的有效性。

PAQ 提供了三种运用较多的工作分析报告：

工作维度得分统计报告：目标工作在 PAQ 各评价维度上得分的标准化和综合性的比较分析报告。

能力测试估计数据：通过对职位信息的分析，确定该职位对任职者各项能力（GATB 系统）的要求，并且通过与能力水平常数的比较，将能力测试预测分数转化为相应的百分比形式，便于实际操作。

工作评价点值：通过 PAQ 内在的职位评价系统对所收集的岗位信息进行评价，确定各职位的相对价值，通过这些相对价值，确定组织工作价值序列，作为组织薪酬设计的基础架构。

（二）管理职位分析问卷法（MPDQ）

所谓 Management Position Description Questionnaires（MPDQ）指利用工作清单专门针对管理职位分析而设计的一种工作分析方法。它是一种管理职位描述问卷方法，它是一种以工作为中心的工作分析方法，是国外近年的研究成果。这种问卷法是对管理者的工作进行定量化测试的方法，它涉及管理者所关心的问题、所承担的责任、所受的限制以及管理者的工作所具备的各种特征。MPDQ 系统模型如图 3-1 所示。

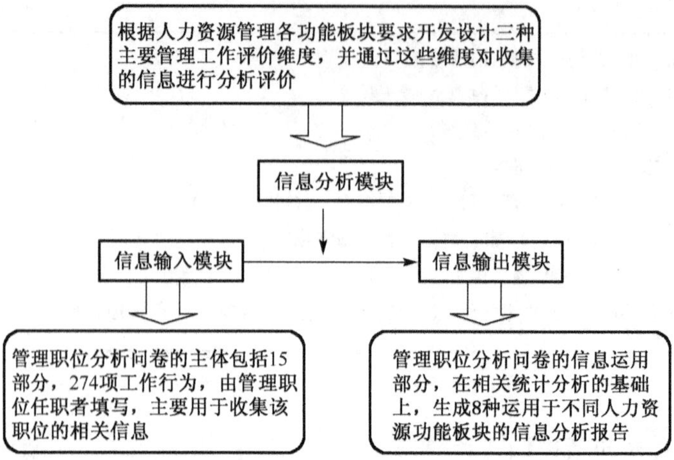

图 3-1　MPDQ 系统模型

MPDQ 问卷的内容分布如表 3-8 所示。

表 3-8　MPDQ 问卷的内容分布

序　号	主要部分	项 目 释 义	题　数
1	一般信息	描述性信息，如工作代码、预算权限、主要职责等	16
2	结构图	职位在组织架构中的位置，如上司、平级、下属等	
3	决　策	决策活动描述和决策的复杂程度	22
4	计划组织	战略性规划和短期操作性计划、组织活动	27
5	行政事务	包括写作、归档、记录、申请等活动	21
6	控　制	跟踪、控制和分析项预算、生产、服务等	17
7	监　督	监督下属工作	24
8	咨询创新	为下属或其他工作提供专业性、技术性的支持	20
9	工作联系	内部工作联系与外部工作联系，包括联系的对象与目的	16
10	协　调	在内部联系中从事的协调性活动	18
11	表　达	在推销产品、谈判、内部激励等工作中表达行为	21
12	指标监控	对财务、市场、经营、以及政策等指标的监控和调节	19
13	KSAs	工作对任职者知识、技术和能力的要求以及所需的培训活动	31
14	自我评价	上述十项的管理功能的时间和相对重要性评价，其中“计划组织”功能分为战略规划和短期规划两方面	10
15	反　馈	任职者对本问卷的反馈意见以及相关补充说明	7
	总　计		274

（三）工作要素法（Job Element Method，JEM）

工作要素法的实施步骤如下：

第一步，提出工作要素。由主题专家组来完成。

第二步，利用工作要素表对工作及其下级子要素进行评估。

第三步，对评估结果进行解释和描述，已确定最终的工作要素及其下级子要素。

JEM 包括如下要素。

知识——如专业知识掌握程度、外语水平、知识面的宽窄等。

技能——如计算机运用、驾驶技术、叉车操作技术等。

能力——如口头表达能力、判断能力、管理能力等。

工作习惯——如对工作的热爱程度、承担超负荷的工作的意愿、工作时间不规律等。

个性特点——如自信、主动性、独立性、外向、内向等。

只有那些对完成工作研究有重要影响作用的要素才能被列入考虑之中，而不是所有与工作相关的要素都要考虑。

(四)临界特质分析法

临界特质分析系统的实施步骤如下。

1. 临界特质分析

进行临界特质分析时，要由直接主管、其他主题专家组成员和任职者评价33种特质的相关性、等级、实用性，也就是说评价在该工作岗位上达到可接受的绩效水平与哪些特质相关、需要达到哪种等级、这种要求是否实际等。需要注意的是后天特征，如受教育程度和经验年限等，其包括以下步骤：

(1)选择和培训分析团队成员。临界特质分析是由一组分析人员完成。这个分析团队包括1名主持人及至少5名分析人员，如果分析人员少于5名，分析结果的可信度将大打折扣。主持人通常由组织内熟悉TTA、熟悉组织的职业矩阵及劳动力市场状况的人员担当，通常主持人自己并不参与对工作的评定。分析人员有多种来源，但一线的直接主管通常都包括在内，因为是他们直接观察任职者的行为和特质。

在组成分析团队后，需要对他们进行如何分析的培训。培训时，应提供给每位分析人员有关操作的书面材料，另外，组织他们实际分析一份他们熟悉的并且与正式分析无关的工作。书面材料需要包括每种特质的定义与等级界定、已完成的TTA卡。主持人必须在肯定每位分析人员都了解特质分析的目的以及分析过程中的每个细节后才能开始正式的分析过程。

(2)完成TTA卡

临界特质分析开始于TTA卡的填写。TTA卡填写实例如表3-9所示。

表3-9 TTA卡填写实例

临界特质分析卡								
工作名称		分析人姓名						
隶属部门		分析日期						
范 围	特 质	第一步			第二步		第三步	
		A	B	C	D	E	F	G
身体特质	1. 力量	1	1	1	0	2	1	2
	2. 耐力	1	1	1	1	1	2	1
	3. 敏捷性	1	1	1	1	2	2	2
	4. 视力	1	0	0				
	5. 听力	1	0	0				
智力特质	6. 感觉知觉	1	1	1	1	2	2	2
	7. 注意力							
	8. 记忆力							

（续表）

临界特质分析卡								
学识特质	9. 计算能力							
	10. 口头表达能力							
	11. 书面表达能力							
	12. 计划性							
第一步　评定相关性	A 重要性：该特质是否对于完成本工作的某些职能很重要？选择 1 是或 0 不是 B 独特性：对于该特质的要求是否达到 123 等级？选择 1 是或 0 不是							
第二步　可接受绩效（当 c 为 1 时填写）	C 相关性：请填写将 A 与 B 的乘积 D 特质等级：为达到可接受绩效应具备该特质的哪个等级？请填写 123 或 0 E 实用性：预计多大比例的求职者能够达到该特质等级？如果高于 10% 填写 2；1% ~10% 之间请填写 1；低于 1% 填写 0							
第三步　优秀绩效（当 c 为 1 时填写）	F 特质等级：为达到优秀绩效应具备该特质的哪个等级？用 0123 填写 G 实用性							

第一步，通过评定每个特质的重要性和独特性，评定它们与工作的相关性。

第二步，明确为了达到可接受的绩效水平需要达到各相关特质的哪一等级。

第三步，确定任职者如果试图取得优秀的绩效需要达到哪一等级特质水平。

（3）整理并总结 TTA 卡

在分析人员完成 TTA 卡的填写后，剩下的内容就由主持人来完成。

2. 工作要求与任务分析（DATA）

Demand And Task Analysis，TTA 是对任职者进行分析，而工作要求与任务分析是对工作本身进行分析。DATA 技术是利用工作描述问卷，如任务清单等，对目标工作包含的任务和要求进行分析和描述。问卷由有代表性的任职者进行填写，问卷要求任职者用八分法判断问卷中每项工作任务或职责的重要性及在整个工作中所占的比重。问卷结果将输入计算机进行聚类分析，从而确定哪些是目标工作的关键性工作任务和职责。

一般而言 DATA 的实施包括以下几个步骤：

（1）收集资料。在开始阶段，受过培训的工作分析专业人员要进行资料收集。通过访谈该工作的专业人士，或者通过阅读现有的工作描述资料以及其他书面材料收集所有关于工作职责的信息。

（2）设计工作描述问卷。在第一阶段收集到的信息将用于工作描述问卷的建立。在发放问卷进行调查之前，应将初步建立的描述问卷交与主题专家小组讨论。为了与 TTA 相联系，问卷不仅包括工作任务的描述，还在每条工作任务描述的结尾标明对应的 TTA 中的特质名称。

（3）问卷填写。在给予了适当的指导后，有工作任职者独立地对问卷的每一项描述进行评定。

（4）问卷分析。在问卷填写完之后，将用统计方法对问卷结果进行处理。

（5）工作描述的初步结果。

（6）比较 TTA 与 DATA 的结论。

3. 技术能力分析

这种技术仅适用于分析对技术知识和技能有重要要求的工作。TCA 的目的在于明确完成技术性的工作职能所需具备的各种能力。其步骤如下。

(1)确定最低要求，在这一步中需要直接主管或其他主题专家小组成员各自独立对通过问卷分析确定的关键知识和关键技能进行评价，评价该技术知识或技能是否是员工刚上任就需要用的，是否需要员工在没有指导的情况下完成。

(2)确定培训需求要素。

(3)形成技术能力说明书 TCA。说明书包括对目标的实现有重要意义的技术知识和技能，新员工需具备并能在没有指导的情况下独立应用的知识和技能，需要对新员工进行培训的知识技能等。

三、以工作为基础的系统性分析方法

(一)职能性职位分析法(Functional Job Analysis，FJA)

1. 职能性职位分析法程序

(1)回顾现有的工作信息

(2)安排同 SMEs 的小组会谈

(3)分发欢迎信

(4)确定 FJA 任务描述的方向

(5)列出工作产出

(6)列出任务

(7)推敲任务库

(8)产生绩效标准

(9)编辑任务库

2. 职能工作分析法的框架

(1)完成什么与做什么

每项任务描述必须以能描述工作行为的特定动词开始，如誊写、阅读等，以“目的是……”或“为了……”等对工作结果描述的词作为任务描述的结尾。只有同时具备工作行为和工作结果任务描述才算完整。

(2)工作者的职能——数据、人、事

工作者与数据、人、事发生关系时所表现的工作行为，可以反映工作的特征、工作目的和人员的职能。FJA 代码描述如表 3-10 所示。

表 3-10 FJA 代码描述

信息		人		事	
号码	描述	号码	描述	号码	描述
0	综合	0	教导	0	装配
1	协调	1	谈判	1	精确操作
2	分析	2	指导	2	操作控制
3	编辑	3	监督	3	驾驶操作

（续表）

信息		人		事	
号码	描述	号码	描述	号码	描述
4	计算	4	使高兴	4	操纵
5	复制	5	劝说	5	照看
6	比较	6	发出口头指导	6	进进—移出
		7	服务	7	驾驶
		8	接受指导帮助		

每项功能描述一种广泛的行动，它概括为与信息、人和事发生关系时工作者做什么。在信息、人、事三个范畴中，每一类的工作者功能的安排是有结构的，即从不很复杂的功能上升到比较复杂的功能，然而这种等级关系有时是有限的、不精确的、本末倒置或根本不存在的。因而，应把这些情况解释为是反映工作者与信息、人和事之间的关系特性，而不是表明职务复杂的严格水平。

(3)完整意义上的工作者

工作者完成工作职能时必须具备三种技能：通用技能、特定工作技能和适应性技能。

采用职能分析法，应该考虑以下几项要求：工作设施要与职工的身体条件相适应；要对职工工作过程进行详细分析；要考虑工作环境条件对职工生理和心理的影响；考虑职工的工作态度和积极性。

(二)任务清单分析系统(Task Inventory Analysis，TIA)

任务清单系统一般由两个子系统构成：一是用于收集工作信息的一套系统方法、技术；二是与信息收集方法相匹配的用于分析、综合和报告工作信息的计算机应用程序软件。

任务清单系统收集工作信息的工具实际上是高度结构化的调查问卷，一般包括两大部分：一是背景信息；二是任务清单。

任务清单部分其实就是把工作任务按照职责或其他标准以一定顺序排列起来，然后由任职者根据工作的实际情况对这些工作任务进行选择、评价等，最终理顺并形成该工作的工作内容。

1. 实施步骤

(1)构建任务清单

构建的方法有很多种，可以来自于对所研究工作的观察或工作日志，也可以来自于另外的任务清单。

(2)利用任务清单收集信息

在列出任务清单的基础上加上评价尺度便成为用于收集信息的工具。

(3)分析任务清单

分析任务清单所收集的信息，绝大部分是量化的，可以应用于计算机程序进行统计分析。至于不可量化的信息，或为某些特殊目的收集的附加信息，应根据工作分析的目的进行相应的处理。

(4)利用任务清单编辑工作说明书

利用工作清单对工作进行分析，分析结果是典型的工作说明书，包括工作描述和工作规范两部分。

（三）关键事件法（Critical Incident Technique，CIT）

关键事件法要求岗位工作人员或其他有关人员描述能反映其绩效好坏的“关键事件”，即对岗位工作任务造成显著影响的事件，将其归纳分类，最后就会对岗位工作有一个全面的了解。

关键事件的描述包括：导致该事件发生的背景、原因；员工有效的或从余的行为；关键行为的后果；员工控制上述后果的能力。

1. 应注意的问题

调查期限不宜过短；关键事件的数量应足够说明问题，事件数目不能太少；正反两方面的事件都要兼顾，不得偏颇。关键事件法直接描述工作中的具体活动，可提示工作的动态性；所研究的工作可观察、衡量，故所需资料适应于大部分工作。归纳事例需耗大量时间；易遗漏一些不显著的工作行为，难以把握整个工作实体，该方法适用于员工太多，或者职位工作内容过于繁杂的工作。

2. 实施步骤

（1）正确的编写“事件”的规则

一个正确的关键事件编写应该具备以下四个特征：特定而明确的；集中描述工作所展现出来的可观察到的行为；简单描述行为发生的背景；能够说明行为的结果。

（2）获取关键时间的方法

广泛应用的三种典型方法是：工作场所会议、观察/访谈和调查（非工作会议形式）。这三种方法的目的是帮助工作人员整理能体现工作业绩与行为的范例。产生结果的过程应该结构化和简单化，这样使得会议和整理的过程尽量容易。

（3）编辑关键事件

在关键事件收集好之后，必须对其进行编辑加工，为下一步应用关键事件做好准备。除了纠正一些拼音和语法错误外，首先，按照上文所述的要求，检查每个范例是否内容完整，前后的格式是否统一。其次，要考虑范例的长度，范例必须要适合的长度才能保证提供必需的信息，太长则给阅读者带来困难，必须要在这两者之间找到平衡点。最后，要考虑读者的认同感，技术语言、职业行话、俗语应该被保留，其中的细微差别能使使用者倍感亲切。

四、传统工业企业职位分析方法

传统工业企业职位分析方法是在科学管理之父——泰勒和吉尔吉雷斯夫妇针对操作性职位所做的时间动作研究的基础上，进行完善开发的职位分析方法，适用于对重复性、规律性的操作性职位进行活动分析。主要分析方法包括时间研究法、动作研究法、标杆研究法、工作负荷分析及人事规划法、计算机模拟职位分析法。

第四节　工作分析的程序

工作分析是一项技术性很强的工作，需要做周密的准备。同时还需具有与组织人事管理活动相匹配的科学的、合理的操作程序。图 3-2 所示是工作分析的程序模型，工作分析通常依照该程序进行。

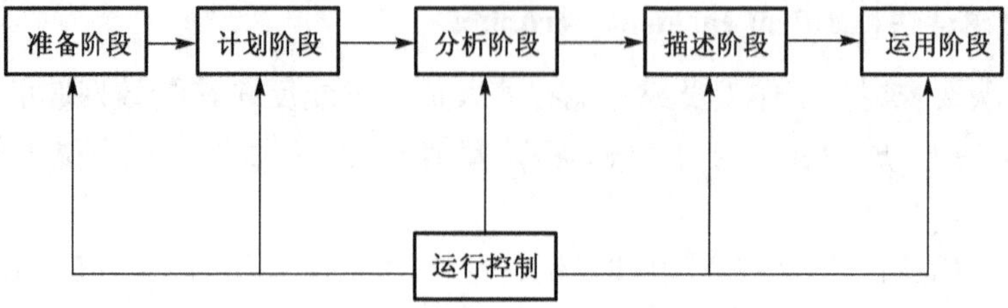

图 3-2　工作分析的程序模型

一、准备阶段

由于工作分析人员在进行分析时，要与各工作现场或员工接触。所以，分析人员应该现行在办公室内研究该工作的书面资料。同时，要协调好与工厂主管人员之间的合作关系，以免导致摩擦或误解。在这一阶段，主要解决以下几个问题。

（一）建立工作分析小组

小组成员通常由分析专家构成。所谓分析专家，是指具有分析专长，并对组织结构及组织内各项工作有明确概念的人员。一旦小组成员确定以后，赋予他们进行分析活动的权限，以保证分析工作的协调和顺利进行。

（二）明确工作分析的总目标、总任务

根据总目标、总任务，对企业现状进行初步了解，掌握各种数据和资料。

（三）明确工作分析的目的

有了明确的目的，才能正确确定分析的范围、对象和内容，规定分析的方式、方法，并弄清应当收集什么资料，到哪儿去收集，用什么方法去收集。

（四）明确分析对象

为保证分析结果的正确性，应该选择有代表性、典型性的工作。

（五）建立良好的工作关系

为了搞好工作分析，还应做好员工的心理准备工作，建立起友好的合作关系。

二、计划阶段

分析人员为使研究工作迅速有效，应该制订一个执行计划。同时，要求管理部门提供有关的信息。无论这些信息来源与种类如何，分析人员应将其予以编排，也可用图表方式表示。这一阶段包括以下几项内容。

（一）选择信息来源

信息来源的选择应注意以下几点。

1. 不同层次的信息提供者提供的信息存在不同程度的差别。
2. 工作分析人员应站在公正的角度听取不同的信息，不要事先存有偏见。
3. 使用各种职业信息文件时，要结合实际，不可照搬照抄。

（二）选择收集信息的方法和系统

信息收集的方法和分析信息使用的系统由工作分析人员根据企业的实际需要灵活运用。由于分析人员有了分析前的计划，对可省略和重复之处均已了解，因此可节省很多时间。但是分析人员必须切记，这种计划仅仅是预定性质，以后必须将其和各单位实际情况相验证，才不致于导致错误。工作分析所需要的信息的类型和范围取决于工作分析的目的、工作分析的时间约束和预算约束等因素。资料的连贯性、精确性、可接受性是选择资料来源的决定性因素。因此相关工作的工作专家、工作执行者和管理监督者是主要的资料来源，而与待分析工作相关的下属和其他工作人员、顾客以及工作分析者则主要是对工作信息进行补充和筛选，另外，还可以参阅相关的工作分析资料、职业分类辞典等。工作分析所需要获得的有关资料包括以下几点。

1. 工作活动资料，即各项工作实际发生的活动类型，如清洗、打字等；

2. 人类行为资料，指与个人工作有关的人类行为资料，如体能消耗情况、行走距离长短、写作能力等；

3. 工作器具资料，指工作中所使用的机器、工具、设备及辅助器械的情况；

4. 绩效标准，即用数量或质量来反映的各种可以用来评价工作成绩的方法；

5. 相关条件，指工作环境、工作进度、组织行为规范以及各种财务性和非财务性奖励措施；

6. 人员条件，指与工作相关的知识、技能及个人特征等，包括学历、培训背景、工作经验、性格、兴趣和身体特征等。

三、分析阶段

工作分析是收集、分析、综合组织某个工作有关的信息的过程。也就是说该阶段包括信息的收集、分析、综合三个相关活动，是整个工作分析过程的核心部分。

（一）分析的内容

1. 工作名称

该名称必须明确，使人看到工作名称，就可以大致了解工作内容。如果该工作已完成了工作评价，在工资上已有固定的等级，则名称上可加上等级。

2. 雇用人员数目

同一工作所雇用工作人员的数目和性别，应予以记录。如雇用人员数目经常变动，其变动范围应予以说明，若所雇人员是轮班使用，或分别供职于两个以上工作单位，也应分别说明，由此可了解工作的负荷量及人力配置情况。

3. 工作单位

工作单位是显示工作所在的单位及其上下左右的关系，也就是说明工作的组织位置。

4. 职责

所谓职责，就是这项工作的权限和责任有多大，主要包括以下几方面。

（1）对原材料和产品的职责；

（2）对机械设备的职责；

(3)对工作程序的职责；

(4)对其他人员的工作职责；

(5)对其他人员合作的职责；

(6)对其他人员安全的职责。

分析人员应尽量采用“量”来确定季节是某一工作所有职责的情况。

5. 工作知识

工作是为圆满完成某项工作，工作人员应具备的实际知识。这种知识应包括任用后为执行其工作任务，所需获得的知识，以及任用前已具备的知识。

6. 智力要求

智力要求是指在执行过程中，所需运用的智力，包括判断、决策、警觉、主动、积极、反应、适应等。

7. 熟练及精确度

该因素适用于需用手工操作的工作，虽然熟练程度不能用“量”来衡量，但熟练与精确度关系密切，在很多情况下，工作的精确度可用允许的误差加以说明。

8. 机械设备工具

在从事工作时，所需使用的各种机械、设备、工具等，其名称、性能、用途，均应记录。

9. 经验

工作是否需要经验，如有需要是以何种经验为主，其程度如何。

10. 教育与训练

(1)内部训练：是由雇主所给予的训练，无论是否在本企业中举行，只要该训练是为企业中某一专门工作而开办的。

(2)职业训练：由私人或职业学校所进行的训练。其目的在于发展普通或特种技能，并非为任何企业现有某一特种工作而训练。

(3)技术训练：指在中学以上含有技术性的训练。

(4)一般教育：指所接受的大、中、小学教育。

11. 身体要求

有些工作必须站立、弯腰、半蹲、跪下、旋转等消耗体力的要求，应加以记录并做具体说明。

12. 工作环境

包括室内、室外、温度、湿度、宽窄、震动、油渍、噪声、光度、灰尘、突变等，各有关项目都需要做具体的说明。

13. 与其他工作的关系

表明该工作与同机构中其他工作的关系，由此可表示工作升迁及调职的关系。

14. 工作时间与轮班

该项工作的时间、工作的天数、轮班次数、长度都是雇用时的重要信息，均应予以说明。

15. 工作人员特性

指执行工作的主要能力，包括手、指、腿、臂的力量及灵巧程度，感觉辨别能力、记忆、计算及表达能力。

16. 选任方法

此项工作，应用何种选任方法，也应加以说明。

总之，工作分析的项目很多，凡是一切与工作有关的资料均在分析的范围之内，分析人员可视不同的目的，全部予以分析，也可选择其中必要的项目予以分析。

四、描述阶段

仅研究分析一组工作，并未完成工作分析，分析人员必须将获得的信息予以整理并写出报告。

(一)工作分析所获得信息的整理方式

1. 文字说明

将工作分析所获得的资料以文字说明的方式表述和描述，列举工作名称、工作内容、工作设备与材料、工作环境及工作条件等。

2. 工作列表及问卷

工作列表是把工作加以分析，以工作的内容及活动分项排列，由实际从事工作的人员加以评判。或填写分析所需时间及发生次数，已了解的工作内容。列表或问卷只是处理形式不同而已。

3. 活动分析

该分析实质上就是作业分析。通常是把工作的活动按工作系统与作业顺序一一列举，然后根据每一份作业进一步加以详细分析。活动分析多以观察及面谈的方法对现有工作加以分析，所得资料作为教育及训练的参考。

4. 决定因素法

该种方法是把完成某项工作的几项最重要行为加以列表，该项“需要性”在积极方面说明工作本身特别需要的因素，在消极方面说明亟待排除的因素。

至于工作分析的报告，其编排应该根据分析的目的加以选择，以间断清晰的字句，撰成说明式的报告初稿，送交有关主管和分管人员，获取补充建议后，在予修正定稿，最终形成工作说明书。

五、运用阶段

此阶段是对工作分析的验证，只有通过实际的检验，工作分析才具有可行性和有效性，才能不断适应外部环境的变化，从而不断的完善工作分析的运行程序。此阶段的工作主要有两部分：其一，培训工作分析的运用人员。这些人员在很大程度上影响着分析程序运行的准确性、运行速度及费用，因此，培训运用人员可以增强管理活动的科学性和规范性。其二，制定各种具体的应用文件。

六、运行控制

控制活动贯穿着工作分析的始终，是一个不断调整的过程。随着时间的推移，任何事物都在变化，工作也不例外。组织的生产经营活动是不断变化的，这些变化会直接或间接的引起组织分工协作体制发生相应的调整，从而也相应的引起工作的变化。因此，一项工作要有成效，就必须因人制宜的作些改变。另外，工作分析文件的适用性只有通过反馈才能得到确认，并根据反馈修改其中不适应的部分。所以，控制活动是工作分析中的一项长期的重要活动。

第五节　工作说明书的编制

一、工作说明书的基本概念和主要内容

（一）工作说明书的基本概念

工作说明书是对企业岗位的任职条件、岗位目的、上、下级关系、沟通关系、职责范围、负责程度、考核评价内容给予的一个定义性的说明。

编制工作说明书是工作分析和岗位研究最重要的一项工作，工作说明书是最终得出一个关键性文件。把编制工作说明书的这项工作又叫做岗位描述，也就是通过这项工作把整个岗位进行一个整体全面的描述。只有做好了这项工作，才能将后面的工作评价工作做好，所以编制工作说明书是工作评价的一个最基础的工作。

工作说明书应该成为劳动合同文本的附件，是劳动合同文本的一个重要组成部分。

（二）工作说明书的主要内容

工作说明书涉及的内容比较多，有任职条件，岗位的任务、责任、权限以及岗位的考核方式和内容等。但在通常的工作说明书中，最常见也是最主要的内容有 6 大项：岗位任职条件的确定、岗位目的的明确、上下级关系的确定、工作沟通关系的确定和岗位职责范围的确定以及岗位的考核评估。

1. 岗位任职条件的确定

即什么样的人才能承担这个岗位的任务，是对学历、工作经历、所需要的知识，以及体能有什么要求。

2. 岗位目的的明确

即企业为什么要设置这个岗位，这个岗位设置以后将发挥什么样的作用。

3. 上、下级关系的确定

这个岗位的上级是哪个岗位，它的下级岗位又有哪些，这些岗位之间是什么关系等。

4. 工作沟通关系的确定

在这个岗位上，需要和企业内的哪些部门，或上级岗位打交道；在企业之外，要和哪些政府部门，相关企业、客户、或社会中介机构打交道。

5. 岗位职责范围的确定

在本岗位工作都需要承担什么样的责任。如果该岗位有 8 项职责，那么具体由谁负责，负责到什么样的程度，谁负主要责任，谁负部分责任。

6. 考核评价

指明考核的内容和方式，以及岗位工作的完成情况。

二、工作说明书的编制过程

(一)任职条件的确定

1. 学历

(1)一般填××学历以上。

(2)学位要求，如要求硕士学位或博士学位。

(3)技术职称，要求有高级职称或中级职称等任职资格。

2. 经验

(1)要求了解相关行业。

(2)要求在本行业工作过。

(3)要求在本岗位工作多少年以上。

3. 专业知识

(1)要求具有哪些专业的知识。

(2)一般不必写得很详细，只要求哪一方面或哪个专业。

4. 业务了解范围

(1)业务了解范围填起来比较困难一些，也就是除了本专业，还要了解哪些相关知识。

(2)对这个岗位的业务是否熟悉，业务能力如何。

(二)岗位目的

岗位目的就是岗位的作用，这是工作说明书中最难写的一个部分。一般写这个岗位的必要性和所起的作用。

知识链接

人事培训专员岗位目的举例

人力资源部的人事培训专员的岗位目的是：根据公司的发展战略，组织协调公司各个部门、子公司的员工培训工作，开发员工潜能，提高员工素质，为集团公司的经营管理提供人力资源的保障和支持。

(三)工作沟通关系

工作沟通关系具体分为两部分：企业内部沟通关系和企业外部沟通关系。

1. 内部沟通

内部沟通就是在企业内部将与谁打交道。沟通关系不填写下级，只填写上级和平级，因为下级是必然要沟通的。

主要是两个层面：

(1)上级。这个岗位直接受哪个岗位领导。

(2)平级。平级主要是在企业里将要和哪些相关的部门、岗位打交道。一般只选择两个或三个经常打交道的部门。

2. 外部沟通

在企业的外部还要跟哪些相关单位打交道。外部沟通关系一般分以下几类：

(1) 政府部门。例如，企管部负责企业的注册登记，要和工商局打交道，技术开发部要和标准局、技术监督局打交道，统计工作要和统计局打交道。

(2) 相关企业。相关企业指上下游企业，上游指原材料供应商，而下游指运输、客户等。

(3) 中介机构。例如，律师事务所、会计师事务所、咨询公司、培训公司等。

另外，还要填写人员的类别。人员类别指级别，是属于经理级、中层，还是属于一般人员。

(四) 岗位职责的确定

1. 职责范围

按职责重要性依次列出每项职责及其目的，是职责范围的精确描述。要按照职责的重要程度来填写，重要的放在前面，次要的放在后面。基层工作人员可能二至五项，中层人员可能五至十项，高层人员可能十几项。

2. 职责负责程度的确定

即负什么样的责任，是负全部责任，部分责任，还是支持责任。

(1) 全责

在同一个级别上没有其他同志负全部责任，只有你负责，这称之为全责。

纵向有可能有两个职位都负全责，横向不允许有两个岗位同时负全责。

例如，人力资源部经理，员工管理、薪酬管理、培训、考核也都是负全责。下属所负的全责之和应该和上级部门经理负的全责一致。

(2) 部分责任

就是大家需要配合，或者责任有交叉，这时候是部分责任。例如，培训专员负主责，但是员工管理者也要负部分责任，因为他负责筛选这些员工，哪些需要培训，他负部分责任。

(3) 支持责任

例如，企业的生产管理部有部长，有负责计划的、调度的、统计的，那么负责统计的同志对生产管理调度计划都有支持责任，因为统计资料要提供给其他人看。

做工作说明书的时候，支持责任不要太多。一个人负责很多支持责任，就会造成相互之间的矛盾。

3. 考核评价

考核就是从数量和质量上来检测职责完成情况。例如，员工培训的主责就是考核执行培训计划的情况如何，是否达到员工培训的效果。要由员工对人力资源部组织的这次培训打一个评分：非常满意，比较满意，一般满意，不太满意。通过这样的方式，最后确定对负责人事培训专员的评价。

以上针对工作说明书的几大部分内容，逐一进行了说明。为了帮助大家对工作说明书有更直观的了解，这里举几个岗位的工作说明书为例子，如表 3-11、表 3-12 和表 3-13 所示。

表 3-11　总裁办公室主任岗位说明书

岗位名称	总裁办公室主任	岗位编号	SM-ZB-001
直属上级	总裁	所属部门	总裁办公室
工资级别		直接管理人数	14
岗位目的	组织协调公司上下、内外关系，保证公司运作正常		

工作内容：

1. 制订并提交本部门年度工作计划、人员计划；
2. 负责本部门员工的考评、培训指导、选拔人才；
3. 全面掌握公司的运营状况，为公司领导的经营决策提供信息和建议；
4. 负责总裁办公会议纪要的整理成文以及公司经营决策的传达、落实及信息反馈工作；
5. 协调公司各职能部门及业务部门、公司总部与对外投资企业之间的工作关系；
6. 负责公司对外公共关系和重大事件的协调管理；
7. 拟订、修订公司的有关管理制度及检查落实；
8. 草拟、审核公司对外行文、函件及报告；
9. 政府机关来文、其他单位来文及函件的处理；
10. 负责档案、机要、印章、文印等工作的管理；
11. 负责行政、后勤、采购、车辆、安全等工作的管理；
12. 负责公司非经营性固定资产的管理；
13. 组织公司承办的重大会议会务和重大活动的后勤保障工作；
14. 控制公司行政用品的开支，合理使用办公经费；
15. 完成上级交办的其他工作。

工作职责：

1. 对为公司领导决策提供辅助支持负责；
2. 对公司内、外部工作关系的协调负责；
3. 对公司经营决策的贯彻、落实负责；
4. 对公司后勤、行政工作负责。

与上级的沟通方式：接受总裁的口头及书面指导，与公司所有高层保持沟通。

同级沟通：与各部门负责人、对外企业管理人员保持沟通协调。

给予下级的指导：对本部门员工进行业务指导，与其他部门员工保持业务联系。

岗位资格要求：

- 教育背景：硕士以上学历（或同等学力），企业管理等相关专业。
- 经验：5 年以上的工作经历，3 年以上的大中型企业相关岗位管理工作经验。

岗位技能要求：

- 专业知识：熟悉国家房地产行业、外贸行业有关政策法规以及相关业务知识。
- 能力与技能：较强的组织协调能力、文字表述能力和公关社交能力。

表 3-12 财务部税务成本会计岗位说明书

岗位名称	税务成本会计	岗位编号	SM-CW-002
直属上级	财务部部长	所属部门	财务部
工资级别		直接管理人数	
岗位目的	加强成本核算，实施会计监督		

工作内容：

1. 房地产项目的财务分析，定期编制投资管理报表；
2. 负责房地产项目的完工成本结转、成本核算和效益预测；
3. 负责工程总承包项目的成本核算、收入与成本结转、项目效益预测；
4. 审核工程价款支付和合同执行情况；
5. 负责税收核算、日常税款计缴，发票及收据管理，社保基金管理，以及与税务部门的沟通；
6. 负责公司重大往来款项核算、分析，定期编报往来款项明细表；
7. 参与编制公司季报、中报和年报，分析存货和应收款项，修订其他科目；
8. 配合房地产相关部门，处理相关财务事项；
9. 完成上级交办的其他工作。

工作职责：

1. 对成本核算的准确性负责；
2. 对税收核算的合法性负责；
3. 对发票及收据的安全性负责。

与上级的沟通方式：接受财务部部长书面或口头指导。

同级沟通：房地产业务单位、资金部、证券部、审计部等部门的协调沟通。

给予下级的指导：对本部门其他会计予以业务指导。

岗位资格要求：

- 教育背景：大学本科以上学历，会计相关专业。
- 经验：4 年以上财会工作经验，2 年管理岗位经验。

岗位技能要求：

- 专业知识：精通财会专业知识，熟悉房地产、工程管理、工程造价和税法等方面知识。
- 能力与技能：优秀的逻辑分析能力和口头表达能力，良好的社交能力和组织能力，熟练使用计算机。

表 3-13 房地产营销策划部工程技术岗位说明书

岗位名称	房地产工程技术	岗位编号	SM-CH-004
直属上级	房地产营销策划部部长	所属部门	房地产营销策划部
工资级别		直接管理人数	
岗位目的	负责公司房地产项目营销策划中的设计理念和技术可实施方案		

工作内容：

1. 跟踪、搜集、分析业内先进的设计理念、技术方案、建材及建筑设备；
2. 在满足房地产项目总体市场及功能定位的前提下，提出具有创新或领先的设计理念、技术实施方案；
3. 配合房地产综合事务部完成项目前期工作；
4. 针对勘察设计单位，提出设计任务委托书；
5. 监督指导公司房地产项目的设计、施工过程；
6. 完成上级交办的其他工作。

工作职责：

对所提出的设计理念、技术实施方案的合理性、完整性、准确性、可操作性负责。

（续表）

与上级的沟通方式：接受房地产营销策划部部长的业务指导和工作安排。
同级沟通：与房地产综合事务部、房地产项目部进行业务沟通。
给予下级的指导：
岗位资格要求： ● 教育背景：大学本科以上学历，建筑学、园林规划等相关专业。 ● 经验：六年以上相关工作经历，具备一级建筑师资格。
岗位技能要求： ● 专业知识：熟知建筑、规划、园林、景观、灯光等知识。 ● 能力与技能：具有较强的分析判断能力、良好的语言文字表达能力。

案例链接

某科技集团公司人力资源部人事培训专员任职资格

某科技集团公司人力资源部人事培训专员，其直接上级主管是人力资源部部长。任职条件：学历要求大学本科以上，经验要求是三年以上大中型企业或外资企业的相关岗位工作人员。要求其做过三年培训，而不是在人力资源行业做三年，并且要求其在大中型企业或外资企业工作过。专业知识要求懂得人力资源管理、员工培训管理、法律行政管理；业务了解范围要了解国家的有关政策法规、人力资源管理的新知识、新动向、本公司人力资源管理的体系和职能，国际、国内人力资源管理的新政策，新的发展趋势，对未来有很多要求，尤其是了解一些新的知识。

第六节　工 作 评 价

一、工作评价的概念

工作评价，也叫岗位评价、职位评价，就是根据工作分析的结果，按照一定的标准，对工作的性质、强度、责任、复杂性以及所需的任职资格等因素的差异程度，进行综合评估的活动。工作评价是为了确定一个职位相对于组织中其他岗位所进行的正式的、系统的比较和评价，这个评价的结果会成为确定薪酬的有力证据。

工作评价的内容主要包括工作的任务和责任、完成工作所需要的技能、工作对组织整体目标实现的相对贡献大小、工作的环境和风险等。这些内容恰恰是工作分析所提供的信息，因此工作分析是职位评价的基础。在工作分析中我们对工作进行系统的研究，工作描述的信息让我们了解了工作的责任大小、复杂程度、工作的自由度和权力大小等，工作描述的信息也让我们了解对任职完成工作所需要技能的要求、任职者的任职资格、工作的环境条件等信息。对这些信息进行识别、确定和权衡使我们对工作的相对价值做出恰当的评价。

二、工作评价的作用

组织中的各个职位从事的工作不同，因此，从事不同工作的人应该得到不同的薪酬，这个道理是我们共识的。那么，到底应该怎样建立薪酬体系？如何来决定组织中不同职位的薪酬水平？我们付给员工薪酬的依据是什么？类似这样的一些问题是我们在进行人力资源管理的过程中经常要思考的问题。如何回答这些问题呢？

现在比较通行的付给员工薪酬的原则是以职位付薪酬（Pay for Position）、以个人能力付薪酬（Pay for Person）和以绩效付薪酬（Pay for Performance）。这里最基础的一点就是根据员工工作的职位来决定薪酬水平。很多人比较重视不同职位的市场薪酬水平，按照市场的水平来决定薪酬，认为这样可以做到公平。事实上，作为任职者所感受到的公平，一方面是来自与外部，即自己的薪酬水平与市场上同类职位薪酬水平相比较的结果；另一方面内部的公平也很重要，所谓内部的公平就是任职者将自己的薪酬与组织中其他人的薪酬水平进行比较时所感受到的公平。因此，我们不仅要关注职位的绝对价值，还要关注职位的相对价值。

“我们为什么拿这么少薪水”，这是很多公司的不少员工所发出的疑问，尽管有些公司平均的薪酬水平是远高于市场水平的，但员工仍旧对薪酬水平不满。其中有的业务部门员工认为“公司的大大小小业务还不是靠我们的工作才完成的吗？我们的贡献理应是最大的”、“与职能部门比较起来，我们的工作技术含量、难度都比他们大得多，但是，就因为我们不是主管，就比他们的主管人员拿的薪水低，这样太不合理了。不一定主管人员的贡献就比员工大，那要看是什么部门的主管和员工”。其实除了业务人员，部门主管、经理等管理人员也有意见，有人认为“每个部门的工作量、任务难度是不同的，不应该所有部门都一刀切，应该有些差别”，还有的主管人员认为“如果出了问题，我们所承担的责任比员工大得多，所以我们的薪水与员工的差别应该拉得再大一些”。

为什么在普遍薪资高于市场平均水平，仍然有员工对所得报酬感到困惑和不满意呢？原因主要是没有解决好职位间相对价值。那么，有什么办法可以解决职位之间的相对价值呢？这就是职位评价所要完成的任务。

总结起来，工作评价的作用主要有以下几个方面：

1. 为实现薪酬管理的内部公平公正提供依据。应当实现“以事定岗，以岗定人，以职定责，以职责定权限，以岗位定基薪，以绩效定薪酬”。

2. 对岗位工作任务的繁简难易程度，责任权限大小，所需要的资格条件等因素，在定性分析的基础上进行定量测评，从而以量化数值表现出工作岗位的综合特征。

3. 能够在客观衡量自身价值量的基础上进行横向纵向比较，并具体说明其企业单位中所处的地位和作用。

4. 系统全面的工作评价制度为企事业单位岗位归级列等奠定了基础。

三、工作评价的方法

1. 职位排序法

职位排序法是目前国内外广泛应用的一种职位评价方法，这种方法是一种整体性的职位评价方法。职位排序法是根据一些特定的标准，如工作的复杂程度、对组织的贡献大小等对各个职位的相对价值进行整体的比较，进而将职位按照相对价值的高低排列出一个次序的职位评价方法(见表3-14)。

表3-14 工作评价的4种方法

方法	是否量化	评估的对象	比较的方法	优点	缺点
职业排序法	非量化的方法	对职位整体进行评估	在职位与职位之间进行比较	简单、容易操作、省时省力	主观性大、无法准确确定相对价值、适用于小型企业
职位分类法	非量化的方法	对职位整体进行评估	将职位与特定的级别标准进行比较	灵活性高、可以用于大型组织	对职位等级的划分和界定存在一定的难度、无法确定相对价值
因素比较法	量化的方法	对职位要素进行评估	在职位与职位之间进行比较	可以较准确确定相对价值	因素的选择较困难、市场工资随时在变化
要素计点法	量化的方法	对职位要素进行评估	将职位与特定的级别标准进行比较	可以较准确确定相对价值、适用于多类型岗位	工作量大，费时费力

排序时基本采用两种做法。(1)直接排序法，即按照职位的说明根据排序标准从高到低或从低到高进行排序。(2)交替排序法，即先从所需排序的职位中选出相对价值最高的排在第一位，再选出相对价值最低的排在倒数第一位，然后从剩下的职位中选出相对价值最高的排在第二位，接下去再选出剩下的职位中相对价值最低的排在倒数第二位，以此类推。

职位排序法的主要优点是简单、容易操作、省时省力，适用于较小规模、职位数量较少的组织。但是这种方法也有一些不完善之处，首先这种方法带有一些主观性，评价者多依据自己对职位的主观感觉进行排序；其次，对职位进行排序无法准确得知职位之间的相对价值关系。

2. 职位分类法

所谓职位分类法，就是通过制定出一套职位级别标准，将职位与标准进行比较，并归到各个级别中去。职位分类法就像一个有很多层次的书架，每一层都代表着一个等级，比如说把最贵的书放到最上面一层，最便宜的书放到最下面一层，而每个职位则好像是一本书，我们的目标是将这些书分配到书架的各个层次上去，这样的结果我们就可以看到不同价值的职位分布情况。因此，首先我们需要建立一个很好的书架，也就是职位级别的标准。如果这个标准建立得不合理，那么就可能会出现书架中有的层次挤满了很多书，而有的层次则没有书，这样挤在一起的书就很难区分出来。

职位分类法的关键是建立一个职位级别体系。建立职位级别体系包括确定等级的数量和为每一个等级建立定义与描述。等级的数量没有什么固定的规定，只要根据需要设定，便于操作并能有效的区分职位即可。对每一定等级的定义和描述要依据一定的要素进行，这些要素可以根据组织的需要来选定。最后就是要将组织中的各个职位归到合适的级别中去。

职位分类法是一种简便易理解和操作的职位评价方法。适用于大型组织，对大量的职位进行评价。同时这种方法的灵活性较强，在组织中职位发生变化的情况，可以迅速地将组织中新出现的职位归类到合适的类别中去。

但是，这种方法也有一定的不足，那就是对职位等级的划分和界定存在一定的难度，有一定的主观性。如果职位级别划分得不合理，将会影响对全部职位的评价。另外，这种方法对职位的评价也是比较粗糙的，只能得出一个职位归在哪个等级中，到底职位之间的价值的量化关系是怎样的并不是很清楚，因此在用到薪酬体系中时会遇到一定的困难。同时职位分类法适用性有点局限，即适合职位性质大致类似，可以进行明确的分组，并且改变工作内容的可能性不大的职位。

3. 因素比较法

因素比较法是一种量化的职位评价方法，它实际上是对职位排序法的一种改进。这种方法与职位排序法的主要区别是：职位排序法是从整体的角度对职位进行比较和排序，而因素比较法则是选择多种报酬因素，按照各种因素分别进行排序。

分析基准职位，找出一系列共同的报酬因素。这些报酬因素是应该能够体现出职位之间的本质区别的一些因素，如责任、工作的复杂程度、工作压力水平、工作所需的教育水平和工作经验等。将每个基准职位的工资或所赋予的分值分配到相应的报酬因素上。

因素比较法的一个突出优点就是可以根据在各个报酬因素上得到的评价结果计算出一个具体的报酬金额，这样可以更加精确地反映出职位之间的相对价值关系。一般在下列条件下因素比较法较为适用：需要一种量化方法，愿花大量的费用引入一种职位评价体系；这种复杂方法的运用不会产生理解问题或雇员的接受问题，并且希望把工资结构和基准职位的相对等级或劳动力市场上通行的工资更紧密联系起来。

在用因素比较法时，应该注意两个问题：一个是薪酬因素的确定要比较慎重，一定要选择最能代表职位间差异的因素；另一个是由于市场上的工资水平经常发生变化，因此要及时调整基准职位的工资水平。但是由于我国处于经济体制的转轨时期，多种薪酬体制并存；同时国内薪酬体制透明度较低，劳动力市场价格处于混沌状态，因而使用因素比较法的基础数据不足。目前因素比较法在国内基本未得到使用。

4. 要素计点法

要素计点法就是选取若干关键性的薪酬因素，并对每个因素的不同水平进行界定，同时给各个水平赋予一定的分值，这个分值也称为“点数”，然后按照这些关键的薪酬因素对职位进行评价，得到每个职位的总点数，以此决定职位的薪酬水平。

要素计点法首先选择薪酬要素，并将这些薪酬要素建立起一个结构化的量表。专家委员会根据这个评定量表对职位在各个要素上进行评价，得出职位在各个要素上的分值，并汇总成总的点数，再根据总点数处在哪个职位级别的点数区间内，确定职位的级别。要素计点法主要的缺点是操作过程较为复杂，而且提前要与员工进行充分的沟通，以对要素理解达成共识。对于规模较小的企业，要素计点法的使用可能会使简单问题复杂化，可能会不如非量化的方法实用。

要素计点法在下述情况下可能是最合适的：对准确度、工作职位资料和工资决策需要明确无误，是采用量化方法所费额外成本物有所值；而排列大量的极不相同的工作职位的需要使考虑运用一系列通用因素成为必然；工作内容不断地进行调整，并且有可能把工作职位最终归入相当数量的不同的工资级别之中。

四、工作评价的实施

工作评价实施的主要步骤如下：

1. 按岗位的工作性质，先将企事业单位的全部岗位划分为若干个大类。

2. 收集有关岗位的各种信息。

3. 建立岗位分析评价专家组成的工作评价小组。

4. 制定出工作评价的总体计划，并提出具体的行动方案或实施细则。

5. 在广泛收集资料的基础上，找出与岗位有直接联系、密切相关的各种主要因素及其指标，列出细目清单，并对有关指标作出说明。

6. 通过评价专家小组的集体讨论，构建工作评价的指标体系，规定统一的衡量评比标准，设计有关调查问卷和测量评比的量表。

7. 先抓几个重要岗位进行试点，以便总结经验，发现问题，采取对策，及时纠正。

8. 全面落实工作评价计划，按照预定方案，逐步组织实施。

9. 最后撰写出企、事业单位各个层级岗位的评价报告书，提供给各有关部门。

10. 对工作评价进行全面总结，以便汲取工作评价的经验和教训，为以后岗位分类分级等项工作的顺利开展奠定基础。

应用与训练

实训要求：以小组为单位，通过学生自主选择一个岗位，设计工作分析方案，选择工作分析的方法，对特定岗位进行工作分析，然后由小组递交报告。

实训内容：

(1)撰写工作分析方案

(2)编制工作说明书

教学重点：工作分析方法的选择；工作分析流程；工作说明书的内容。

教学难点：工作分析调查问卷的设计；工作说明书的规范。

思考与练习

1. 工作分析的定义是什么？

2. 工作分析的方法有哪些？

3. 如何设计一套完整的工作分析方案？

4. 工作说明书的内容主要有哪些？

5. 工作评价和工作分析之间的关系是什么？

拓展阅读

A 公司工作分析案例

A 公司是我国中部省份的一家房地产开发公司。近年来，随着当地经济的迅速增长，房产需求强劲，公司有了飞速的发展，规模持续扩大，逐步发展为一家中型房地产开发公司。随着公司的发展和壮大，员工人数大量增加，众多的组织和人力资源治理问题逐渐凸显出来。

公司现有的组织机构，是基于创业时的公司规划，随着业务扩张的需要逐渐扩充而形成的，在运行的过程中，组织与业务上的矛盾已经逐渐凸显出来。部门之间、职位之间的职责与权限缺乏明确的界定，扯皮推诿的现象不断发生；有的部门抱怨事情太多，人手不够，任务不能按时、按质、按量完成；有的部门又觉得人员冗杂，人浮于事，效率低下。

公司的人员招聘方面，用人部门给出的招聘标准往往含糊不清，使得招聘主管无法准确地加以理解，招来的人大多不尽如人意。同时目前的许多岗位不能做到人事匹配，员工的能力不能得以充分发挥，严重挫伤了士气，并影响了工作的效果。公司员工的晋升以前由总经理直接决定。现在公司规模大了，总经理已经几乎没有时间来与基层员工和部门主管打交道，基层员工和部门主管的晋升只能根据部门经理的意见来做出。而在晋升中，上级和下属之间的私人感情成为了决定性的因素，有才干的人往往却并不能获得提升。因此，许多优秀的员工由于看不到自己未来的前途，而另寻高就。在激励机制方面，公司缺乏科学的绩效考核和薪酬制度，考核中的主观性和随意性非常严重，员工的薪酬不能体现其价值与能力，人力资源部经常可以听到大家对薪酬的抱怨和不满，这也是人才流失的重要原因。

面对这样严重的形势，人力资源部开始着手进行人力资源治理的变革，变革首先从进行职位分析、确定职位价值开始。职位分析、职位评价究竟如何开展、如何抓住职位分析、职位评价过程中的要害点，为公司本次组织变革提供有效的信息支持和基础保证，是摆在A公司面前的重要课题。

首先，他们开始寻找进行职位分析的工具与技术。在阅读了国内目前流行的基本职位分析书籍之后，他们从其中选取了一份职位分析问卷，来作为收集职位信息的工具。然后，再将问卷发放到了各个部门经理手中，同时他们还在公司的内部网上也发了一份关于开展问卷调查的通知，要求各部门配合人力资源部的问卷调查。

据反映，问卷在下发到各部门之后，一直搁置在各部门经理手中，而没有发下去。很多部门是直到人力资源部开始催收时才把问卷发放到每个人手中。同时，由于大家都很忙，很多人在拿到问卷之后，都没有时间仔细思考，草草填写完事。还有很多人在外地出差，或任务缠身，自己无法填写，而由同事代笔。此外，据一些较为重视这次调查的员工反映，大家都不了解这次问卷调查的意图，也不理解问卷中那些生疏的治理术语，何为职责、何为工作目的，许多人对此并不理解。很多人想就疑难问题向人力资源部进行询问，可是也不知道具体该找谁。因此，在回答问卷时只能凭借自己个人的理解来进行填写，无法把握填写的规范和标准。

一个星期之后，人力资源部收回了问卷。他们发现，问卷填写的效果并不太理想，有一部分问卷填写不全，一部分问卷答非所问，还有一部分问卷根本没有收上来。辛劳调查的结果却没有发挥它应有的价值。

与此同时，人力资源部也着手选取一些职位的员工进行访谈。但在试着谈了几个职位的员工之后，发现访谈的效果也不好。因为，在人力资源部能够对部门经理访谈的人只有人力资源部经理一人，主管和一般员工都无法与其他部门经理进行沟通。同时，由于经理们都很忙，能够把双方凑在一块，实在不容易。因此，两个星期时间过去了，却只访谈了两个部门经理。

人力资源部的几位主管负责对经理级以下的人员进行坊谈，但在访谈中，出现的情况却出乎意料。大部分时间都是被访谈的人在发牢骚，指责公司的治理问题，抱怨自己的待遇不公等。而在谈到与职位分析相关的内容时，被访谈人往往又言辞闪烁，顾左右而言他，似乎对人力资源部这次访谈不太信任。访谈结束之后，被访谈人都反映对该职位的熟悉还是停留在模糊的阶段。这样持续了两个星期，访谈了大概1/3的职位。王经理认为时间不能拖延下去了，因此决定开始进入项目的下一个阶段——撰写职位说明书。

可这时，各职位的信息收集却还不完全。怎么办呢？人力资源部在无奈之下，不得不另觅他途。于是，他们通过各种途径从其他公司收集了许多职位说明书，试图以此作为参照，结合问卷和访谈收集到一些信息来撰写职位说明书。

在撰写阶段，人力资源部还成立了几个小组、每个小组专门负责起草某一部门的职位说明书，并且还要求各组在两个星期内完成任务。在起草职位说明书的过程中，人力资源部的员工都颇感为难，一方面不了解别的部门的工作，问卷和访谈提供的信息又不准确；另一方面，大家又缺乏写职位说明书的经验，因此，写起来都感觉很费劲。规定的时间快到了，很多人为了交稿，不得不急急忙忙，东拼西凑了一些材料，再结合自己的判定，最后成稿。

职位说明书终于出台了。人力资源部将成稿的职位说明书下发到各部门，同时，还下发了一份文件，要求各部门按照新的职位说明书来界定工作范围，并按照其中规定的任职条件来进行人员的招聘、选拔和任用。但这却引起了其他部门的强烈反对，很多直线部门的治理人员甚至公开指责人力资源部，说人力资源部的职位说明书是一堆垃圾文件，完全不符合实际情况。

于是，人力资源部专门与相关部门召开了一次会议来推动职位说明书的应用。人力资源部经理本来想通过这次会议来说服各部门支持这次项目。但结果却恰恰相反，在会上，人力资源部遭到了各部门的一致批评。同时，人力资源部由于对其他部门不了解，对于其他部门所提的很多问题，也无法进行解释和反驳，因此，会议的最终结论是，让人力资源部重新编写职位说明书。后来，经过多次重写与修改，职位说明书始终无法令人满意。最后，职位分析项目也不了了之。

人力资源部的员工在经历了这次失败的项目后，对职位分析彻底丧失了信心。他们开始认为，职位分析只不过是“雾里看花，水中望月”的东西，说起来挺好，实际上却没有什么大用，而且认为职位分析只能针对西方国家那些治理先进的大公司，拿到中国的企业，根本就行不通。原来雄心勃勃的人力资源部经理也变得灰心丧气，但他却一直对这次失败耿耿于怀，对项目失败的原因也是百思不得其解。

那么，职位分析真的是他们认为的“雾里看花，水中望月”吗？该公司的职位分析项目为什么会失败呢？

问题：

1. 该公司为什么决定从职位分析入手来实施变革，这样的决定正确吗？为什么？
2. 在职位分析项目的整个组织与实施过程中，该公司存在着哪些问题？
3. 该公司所采用的职位分析工具和方法主要存在着哪些问题？
4. 如果你是人力资源部新任的主管，让你重新负责该公司的职位分析，你要如何去开展？

参考文献

[1] 朱勇国主编. 工作分析. 北京：高等教育出版社，2007. 8.
[2] 萧鸣政. 工作分析的方法与技术. 北京：中国人民大学出版社，2006.
[3] 苏志霞. 工作分析. 杭州：浙江大学出版社，2011.

第四章

招聘与选拔

第一节　招聘工作概述
第二节　招聘渠道分析与选择
第三节　员工选拔录用

案例导入

某公司正处在成长期，业务不断拓展，市场部提出急需增加人手。公司决定招聘一批市场营销人员，人力资源部按照职位说明书的描述进行招聘准备工作，开展了一系列的招聘活动。

在面试之前，人力资源部提出是否让市场部的管理人员参加面试，可市场部的人实在太忙了，即使是管理人员也难得在公司露面，用手机联系上他们后的回答是："我们哪里顾得上这些事啊，面试是人力资源部的事，叫我们干什么呀！"

所招聘的人员到位一段时间后，市场部管理人员开始抱怨："人力资源部招聘来的人不好用，不适合干市场，安排的指标任务完不成。"

"究竟要什么样的人，从你们那里听不到一点意见，面试也不参加。"人力资源部的人觉得也很委屈，"想要什么样的人，你们自己最清楚，招聘过程不参与、不配合，人来了，又抱怨我们。"

思考

该问题到底出在哪里？如何处理人力资源部门和业务部门的关系？如何使招聘更有效呢？

学习指引

学习目标

1. 通过对招聘选拔工作全过程的介绍，帮助学生建立招聘选拔的系统思维；
2. 学生能以战略的视觉来看待招聘选拔工作；
3. 要求学生掌握招聘选拔的操作性的工具和方法。

解决问题

1. 培养学生从事招聘工作的应用能力；
2. 培养学生招聘计划的编制能力；
3. 培养学生招聘活动的组织执行能力。

知识与理论

一般人认为，人力资源部的工作中，招聘最容易：不外乎筛选简历、面试、通知来上班。而一位做了10年人力资源工作的专家认为，招聘或选才恰恰是最难的，招聘就像一场冒险、一场赌博。一场不正规的招聘，如通过见面、谈话来确定人选，这种招聘的可信度非常低，只有38%；再加上心理测评、取证，完成整个流程，这样的成功率也只有66%。也就是说，工作做足了才刚刚及格。

所以，整个招聘与选才的过程就像打仗一样，要多学一点技能，把这场战斗做得更专业一些，才能招到更合适的人选。

第一节　招聘工作概述

招聘是企业获取人力资源的重要途径，是企业人力资源管理的开端，也是增强组织核心竞争力的主要手段，直接影响到组织人力资源开发管理其他环节的开展。因此，做好招聘工作已经成为组织长远健康发展的前提和保障。

一、员工招聘的定义

（一）员工招聘的含义

企业的员工招聘，是企业为了生存和发展的需要，由人力资源管理部门和其他部门按照科学的方法，运用先进的手段，向企业内外吸收、挑选、安置岗位所需人力资源的一个全过程。员工招聘表面上看是企业主动选择应聘者的过程，实际上是一种企业与应聘者个人之间双向选择和匹配的动态过程。企业在选择应聘者，求职者也在选择企业，在这一过程中，企业和应聘者都应扮演积极的角色。员工招聘的核心在于通过选拔实现“人—事”匹配，即岗位要求与个人素质相匹配、工作报酬与个人动力相匹配。

人们总以为选才是人力资源部的工作，实际上人力资源部只是执行和支持部门。其他部门（用人部门）也担负着选才的任务。招聘过程中的职责划分如表4-1所示。

表4-1　人力资源管理部门与业务部门在招聘过程中的职责划分①

用人部门	人力资源部门
1. 根据业务计划制订招聘计划 2. 招聘岗位的工作说明书及录用标准的提出 3. 判断职位候选人的专业或技术水平 4. 最终做出录用决策 5. 负责试用期的考核 6. 协助招聘活动的评估	1. 帮助用人部门对招聘的必要性进行判断 2. 指导用人部门撰写职位描述和任职资格 3. 决定获取候选人的渠道和方法 4. 与潜在的候选人联络 5. 收集简历和应聘材料 6. 设计人选选拔评价方法，并指导用人部门经理使用这些方法 7. 主持实施评价程序 8. 为用人部门的录用提供建议 9. 与候选人确定工资 10. 帮助被录用人员办理体检、档案转移、劳动协议签订等各项手续 11. 向未被录用的候选人表示感谢并委婉地拒绝

① 吴志明. 招聘与选拔实务手册（第2版）. 北京：机械工业出版社，2010.7，59-60修改.

（二）招聘的目的与前提

1. 招聘目的

（1）满足组织需要，弥补岗位空缺。任何一个企业内部的人力资源都处在动态变化过程中，员工流动问题是企业面临的共性问题。一个企业想要永远留住自己所需要的人才是不现实的，也不是人力资源管理手段所能控制的，再加上企业内部正常的人员退休、人员辞退及人员调动，所以员工招聘可以满足组织需要，弥补岗位空缺。招聘工作是企业人力资源管理的经常性工作。

（2）树立企业形象。招聘是企业与应聘者通过直接接触而进行双向选择的过程。在这一过程中，企业招聘人员的素质、招聘人员的形象与工作能力、企业散发材料、宣讲会的组织，以及招聘流程的组织与安排等都是应聘者评价企业的依据。因此，如果企业能够较好地组织招聘，就可以更好地树立企业形象，使企业吸引更多的人才，从而扩大招聘的选择范围，提高招聘的质量。

（3）降低用人风险。“成也萧何，败也萧何”。员工是企业的财富，但同时又可能对企业造成潜在的威胁和危险。如果企业选人不当，可能导致员工流动率高、工作效率下降、错过市场或发展机遇、增加文化冲突等风险。而要较好地规避这些风险，最根本的方法就是把好招聘关，确实录用那些具有岗位胜任特征的人才。

（4）提高企业效益。对于任何一个企业来说，员工流失是不可避免的，但频繁的员工流动或员工流失超过了合理范围，就会给企业带来额外的管理成本，并间接地影响企业效益。通常认为，一个员工的流动，会造成相当于其工资 5～10 倍的成本增加，而且其所处的岗位层级越高，成本增加越多。成功的招聘工作将给企业补充所需的新鲜血液，减少管理成本，使企业效益得到进一步的提升。

（5）为企业战略的实现奠定基础。企业战略决定了企业的竞争优势所在，关乎企业的长远发展，而企业战略的实现依赖于合格的人力资源做支撑。招聘是企业人力资源管理的一项重要的基础性工作，有效的招聘将为企业战略目标的实现储备所需要的人力资源，并将有利于企业人力资源库的建立、员工的培训与开发、员工的晋升与职业生涯规划等后续工作的开展。

2. 招聘的前提

员工招聘的前提有两个：一是人力资源规划，二是工作分析。人力资源规划是从人力资源管理中得到人力资源需求预测，决定了预计要招聘的职位与部门、数量、时限、类型等。工作分析为录用提供主要的参考依据。

（三）招聘的原则

1. 合法原则

招聘工作严格遵守国家法律和政策的规定，不得违反法律法规的要求。如不得违背宪法关于男女同工同酬的规定，不得违反国家劳动法所规定的劳动者的合法权益，以免引起法律诉讼，给组织造成不必要的损失。

2. 因岗配人原则

把合适的人放在合适的岗位上，这是人事匹配的基本要求。这一原则要求招聘管理应根据组织战略和人力资源规划的要求为依据，因事择人，以工作岗位的空缺和实际工作的需要为出发点，以岗位对人员的实际要求为标准，以达到因职选能、因能量级、人岗匹配的目标。如果未按因岗配人的原则招聘人员，可能会导致招聘人员过多、人浮于事，从而使企业文化受到不良影响、人力成本扩大、工作效率降低等负面作用，并使企业整体效率降低。

3. 公平竞争原则

员工招聘，必须坚持对所有的应聘者一视同仁，努力营造公平竞争的氛围，以有利于优秀人才脱颖而出。坚持公平竞争原则，一方面，能确保招聘与选拔的质量，为组织吸引优秀人才；另一方面，有利于在应聘者心目中树立良好的企业形象。遵循公平性原则，就要在遵循一定的标准和程序的前提下，通过简历筛选、心理测验、评价中心、背景调查等一系列方法手段选拔、录用与待聘岗位相匹配的人才，从而避免靠个别人的直觉、印象等主观、片面性地选用人才。

4. 用人所长原则

企业招聘并不是挑选各方面均优秀的、十全十美的人，而是要挑选最能与岗位匹配的合适的人。在招聘过程中，必须考虑候选人的专长，量才使用，确保待聘岗位获得相匹配的人才，使候选人得到能够充分发挥自己特长的平台，从而达到企业与员工个人的双赢。

5. 效益性原则

以尽可能少的成本招聘录用到合适的人员，即尽量使招聘成本最小化、招聘效率最大化。既不能为招聘到合适人才而不计成本或增加不必要的费用；也不能为了节约成本而招聘不合适的人。

6. 双向选择原则

双向选择，一方面促使单位不断提高效益、改善形象，增强吸引力；另一方面使应聘者获得理想职业，单位自主择人、应聘者自主择业。

（四）员工招聘的策略性决定

企业在进行具体的招聘活动前，需要确定的策略性问题有如下几方面。

第一，是“制造”还是“购买”员工，即是通过内部培训来加强员工的技术和专业性，还是从外部招聘技术和专业人员；

第二，进行内部招聘还是外部招聘；

第三，招聘和甄选的财务预算；

第四，招聘和甄选所采用技术的先进程度；

第五，产生招聘需要是否显示企业有更深层的原因，如士气低落；

第六，外部招聘人员是否会引起现有人员的不安或不满？是否会引起两种人员的矛盾和冲突？外聘人员能否很快融入企业并适应本企业文化等。

二、招聘活动的影响因素

组织的招聘活动不是一项孤立的工作，要受到组织内外多种因素的影响，总的来说，有以下两种因素。

（一）外部环境

1. 国家的政策、法规

国家的政策法规从客观上界定了企业招聘对象选择和限制的条件。例如，西方国家中的人权法规定，在招聘信息中不能有优先招聘关于性别、种族、年龄、宗教信仰的标识，除非这些人员是因为工作岗位的真实需要。再如，在西方一些国家中，如果企业或其他组织在联邦政府管辖的范围内招聘100个以上的雇员，那么，雇主的招聘计划和目标尤其要受到法律的约束。也就是说，雇主必须设计其招聘计划和方法以在特定的人员中吸引有资格的应聘人，他们应包括妇女、本地人、外裔和残疾人等。

2. 劳动力市场

（1）市场的地理位置。劳动力市场状况对招聘具有重要影响，其中一个因素是劳动力市场的地理位置。根据某一特定类型的劳动力供给和需求，劳动力市场的地理区域可以是局部性的、区域性的、国家性的和国际性的。通常，那些不需要很高技能的人员可以在局部劳动力市场招聘。而区域性劳动力市场可以用来招聘那些具有更高技能的人员，如水污染处理专家和计算机程序员等。专业管理人员应在国家的劳动力市场上招聘，因为他们必须熟悉企业的环境和文化。最后，对某类特殊人员如宇航员、物理学家和化学家等，除了在国内招聘外，还可在国际市场招聘。

某些西方国家是根据工人愿意工作的路程长短来确定局部劳动力市场的边界。例如，如果人们不愿意到48千米（30英里）以外的地方工作，而48千米以外的地区就不属于这一局部市场。另外，在局部和区域市场与国家或国际市场招聘之间的差异在于后者要引起人员的迁移。因此，企业的地理位置往往是很多人考虑是否变更工作的重要因素。

（2）市场的供求关系。我们把供给小于需求的市场称为短缺市场，而把劳动力供给充足的市场称为过剩市场。一般来说，当失业率比较高时，在外部招聘人员比较容易。相反，某类人员的短缺可能引起其价格的上升并迫使企业扩大招聘范围，从而使招聘工作变得错综复杂。

总之，劳动力市场状况影响招聘计划、范围、来源、方法和所必需的费用。为了有效的工作，招聘人员必须密切关注劳动力市场条件的变化。

3. 行业的发展性

如果企业所属的行业具有巨大的发展潜力，就能吸引大量的人才涌入这个行业，从而使企业选择人才的余地较大，如近几年来的会计、计算机专业。相反，当企业所属行业远景欠佳时，企业就难以有充裕的人才可供选择，如现在的纺织业。

（二）内部环境

1. 企业的声望

企业是否在应聘者心中树立了良好的形象以及是否具有强大的号召力，将从精神方面影响着招聘活动。如一些老牌的大公司，以他们在公众中的声望，就能很容易吸引大批的应聘者。

2. 企业所处的发展阶段

显然，人力资源管理职能的相对重要性是随着企业所处的发展阶段而变化的。由于产品或服务范围的扩大，需要增设新的岗位和更多的人员。所以，处于增长和发展阶段的企业比成熟或下降阶段的企业需要招聘更多的员工。除了改变招聘规模和重点以外，处于发展阶段还在迅速扩大的企业可能在招聘信息中强调雇员有发展和晋升的机会，而一个成熟的企业可能强调其工作岗位的安全性和所提供的高工资和福利。

3. 企业的招聘政策

企业的招聘政策影响着招聘人员选择的招聘方法。例如，对于要求较高业务水平和技能的工作，企业可以利用不同的来源和招聘方法，这取决于企业高层管理者是喜欢从内部还是从外部招聘。目前，大多数企业倾向于从内部招聘上述人员，这种内部招聘政策可以向员工提供发展和晋升的机会，有利于调动现有员工的积极性。其缺点是可能将不具备资格的员工提拔到领导或重要岗位。

另外，企业内部用人是否合理，是否有良好的上下级关系，升迁路径的设置如何，进修机会等，对有相当文化层次的人员来说，在一定程度上比工资待遇更重要。

4. 福利待遇

企业内部的工资制度是员工劳动报酬是否公正的主要体现，企业的福利措施是企业是否关心员工的反映，它们将从物质方面影响着招聘活动。

5. 成本和时间

由于招聘目标包括成本和效益两个方面，同时各种招聘方法奏效的时间也不一致，所以，成本和时间上的限制明显的影响着招聘效果。招聘资金充足的企业在招聘方法上可以有更多的选择，它们可以花大量费用做广告，所选择的传播媒体可以是在全国范围内发行的报纸、杂志和电视等。此外，也可以去大学或其他地区招聘。

时间上的制约也影响着招聘方法的选择。如果某一企业正面临着扩大产品或服务所带来的突发性需求，那么它几乎没有时间去大学等单位招聘，因为学生毕业时间有一定的季节性，而且完成招聘需要较长的过程。因此，企业或组织必须尽快的想办法满足对员工的新需求。一般来说，许多招聘方法所涉及的时间随着劳动力市场条件的变化而变化。当劳动力市场短缺时，一方面应聘人的数目减少，另一方面他们愿意花更多的时间去比较和选择，所以一般要花较长的时间才能完成。

一般来说，通过人员需求的预测可以使招聘费用降低、效率提高，尤其是在劳动力市场短缺时，对某类劳动力需求事先了解，可以使企业减少招聘费用和有效的获取所需的合格员工。

三、招聘程序与策略

（一）招聘程序

招聘活动的流程一般包括招募、选拔、录用和评估四个阶段。招募阶段是企业为了吸引更多更好的应聘者而进行的若干活动，主要内容包括招聘计划的制定与审批、招聘信息的发布等。选拔阶段是企业根据人与岗位相匹配原则，选拔出最合适的人选，这个阶段由初步筛选、测评、背景调查、体检等环节组成；录用阶段主要涉及对已挑选的候选人进行录用决策、初始安置、试用、正式录用等过程；评估阶段主要指对招聘的结果、招聘的成本和招聘的方法等方面进行评估。详细流程图如图4-1所示。

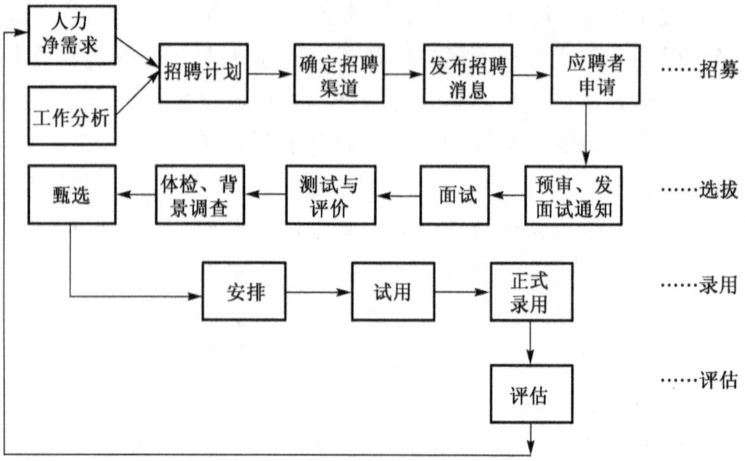

图4-1　员工招聘流程

1. 制订招聘计划

招聘计划是人力资源部门根据用人部门的增员申请，结合企业的人力资源规划和职务描述书，明确一定时期内需招聘的职位、人员数量、资质要求等因素，并制订具体的招聘活动的执行方案。

具体内容包括：确定本次招聘目的、描述应聘职务和人员的标准与条件、明确招聘对象的来源、确定传播招聘信息的方式、确定招聘组织人员、确定参与面试人员、确定招聘的时间和新员工进入组织的时间、确定招聘经费预算等。

2. 发布招聘信息

发布招聘信息是指利用各种传播工具发布岗位信息，鼓励和吸引人员参加应聘。在发布招聘信息时应注意以下几点。

(1)信息发布的范围。信息发布的范围取决于招聘对象的范围；发布信息的面越广，接收到该信息的人就越多，应聘者就越多，组织招聘到合适人选的概率就越大；但费用支出相应也会增加。

(2)信息发布的时间。在条件允许、时间允许的情况下，招聘信息应尽早发布，以缩短招聘进程，同时也有利于使更多的人获取信息，从而增加应聘者。

(3)招聘对象的层次性。组织要招聘的特定对象往往集中于社会的某个层次，因而要根据应聘职务的要求和特点，向特定层次的人员发布招聘信息，比如招聘计算机方面的专业人才，则可以在有关计算机专业杂志上发布招聘信息。

3. 应聘者提出申请

此阶段是从应聘者角度来谈的。应聘者在获取招聘信息后，向招聘单位提出应聘申请。应聘申请通常有两种方式：一是通过信函向招聘单位提出申请；二是直接填写招聘单位应聘申请表(网上填写提交或到单位填写提交，申请表范样见表4-2)。无论哪种方式，应聘者应提供以下个人资料：

(1)应聘申请表，且必须说明应聘的职位；

(2)个人简历，着重说明学历、工作经验、技能、成果、个人品格等信息；

(3)各种学历的证明包括获得的奖励、证明(复印件)；

(4)身份证(复印件)。

表 4-2　××××公司应聘申请表　　　　**应聘职位：**

姓名		性别		出生年月		政治面貌		照片
学历		毕业院校			专业			
职称		现从事的专业/工作						
现工作单位			联系电话					
通信地址			邮编					
家庭地址			身份证号码					
掌握何种外语			程度如何有无证书					
技能与特长			技能等级					
个人兴趣		身高	米	体重	公斤	健康状况		
个人简历								
欲离开原单位的主要原因					现在的工资			
欲加入本单位的主要原因								
收入期望	元/年	可开始的工作日期						
晋升期望(职位、时间)								
培训期望(内容、日期、时间)								
其他期望								
家庭成员情况								
备注								
自愿保证：本人保证表内所填写内容真实，如有虚假，愿受解职处分。								
						申请人签名：		日期：

4. 接待和甄别应聘人员(也叫员工选拔过程)

此阶段实质是在招聘当中对职务申请人的选拔过程，具体又包括如下环节：审查申请表——初筛——与初筛者面谈、测验——第二次筛选——选中者与主管经理或高级行政管理人员面谈——确定最后合格人选——通知合格人选者作健康检查。

此阶段一定要客观与公正，尽量减少面谈中各种主观因素的干扰。

5. 发出录用通知书

这是招聘单位与人选者正式签订劳动合同并向其发出上班试工通知的过程。通知中通常应写明人选者开始上班的时间、地点和报到对象。

6. 对招聘活动的评估

这是招聘活动的最后阶段。对本次招聘活动作总结和评价，并将有关资料整理归档。评价指标包括招聘成本的核算和对录用人员评估；这两类指标分别从招聘的成本和质量来衡量，若在招聘费用支出低的情况下，能招聘到高质量的人才，则表明本次招聘效果好。

以上是一般的员工招聘程序，组织宜根据实际情况对其中的某些环节简化，以提高招聘效率和效果。

(二)招聘策略

招聘策略(Recruitment Strategy)是招聘计划的具体体现，是为实现招聘计划而采取的具体策略。它包括招聘数量、对人员的要求、吸引人才的手段、招聘渠道、甄选模式和招聘时间等。一个成功的招聘策略将帮助企业快速找到适合的人才，推动企业持续发展。

招聘策略具体内容包括：

1. 招聘人员策略

招聘人员作为组织机构的代表，其素质的高低关系到组织能否吸引优秀人才。因此，招聘人员的选择也有相应的技巧。首先招聘工作需要得到主管的积极参与；其次招聘人员的胜任特征包括：良好的个人品质和修养(热情、公正、文明、高效)、具备多方面的能力(表达能力、观察能力、协调和交流能力)、广阔的知识面和相应的技术要求(人员测评技术、策略性谈话艺术、设计招聘环境和设计问题的技术)。

2. 招聘时间策略

遵循劳动力市场上的人才规律，计划好招聘时间；在人才供应高峰期到劳动力市场上招聘，可节约成本，提高招聘效率。

3. 招聘地点策略

招聘地点策略应注意：第一，选择招聘范围；第二，就近选择以节省成本；第三，选择地点有所固定。如校园招聘应选择高校集中的地区和专业对口的院校；应充分考虑高等院校的专业设置及声誉、与企业的距离、企业过去在该院校招聘的成功率等。

4. 组织宣传策略

组织宣传策略应注意：第一，应密切与人才及媒介沟通；第二，在招聘过程中创造尊重知识、重视人才的氛围，给社会以良好的形象，增强组织的吸引力；第三，不断提高招聘人员的素质，委派企业优秀骨干人员担当招聘人员；第四，在推销企业提供的职位时，应该向求职者传递准确、有效的企业信息；第五，处理好与未录用者的关系，这关系到整个招聘能够善始善终。

链接1

招聘录用员工基本法律规定

(1)不得以民族、宗教信仰为由拒绝聘用或提高聘用标准。

(2)除国家规定的不适合妇女从事的工种或者岗位外，不得以性别为由拒绝招聘妇女或提高对妇女的招聘条件。

(3)不得侵犯其他单位及求职应聘人员的合法权益或以不正当手段招聘人才。

(4)不得以各种名义向求职应聘人员收取费用，要求应聘人员以财产、证件做抵押。

(5)未经应聘人员同意，不得擅自发布、泄漏求职应聘人员的资料和信息，擅自使用求职应聘人员的技术、智力成果。

(6)禁止用人单位招用未满十六周岁的未成年人。

第二节　招聘渠道分析与选择

招聘岗位、人力需求数量、人员资质要求的不同以及招聘费用的限制等，决定了招聘对象的来源与范围的不同，从而决定了招聘渠道的选择。一般来说，企业既可以从内部挑选合适的员工，也可以从社会上招聘新员工，即可以分为内部招聘和外部招聘。两种招聘渠道各有利弊，需要针对企业的特点与招聘对象的不同，采取不同的招聘方式。

一、两种招聘渠道的比较

在招聘前，企业要明确是以内部招聘为主，还是外部招聘为主，两者各有优劣(如表4-3所示)。

表4-3　内部招聘和外部招聘的优劣

内部招聘	外部招聘
长处： (1)增强公司提供长期工作保障的形象，有助于公司人员稳定 (2)了解公司，更好地理解职位需求，认同企业文化 (3)经济实惠(招聘和训练成本较低) (4)成功率高，工作稳定性高	长处： (1)利用外部候选人的能力与经验为企业补充新的生产力——多元化 (2)挑选余地大 (3)树立企业良好的外部形象
短处： (1)容易造成内部部门之间的矛盾 (2)容易创造不公平的因素 (3)造成员工的不满意和工作积极性不高 (4)近亲繁殖 (5)被晋升到新的职位的员工未必适应工作	短处： (1)信息不对称，筛选难度大，成本高 (2)外聘员工需要花费较长时间来进行磨合和定位，学习成本高 (3)挫伤有上进心、有事业心的内部员工 (4)水土不服，无法融入企业文化

二、内部招聘

内部招聘是指企业内部获得企业所需要的各种人才。企业本身是一个人才的蓄水池，由于工作和岗位的原因，很多人才的优点未被发现，因此，公司现有员工是招聘的一个重要来源，甚至成为部分公司的主要来源。

(一)内部招聘的种类

1. 内部提升，即企业出现管理岗位空缺时，企业从内部现有人员中提拔聘用新管理者。据有关统计数据显示，有70%以上成功企业和90%以上美国企业的管理岗位都是由企业内部员工填补。

2. 工作轮换，即在平级岗位中调动(或调换)员工，使企业达到更优匹配。通常，企业通过有计划、有步骤的工作轮换培养人才、储备干部和提高整体效益。一方面，它有利于员工广泛和深入地了解组织的工作流程和各部门的工作特点等情况，使他们在工作轮换中得到全面锻炼的机会；另一方面，它有利于员工寻找到适合自己的岗位，使个人职业生涯得到较好的发展，从而更好地达到人职匹配。

3. 返聘，即企业将解聘（或待聘）的员工重新聘用到合适的岗位。对于返聘的员工，他们对企业文化的认同感都较深，且熟悉企业的环境，故返聘可以缩短培训时间，减少企业成本，从而间接提高企业效益。同时，返聘的员工对再次获得企业聘用往往十分珍惜，从而可以减少企业流动率。

（二）寻找内部称职候选人的方法

1. 档案法，即企业通过查阅员工档案搜寻空缺岗位的合适人选的方法。一般来说，企业都应建立自己的人力资源档案，详细记录员工的教育培训经历、专业技能、工作业绩和职业目标等各种信息。当企业出现岗位空缺时，人力资源部门即可以通过档案了解员工的信息，并通过权衡员工的学历、知识水平、任职资格、工作业绩、职业目标、岗位适合度以及实际能力等各方面因素，选聘合适的员工到空缺岗位。

2. 内部公告，即以公告的形式向员工通报现有空缺岗位的情况，并吸引合适的人选到该岗位的方法。企业发布的信息主要包括工作的性质、任职资格、主管的情况、工作时间及待遇标准等。通常，内部公告与上岗竞聘配合使用，即企业通过内部公告发布空缺岗位信息之后，员工采用自荐的形式参加空缺岗位的竞聘。

3. 主管推荐，即通过职位空缺部门的主管或上级主管的推荐获取空缺岗位候选人。通常，由于主管对所推荐员工的各方面情况都比较了解，所以这种方法的成功率较大。但值得注意的是，由于主管在推荐员工时，易受主观偏见的影响，所以可能会造成一些合格的员工失去机会的结果，从而产生内部不公平。

4. 员工推荐，即通过内部员工推荐的方法来获取空缺岗位所需人员。通常，员工推荐包含内部推荐和外部推荐两种，内部推荐指员工推荐企业内他们认为优秀的人员到空缺岗位；外部推荐指员工利用其社会关系介绍和推荐其亲戚、朋友、熟人、同乡或校友等填补空缺岗位。

三、外部招聘

企业外部巨大的劳动力市场是企业员工招聘的外部来源。外部招聘的渠道众多，下面主要介绍常用的几种。

（一）广告招聘

即通过报纸、杂志、广播电视等媒体向社会发布企业空缺岗位广告并招聘员工。它适用于所有工作岗位的招聘，是最为普遍、最为广泛的招聘渠道。由于招聘广告的读者不仅有工作申请人和潜在的工作申请人，还有客户和一般大众，所以广告招聘在一定程度上也影响着企业形象。在实施广告招聘中，企业应注意以下几点：

1. 媒体的选择。广告媒体的选择取决于招聘工作岗位的类型，具体如表4-4 所示。

2. 广告的结构。广告的结构要遵循 AIDA 四个原则，即注意（Attention）、兴趣（Interesting）、欲望（Desire）和行动（Action）。

3. 广告的内容。一般来说，广告的内容应包含工作地点、任职资格、工资待遇、职务以及公司介绍等。

表4-4　各种媒体广告的选择

媒体类型	优　点	缺　点	适用范围
报　纸	成本低；发行广泛；分类广告便于查找	制作质量比较差；对象没有针对性；容易出现招聘竞争；容易被忽视	潜在的应聘者集中在某一地区，并且通常阅读报纸找工作
杂　志	印刷质量好；保存时间长；针对性强；大小可以灵活选择	发行时间较长；发行地域太广；见效期较长	招聘的职位比较专业；时间没有限制；招聘的范围比较大
广播电视	容易引起注意；灵活性强；传递信息更直接和主动	费用高；传递的信息简单；持续时间短；不能选择特定的应聘者	需要迅速引起人们的注意，无法适用印刷广告，某一地区有多种类型的潜在应聘者
互联网	费用低；速度快；传播范围广；信息容量大	信息过多，容易被忽略；有些人不具备上网条件；容易出现竞争	全球范围的招聘
印刷品	容易引起应聘者的兴趣，并引发他们的行动	宣传力度有限，有些印刷品会被人抛弃	在特殊场合较适用，如展示会、招募会等

(二)人才中介机构

即企业通过各级劳务市场、职业介绍所、各种人才市场和猎头公司等中介，进行员工招聘。当企业需要招聘初中级人才或急需的人才时，通常会通过各级劳务市场、职业介绍所和各种人才市场等一般中介的人才资源库，搜寻所需人才；当企业需要物色一些高级技术人员或管理人才时，企业则往往委托猎头公司寻找合适的人才。

(三)校园招聘

企业在各大专院校招聘应届毕业生(含专科生、本科生和研究生)。众所周知，应届毕业生属于潜力型人选，是大多数专业管理人员和工程技术人员的主要来源。通常，企业通过校园招聘会、院校就业网站、校园就业信息海报和院校就业指导部门(或学生部门)等渠道发布招聘信息，并吸引应届毕业生参加应聘。在选择院校时，企业首先必须了解空缺岗位的需要与院校所具有的专业的相关性；其次应结合企业自身的特点和战略，恰当地在一定区域内选择院校。

(四)招聘会

招聘会是借助一定的场所，组织企业和应聘者面对面进行双向选择的一种人力资源市场。企业可通过定期或不定期举办的人才交流会、人才市场和人才集市等招聘所需人员。招聘会又可以分为综合性招聘会和专业性招聘会。招聘会不同于就业中介，它是由供需双方在招聘会现场进行面对面地商谈，快速、高效、低成本，是一条行之有效的招聘与就业途径。

（五）互联网招聘

企业利用专业招聘网或企业自己的网站发布招聘信息，吸引招聘所需人才。互联网招聘，由于信息传播速度快、范围广，且不受时间和地点的限制，已逐渐成为企业招聘的重要渠道之一。通常，企业不仅通过相关网络发布招聘信息，收集应聘者简历和个人信息，还通过网络进行一定的心理测试。

（六）自荐

即企业从一些慕名而来的应聘者中挑选合适的人才。一般来说，为了获得进入企业和目标岗位的机会，"毛遂自荐"的应聘者都会提前对企业和目标职位进行特别的调查。所以，如果他们顺利入职，可能会在很短的时间内熟悉工作，但也可能因此而引来一些别有用心的人。

企业外部招聘方法的利弊比较见表4-5。

表4-5　企业外部招聘方法的利弊比较

途径		适用范围	利	弊
广告招聘		所有	速度快，覆盖面广，带有自我宣传性质	成本较高，针对性较差，信息容易失真，成功聘用率低
人才中介机构招聘	一般中介	初中级人才或急需人才	时间集中，成本低，申请者多，及时性较强	专业性较差、人员素质不高
	猎头公司	高级技术人员或管理人才	针对性强，成功率高，招聘质量好	收费高、招聘过程长，猎头信誉和水平需调查
校园招聘		后备力量和专业人才	企业挑选范围和方向集中，效率较高	缺乏经验、需大量培训和磨合、跳槽多，相对成本较高
招聘会招聘		初中级人才或急需人才	直接面对，可信度较高，费用较低，效率较高	时效性强，洽谈环境差，且质量难保证
互联网招聘		所有	信息量大，传播面广，不受时间地点限制，成本低	虚假信息较多
自荐		所有	效率高，可减少广告费和招聘代理费、成本低	非正式招募，不确定性较高，可能有虚假信息

链接2

企业选择招聘方式时应遵循的原则

（1）企业在高级管理人才的选拔过程中应当遵循内部优先的原则。企业内部培养造就的人才，更能深刻理解和领会企业的核心价值观。

（2）快速成长期的企业，应当广开外部渠道，吸引和接纳需要的各类人才。

（3）外部换进剧烈变化时，企业必须采取内外结合的人才选拔方式。

链接3

如何看待职场选秀

2011年，职场选秀节目如雨后春笋般出现，在荧幕上吹起了一股职场选秀风。有关注就有讨论，在热议与收视齐飞的同时，质疑声同样不断。有不少人质疑，"职场选秀"只不过是一场炒作，是企业宣传自己的一种形式。

选秀，顾名思义即选拔优秀人才，中国自古就有选秀，而历经时代变迁，当今社会的选秀性质已经发生改变，它不仅仅只为了选拔人才，还被市场化、娱乐化，其表现形式就是选秀节目。圆形大舞台，亮灯灭灯的选择，一个人与竞争者和评委的博弈交战。天津卫视推出的《非你莫属》打响了求职节目回归荧屏的第一枪，随后中国教育电视台和江苏卫视联手打造的《职来职往》也获得了极高的关注，一度被封为求职者的“职场宝典”。这两档节目较之前的求职节目更加迎合观众的口味，环节设置新颖、参与门槛降低、参赛者风格各异、评委点评辛辣、主持人幽默风趣，这也证明其多多少少输入了时下最流行的“选秀”血液。以上因素使得这两档节目获得了不俗的收视成绩。

职场专家钟岸君先生提出了以下几点看法：

第一，观众应该抱着学习的心态观看职场选秀节目。在节目中，我们可以看到很多人力资源或高层面试的全过程，可以全面了解不同的企业和职位需要的人才应该具备什么样的能力，需要哪些素养哪些知识哪些技能，积累一些面试的经验；我们也可以通过职场选秀节目，了解各行各业的一些我们不知道的东西，扩大我们的知识面。

第二，职场选秀节目是一个很好的锻炼舞台。如果你是个比较内向或者比较青涩的人，不妨去参加试试，锻炼锻炼自己的勇气和定力，在这个“千军万马过独木桥”的舞台上，一定会有意想不到的收获。

第三，不要抱着太大希望。真正能在节目中求职成功的人少之又少，节目本身的商业性质决定了企业公司多多少少有着宣传的目的。能在节目中顺利找到工作固然是好事，但如果失败了，也不要过于在意，要把这当作自己人生中的一次历练。同时，更不能把这当作自己一夜成名的机会，面对职场，我们必须脚踏实地地努力，做好职业规划，不能心浮气躁。

第四，切不能为了参加节目应聘成功而虚报简历。由于这些节目是面向大众且一般都有视频记录，因此如果你被发现简历有作假成分，会对你今后的工作生涯造成很大影响，“永世不能翻身”。

资料来源：根据凤凰网新闻.《大学生就业杂志》编写.

链接4

微招聘

微招聘，顾名思义，就是用简洁的文字把招聘/求职信息第一时间发布到微博上。如果你是猎头/HR，你将吸引更多候选人的关注；如果你是精英，求职微博将是你获取高薪职位的首选。

“微招聘”无疑架起了用人单位和应聘者之间“点对点”的新桥梁。但人力资源专家表示，微招聘传播面有限，发展前景并不大。据《才富》杂志发起的调查显示，超过30%的人力资源机构接触并尝试过微招聘。

观点：

1）微招聘的“零成本”，是中小企业所看重的。但微博功能单一，不像招聘网站和招聘报刊，招聘和求职信息丰富；并且微博发布的信息，只有经过大量粉丝转载，才能实现传播的效果，这个对很多企业比较困难。

2）微招聘开启了招聘新思维，可作为传统招聘渠道的一种辅助。

3）微求职应慎重，以防受骗或个人信息泄露。

第三节　员工选拔录用

一、应聘者简历筛选

一般来说，简历是企业第一次接触应聘者，而筛选简历也是对应聘者的第一次过滤。如何从一大堆简历中筛选出企业所需人才，是企业继发布招聘资讯后做的第一件事，也是把好企业员工入口关的第一个环节。要把好员工入口关，提高企业招聘效率和员工的素质，首先就必须做好简历筛选工作，尽可能地把不符合岗位要求的应聘者排除在外，且尽可能地避免将真正合适的人才拒之门外。

对应聘者的简历进行筛选要注意以下事项：

第一，查看应聘者教育背景，受教育程度、教育类型、所学科目，具有综合性教育背景的人，如同时具备良好的文理知识素养者将会具备更强的适应性。同时检查应聘者是否使用了一些含糊的字眼，如有无注明大学教育的起止时间和类别等；查看应聘者专业培训、各种考证培训情况，检查应聘者工作岗位与培训内容的相关性。

第二，核查简历内容的真实度。据有关专家估计，大约有 30% 的人会在他们的简历中"注水"。位于美国新泽西州的 ADP 是一家人力资源服务公司，根据该公司的统计，44% 的求职者在他们的简历中撒谎；41% 的人在教育背景上撒谎；还有 23% 的人伪造他们的信用记录和有关文件。因此，招聘人员在简历筛选中应特别注意简历的细节判断。应核查简历描述是否符合逻辑性、工作时间的连贯性(主要查看应聘者总工作时间的长短、跳槽或转岗频率、每项工作的具体时间长短、工作时间衔接等，并找出相关问题。

第三，审查应聘者工作经历。应聘者具有待聘职位相关的工作经验，无疑可以更快地适应工作职位的要求。

第四，职业生涯进展。一个人的过去是对未来的较好预测，一个过去进步很快的人，说明他具有较好的综合素质，今后也很可能仍然保持进步的势头。但要注意，这种职业进展并非指随时间推移带来的例行升迁，而要看这种升迁是否源于个人的自身努力。

结合以上要点，可以把应聘者的简历分为三种：与工作岗位匹配，可进入面试的；与工作岗位不匹配，需淘汰的；不能判定应聘者是否符合岗位要求(尤其对于一些有语言表达能力要求的岗位)，需要采用电话筛选的，对应聘者简历中所提供的信息要进一步核查。

二、选拔测试

在完成对求职者个人资料的预审后，一般会由人力资源部门人员对求职者进行初步面试，进一步排除不符合要求的求职者。然后再对求职者进行更广泛、更深入的考察，了解其学识水平、技术技能、性格、气质、能力等状况。

选拔测试常见的方式有笔试、面试、心理测试、评价中心法等。

(一)笔试

笔试并不是每家企业的招聘流程都会涉及的环节。原因在于：一方面，大多数笔试作为简历筛选之后的第一轮，参加的人数比较多，成本比较高；另一方面，就一些对于专业的技术性要求不高的职位来说，对于应聘者的写作能力和分析问题的能力的考察也可以通过其他途径来实现。和面试相比，笔试是一种相对初级的甄选方式。有的企业招聘时会将笔试作为面试之前的前一轮甄选，主要目的是选出那些符合企业文化，具有企业所希望的思维方式和个性特征的人。还有的企业则将笔试作为面试的一种辅助手段，侧重考察那些在面试中考察不出来的素质，如书面表达能力等。

笔试根据内容划分，主要有以下两类。

1. 技术性笔试。这类笔试主要针对研发型和技术型之类的应聘。这类职位的特点是对于相关专业知识的掌握要求比较高。因此，题目主要涉及工作需要的技术性问题，专业性比较强。一般大型公司，如 IBM、Microsoft 和 Oracle 等在招聘技术类职位时都会进行这样的笔试。

2. 非技术性笔试。一般来说，这类笔试更常见，对于应聘者的专业背景的要求也相对宽松。非技术性笔试的考察内容相当广泛，除了常见的英文阅读和写作能力、逻辑思维能力、数理分析能力外，有些时候还会涉及时事政治、生活常识、情景演绎甚至智商测试等。

（二）面试

面试是在组织者精心设计的特定场景下，以面对面的观察、交谈等双向沟通为主要手段，了解应聘者的角色意识（涉及每个职位的知识结构、工作经验和信息获取三方面）、管理素质（含决策素质、效率素质和文化素质）、情感智能（包括自我管理和沟通协作）和职业安全性（即自我实现需求、人格品质和风险态度）的人员甄选方式。

1. 面试的种类

从不同的角度，面试可分为不同的类型。根据面试的结构化程度，可将面试分为结构化面试、非结构化面试；根据面试的具体形式，可将面试分为个别面试、小组面试、成组面试和会议型面试；根据面试题目的内容，可以将面试分为情景面试和经验面试；根据面试的气氛设计，可将面试分为压力面试和非压力面试。以下介绍几种常见的面试类型。

（1）结构化面试

结构化面试，是指依照预先确定的内容、程序、分值结构进行的面试形式。它具有规范性、客观性、相对准确性、便于掌握评分尺度等特点，也称为标准化面试。通常，结构化面试的问题可分为情境性问题（提出一个假设的工作场景，考察应聘者在这种情况下的反应）、智能性问题（考核应聘者与工作相关的知识和能力的掌握情况）、工作样本模拟问题（对应聘者未来可能面临的实际工作场景、工作内容进行抽样和模拟，并观察和评价其在这种与实际工作背景非常相似的情况下所表现出来的工作绩效）和行为性问题（过去的行为是对未来行为的最好预测，针对应聘者过去的工作经历，让其讲述自己过去工作中实际发生的行为事件的背景、目标、行动及其结果，来考察其思维和应对能力）四种。

在进行结构化面试之前，企业必须通过职位分析确定应聘岗位对应聘者的素质要求，在此基础上确定录用标准、设计面试问题，合理排列问题的顺序、确定由谁提问以及明确评分标准和评分人、设计规范的评分表。

(2)非结构化面试

非结构化面试，是指面试的内容、程序等都没有明确的规定，主试者可以根据应聘者的具体情况以及面试的需要随机提出探索性、开放性的问题，并且可以根据应聘者回答的某一方面进行深入、彻底、多层次的了解。也就是说，对于不同的应聘者，提出的问题、测试过程和问题的答案，都是因人而异的。因此，非结构化面试具有面试问题的不确定性、面试答案的非标准性、面试过程的发散性和面试评分标准的模糊性等特点。

(3)个别面试

个别面试，即一个应聘者与一个面试人员面对面地交谈。这种面试，有利于双方建立较为亲密的关系，加深互相了解。但由于只有一个面试人员，所以决策时难免有失偏颇。

(4)小组面试

小组面试，是指由两三个人组成的面试小组对每个应聘者分别进行面试。由于面试小组由人力资源部门及其他职能部门的人员组成，所以这种面试可以从多种角度对应聘者进行全面考察，从而有利于提高判断的准确性，克服个人偏见。

(5)成组面试

成组面试，又称集体面试，是指由两个以上人员组成的面试小组同时对几个应聘者进行面试。它是通过应聘者集体完成一些测试或练习，从而判断应聘者的逻辑思维能力、解决实际问题能力、人际交往能力以及领导能力等。这种面试的效率较高，但对面试主考官有善于观察和控制局面能力等方面的要求。

(6)压力面试

压力面试，是指面试人员通过有意制造紧张、给应聘者施加各种压力，以了解应聘者对压力的承受能力、在压力前的应变能力和人际关系能力的面试。通常，面试人员通过提出生硬的、不礼貌的问题而故意使应聘者感到难堪，并针对某一事项或问题做一连串的发问，打破砂锅问到底，直至无法问答，从而达到面试的目的。

2. 面试的准备

(1)明确面试的目的

明确面试的目的，有利于面试官在面试过程中把握方向，使面试更有针对性地进行，从而提高面试的效率。通常，面试的目的主要有收集应聘者能做什么的信息、收集应聘者愿意做什么的信息、向应聘者提供组织的相关信息以及检查应聘者与空缺职位的匹配程度等。

(2)回顾职务说明书

职务说明书由工作描述和工作规范两个部分组成。它既对有关工作特征进行了详细的描述和说明，又对任职条件作了明确的限制和规定。所以，在明确面试目的之后，面试者如果能够回顾职务说明书，将有利于把握重点，从而使面试围绕一个或几个重心进行。

(3)阅读应聘者简历

为充分了解应聘者的信息，保证面试的有效进行，面试人员应提前阅读应聘者简历，了解应聘者以前相关的工作经验及绩效表现、以前的相关培训及教育的内容、应聘者的工作兴趣以及应聘者的职业意图等，并对简历中的疑点进行相应的标识，如表4-6所示，以在面试中进一步地核实。

表 4-6　简历中主要存在的疑点及解释

	主要疑点	疑点解释
1	应聘者工作衔接出现空档的原因	对于应聘者在两份工作之间的空档时间，面试官应加以留意，尤其是时间超过三个月的工作空档，应作出明显标识，并在面试中加以提问，以了解其真正的原因，是由于应聘者本人的能力迟迟找不到合适的工作，还是其他客观的原因影响应聘者找不到新的工作。
2	频繁转换工作	对于那些在一年里换了三次工作的应聘者，面试官应特别警惕，要在面试时特别留意，了解应聘者频繁换工作的真实意图，并做出判断，应聘者能否适应本公司的环境，而不会匆匆跳槽。
3	最近的培训进修情况	面试官可通过阅读应聘者的培训进修记录，了解应聘者的培训进修情况，从而判断应聘者是否积极好学，能否以积极进取的心态学习本专业的知识和技能。对于毕业五年却从未有过任何培训进修记录的应聘者，面试官应在面试过程中特别留意。
4	离开上一家公司的真正原因	应聘者为什么不再在原公司任职？是什么原因促使他离开原公司？这些离职的因素，是否在本公司中亦存在？面试官应通过对应聘者的离职原因进行深层次的解读，才能较好地判断该应聘者是否真心实意留在本公司。
5	在上一家公司的工作绩效	应聘者在上一家公司取得什么样的工作成绩？当时的情况是什么？条件如何？主要面临的问题如何？应聘者使用了哪些资源？他的措施包括哪些？这些措施是否有效？本公司能否提供相近的条件，以供他创造这些绩效？通过这样的问题设计，可更深入地了解应聘者分析问题与解决问题的能力。
6	内容前后矛盾或不合常理的地方	这主要包括应聘者工作经历时间上的前后矛盾，或其他不一致、不合逻辑的地方，如应聘者仅毕业半年，即可担当重要的管理工作岗位等。对此，面试官应加以留意，并在面试中进行深入盘查。

(4)制定面试评分表

在面试过程中，由于考官的知识背景、专业背景、工作和个人兴趣的差异，往往会特别关注应聘者不同的侧面，不可避免会表现出自己的主观偏好，对同一应聘者往往会做出不同的评判，使评分的稳定性和客观性降低。所以，在面试之前，必须制定相应的面试评分表，从而降低考官主观倾向的影响，确保面试的公平性和合理性。

一般来说，面试评价表主要包括以下几方面的项目，具体如表 4-7 所示。

① 姓名、考号、性别、年龄

② 目标岗位的类别与职位

③ 面试观察要点、考核要素及要素权重

④ 面试评分标准与等级

⑤ 评语栏(包括录用建议或录用决策)

⑥ 面试评委签字栏

⑦ 面试时间等

表 4-7　××公司面试评价表

<table>
<tr><td>姓　　名</td><td></td><td>性　　别</td><td></td><td>年　　龄</td><td></td><td>编　　号</td><td></td></tr>
<tr><td>应聘职位</td><td colspan="3"></td><td>所属部门</td><td colspan="3"></td></tr>
<tr><td rowspan="14">被考核人基本面试基本情况</td><td rowspan="2">考核因素</td><td colspan="6">评价等级</td></tr>
<tr><td colspan="2">5 分(优秀)</td><td>4 分(良好)</td><td>3 分(一般)</td><td>2 分(差)</td><td>1 分(很差)</td></tr>
<tr><td>1. 仪表形象</td><td colspan="2"></td><td></td><td></td><td></td><td></td></tr>
<tr><td>2. 健康状况</td><td colspan="2"></td><td></td><td></td><td></td><td></td></tr>
<tr><td>3. 表达能力</td><td colspan="2"></td><td></td><td></td><td></td><td></td></tr>
<tr><td>4. 应变能力</td><td colspan="2"></td><td></td><td></td><td></td><td></td></tr>
<tr><td>5. 求职动机</td><td colspan="2"></td><td></td><td></td><td></td><td></td></tr>
<tr><td>6. 理解分析</td><td colspan="2"></td><td></td><td></td><td></td><td></td></tr>
<tr><td>7. 专业知识</td><td colspan="2"></td><td></td><td></td><td></td><td></td></tr>
<tr><td>8. 创造能力</td><td colspan="2"></td><td></td><td></td><td></td><td></td></tr>
<tr><td>9. 自 信 心</td><td colspan="2"></td><td></td><td></td><td></td><td></td></tr>
<tr><td>10. 基本技能</td><td colspan="2"></td><td></td><td></td><td></td><td></td></tr>
<tr><td>面试成绩</td><td colspan="2"></td><td>笔试成绩</td><td></td><td>综合得分</td><td></td></tr>
<tr><td colspan="7">考核人签字：　　　　　　　　　　日期：</td></tr>
<tr><td>用人部门意见</td><td colspan="7">□同意试用，理由：________
□可考虑试用，理由：________
□不同意试用，理由：________
其他建议：________
签字：　　　　　　　　　　年　　月　　日</td></tr>
<tr><td>人力资源部意见</td><td colspan="7">□ 拟录用　　　　□ 备选　　　　□ 不予录用
经面试考核，被考核人拟符合相关条件，准予试用。
部　　门：________，职　　位：________，职务级别：________，到职日期：________，
试 用 期 限：________，试用期月薪：________，转正月薪：________，合同期限：________，
合同起止时间：________，每月应出勤天数：____天，月薪结构：基本工资 + 岗位补贴 + 固定加班费 + 绩效工资
签字：　　　　　　　　　　年　　月　　日</td></tr>
<tr><td>总经理审批</td><td colspan="7">
签字：　　　　　　　　　　年　　月　　日</td></tr>
</table>

3. 面试的过程

(1)关系建立

在这个阶段，面试者通常会询问一些与工作无关的、封闭性的问题，如天气、交通、获得招聘信息的途径等。其目的是为了营造一种和谐、自然、轻松、友好的氛围，帮助应聘者消除紧张戒备心理，以便在后面的面试过程中开放地沟通。

(2)导入阶段

在此阶段，面试人员主要问一些应聘者有所准备、比较熟悉的题目，以缓解应聘者依然有点紧张的情绪。通常，这些题目不是简单地回答“是”或“否”的问题，而是应聘者有较大的自由度，需用相对较多的语言做出回答的、开放性的问题，如让应聘者介绍一下自己的经历、介绍自己过去的工作等。

(3)核心阶段

核心阶段是整个面试中最为重要的阶段。在此阶段，面试者将着重收集关于应聘者胜任能力(即岗位胜任特征和素质模型)的信息。通常，通过对应聘者过去曾经发生过的关键事件的提问和对应聘者的回答进行分析，面试人员能够对应聘者的各项关键胜任能力做出评价，并做出初步的录用决定。

要做好这一阶段的工作，面试者就必须注意提问的技巧。一般来说，提问方式有以下几种：

① 封闭式提问。封闭式问题主要是为了收集一些很微小的信息或数据而提出的比较简单、常规、涉及范围较小的、具有明确答案的问题，如工作经历(包括过去的工作职位、成就、工作成绩、个人收入、工作满意与否以及调动原因)、学历(包括专业、学习成绩、突出的学科、最讨厌的学科、课程设置等)、早期家庭状况(包括父母的职业、家庭收入、家庭成员等)，以及个性与追求(包括性格、爱好、愿望、需求、情绪、目标设置与人生态度等)等。

② 开放式提问。开放式提问，是指一种没有固定答案的、鼓励应聘者自由发挥的提问方式。对于这些问题，应聘者不能使用简单的“是”或“不是”来回答面试者提出的问题，而必须另加解释才能回答圆满。通常，这类问题能够较好地考察应聘者的逻辑思维能力和语言表达能力。

③ 引导性提问。引导性提问，是指面试者通过一些特定的问题，如工资、福利、工作安排等，征询应聘者某些意向的提问方式。通常，这类问题只要一些较为肯定的问答，而不必做其他任何解释。

④ 压迫性提问。压迫性提问，是指面试人员从应聘者的矛盾谈话中出发，故意制造一种紧张的气氛，给应聘者一定压力的提问方式。通过观察应聘者在压力情况下的反应，面试者可以较好地测定应聘者的反应能力、自制力以及情绪稳定性等。

⑤ 连串性提问。连串性提问，即主考官向面试者提出一连串相关的问题，要求应试者逐个回答的提问方式。它主要是考察面试者的反应能力、思维的逻辑性和条理性。

⑥ 假设性提问。假设性提问，是指面试者为应聘者假设一种情况，让应聘者在这种情况下作出反应，回答提出的问题，从而考察应聘者的应变能力、解决问题的能力和思维能力。

(4)确认阶段

一般来说，经过核心阶段的测试，面试者对应聘者的工作胜任能力都有了一个整体的判断。但在这一阶段，面试者应针对核心阶段所获得的对应聘者关键胜任能力的判断进行确认。

(5)结束阶段

一方面，结束阶段是面试者检查自己是否遗漏了关于那些关键胜任能力的问题并加以追问的最后机会；另一方面，结束阶段也是应聘者向面试者了解有关信息和询问关于工作相关情况的机会。

(三)心理测验

心理测验是通过向应聘者提供一组标准化的刺激，观察所引起的少数有代表性的行为样本，对贯穿于人的行为活动中的能力、个性、动机等心理特征进行推论和评价的过程。它可以反映被测者的能力特征，预测其发展潜能，也可以测定应聘者的人格品质及职业兴趣等。在员工招聘中，较为常用的心理测试有认知测验、个性测验和动机测验三大类。

1. 认知测验

认知测验包括智力测验、能力倾向测验和成就测验。

(1)智力测验。智力测验就是对智力(如观察能力、记忆能力、想象能力、思维能力等)的科学测试，它主要测验一个人的思维能力、学习能力和适应环境的能力。在智力测验中，通常用“智商(IQ)”表示智力水平的高低。在实践中，智商有不同的表现形式，有人学习能力强，有人适应环境的能力强，有人能兼顾二者，但毕竟是少数。具备常态的智力水平是任何工作都必须具备的基本条件，在企业招聘中，一些高科技行业，如微软等对以逻辑推理能力为核心的智商的要求较高，但对大多数行业，智商与其说是一种择优的标准，还不如说是一种淘劣的门槛。

一般来说，企业在招聘中的智力测试主要有瑞文智力量表和韦克斯勒成人智力测验，尤其以后者使用较多。该测验通过应聘者完成韦氏成人智力量表，来获得被试者综合智力得分，从而全面了解应聘者的智力结构和状况，从而有助于人员的选拔。在招聘时主要用于高级人员的挑选工作。

(2)能力倾向测验。能力倾向测验是测定应聘者从事某种特定工作所具备的潜在能力的一种心理测试。在企业招聘中，常用的能力倾向测验有一般能力倾向测验(主要测验被试者的语言理解能力、数字敏感度、逻辑推理能力、空间思维能力，以及综合分析能力等)和特殊能力倾向测验。后者是为了测量已具备工作经验或受过有关训练的人员在某些职务领域中现有的熟练或成就水平；或者选拔那些具有从事某项职业的特殊潜能，并且能够在很少或不经特殊培训就能从事某种职业的工作的人才。

(3)成就测验。成就测验是指对个人所获得的学识经验、技能的测验。它用来鉴定一个人在一般的或是某一特殊的方面，经过学习或训练后实际能力的高低。一般采用笔试和现场操作方式进行，了解应聘者对该项工作“应知”、“应会”掌握的水平。成就测验适用于招聘专业管理人员、科技人员和熟练工人，特别是当对应聘者实际具有的专业知识和技能不能确认时，便于应聘者间的公平竞争。

2. 个性测验

个性也称为人格，是指由先天和后天的交互作用而使一个人具有的独特的、稳定的对现实的态度和习惯化了的行为方式。每个个体的个性都有两层意义：外在的自我(体现了每个人所扮演的不同的社会角色)和内隐的自我(是人们由于某些原因不能或不愿表现出来的自我)。

测验方法主要包括以下几种。

(1)自陈式量表。自陈式量表是由应聘者自己填写测量问卷，依据其答案得分判断应聘者的性格特点。自陈式量表的优点是其经济、客观易于操作；这种方法的缺点在于它不能避免应聘者的社会赞许倾向，应聘者可能会为了给别人以好印象而在作答时按照社会评价标准中认为好的特征把自己装扮成具有某种个性特征的人。常见的测量表有卡特尔16种个性因素测验(16PF)，明尼苏达多相人格测验(MMPI)，艾森克人格测验(EPQ)，大五人格量表(NEO-PI)和迈耶斯-布里格斯人格类型指标(MBTI)和加州心理测验(CPI)是较为常用的人格测试量表。

(2)投射法。自陈式量表的组成具有一定的逻辑结构，在测验中应聘者可能会猜测到测验的意图，表现出社会赞许倾向。投射测验通过向应聘者提供意义并不明确的刺激情境，让应聘者在不受限制的情况下，自由表现自己的反应；由于测验意图不明确，应聘者也不知道自己的反应会作何解释，不可能进行自我掩饰，往往会下意识地表现出自己隐藏在潜意识中的欲望、冲突和动机，从而表现出内隐的人格。

测验者通过应聘者对某种刺激物(如图片、词语、物品、情境等)所做出的联想判断、探究他们的心理状态、动机、态度等个性特征。它假设人们对外界刺激的反应都是有原因的，而不是偶然的，且这些反应主要取决于人们各自的个性特征。常用的投射测验方法有罗夏克墨迹测验、主题统觉测验、句子完成式测验、绘画表达测验以及笔迹分析等。

但投射法的信度和效度并不高，它对施测者的专业素养要求较高，只有经过严格训练的专家才能胜任。在人员招聘与选拔中投射法只是作为一种辅助的方法，用以验证人格测验的结果。它更多用在临床和心理咨询领域，用以对人们潜在的人格冲突和精神障碍的诊断。

3. 动机测验

动机是由需要所引发的个体行为的动力。个体的需要不同，其行为的内驱力也不同，动机测验可以测查个体动机的结构和水平，以了解个体的主导动机和求职动机是由什么动机所驱使。有不同的需要理论就有不同的动机测试，主要的动机理论有马斯洛的需要层次理论和麦克利兰的成就动机理论。

(四)评价中心

评价中心，就是测试人员把应聘者置于模拟的工作场景中，采用多种评价技术，观察和评价应聘者在特定场景下的实际行为表现，从而判断应聘者是否与空缺岗位相匹配，预测应聘者的能力、潜力和工作绩效的前景，并了解应聘者的不足之处，以确定培养、使用的方法和内容。

评价中心是一种综合性的、动态的测评方法，是由多个评价者从多个不同的角度对应聘者进行较为可靠的、有效的评价。同时，它也存在标准化程度低、操作难度大、技术要求高以及成本高等局限性。

评价中心有公文筐测验、小组讨论(包括无领导小组讨论和有领导小组讨论)、案例分析、即席发言、角色扮演、管理游戏、无领导小组任务、事实判断、面谈模拟以及与人谈话等多种形式。其中，公文筐测验、无领导小组讨论、角色扮演以及案例分析等四种形式是在员工招聘中比较常用的。

1. 公文筐测验

公文筐测验，通常又叫公文处理测验，是评价中心最常用和最核心的情景模拟形式之一。它是评价担任特定职务的管理人员在典型职业环境中获取、研究有关资料、正确处理各类信息、准确做出管理决策、有效开展指挥、协调和控制工作能力及其现场行为表现的综合性测验。

2. 无领导小组讨论

无领导小组讨论，一种无角色群体自由讨论的测评形式，是指一组应聘者在给定的时间和背景之下围绕给定的问题展开讨论，并得出一个小组意见。通常，在无领导小组讨论实施的过程中，评价人员将应聘者分成一个 5～8 人的小组，不指定小组领导、不限定角色，（不指定重点发言，不布置会议议程，不提出具体要求），要求小组成员在限制的时间（一般为 45～60 分钟）内，就一个指定的问题通过讨论并形成最后结论。

通过无领导小组讨论，评价人员既可以考察应聘者的团队合作能力、语言表达能力、组织协调能力、决策能力、沟通能力、说服能力、应变能力等能力特征，又可以考察应聘者的自信心、宽容心、情绪稳定性、内外倾向性等个性特征。就其应用范围来说，适于对中高层管理人员的管理胜任力测评。

无领导小组讨论的评分依据如下。

（1）发言次数多少；

（2）是否善于提出新的见解和方案；

（3）是否敢于发表不同意见；

（4）支持或肯定别人的意见；

（5）坚持自己的正确意见；

（6）是否善于消除紧张气氛；

（7）创造一个使不大开口的人也想发言的气氛；

（8）语言表达能力；

（9）观点正确性。

无领导小组讨论的优点如下。

（1）能在同一时间对多名应聘者进行测评，从而提高招聘效率。

（2）能测试出笔试和单一面试所不能检测出的能力或素质。

（3）能观察到应聘者之间的相互作用。

（4）能依据应聘者的行为特征来对其进行更加全面、合理的评价。

（5）能使应聘者在相对无意之中暴露自己各个方面的特点。

（6）能使应聘者有平等的发挥机会从而很快地表现出个体上的差异。

无领导小组讨论的缺点如下。

（1）由于题目的质量会影响测评的质量，故编制题目难度较大。

（2）对评价人员的要求较高，故必须对评价人员进行专门培训。

（3）对应聘者的评价易受评价人员主观偏好影响，从而导致评价人员对应聘者评价结果的不一致。

（4）应聘者有存在作戏、表演或者伪装的可能性。

（5）应聘者的分组以及不同的测评情境都可能会使评价的结果受到影响。

（6）应聘者的经验可能影响其能力的表现。

3. 角色扮演

角色扮演，一种主要用于测评人际关系处理能力的情景模拟活动，是指评价人员要求应聘者扮演一个特定的角色去处理一系列尖锐的和人际矛盾与冲突的问题，以此观察应聘者的各种行为表现，了解其心理素质和潜在能力，如评价一个人的主动性、自信心、说服能力、人际关系技能、情绪的稳定性和情绪的控制能力、随机应变能力以及处理各种问题的技巧和方法等。

在角色扮演中，评价人员对应聘者的行为一般从以下几个方面进行评价。

(1)角色的把握性。应聘者是否能迅速地判断形势并进入角色情境，按照角色规范的要求去采取相应的对策行为。

(2)角色的行为表现。包括应聘者在角色扮演中所表现出的行为风格、价值观、人际倾向、口头表达能力、思维敏捷性、对突发事件的应变性等。

(3)角色的衣着、仪表与言谈举止是否符合角色及当时的情境要求。

(4)其他内容。包括缓和气氛、化解矛盾的技巧，达到目的的程度，行为策略的正确性，行为优化程度，情绪控制能力，人际关系技能等。

4. 案例分析

案例分析，是指要求应聘者阅读一些关于组织中问题的材料，让他们提出一系列的建议，以考察、评价应聘者的行为表现的一种情景模拟测试。通常，评价人员根据应聘者所提出的建议对其综合分析能力、管理以及业务技能做出评判。

三、员工录用

(一)初步录用决定

企业通过各种渠道和方式对候选人的任职资格和对工作的胜任力进行测量和评价后，应根据岗位的要求，挑选最能与岗位匹配的候选人，并做出雇用决定。

注意，企业招聘，并不是挑选各方面均优秀的“完人”，而是要挑选与岗位最佳匹配的合适的人。在做出雇用决定时，不应降低标准录用人员，要将候选人与评价标准进行比较，而不是在候选人之间进行比较排序。

一般来说，做出雇用决定的方法包括定性的方法和定量的方法。所谓定性的方法就是对候选人的各方面胜任特征进行描述性的评价，列举出该候选人的主要优点与不足，然后再将其与岗位要求进行比较做出决定。所谓定量的方法就是对候选人的各项胜任特征进行量化评价的方法。在实践运用中，定性的方法和定量的方法可以结合在一起使用。

(二)录用前准备工作

1. 入职体检

体检，是通过委托医院进行的。其主要目的是：一方面，检查应聘者是否具有严重疾病；另一方面，判断应聘者的身体状况是否能够适应工作的要求。

2. 背景调查

背景调查，是企业通过打电话、访谈等形式向应聘者原来的雇主、同事以及其他了解应聘者的人员，了解和验证应聘者学位、工作经历等与工作有关的信息。

在背景调查时，应注意两个方面：一方面，应选择恰当的访查人员，收集全面的信息，避免偏见；另一方面，应把重点放在与应聘者工作有关的信息方面，避免侵犯应聘者的个人隐私。

3. 员工入职

一切录用的准备工作都完成后，符合要求的应聘者就会与公司签订劳动合同，并办理人事档案的转移，完成员工的正式入职。如图 4-2 所示为某企业员工入职程序①。

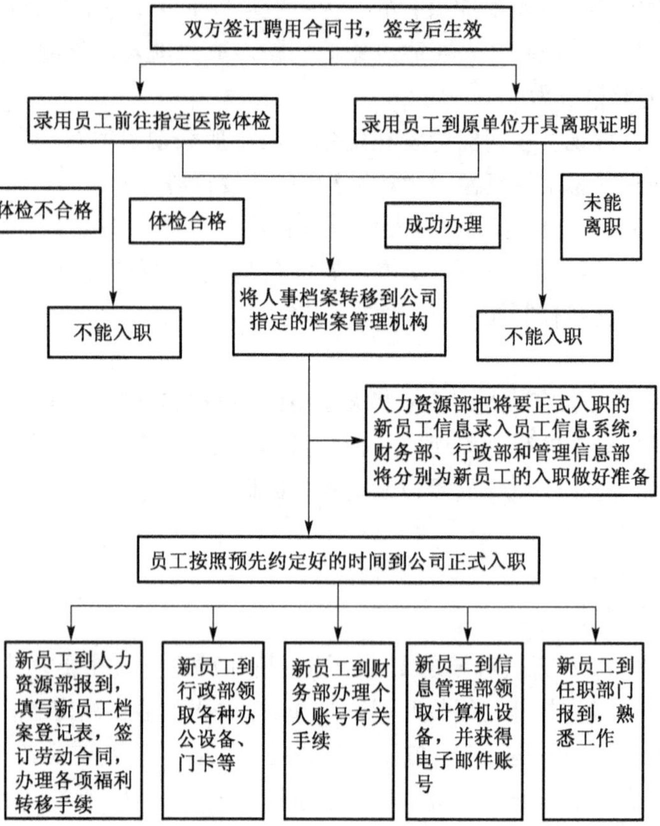

图 4-2　某企业员工入职程序

四、招聘评估

招聘评估是通过核算和分析各种考核指标发现招聘过程中的优点与不足，总结招聘中的经验与教训，从而不断改进企业的招聘工作。

通常，企业主要从招聘成本评估、录用人员评估、甄选渠道和甄选方法的效果评估四个方面评估招聘工作。

（一）招聘成本评估

招聘成本评估是指对招聘中的招聘工作人员的工资、福利、加班费和招聘业务费（如广告费、信息服务费、电话费以及差旅费等）进行调查、核实，并对照预算进行评价的过程。招聘成本通常以录用员工单位成本来评估：

录用员工单位成本 = 总经费（元）/录用人数（人）

即招聘人数越多，录用员工质量越高，花费成本越少，招聘效率就越高；反之亦然。

---

① 陈筱芳. 人力资源管理——网络化互动教学系统配套教材. 北京：清华大学出版社，2008.2.

（二）录用人员评估

录用人员评估是指根据招聘计划对录用人员的质量和数量进行评价的过程。通常评估指标有：

1. 录用比 =（录用人数/应聘人数）×100%

该值越小，相对来说，录用者的素质越高；反之，则可能录用者的素质越低。

2. 应聘比 =（应聘人数/计划招聘人数）×100%

该值越大，说明招聘信息发布的效果越好，同时说明录用人员的素质可能较高。

3. 录用成功比 =（录用成功人数/计划人数）×100%

如果该值等于或大于 100%，则说明在数量上全面或超额完成招聘计划，且可能录用人员的素质较高；反之，则未能完成招聘计划。

（三）招聘渠道效益评估

企业招聘员工，会同时采用多种不同的渠道进行。招聘渠道效益评估，就是为了评估不同渠道的效益情况，从而为今后的招聘工作提供现实依据。通常，招聘渠道效益评估有以下几个指标：

1. 某渠道录用人员单位成本 = 某种渠道的花费/该渠道录用成功人数

2. 某渠道录用成功比 = 某渠道录用成功人数/录用成功总人数 ×100%

如果某渠道的录用人员单位成本越小，录用成功比越大，则说明该渠道的效益越好；反之，录用人员单位成本越大，录用成功比例越小，则说明该渠道的效益越差。

（四）招聘方法的成效评估

人员招聘方法的成效可以从效度和信度两个方面来评估。

效度是指实际结果与预计结果的符合程度。在甄选过程中，有效的招聘方法应该能够正确地预计应聘者将来的工作成绩，即甄选结果与以后的工作绩效考评得分是密切相关的。

信度是指系列测评所得结果的稳定型与一致性的高低。当应聘者在多次接受同一测评或有关测评时，其得分应该是相同或相近的，因为人的个性、兴趣、技能、能力等素质，在一定时间内是相对稳定的。如果通过某项测评，没有得到相对稳定而一致的结果，那说明测评本身的信度不高。

链接 5：

面试提问举例

（1）你为何要申请这项工作？（了解应聘者的求职动机）

（2）你认为这项工作的主要职责是什么？或如果你负责这项工作你将怎么办？（了解对应聘岗位的了解程度及其态度）

（3）你认为最理想的领导是怎样的？请举例说明。（据此可了解应聘者的管理风格及行为倾向）

（4）你的上级要求你完成某项工作，你的想法与上级不同，而你又确信自己的想法更好，此时你怎么办？（困境中是否冷静处理问题）

（5）请你谈谈我公司在本行业的发展前景。（了解其思维逻辑能力和表达能力）

应用与训练

项目名称：模拟面试

1. 项目能力目标：

(1)编制招聘计划书的能力

(2)编制招聘广告的能力

(3)处理求职信的能力

(4)设计面试问题的能力，组织与实施面试的能力，控制面试过程的能力

(5)应对面试的心理素质和能力

2. 项目实施内容与步骤：

(1)学生成立模拟公司，设置招聘岗位，编写招聘计划书和招聘广告，其他同学作为应聘者提供3~5份应聘者材料；

(2)由3~5位学生扮演企业面试考官，3~5位学生扮演应聘者，2位学生担任“考察者”；

(3)考官小组负责设计面试问题、选择面试类型、组织面试过程，并实施面试；

(4)应聘者根据给出的材料内容扮演自己的角色；

(5)“考察者”观察面试的全过程，并对考官和应聘者进行点评；

(6)推荐一组考官和应聘者上台，面向全班同学进行表演；

(7)同学们进行评价；

(8)教师综合点评。

思考与练习

1. 请阐述员工招聘对企业的影响有哪些？
2. 企业在决定选用内部招聘还是外部招聘时，主要依据应有哪些？
3. 企业招聘的途径有哪些，各有何利弊？
4. 如果你负责员工招聘，你将如何开展？具体的步骤分别是什么？
5. 怎样提高面试的效率？
6. 如何对企业的招聘进行评估？

拓展阅读

1. 丰田公司的全面招聘体系

丰田公司著名的“看板生产系统”和“全面质量管理”体系名扬天下，但是其行之有效的“全面招聘体系”鲜为人知，正如许多日本公司一样，丰田公司花费大量的人力物力寻求企业需要的人才，用精挑细选来形容一点也不过分。

丰田公司全面招聘体系的目的就是招聘最优秀的有责任感的员工，为此公司做出了极大的努力。丰田公司全面招聘体系大体上可以分成6大阶段，前5个阶段招聘要持续5~6天。

第一阶段丰田公司通常会委托专业的职业招聘机构，进行初步的甄选。应聘人员一般会观看丰田公司的工作环境和工作内容的录像资料，同时了解丰田公司的全面招聘体系，随后填写工作申请

表。1 个小时的录像可以使应聘人员对丰田公司的具体工作情况有个概括了解,初步感受工作岗位的要求,同时也是应聘人员自我评估和选择的过程,许多应聘人员知难而退。专业招聘机构也会根据应聘人员的工作申请表和具体的能力和经验做初步筛选。

第二阶段是评估员工的技术知识和工作潜能。通常会要求员工进行基本能力和职业态度心理测试,评估员工解决问题的能力、学习能力和潜能以及职业兴趣爱好。如果是技术岗位工作的应聘人员,更加需要进行6个小时的现场实际机器和工具操作测试。通过1~2 阶段的应聘者的有关资料转入丰田公司。

第三阶段丰田公司接手有关的招聘工作。本阶段主要是评价员工的人际关系能力和决策能力。应聘人员在公司的评估中心参加一个4 小时的小组讨论,讨论的过程由丰田公司的招聘专家即时观察评估,比较典型的小组讨论可能是应聘人员组成一个小组,讨论未来几年汽车的主要特征是什么。实地问题的解决可以考察应聘者的洞察力、灵活性和创造力。同样在第三阶段应聘者需要参加5 个小时的实际汽车生产线的模拟操作。在模拟过程中,应聘人员需要组成项目小组,负担起计划和管理的职能,比如如何生产一种零配件,人员分工、材料采购、资金运用、计划管理、生产过程等一系列生产考虑因素的有效运用。

第四阶段应聘人员需要参加一个1 小时的集体面试,分别向丰田的招聘专家谈论自己取得过的成就,这样可以使丰田的招聘专家更加全面地了解应聘人员的兴趣和爱好,他们以什么为荣,什么样的事业才能使应聘员工兴奋,更好地做出工作岗位安排和职业生涯计划。在此阶段也可以进一步了解员工的小组互动能力。

通过以上4 个阶段,员工基本上被丰田公司录用,但是员工需要参加第五阶段一个25 小时的全面身体检查,了解员工身体的一般状况和特别的情况,如酗酒、药物滥用的问题。

最后在第六阶段,新员工需要接受6 个月的工作表现和发展潜能评估,新员工会接受监控、观察、督导等方面严密的关注和培训。

2. 职业风格调查

下面有一些叙述性短文,介绍了为大企业工作的不同个人可能有的信念或认识。这些短文分为生活目标、激励动机、自我形象、人际关系四部分,每一部分又有四篇短文。请仔细阅读每一段短文,特别要注意把每一段短文看做一个整体,即要考虑该段的全部内容,而不只是其中的一两句话。然后,根据全段内容与你个人的真实情况符合程度,按照一个七级量表。从“完全不符合我的情况”(1 分)到“非常符合我的情况”(7 分),对每一段短文评分,分数写在括号内。评分时务必坦率、客观地反映你个人的真实情况,不必考虑其他人希望你怎样。

量表:

1	2	3	4	5	6	7
完全不符		有点符合		大致符合		非常符合

A. 生活目标

(　　) 1. 我认为我个人在生活中取得成功与企业的长期发展和成功同等重要。我对企业有归属感、责任感和义务感。我相信,企业的兴旺发展同我个人的利益休戚相关。至于个人前途,只要能升到中层管理干部一级我就满足了。

(　　) 2. 我的生活目标主要有两个,做好本职工作,搞好家庭生活。我相信,做人就该努力工作,并希望通过熟练而有创造性地完成任务实现目标而取得成功。另外,我也希望做一个好家长,为家人创造良好的生活条件。对我来说,工作和家庭同等重要。

(　　) 3. 我的生活目标就是获得权力。对我来说,成功意味着在各种行业多个成功企业干过,我总是把生活和工作看作是一场错综复杂的竞争。无论你喜欢与否，这个世界就是这样弱肉强食，总是有输有赢，我要做赢家。

(　　) 4. 我愿意把生活和工作当做一场竞赛。我认为自己的工作、人际关系和事业前途都是一系列的选择，可能出现各种结果。就象是我在参加一场精心策划的比赛，我的主要生活目标就是夺取比赛的胜利。

B. 激励动机

(　　) 1. 我对工作的兴趣在于完成某件工作的过程。最能激励我的是那些急待解决的问题。工作本身的挑战性或创造某种优质产品会令我异常兴奋。我宁愿逾期也不愿半途而废——对我来说，质量比数量更重要。

(　　) 2. 我喜欢冒险，乐于尝试新方案、新技术、新方法。我激励自己和他人的办法就是迫使发家都能超水平发挥，不留余力。我的兴趣在于从事富于挑战或竞争性的活动，借此能证明自己是一个胜利者。最令我高兴的事莫过于率领一个集体夺取胜利，如果工作不再具有挑战性，我会感到沮丧无聊。

(　　) 3. 我喜欢支配别人，获得权力。我理想的成功之路就是沿着企业的等级阶梯向上爬，获得拥有更大权利与责任的职位。我要运用这种权力取得威望，提高知名度，增加收入，并制定能够影响其他很多人的决策，擅长“政治手腕”是我取得成功的关键。

(　　) 4. 我对工作的兴趣在于获得作为企业一员的安全感，并同其他人建立良好的工作关系。我很注意同事们的感情，乐于维护企业的团结。只要企业能认可我的努力，我愿意让我个人利益服从企业的义务。

C. 自我形象

(　　) 1. 我喜欢竞争和创新，我的言辞思想十分活跃，常常是倏然即来。我喜欢发挥自己的特长，喜欢主动控制局面。我的能力有限，有时不免捉襟见肘。值得欣慰的是我能公平待人，很少有偏见。我喜欢尝试各种办法以获得成功。我最担心的是受人利诱或被人视为失败者。

(　　) 2. 我能有今天全靠我是一个声誉卓著、体察明情的企业的成员。我觉得自己值得信赖，勇于负责，是一个跟差不多所有人都能友好相处的“好人”。我很注重给别人留下好印象，注意给企业争面子。我知道自己还不具备自己所希望拥有的那么多信心、毅力、勇气和冒险精神。我很清楚自己的这些弱点，但我依然认为，单就我对企业的贡献而言，我也应得到赞许。

(　　) 3. 我对自我价值的认识是基于对自己的技术、能力、自制、自信等方面的评价。我是一个冷静、诚恳、谦虚、务实的人，我喜欢从酝酿到完工有始有终干一件事情。

(　　) 4. 我显得比其他许多同事更聪明、更勇敢、更有实力，我认为自己比较果断，喜欢创新，敢作敢为。我特别富于创造，尤其是在捕捉创业的可能机会方面。为了取得成功我甘愿冒巨大风险。只要对我个人目标有利，我宁可对他人有所保留或巧妙利用他们。

D. 人际关系

(　　) 1. 我喜欢支配别人，因为我的见解高人一等，而且我愿意冒险，经得起方方面面的批评。我一般不喜欢与他们密切合作。我更愿意他人是为我工作，听我指挥。我认为没人会心甘情愿地帮助我。不是我支配、指挥他们，就是他们希望我为他们服务。

(　　) 2. 我同他人的关系一般来说还不错，我非常敬重那些值得信赖，对企业衷心耿耿，工作一丝不苟的人。我在自己的工作集体中努力维护一种合作、活跃、互助的气氛。我特别讨厌企业那些只顾自己、目中无人或斤斤计较个人小事忘掉“大局”的人。

(　　) 3. 我喜欢主动控制局面，我是个固执、好支配别人的人，但我不认为自己有害无益。我愿意把人分为赢家和输家两类，几乎对其他所有的人，我都是用他们能对集体做出贡献来评价的，我鼓励人们互相交流知识，努力创造一些既生动活泼又卓有成效的工作气氛。我不能容忍那些工作谨小慎微、慢慢腾腾的人，见不得别人的缺点。

（　　）4. 我同他人的关系主要取决于我们所从事的工作。当我在一个规模不大的集体中工作，或者从事一项明确要求、容易理解的工作时，我会感到心情舒畅。我对他人（我的同事和上司）的评价主要看他们对我从事的技术工作是有所帮助还是阻碍，我不会同他人竞争，更多会同我自己的质量标准竞争。另外，我自己经常处于防御状态，因为我要保护自己不受到周围管理人员独断专行的命令伤害。

在以下得分栏中，记下你在每一题中的相应得分，然后算总和。

计分表

	企业型得分		工匠型得分		斗士型得分		竞赛型得分	
生活目标	第 1 题		第 2 题		第 3 题		第 4 题	
激励动机	第 4 题		第 1 题		第 3 题		第 2 题	
自我形象	第 2 题		第 3 题		第 4 题		第 1 题	
人际关系	第 2 题		第 4 题		第 1 题		第 3 题	
小计								

4. 资源平台：

前程无忧 www. 51job. com

中华英才网 www. chinahr. com

智联招聘 www. zhaopin. com

大街网 www. dajie. com

应届生 www. yingjiesheng. com

参考文献

[1] 李琦. 人力资源管理. 北京：北京大学出版社，2007. 8.

[2] 吴志明. 招聘与选拔实务手册（第 2 版）. 北京：机械工业出版社，2010. 7.

[3] 陈筱芳. 人力资源管理——网络化互动教学系统配套教材. 北京：清华大学出版社，2008. 2.

[4] 陈维政、程文文. 人力资源管理. 北京：高等教育出版社，2011. 3.

[5] 陈洪权. 人力资源管理. 北京：清华大学出版社，2013. 2.

附：

解读：麦柯比的职业风格类型

行为科学家麦柯比花了 6 年时间，对 12 家美国高科技的发展迅速的大公司中 250 位高层和中、基层的男性管理干部，进行了深入的访问调查，有的甚至还采访了他们的家属，发现这种组织背景中的管理者职业风格大致可以分为四大类型：

（1）“工匠”型。他们是技术专家，热爱自己专业，渴望发明创造，搞出新成果，有坚韧刻苦和努力钻研精神；但对行政性事务和职务并无兴趣，对人际关系不敏感，不善于人际交往与处理矛盾；他们凡事总想求得最优化方案，不够现实；而且知识与思维都专而窄，广博不足。

(2)“斗士”型。麦柯比把这类管理者又分为两种。一种是“狮型斗士”，领袖欲很强，渴望权力，想建立自己势力的“王国”；他们干劲大足，闯劲大，敢冒风险，有魄力，但不能容忍别人分享他的权力，“一山不容二虎”，只能他说了算。还有一种是“狐型斗士”，他们虽也颇具野心，却无“狮型”的胆魄与能力，只好利用搞阴谋、耍权术之类手段去试图攫取权力。

(3)“企业”型。管理者中其实这类人最多，他们忠实可靠，循规蹈矩，严守组织的既定政策与计划；工作种兢兢业业，办事稳妥，是组织规章制度的最佳维护者，但墨守陈规，保守怕变，革新性和与进取心不高。

(4)“竞赛”型。他们视人生为竞赛，渴望成为其中的优胜者；但他们不同于“斗士”之处是并不醉心于个人主宰，而只想当一个“胜利集体中的明星”；他们善于团结和鼓舞别人，乐于提携部下；同时他们又具有强烈的进取心和成就动机。

这是四种极端类型，多数人是兼具数种类型的特点，但是以不同强度组合而已。

第五章
员工培训与开发

案例导入

麦当劳的全职业生涯培训

您一定会惊讶，一个麦当劳餐厅经理的诞生，需花费至少数10万元的投资和接受超过450小时的训练。因为在麦当劳，强调的是全职业规划培训，也就是“全职业培训”。在麦当劳，从计时员工开始到高层主管，结合他们的职业生涯规划，都有不同的培训计划。通过各区域的训练中心以及汉堡大学进行阶梯式的培训，使得麦当劳的员工能够持续不断地学习、成长。由此不难发现，麦当劳非常重视员工的成长与生涯规划，在培训上做巨大的投资也是情理之中的事了。

对于如何看待员工的培训和发展，麦当劳创始人雷·克罗克先生说了两句话，第一句是不管我们走到哪里，都应该带上我们的智慧，并且不断地进行智慧投资。所以，早在1976年，麦当劳的创始人就已经决心要在人员的发展上做出很大的投资。另一句话是钱，你可以赚到；但是，对于智慧，必须花心思去培养。

在麦当劳，已认定了培训训练带来的利益和价值。

第一，麦当劳相信，只有最好训练、最高生产力的麦当劳团队，才能够在顾客满意与员工满意上，达成企业目标。

第二，麦当劳强调在正确的时间提供正确的训练。因为训练的价值在于对员工生产力的大幅提升，同时由于麦当劳的训练也提供给加盟经营者，而加盟经营者在麦当劳的系统里占有很大的份额，所以这对加盟经营者的生产力，也有很大的帮助。

第三，有效率地运用训练投资，对于麦当劳的股票投资人，也会产生一定的效益，这也是麦当劳企业对投资人一个很重要的责任。

第四，透过良好的训练，就能将麦当劳的标准、价值、讯息及想要做的改变一一达成，这对整个系统的永续经营相当重要。

思考

麦当劳的培训有何特色？

资料来源：中国人力资源开发网

学习指引

学习目标

1. 了解培训与开发的定义及对现代企业的重要性；
2. 熟悉培训需求分析的定义和内容，掌握培训需求的实施步骤；
3. 掌握培训开发的主要方法，清楚各种培训方法的适用条件；
4. 了解主要的职业生涯理论。

解决问题

1. 清楚培训与开发的流程，会撰写培训计划，能够评估培训效果；
2. 能进行培训现场的组织实施。

知识与理论

第一节　培训与开发概述

一、培训与开发的概念

（一）培训与开发的定义

培训与开发（T&D）在本书中是指企业或针对企业开展的，使员工具备完成工作岗位所需要的知识、技能、心态、素养，以改善员工在现有或将来岗位上的工作业绩，并最终实现企业整体绩效提升的一种计划性和连续性的活动。

培训（training）是一种有组织的管理训诫行为，员工培训指企业通过有计划地向员工提供各种培训项目帮助员工提高知识、技能和业绩水平的活动。员工培训的目的是使员工获得当前工作岗位所需的知识和技能，提高员工目前的工作业绩。

开发（development）则着眼于长远目标，是指员工为今后发展而进行的一系列培训活动，它可以帮助员工更好地适应新技术、市场和工作变化带来的挑战，提高员工向未来职位流动的能力和员工的可雇用性。通常，开发的形式有自主式开发、合作式开发与外包式开发。其中合作式开发形式采用得较多，自主式开发对培训人员专业要求较高，不仅需要多年培训管理经验的积累，同时更需要对理论知识的掌握和实践经验的沉淀。合作式开发因选择合作方进行课程开发，培训部门主要是负责项目管理及过程监控工作。

如果一定要把培训与开发区别开来，可以参照下列几方面：(1)培训时间较短，开发时间较长；(2)培训的意域较小，开发的意域较大；(3)培训阶段性较明显，开发阶段性较模糊。培训与开发是两个有所不同但是密切联系的概念。随着培训的日趋重要，培训与开发的界限将日益模糊。可以说，开发是更广泛意义上的培训。

（二）培训与开发的重要性

1. 培训开发与人力资源管理其他环节相辅相成

培训计划的制订和实施以人力资源规划为基础，在企业发展目标既定的情况下，分析企业的实际情况，将人力资源规划进行细化，制订符合企业实际情况的培训方案并实施。同时，培训计划也是制订人力资源规划的基础。新招聘的员工通过岗前培训胜任岗位，当岗位有空缺时进行提升培训，绩效考核前对管理人员进行绩效管理培训，绩效考核后对绩效差的员工进行培训。培训已成为企业中的一种非常有效的激励手段。从某种意义上说，人力资源管理的核心是人力培训和人才开发，这同时也是企业人力资源的造血功能，而招聘引进是企业人力资源的输血功能，就像人体一样，仅靠输血无法维持生命，充分发挥企业人力资源的造血功能——人才培训，才是满足企业发展对人力资源需求的关键途径。

2. 员工培训与开发能提升企业绩效

根据本书对培训与开发的基本定义，我们可制定出培训与开发的作用模型（见图5-1）。从图5-1中可以看出企业绩效是由员工的工作行为引起的，而员工的工作行为又是由员工的动机引起的，而员工的动机主要由知识、技能、心态和素养决定，其中心态影响动机的作用特别强烈。因此，培训的内容主要是增加知识、提高技能、建立正确的态度、输入企业文化，这样才能激发员工正确又强烈的动机，进而产生积极的持久的行为，最终引发企业期望的绩效。

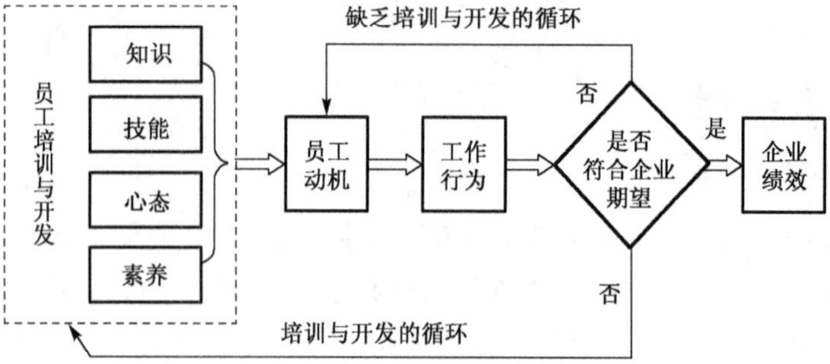

图 5-1　培训与开发的作用模型

3. 员工培训与开发有利于提高企业的竞争能力

市场的竞争在不断升级，从产品竞争到销售竞争再到资本竞争，都离不开人力资源的竞争，不重视员工培训的企业在激烈的市场竞争中很难逃脱灭顶的厄运。企业要在高度竞争的市场经济中获胜，一定要拥有高素质的人才，而员工培训与开发是提高员工素质必不可少的一环。一个企业是否重视员工培训与开发可以预测其未来的竞争潜力。员工培训开展的根本目的是挖掘员工潜能，提高人力资源水平，更好地为企业经营服务，为企业创造更多的利润，出发点和归宿是企业的竞争能力。

4. 员工培训与开发是对未来收益的战略投资

企业所处的环境在激烈地变化，美国互联网数据中心指出，目前世界上 90% 以上的数据是最近几年才产生的，互联网上的数据每年将增长 50%，每两年便将翻一番。原来合格的员工，如果不经常培训，成为不合格的员工几乎是不可避免的事。而且，每个员工都有一种追求自身发展的欲望，这种欲望如不满足，就会最终导致员工流失，尤其是优秀的员工，其自身发展的需要更加强烈。因此，对企业而言，员工培训是对未来的一种战略投资。

（三）培训与开发的分类

员工培训的种类很多，大体上可分为职前培训、在职培训及非在职培训三种。

1. 职前培训。职前培训指组织对新进员工分配工作前进行的培训，主要目的是使新员工了解本组织的一般情况，使新进员工切实掌握处理业务的原则、技术、程序与方法，以便在培训结束后即能胜任新的业务工作。如组织内部各部门的职权，组织的简史，主要政策，今后发展方向及员工的权利义务与责任等，以增强员工对本组织的了解与信心。

2. 在职培训。在职培训是一种常见的培训方式，员工在培训期间多为带职带薪。在职培训按照培训对象的不同又可分为共同性培训和专业性培训。在职培训的优点很多，如培训者所需花费的时间和精力较少，不需额外的教学设备，学习期间也能从事生产工作，短期内无须变动日常工作等。

3. 非在职培训。非在职培训是指组织的员工暂时离开现职，脱产到有关学术机构或别的组织参加为期较长的培训。

二、培训与开发的流程

培训与开发的全部流程如图 5-2 所示，主要包括以下内容。

1. 进行培训需求分析。培训需求分析是课程设计者开发培训课程的第一步。进行培训需求分析的目的是以满足组织和组织成员的需要为出发点，从组织环境、个人和职务各个层面上进行调研和分析，从而判断组织和个人是否存在培训需求以及存在哪些培训需求。

2. 确定培训课程目标与内容。培训课程的目标是说明员工培训应达到的标准。它根据培训的目的，结合上述需求分析的情况，形成培训课程目标与内容。

3. 培训方式方法设计。课程整体设计是针对某一专题或某一类人的培训需求所开发的课程架构。进行课程整体设计的任务包括确定费用、是否外包、划分课程、安排课程进度以及选定培训场所等。

4. 进行课程设计。课程设计是在培训方式方法设计的基础上，具体确定每一课程的授课内容、授课方法和授课材料的过程。课程设计的优劣直接影响培训效果的好坏和学员对课程的评估。在培训开展过程中，作为相对独立的课程单元不应在时间上被分割开。

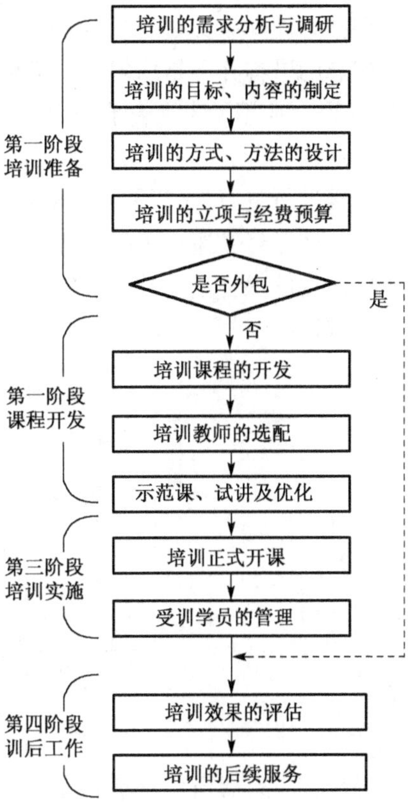

图 5-2　员工培训与开发的流程图

5. 试讲、审核与优化。在完成课程的单元设计后，需要对需求分析、课程目标、整体设计和单元设计进行阶段性评价和修订，以便为课程培训的实施奠定基础。

6. 实施培训课程。即使设计了好的培训课程，也并不意味着培训就能成功。如果在培训实施阶段缺乏适当的准备工作，也是难以达成培训目标的。实施的准备工作主要包括培训教师的管理、培训学员的管理、培训场地设施设备的管理等方面。

7. 培训效果的评估。培训效果的评估活动是一种有目的、有意识的行为，因此在开展培训评估活动时，人们首先需要做的就是决定采用什么样的技术和工具。只要确定了评估的技术和工具，就可以配置资源来开发评估工具、分析信息并且对培训效果做出评价。

8. 培训的后续服务。结合培训的效果评估和反馈信息，培训后续服务应该提上日程。后续服务主要包括回访、推荐、升级培训等。

三、培训与开发应注意的教学原理

为了优化培训效果，使员工培训投入获得最大的产出，在员工培训与开发实践中，应注意以下几条常用的教育培训与学习的原理。

（一）遗忘曲线

德国心理学家艾宾浩斯（H. Ebbinghaus）1885 年研究发现，遗忘在学习之后立即开始，而且遗忘的进程并不是均匀的。艾宾浩斯首创了表示记忆的保持量与时间关系的曲线（参见图 5-3）。他用无意义音节为识记材料进行实验，发现识记后最初一段时间遗忘较快，以后逐渐减慢，稳定在一个水平上。该规律被以后的实验所证实，人们已经记住了的东西，如果不再进行复习，保存量就会随着时间的推移表现出下降的趋势，这种现象是遗忘的一种表现。某些已经被遗忘了的东西，在没有复习的条件下到后来又能回忆出来，这种在保持过程中出现的保存量上升的现象叫做记忆恢复。遗忘曲线表明记忆的保存量随时间而变化的一般规律。

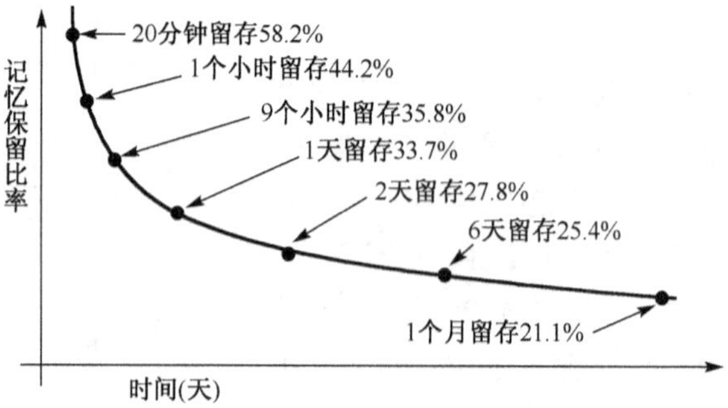

图 5-3　遗忘曲线

另外，艾宾浩斯还发现，遗忘的进程不仅受时间因素的制约，也受其他因素的制约（参见图 5-4）。学员最先遗忘的是没有重要意义的、不感兴趣的、不需要的材料。不熟悉的比熟悉的遗忘得要早。学员对无意义的音节的遗忘速度快于对散文的遗忘，而对散文的遗忘速度又快于韵律诗。在学习过程中，对一种材料达到一次完全正确地背诵后仍然继续学习，叫做过度学习。过度学习可以使学习的材料保持得好。要让记忆效果事半功倍，更牢、更深刻、更持久，就要真正把及时复习、理解记忆、联想记忆、过度学习运用到学习中。

在员工培训与开发中，可以按照遗忘曲线在培训中运用强化方法，给予学员正面信息的刺激，反复训练、强化那些工作中的良好行为，能使他们在回到工作岗位后，更容易重复、保持那些良好行为，使培训效果能迁移到真实的工作环境中。要循序渐进，交叉训练。学习过程的每一部分都建立在另一部分的基础上，因此某一阶段的学习成果可在另一阶段的学习中得到应用与加强，使学员的能力逐步得到强化和提高。

同时，如果学员认识到学习的意义，就会有强烈的学习动机，主动要求改变行为或获得知识、技能，就会在培训过程中保持学习的热情。通常在强化学习的同时，给予学员学习效果好坏的反馈，从而进一步提高他们的学习积极性。人总是有改变与改善自己的欲望，激励学员的学习动机要与其个人的需要与欲望相结合，当学员认识到通过学习能满足个人需要时，必然能调动起学习的兴趣和参与的积极性，培训便较容易取得成功。

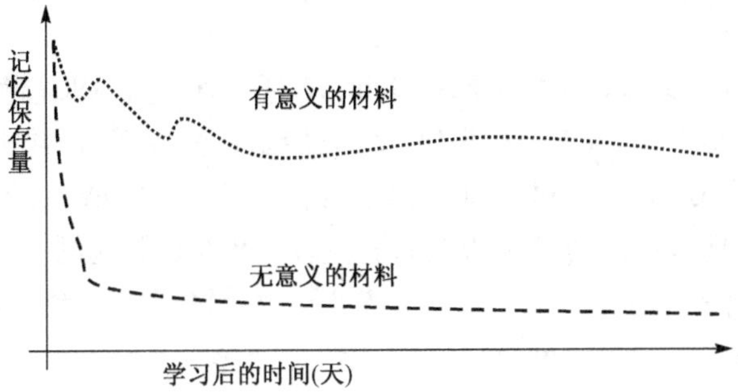

图 5-4　有意义和无意义的材料的遗忘曲线

(二)学习金字塔

学习金字塔(Cone of Learning)是由美国学者埃德加·戴尔(Edgar Dale)1954 年率先提出的，也有人翻译成“经验之塔”(参见图 5-5)。戴尔是俄亥俄州立大学教育学院教授，著名教育家、课程理论家，视听教学理论的集大成者。戴尔的学习金字塔参见图 5-5。在塔尖，是第一种学习方式“听讲”，也就是老师在上面说，学员在下面听，这种我们最熟悉最常用的方式，学习效果却是最低的，24 小时以后学习的内容只能留下 5%。第二种是通过“阅读”方式学到的内容，可以保留 10%。第三种是用“声音、图片”的方式学习，可以达到 20%。第四种是“示范”，采用这种学习方式，可以记住 30%。第五种是“小组讨论”，可以记住 50% 的内容。第六种是“做中学”或“实际演练”，可以达到 75%。最后一种在金字塔基座位置的学习方式，是“教别人”或者“马上应用”，可以记住 90% 的学习内容。在学习金字塔中，学习效果在 30% 以下的几种传统方式，都是个人学习或被动学习；而学习效果在 50% 以上的，都是团队学习、主动学习和参与式学习。

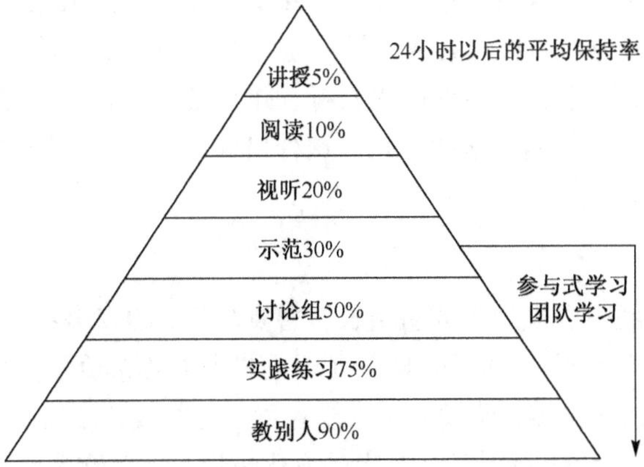

图 5-5　学习金字塔

在员工培训与开发中，可以按照学习金字塔理论，制定多种教学方法，推行实践教学原则。理论与实践相结合能使学员对理论有更好的理解与把握。抽象的理论通过培训中的一些活动或游戏得到印证与加深理解，不但符合成人学员要求增加实用知识的欲望，而且能使培训过程更活跃，激发起学员深入学习的兴趣。

（三）注意力曲线

叶克斯（Robert M. Yerkes）和多德森（John D. Dodson）于1908年提出了叶克斯-多德森定律（Yerkes-Dodson law）。该定律指出，绩效（或注意力）随着觉醒（或刺激）的增加而增加，但只能达到某一最高点。过了这个峰值后，随着刺激的增加，你的绩效不仅不会提高，反而会降低。要理解注意力和刺激之间的关系，可以简单地画一个山形或一个倒U形曲线。垂直的 Y 轴代表注意力，从上到下代表注意力由好到坏。水平的 X 轴代表受到的刺激水平，从左至右表明受刺激程度由低到高（参见图5-6）。

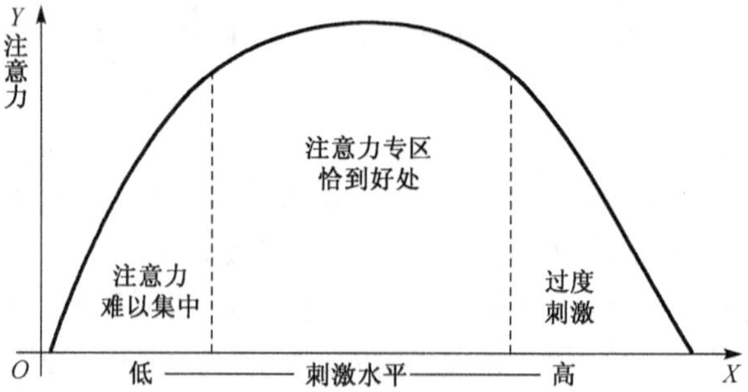

图5-6　注意力曲线

曲线的左上端代表缺乏刺激，而曲线的右上端则是过度刺激。在曲线的两端，是处于缺乏刺激和过度刺激的状态，这时候的注意力水平都是很低的。在曲线的中心区，受到的刺激程度恰到好处，而注意力则处于最佳状态。这就是你的注意力专区。当处于注意力专区的时候也就是受到足够和稳定的刺激时，处在这样的身心放松戒备状态中，学员会认真地倾听，保持注意力集中，有效地做事，做出正确的决定，并最终完成学习的任务。

在员工培训与开发中，运用注意力曲线，可以帮助我们完成培训的设计，激发学习兴趣和动机，发动学员参与。培训作为成人学习途径的一种，必须能激发学员的兴趣和动机。为此，要设立一个有一定难度的培训刺激目标，并在培训过程中不断鼓励学员，使他们感受到培训的意义及可能给他们带来的变化。这种培训目标的激励原则与提高企业劳动效率的激励原则是一致的。

（四）学习曲线

台湾大学教学发展中心规划研究组组长符碧真教授，2012年在《设计一堂精彩的课程：善用教学曲线安排教学流程》一文中，阐释了学习曲线（又称学习注意力曲线）。符碧真认为，影响学习成效的因素很多，但教师如果能善用学习曲线，可以事半功倍。符碧真提到，台湾大学曾调查1094位大学员课堂注意力的变化情形，对学员进行归类统计，绘制了学习曲线图（参见图5-7）。

在学习曲线图中，横轴代表50分钟的上课时间，纵轴代表注意力。甲图是学员一开始精神很集中，到快下课时精神渐渐涣散；乙图是一开始没有精神，越到下课精神越好；丙图是一开始精神集中，中间渐渐注意力涣散，到下课前精神又回來了；丁图是注意力没有变动，可能是注意力一直都很高，也可能是一直都没有精神。学习曲线固然可能随上课时间、教学方式而有所不同，但是调查结果显示：学员选择丙图的比例最高，即学员一开始精神集中，中间渐渐注意力分散，到快下课时精神又回來了。

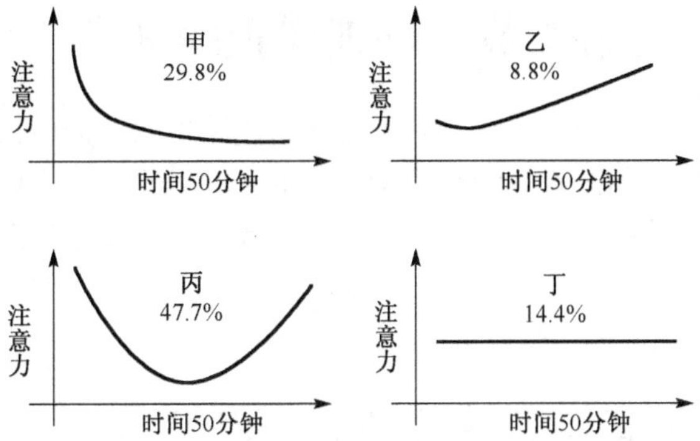

图 5-7　学习曲线

在员工培训与开发中，运用学习曲线，可能产生以下两个问题。

第一，注意个体差异，因材施教。在培训过程中，应根据学员的不同特点、长处、需要，考虑他们的知识、技能和动机水平，采取相应的措施，有的放矢地进行各类培训。需要特别注意的是要考虑员工的知识基础不同，从而注意力不同，如果忽略这一点，一味盲目地对员工实施培训并期望达到预期的效果，结果只能是浪费培训的资源。

第二，开始上课及快下课时是学员注意力的两个高峰期，而培训师在上课到一半时，才是讲课最起劲、最精采的时候，此时却是学员注意力最为涣散的时候，可能导致培训师讲得很辛苦、学员却没听进去的无效教学。在学员注意力的高峰期，培训师应该善用这两段黄金时间，使学员掌握课程的精华与要旨；当学员注意力下降时，培训师应该维持学员的学习兴趣，使学员继续投入该课程。对培训师来说，良好的初始印象能吸引学员的注意力。培训初始给学员的印象非常重要，如果培训准备工作很不充分、拖沓，则很难引起学员对培训的充分重视，从而影响学习的效果。

（五）理想的教学曲线

本书结合学习金字塔模型、遗忘曲线、注意力曲线、学习曲线的基本原理，设计了理想的一节课内的培训教学曲线，如图 5-8 所示。

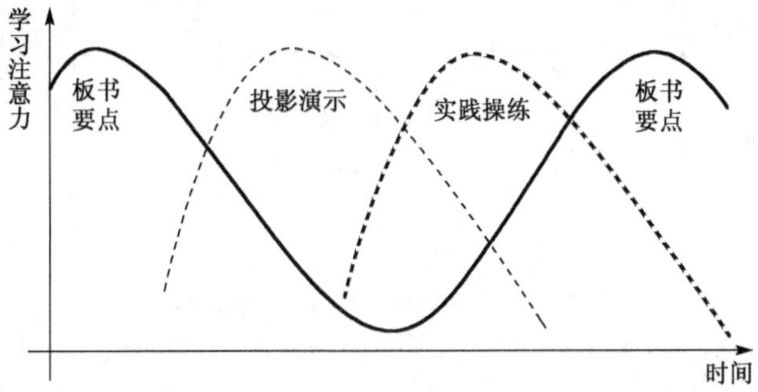

图 5-8　理想的一节课内的培训教学曲线

在如图5-8所示的曲线中，主要传授知识的板书要点被安排在学员注意力比较集中的开始和结束部分，前后相呼应重复巩固。而在学员注意力比较涣散的中间部分，先后安排了投影演示、实践操练两个部分，前后衔接延续，以获得较好的培训效果。

第二节 培训课程的开发

培训课程开发是指培训组织在培训课程设计和授课指导方面所做的一切工作，是一个可持续发展而且可以变通的过程。课程开发探讨的是课程形成、实施、评价和改变课程的方式和方法，它是确定课程、改进课程的活动和过程。培训课程开发，大致可分为以下六个流程，包括培训需求分析、制定培训的目标和内容、设计培训的方式和方法、培训课程开发、示范课及优化、正式开课，如图5-9所示。

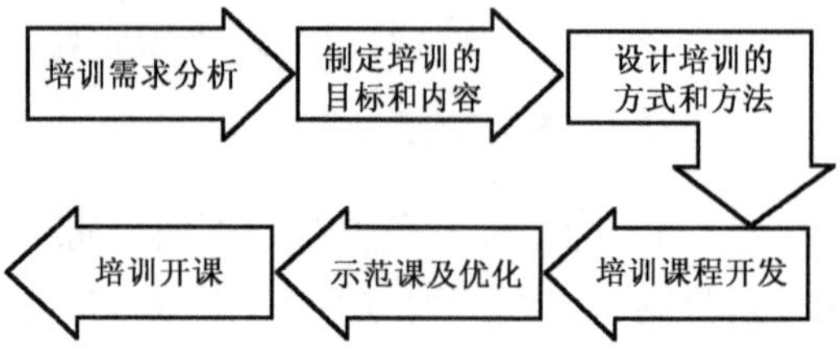

图5-9 员工培训与开发的流程图

一、培训需求分析

从培训需求分析开始进入课程开发实际执行阶段。

(一)培训需求分析的模型

1. Goldstein 培训需求分析模型

雷蒙德·A·诺伊(Raymond A Noe)在《雇员培训与开发》一书中，详细介绍了20世纪80年代，I. L. Goldstein、E. P. Braverman 以及 H. Goldstein 三人经过长期的研究将培训需求评价方法系统化，构建的 Goldstein 模型如图5-10所示。

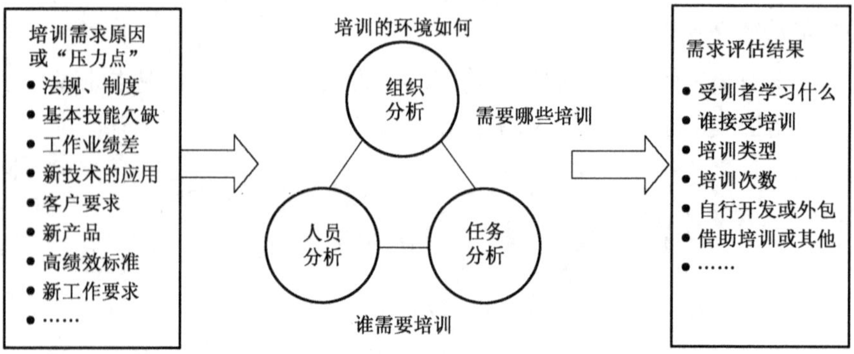

图5-10 Goldstein 培训需求分析模型

资料来源：转引自 Raymond A. Noe, John R. Hollenbeck, Barry Gerhart, Patrick M. Wright, Human Resource Management, 3rd Edition, 北京：清华大学出版社出版，2000年10月第1版，P212.

该模型将培训需求分析分成了三个部分：组织分析、任务分析和人员分析。Goldstein模型通过三方面评价结果的比较和综合，能揭示出培训任职者最必要的知识、技能和态度。在这里，组织分析是任务和人员分析的前提，任务分析更侧重于职业活动的客观要求方面，即理想状况，而人员分析更侧重于员工个人的主观特征方面的分析。

在 Goldstein 模型中，组织分析是指在组织经营战略的约束下，判断组织中哪些人员和哪些部门需要培训，以保证培训计划符合组织的整体目标与战略要求；任务分析是指通过分析完成该项任务所需要的知识、技能和态度，由此确定与任务相关的各项培训内容，并定义各项培训内容的重要性和掌握的困难程度；人员分析是从员工实际状况的角度出发，分析现有情况与理想任务要求之间的差距，即"目标差"，以形成培训目标和内容的依据。

该模型是培训需求分析的重要理论基础，它最大的特点就是将培训需求分析看成了一个系统，进行了层次上的分类，它使培训需求分析的对象不再局限于对员工或对组织，它通过将组织、任务、人员的需求进行整合，使得培训需求更加全面化，分析结果更加科学化。将培训需求分析分为组织分析、任务分析、人员分析三个部分，其分析重心、分析目的、分析方法各有侧重，将使企业的培训计划更有针对性。该模型是一个较为全面的培训需求分析模型，也是目前学术界普遍认同的培训需求分析模型。

2. 以员工职业生涯作为导向的培训需求分析模型

马士斌、黄永华在 2002 年构建了以员工职业生涯作为导向的培训需求分析模型，如图 5-11 所示。该模型关注了员工个体需求并将职业生涯规划与组织发展相联系，借鉴并发展了前瞻性培训需求分析模型的思想。以生涯为导向的培训需求分析模型认为，在对待企业与员工关系上，企业与员工是两个平等的利益主体，承认员工个人利益与企业组织利益的相关性，不存在谁的利益优先，认为企业发展应建立在全体员工的个人发展基础上，员工培训与员工职业生涯规划应该相结合。

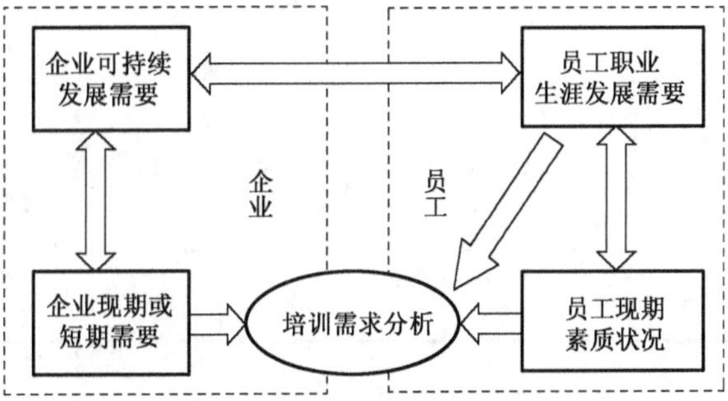

图 5-11　以员工职业生涯作为导向的培训需求分析模型

该模型克服了以往非职业生涯导向下的培训需求分析模型缺陷，以人为本，呈现出了三大特点：第一，将企业组织的需求与员工职业生涯发展需求进行结合，尊重了员工的个体发展。第二，不仅考虑了现期需要，还考虑了远期需要，这是对前瞻性培训需求分析模型的升华。第三，员工真正参与到培训需求分析的过程中，使培训需求评价的主体得到拓展。该模型充分体现了以人的发展为本的重要思想。

(二) 培训需求分析的调研

无论采用怎样的分析模型，都需要调研数据的支撑。培训需求调研是培训需求分析最重要的一个环节，培训对象的选取和调研过程的把控都会影响需求调研的效果。培训需求调研一般采取访谈法、问卷法、观察法等方式，其中访谈法根据访谈规模又分为一对一访谈与小组访谈两种类型。培训需求调研一般包括以下方法和步骤。

1. 确定调研内容和调查对象

在正式调研开始前确定调研内容，根据掌握的资料信息以及疑问点，确定要调研的内容，完成访谈纲要。根据调研内容和职责分工，确定被调查对象。为准确全面的获取信息，可以采取360度访谈法，即访谈培训对象及其上级、平级、下级。样本量的确定是一个难点，一方面没有理论的依据，具体选取多少百分比的样本量较合适，另外，不能够得到相关部门的配合，样本量的确定只能尽力而为，往往不能满足需求。

2. 设计调研方法

根据不同的调研内容和被调查对象特点，选择合适的调研方法，各种常用调查方法的比较如表5-1所示。比如，针对高层及重点调研对象采用一对一访谈，其他调研对象可采用小组访谈。另外，问卷调研可作为辅助调研方法，因问卷调研不好掌控，通常会受到被调研对象配合和重视程度的影响，很难准确地收集信息，所以这种调研方法可以作为辅助方法为访谈法提供进一步的补充和支持，问卷调研可以广撒网争取多捕鱼。若课程开发项目团队对培训对象的工作内容不熟悉，需利用现场观察，现场观察法较耗时，但可以从专家角度发现培训对象工作中亟待解决的问题，确定培训重点。

表5-1 各种常用调查方法比较表

调查方法	调查方式	调查对象	主要适用范围	主要特点
文案调查法	查阅和归纳	已经存在的各种资料档案	应用范围广泛，也是其他调查方法的基础	最简单、常用
实地调查法	现场感受或借助于某些摄录设备仪器	被调查事物和人物的行为	应用范围广泛	应用灵活，调查信息充分，周期长、费用高，不够客观
问卷调查法	面谈、电话询问、网上填表或邮寄问卷等方式	被调查对象的行为和方式	适应范围广泛，调查中大量应用	操作简单易行、费用相对较低
实验调查法	面谈、电话询问等	被调查对象的行为和方式	行为学、心理学调查	最复杂、费用较高、应用范围有限，但调查结果可信度高

3. 调研实施

在正式调研前，与调查对象、培训委托人就调查方法和进度进行充分沟通，得到他们的确认和支持后，方可进行调研。为保证调研效果和有效记录，一般调研都是采取一个主调研人和一个助手搭配进行，主调研人负责提出问题、深入挖掘问题、分析确认回答等。而助手主要负责记录，保证调研信息结果的完整。调研一般在相对安静、不被打扰的环境中进行，尤其是访谈式调研，要保证调研过程不会被打扰。访谈式调研由主调研人组织和控制整个调研进程，把握好进度，控制节奏。在调研过程中，一定要保持记录的完整性，因为在调研结束后唯一能够全面体现调研成果的只有调研记录。

4. 调研报告

调研结束后，需要对调研记录进行整理与加工。通过对调研记录的分析，确定课程内容设计方向，并从中提取课程所需案例。同时，根据调研结果应当输出调研报告，输入到课程开发过程中。

二、培训目标与内容的制定

在培训方案设计中，重要的是设计培训目标和培训内容。

1. 基于培训需求差距分析制定培训目标

美国学者汤姆·W·戈特将“现实状态”与“理想状态”之间的“差距”称之为“缺口”。如图5-12所示模型是通过对“理想技能水平”和“现有技能水平”之间关系的分析来确认培训需求的。模型表明，只要“理想状态”形成，“现实状态”便会与之构成差距——包括现有知识程度与希望达到的知识程度之间的差距，现有能力水平与希望达到的能力水平之间的差距，现有认识、态度水平与希望达到的认识、态度水平之间的差距，现有绩效与预期的绩效之间的差距，已经达到的目标与要求达到的目标之间的差距，现实中的劳动者素质与理想中的劳动者素质之间的差距，等等。随之，以差距的形成而产生“培训需求”即，“培训需求=理想状态-现实状态”。

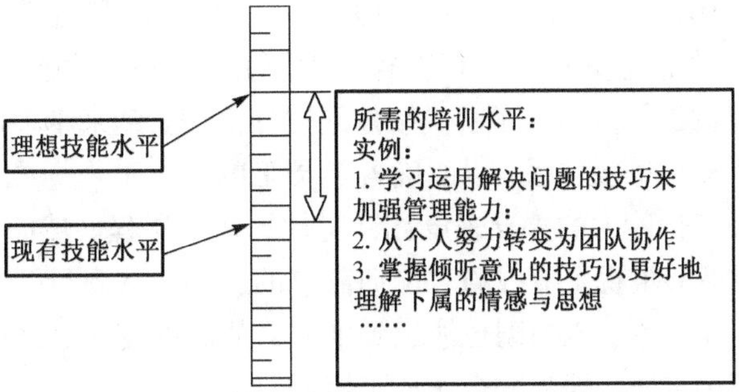

图5-12　培训需求差距分析模型

资料来源：转引自高志敏. 试论企业人力资源开发中的培训需求分析. 新职教，2000-10，P5

企业人力资源培训与开发的广泛实践更是证实了一个事实：任何培训活动都旨在消除或缩小这种差距。应该说，培训需求差距分析模型较好地弥补了Goldstein模型在需求分析方面存在的操作性不强的缺陷。该模型关于“培训旨在缩小差距”的思想是有见地的。

2. 基于胜任能力模型制定培训内容

20世纪初“管理科学之父”泰勒的“管理胜任特征运动”（Management Competencies Movement）被人们普遍认为是胜任能力研究的发端。胜任能力（Competency）是哈佛大学麦克利兰（David C. McClelland）教授1973年提出的概念。他发现个体的态度、价值观和自我形象，动机和特质等潜在的深层次特征，能够比知识和智力更好地预测一个人在某一工作（或组织、文化）中的表现，这些特征被称作胜任能力。

基于胜任能力模型（Competency Model）的探索，建立新型的人力资源开发与管理体系，是20世纪70年代以来，组织行为学和人力资源管理理论研究的前沿课题之一。胜任能力模型是指担任某一特定的任务角色所需要具备的胜任特征的总和。这种胜任能力分析不只局限于组织、任务或人员分析的某一个层面，同时也强调需求分析和培训结果应能提高受培训者对未来职务的胜任能力。胜任能力模型如图5-13所示，通过个人胜任能力和企业所需要的岗位胜任能力的比较，我们不难发现，员工培训的内容重点在哪里。

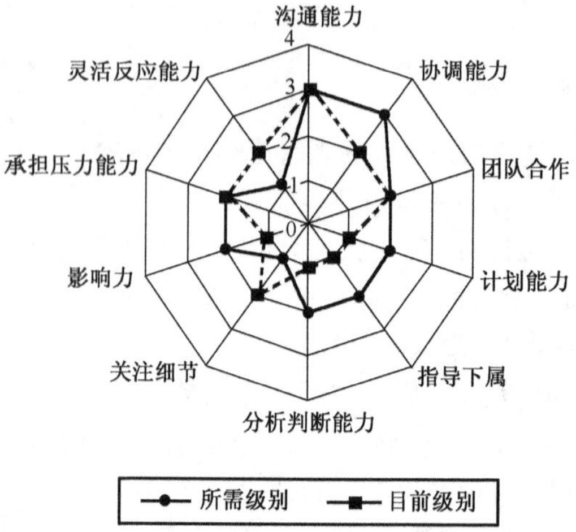

图5-13　个人胜任能力与岗位胜任能力模型比较雷达图

陶祁、冯明在《基于胜任力的培训设计研究》一文中指出，胜任能力模型不但可以较好地弥补Goldstein模型在任务分析方面存在操作性不强的缺陷，而且该模型强调了培训的“岗位绩效导向”，将员工培训引入了解决绩效问题的范畴。越来越多的公司日益关注建立关键职位员工的任职资格等级体系，以明确各类员工的优秀工作标准，进而通过分析优秀工作标准与员工实际工作能力的差异来设计针对性的培训课程。然而，与差距分析模型一样，该模型同样未能足够重视企业战略对培训需求的影响。从雇员开发工具发展成为一种有效的培训需求分析工具后，该模型也注意到了经营战略的变化会产生新的胜任能力需求或改变原有的胜任能力要求，即带来企业员工培训需求的变化。

三、培训方式方法的设计

（一）培训方式的设计

企业经过培训需求分析以后，制订了培训的目标和内容，紧接着就该设计培训的方式方法了。这一步是否外包成了设计培训方式的重要选择。企业在进行培训时可以选择企业自行培训、与外部培训机构合作及外包给培训公司等形式。各种形式的选择比较如表5-2所示。

表5-2　企业培训方式的比较

	对企业的了解程度	费　用	受训学员的认同度	培训方法
企业自行培训	很了解	低	一般	一般
与外部培训机构合作	较为了解	中等	较好	较新颖
外包给培训公司	不了解	高	较好	新颖

外包(Outsourcing)的概念是由Gray Hamel和C. K. Prahalad于1990年首先提出的，外包的核心理念是“做自己做得最好的，其余的让别人去做”。培训外包是指将制订培训计

划、办理报到注册、提供后勤支持、设计课程内容、选择培训师、确定时间表、进行设施管理、进行课程评价等核心职能外包出去的一种培训方式。它能使培训与开发活动以更低的费用、更好的管理、更佳的成本效益进行，并且责任更清晰。培训外包作为管理外包的一种，分为完全外包与内部外包。完全外包是指企业将整个培训业务(包括制订培训计划、设计课程内容、确定培训时间、提供后勤支持、设施管理、选择培训师以及课程评价等)全部交给企业外的培训机构。内部外包则指将整个培训职能交给人力资源部门来实施，也可以聘请社会上的专家来企业进行培训，它实际是内部培训的一种优化形式。

(二)培训方法的设计

企业培训常用德国人创造的行为引导型教学方法，该套方法采用跨学科的、以能力为基础、以学员为中心的教育组织形式。整个教学过程是一个包括获取信息、制订工作计划、做出决定、实施工作计划、控制工作质量、评定工作成绩等环节的“完整的行为模式”。行为引导型教学方法主要有以下几种。

1. 头脑风暴法

头脑风暴法有利于发掘学员潜在的创造能力，促进学员智商、情商和思维能力的提高。这种方法属于创造力培训方法，参与人员一般为7～12人。培训师给出问题，学员给出解决方法。其原则是：任何人不得对他人的想法发表意见，想法的数量越多越好、越新奇越好，鼓励学员在别人的基础上做出改进或再创造。这种方法参与性非常强，对于训练学员的创造力非常有效。在企业培训中采用头脑风暴教学法，培训师促使学员对某一教学课题产生自己的意见，某个学员的“闪念”可能会将许多学员的联想点燃，通过集思广益，从而获得大量的构想，经过组合改进，达到创造性解决问题的目的。在实践教学中，该法适用于解决没有固定答案的、或者没有标准答案的问题。

头脑风暴教学法是一种在开放、轻松的环境中由培训师引导学员就某一课题自由地发表意见的方法。在发表意见时，培训师不对其正确性或准确性进行任何评价，使每位学员的独特的思考不受压抑，激励学员开展自由联想，充分发表意见，通过学员间的互相激励引起连锁反应，发挥集思广益的奇效，并借鉴其他同学的智慧，激发自己的想象和灵感，产生更多更新更深层的想法，以求获得比单独思考得到更完美、更有价值的结果。最后通过归类、总结达到创造性解决问题的教学方法。

头脑风暴教学法的实施主要分下述三个阶段：①起始阶段：培训师解释“头脑风暴法”的运作方法，说明要解决的问题，鼓励学员进行创造性思维，并引导学员进入论题。②意识产生阶段：学员即兴表达各自的想法、意见，培训师应避免对学员的想法和建议立刻发表评论，也应阻止学员对其他同学的意见立刻发表评论。③总结评价阶段：师生共同总结，分析实施或采纳每条意见的可能性，并对其进行总结和归纳。

2. 卡片展示法

卡片展示法是一种围绕特定课题在张贴板上用卡片展示学员以关键词形式表达的意见，通过师生共同添加、移动、取消、分组和归类等方法，将卡片整理和合并，进行系统处理，得出必要的结论的教学方法。卡片展示法有利于培养学员归纳、总结、合作能力。

卡片展示法通过张贴板展示针对特定课题学员进行集思广益的和系统思维的讨论过程，又呈现师生共同加工整理代表大多数学员意见的讨论结果。使学员了解开放式的思考、交流式的展示、探讨式的调整、认同式的聚合等解决问题以及工作的方式。

卡片展示教学法的实施主要分下述五个阶段。①培训师准备：教学展示的题目、教学的目标，各个教学过程阶段的划分。②开题：培训师提出要解决的课题，并将题目写在题板上。③收集意见：学员将自己的意见以关键词的形式写在卡片上并由培训师、学员或学员代表去粘贴。④加工整理：师生共同通过添加、移动、取消、分组、归类等方式将卡片进行合并，系统化处理。⑤总结：培训师总结师生讨论的结果。

3. 畅想落实法

畅想落实教学法是引导学员对某种现实问题，如学习环境、生活环境、工作环境及社会问题，经过对比分析，提出改善意见的一种教学方法。

该教学方法的实施主要包括三个阶段：①批评阶段：引导学员对某一论题中所涉及的对人类、对社会等方面造成不良后果或危害性的问题进行深刻揭露。②畅想阶段：在批评的基础上，让学员充分发挥想象，畅谈美好的理想的构思前景、蓝图。③落实阶段：培训师针对学员的畅想，再让大家提出解决问题或实现构思蓝图的具体措施。

畅想落实教学法不仅可以提高学员对知识的认识、理解能力，更重要的是可以启发思维、启发创意，培养学员解决现实问题的能力。

4. 模拟教学法

模拟是为了给学员提供处理动态人际关系的机会，训练其团队合作和决策判定的知识与技能，鼓励学员相互学习的一种学习方法。模拟教学法是一种在模拟情景或模拟设备中学习相关职业所需知识、技能和能力的教学方法。模拟教学法通过仿真系统为学员创造一个学习反馈充足的环境，给学员一种身临其境的感觉，感悟未来职业岗位的氛围，且提供了反复训练和随时进行过程评价的可能性。模拟教学法有利于提高学员的职业素质，增强学员的从业能力。

模拟教学法的优点：使学习活动多元化并能增进学员的学习兴趣；以团队的方式处理问题，更接近真实情况；可为学员提供冒险犯难的机会。但是，模拟与真实之间仍有一定的差距；一些学员可能因过度强调竞争而破坏学习经验。而且，模拟教学法需投入相当的时间、金钱和精力去开展。

5. 角色扮演法

角色扮演法是一种在模仿现实情景中，由学员扮演特定类型人物，体验其“位”和“为”，合理处理所面对的各类人和事的教学方法。角色扮演的目的是给学员提供不同的待人处事的观点和练习处理各种人际关系的技巧，寻求在情绪激动的情况下解决问题的可能方法。角色扮演的过程给学员的行为提供了真实的实例，学员以该实例为媒质，体验角色的情感、洞察角色的心理活动、领悟角色的内涵等，这样有助于学员了解自己所处的社会环境和社会群体，有利于培养学员的人际交往能力和适应社会能力，为学员进入未来的职业岗位及适应今后的变更，奠定良好的基础。

角色扮演法能激发学员解决问题的热情，可增加学习的多样性和趣味性，能够激发热烈的讨论，能够提供学员在他人立场上设身处地思考问题的机会，可避免可能的危险与尝试错误的痛苦。但是，角色扮演法的演出效果可能受限于学员过度羞怯或过深的自我意识。

6. 案例教学法

案例教学法是一种培训师与学员直接参与，共同对包括有一个或多个疑难问题，同时也可能包含着解决这些问题的方法的实际情景进行讨论的教学方法。案例教学法为培训师与学员提供的是同样的决策信息，利用这些信息，不同的观点和解决问题的方案在课堂上交锋，虽然最终可能没有确切的结论，但解决问题的种种可能性及障碍已经被师生充分地预见和了解，而且展示了学员不同的思维技术及解决问题的思路。案例教学法有利于培养学员独立分析和处理问题的能力及今后在职业活动中的应变能力，可以帮助学员学习分析问题和解决问题的技巧，能够帮助学员确认和了解不同解决问题的可行方法。

7. 项目教学法

项目教学法是一种师生通过共同实施一个完整的“项目”工作而进行教学活动的教学方法。该教学方法是将一个相对独立的项目，从信息的收集、方案的设计、项目的实施及最终的评价，由学员在培训师的主持下以小组合作工作形式自行组织完成。学员通过该项目的进行，了解并把握整个过程及每一环节中的基本要求。采用项目教学法，能将某一教学课题的理论知识和实践技能结合在一起，利于培养学员分析问题、解决问题的综合能力，而小组分工形式则利于培养学员的团队合作精神。

此外，在培训实践中相继又拓展了一些新的教学方法，如实验教学法、娱乐教学法、讲座研讨法、辩论教学法、综合教学法等，这将有助于培训方法的研究和发展。

四、培训课程的开发

员工培训课程开发应坚持“以职业发展为导向，岗位能力为核心”的基本思想，充分体现职业性、实践性、情境性、过程性和开放性员工培训课程特性，高效能高质量的进行，满足一个时期职业发展水平背景下对从业人员进行员工培训的要求。

课程设计开发的总体流程由培训计划、课程大纲、教案开发、教材开发、课件开发、教具开发、课程维护组成，如图 5-14 所示。

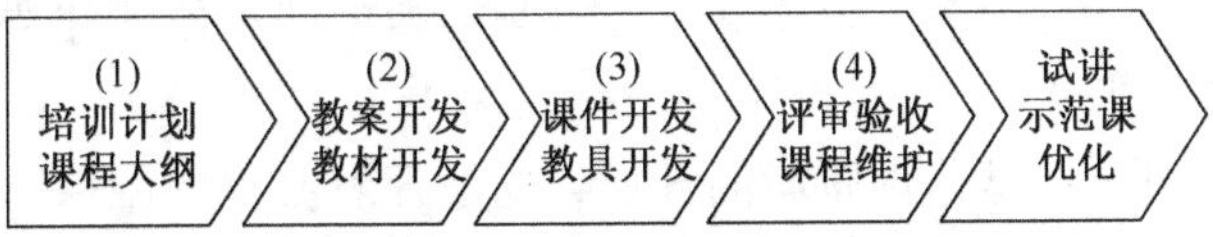

图 5-14　课程开发流程图

1. 培训计划与课程大纲

培训计划与课程大纲统称为培训设计，包括两个阶段。第一阶段，基于培训需求分析、目标和内容制订培训教学计划；第二阶段，基于培训计划制定课程教学大纲。评审并通过培训计划和课程大纲是进入课程开发过程的前置条件。

2. 教案与教材开发

此部分工作需要在课程大纲的基础上形成两项成果：教案（也称为培训师手册、教学日历等）、教材（小规模培训可使用学员手册、案例集等）。其中，教案是培训师讲解课程的参考手册，主要内容包括：培训目的、培训对象、培训内容、培训重点和难点、培训时间安排、培训方法与技巧、解决学员问题的技巧、案例的引用和分析等，用于指导培训师将教学内容和学员情况有效结合，高效地完成教学任务。教案一定要做到“傻瓜化”，图文并茂，便于培训师据此操作。

3. 课件与教具的开发

课件是培训师在教案的基础上做的 PPT 演示文件。课件的开发过程包括需求规格和制作脚本编制、界面设计、素材制作、技术合成、课件测试和验收。

教具分为多种，需要结合培训多种教学方法的需要，设计卡纸、卡片、彩笔、道具、沙盘、实验器材等物品。

4. 评审验收与课程维护

课程开发的最后，需要对教学计划、课程大纲、教案、教材、课件、教具进行统一的评审验收，使其保持前后衔接一致，能满足培训需求。评审验收既可以放在每个流程中，也可以课程开发结束后统一进行，甚至也可以放在示范课试讲后统一进行。

课程维护作为方便课程及时更新、不断完善的可持续性应用的技术安排，是课程开发中不可或缺的组成部分。课程维护应包括改善性维护、适应性维护、完善性维护和预防性维护等内容。在实践中，评审结束或阶段控制活动后，应按照相关意见进行相关产品的补充和修改，开发工作会在各开发阶段间存在迭代和反复过程。

五、试讲、优化及正式开课

在培训课程设计完成后，开展示范课教学，征集其他培训师和学员意见以优化课程。示范课后组织培训师和学员召开课程研讨会，引导培训师和学员反馈对课程的意见。同时，如果在前期访谈中未搜集到较充分的案例，也可通过示范课再次搜集。试讲的次数需要根据培训对象、听课的培训师水平来定。

示范课程后，根据课程内容设计的原则，选择性考虑学员的意见，并同时考虑组织对培训的要求对课程内容进行适当优化。在此阶段对于课程模板不作调整，主要是在课程深度、顺序和时间安排方面做优化。此外，随着企业内外部环境变化，对课程进行修订是必需的，一般是规定一年修订一次，或者根据组织要求和培训对象变化等情况适时对课程进行修订，以适应形势所需。

员工培训的正式开课，是培训阶段的开始，也是开发流程的结束。培训与开发前期所做的全部努力，都会在正式的培训中得到检验。但是，员工培训与开发工作并没有结束，而是进入管理阶段。

第三节　培训与开发的管理

在培训与开发过程中，培训管理部门如何就流程进行把控，对于培训与开发成果及人力资源管理效果起着至关重要的作用。

一、培训与开发的管理机构和分工

1. 企业培训与开发机构的设置

企业根据自身的规模，可以建立不同的培训与开发机构。

（1）中小型企业。中小型企业不需要设置专门的机构，培训与开发工作通常是某个人力资源管理岗位的一项职责，其培训方式通常是外包的。

（2）大中型企业。大中型企业一般设置有专门的培训机构，这个机构往往隶属于人力资源部，或与人力资源部并列，是一个独立的部门。

（3）大型企业。大型企业往往建立有企业大学或培训学院。企业大学是独立培训与开发机构的一种扩大发展模式。

2. 企业培训与开发人员的分工

筹建企业的培训管理机构，并对人员进行有效分工，贯彻企业全员培训的理念。以中小型企业为例，企业各层级在培训管理中的分工往往比较明确。

（1）公司领导：提出企业未来的愿景与方向；提出经营目标，策略，组织要求；提出对人才之期待与要求；给与行动支持；给与预算支持。

（2）人力资源部：确立培训工作整体战略及目标；加强人力资源其他模块与培训的有效结合。

（3）培训负责人：制定培训的制度与流程；整合学员培训需求，并保证培训流程的科学运作；经常保持与其他部门的密切沟通，寻求支持，并给与建言；在开发课程、教材和培训师方面专业化管理；推动正确的培训观念，以激发参与和提升培训绩效。

（4）业务部门培训负责人：主动提出培训需求与建议；激发部属参与培训的兴趣；追踪部属参与培训后的表现，并提供应用的机会；经常开展在岗训练。

（5）内部培训师队伍：根据学员培训和发展需要，开发、实施和更新各类管理培训课程及技术培训课程；根据人力资源部门的安排，进行培训授课工作；协助培训考核及评估工作；协助人力资源部门完善内部培训体系建设。

二、培训师的管理

1. 培训师的选配

培训师选择的原则是“能者为师”，来源有企业内部和企业外部，其优缺点比较如表 5-3 所示。

表 5-3　培训教师来源优缺点比较表

	优　点	缺　点
外部培训师	有先进的理念和方法，有利于培训成果的转化，可引起企业上下的关注	对企业不了解，费用高
内部培训师	对企业情况很了解，可以因材施教，针对性强，讲授的内容较为实用，培训费用低	新理念和新思维较少，不易在企业中树立威望

2. 培训师的课酬设计

对于管理者而言，培训师课酬设计的关键是如何设定一个合情合理的给付水平；对于内部培训师而言，如何拉开优劣的档次，毕竟内部培训师的来源（如企业的高层管理者、中层管理者、技术骨干、具有一技之长的学员）相互都比较知根知底。

课酬设计的方法，首先要确定基本课酬标准，即每小时的授课费，这是课酬的基数。可以参考外部培训师的课酬情况，并结合本企业的薪酬水平，确定一个相对合理的标准。

其次，设计加权系数：依据培训师个人职位的不同，确定不同的职位系数；依据培训师级别的不同，确定不同的级别系数。最后，设置授课效果考核系数，设置与备课、讲授有关的系数。例如，学历系数、新旧课程系数、原创系数、学员数量系数等。设置这些系数的出发点是：按劳付酬。综上所述，课酬计算公式：培训课酬 = 基本课酬 × 课时数 × 难度系数 × 考核系数 × 职位系数 × 级别系数。

3. 培训师的淘汰机制

（1）建立一套不同级别的内部培训师的任职能力标准。专业水平、教案编撰、课件制作、授课技巧等方面加以区分培训师的素质能力，使他们追赶有目标，前进有方向。

（2）依据任职标准，建立一套操作性较强的初级培训师试讲及论证程序。必要时，培训管理部门还应在教案撰写、授课技巧等方面实施指导、帮助和培训。

（3）制定内部培训师的级别升降和资格取消办法。培训管理部门要在定期评议内部培训师的基础上，适时组织观摩活动，切实落实内部培训师级别的升降机制，达到激励目的。

三、受训学员的管理

1. 建立学员与企业在培训上的统一愿景

管理学发展到今天，扁平化、人性化管理已成趋势。无论是理想的组织，还是学习型组织，都要把学员与企业在培训上的统一愿景放在首要位置。马士斌、黄永华在 2002 年提出，应将员工职业生涯规划作为培训需求的重要影响因素，在构建培训需求分析模型时应以学员职业生涯作为导向。他们认为企业与学员是两个平等的利益主体，学员个人利益与企业组织利益具有相关性，不存在谁的利益优先的问题，企业培训应建立在受训学员的个人发展基础上，学员培训应与学员职业生涯规划相结合。

2. 建立两方面的契约

契约关系是普遍存在于组织环境中的一种社会现象，它通过对相互责任的界定把个体与组织有机地结合起来，对双方的行为进行规定和约束。企业需要与受训学员建立两方面的契约关系。

（1）心理契约。在组织与学员的相互关系中，除了书面契约规定的内容之外，还存在着隐含的、非正式的、未公开说明的相互期望和理解，这就是心理契约。心理契约作为组织和学员之间的一种主观心理约定，包括对相互责任的期望及对自己义务的认知，同样是影响学员对于组织的态度和行为的决定因素，因此逐渐成为人力资源管理者们关注的话题。心理契约的概念应该至少包括两个核心：一个是对责任的期望，另一个是对应尽义务的认知。在企业培训中，企业需要与学员首先达成责任的期望与义务的认知。心理契约可以通过公示培训制度、领导谈话、员工职业生涯规划等方面实现。

（2）法律契约。法律契约也称为合同或协议。企业可以与受训学员签署一份类似《培训协议书》的法律契约。该契约明确规定培训的经费来源、培训要达到的目标、培训后的工作承诺、培训的义务与纪律、违约责任等内容。法律契约需要企业和学员双方共同签署，才具有法律效力。法律契约有利于建立企业和受训学员的明确关系，规范培训中和培训后的学员行为，是完成企业培训效果的重要保障。

3. 建立健全考核制度

企业培训的考核制度，有利于对整个培训流程的管理，尤其是对培训学员的管理。员工参加培训视同正常出勤，培训期间培训员须做好日常考勤记录、跟踪工作。参加培训的员工，须按时参加培训并在员工培训签到表上签到。受训员工须提前一定时间到达培训场地，不得迟到、早退或无故缺席，违者按相关规定处理。因特殊情况请假，受训员工需填写培训请假单，经培训师批准后方可缺席。受训人员未经批准无故缺席，按旷工处理。受训人员出勤率未达到上述标准，不得参加受训评估考核或更高层次培训。因缺勤未受训评估考核的员工，将直接影响其有关转正、晋级、评优等活动的资格等。表5-4是一张培训考核表范例。

表5-4　某公司的员工培训考核表

组　别	学　员	年　月　日			得　分	备　注
		上午	下午	晚上		
1组	张三	√	√	√	12	全勤加分
	李四	√	√		8	
	王五	√	√		10	参与讨论加分
2组	赵甲	√	√		12	示范讲授加分
	孙乙	√			4	旷课扣分
	杨丙	√	√		8	

4. 提倡学员自律自主管理

努力实现学员自律管理是企业培训管理的重要任务。传统的正面教育常常扼杀了学员的主观能动性，是不可取的。在企业培训中，可以从以下方面实现学员自律管理。

(1)创设民主氛围。培训师与学员的学习需要一种相互尊重与信任的氛围，能使他们思想活跃、积极主动地参与到课堂培训活动之中，形成自我愉快、轻松的心情，从而使自己保持旺盛的精力，浓厚的兴趣，高度的注意力，乐此不疲地参与培训学习活动。创设民主氛围，培养提高了学员的自我管理能力。

(2)建立团队集体。结成小组，团队学习，以集体的荣辱进行自我管理、自我教育。一旦这些“细胞”形成，培训师就可以从多方面进行有意识的导向。如今天的作业哪一个组最好；今天的纪律谁最好；这次活动谁最棒；今天的讨论哪个组第一名；今天在课堂上哪个组发言最积极，讨论最激烈。这样强化学员们通过相互合作与管理、相互交流与竞争，培养自我管理自我教育的能力，使学员的自我管理落到实处。当然，小组的人员组合需要培训师的精心编排和周密思考，小组成员的搭配影响着学员自律管理的效果。一个具有战斗力的集体，必须有每个成员的共同参与。充分发挥集体力量，形成相互监督机制。另外，小组成员最好来自不同部门，以便排除非正式组织的负面影响。

(3)让学员多上讲台。鼓励学员自己到讲台上去讲话。既满足了学员要展现自我的心理，更重要的是给学员们一个交流展示的舞台，历练了胆略。讲者认真，听者用心，提高了综合能力，加强了自律，促进了自我管理。

(4)关爱和联谊。学员是主体，是鲜活的个体，也需要别人关爱。也只有对每个学员真诚相待、坦诚相处、热诚相帮，学员才能“亲其师，信其道”。多组织课后的联谊活动，关爱学员，加强学员相互交流，可以促进学员的自我约束，促进学员自我管理的能力，带动学员的全面发展。

四、培训效果的评估方法

所谓培训评估，是指对培训项目、培训过程和效果进行评价，可分为培训前评估、培训中评估和培训后评估三个阶段。培训前评估是在培训前对受训者的知识、能力和工作态度进行考察，以作为培训者编排培训计划的根据。培训前评估能够保证培训项目组织合理、运行顺利，从而保证受训者对培训项目的满意度；培训中评估是指在培训实施过程中进行的评估，培训中评估能够控制培训实施的有效程度；培训后评估，是对培训的最终效果进行评价，是培训评估中最为重要的部分，目的在于使企业管理者能够明确培训项目选择的优劣、了解培训预期目标的实现程度，为后期培训计划、培训项目的制定与实施等提供有益的帮助。

培训效果的评估活动是一种有目的、有意识的行为，因此在开展培训评估活动时，人们首先需要做的就是决定采用什么样的技术和工具。只要确定了评估的技术和工具，就可以配置资源来开发评估工具、分析信息并且对培训效果做出评价。目前的培训评估工具主要有柯氏四层次评估模型，舍贝克和科恩的效用公式，以及将收益分析与四层次模型相结合的评估框架等。

1. *柯氏四层次模型*

美国学者唐纳德·L·柯克帕特里克(Donald. L. Kirkpatrick)教授于1959年提出的四层次模型理论，这种评估模式就被称为“柯氏模型”。柯氏四层次模型如图5-15所示。

评估层次		结果标准	评估重点
1		反应	学员满意度
2		学习	学到的知识、态度、技能、行为
3		行为	工作行为的改进
4		结果	工作中导致的结果

图5-15　柯氏四层次模型

(1)反应层次(Reaction)：评估被培训者的满意程度，即一级评估，是培训评估中最低的层次。可以通过对受训者的情绪、注意力、兴趣等研究，得出受训者对培训的看法和态度。这一层次的评估通常采用调查问卷的形式。

(2)学习层次(Learning)：测定被培训者的学习获得程度，即二级评估。该层次的评估主要用来了解受训者通过培训学到了什么。主要采用书面测试、操作测试、情景模拟测试等评估方法。

(3)行为层次(Behavior)：考察被培训者的知识运用程度，即三级评估。行为层次的评估是用来测定受训者在日常工作中是否自觉运用了培训所学到的知识和技能。主要依靠上下级、同事、客户等相关人员对受训者的业绩进行评估来测定。

(4)效益层次(Result)：计算培训创造出的经济效益，即四级评估，用来判断培训后学员工作业绩提高的程度。具体可以通过事故率、产品合格率、产量、销售量等指标来进行测定。该层次的评估需要采集大量的数据，对企业来说有一定的困难。

以上培训评估的四个层次，实施过程从易到难，费用从低到高。前面两个层次主要是对培训的过程进行评估，而后两个层次主要是对培训的结果进行评估。一般最常用的方法是反应层次评估，最有用的数据是培训对组织的影响。是否评估，评估到第几个阶段，应根据培训的重要性决定。但是柯氏四层次模型没有给出具体的评估方法，该模型的缺点是不能对培训效益进行定量的评估。

2. 舍贝克和科恩的效用公式

虽然在培训评估时，柯氏四层次模型对培训评价有一定的效用，但是随着对培训重要性的认识，人们已无法满足于没有定量的评估，确定培训的投资回报率成为人们普遍考虑的问题。舍贝克和科恩在 1985 年提出了一个效用公式，公式如下：

$$效用 = YD \times NT \times PD \times V - NT \times C$$

其中，YD = 培训对工作产生影响的年数；NT = 接受培训的人数；PD = 接受培训者和未接受培训者在工作上的差异；V = 价值，对工作成绩的货币计算；C = 为每一位成员提供培训所支出的费用。

舍贝克和科恩的效用公式为定量评估提供了方法，极大地弥补了柯氏四层次模型的不足。但是由于舍贝克和科恩的效用公式中 YD、PD、V 都是一些模糊的变量，很难在操作中准确地把握，因此这个公式具体应用起来还比较困难。

3. 销售培训评估的收益公式

在销售类的培训评估领域，Honeycutt 等四位研究者 2001 年对舍贝克和科恩的效用公式进行了改良，把效用理论与柯氏四层次模型结合在一起，并据此提出了销售培训评估的收益公式。他们提出的公式如下：

$$U = (T' \times N')(d_t \times SD_y)(1 + V)(1 - Tax) - (N \times C)(1 - Tax)$$

其中，T' 是培训产生收益的时间长度；N' 是在考虑的时间范围内，最终留在企业的受训人员数目；d_t 是受训人员和未受训人学员工作成绩的差异，$d_t = (X_t - X_c)/SD$；X_t，X_c 分别是受训人员和非受训人员的工作成绩，SD 是所有销售人学员工作成绩的标准偏差；SD_y 是未受培训人学员工作成绩的标准偏差，是由以前的工作记录或者由熟悉工作的管理者凭主观估计而得来的；$(1 + V)$ 和 $(1 - Tax)$ 分别是用来调整易变的培训花费和企业税率的影响，这可以用会计的方法计算而来，Boudreau 也为此提供了一个可以查找数值的表格；C 是每一位受训人员培训中的所有花费，包括所有直接成本和间接成本；N 是所有参加培训的人数，因为 N 是用来计算培训的花费，所以即使最终的培训成绩不符合标准的或者中间退出的人员都应该包括在内。

与舍贝克和科恩效用公式相比，收益公式的优越性在于它为一些依靠主观而得来的数据例如 T'、d_t 及 SD_y 提供了可依据的标准，从而也为更准确地进行培训评估奠定了基础。但是这种方法的缺陷是它仅仅适用于销售类的培训评估，如何对其他类培训评估需要做进一步的研究。

五、评估效果评估的信息来源

1. 参训学员调查表

通过受训学员对表格的填写，可以清楚看清受训学员的反应，在评估的同时为以后培训师培训、培训内容、培训形式等调整给出了清晰的思路。同时，本表格可以用作对内部培训师的绩效考核，也可以作为改进培训工作的反馈信息。如果通过组织和讨论，让参加过培训的学员对其所经历的培训发表看法和意见，是一种有效又廉价的方法。参训学员调查表中常问到的问题有：(1)个人情况；(2)受训经历；(3)日常工作的主要内容有哪些(按重要顺序填写)；(4)您工作中经常遇到的问题是什么，如何处理，结果如何；(5)对本次培训有何要求，希望及建议；(6)请以书面形式提供1~2个您自己经历中成功或失败的例子；(7)培训中最先收获的、最后收获的内容分别是什么？必要的时候，设立量化的评分表，以便于统计。

2. 测试/测验

通过对同一群体在培训前和培训后进行内容相似的测试/测验，了解培训前后受培训人员的收获与改进。同时也可采用对比性测试的方法进行，即选一批未经培训的人员(人员的选择上应有可比性)与经过培训的人员进行题目相同的测试，以此来考察培训的作用。

3. 行为/能力观察

观察行为或能力的变化测试，可以了解受培训者是否真正提高了能力或在行为上有了明显的改进。也就是说，学是一回事，用是另外一回事。例如，某经理在学习《管理艺术》这门课时极其认真，考试成绩亦很好，培训后自我感觉很有收益，但在回到原单位工作后，工作方法仍然如同以往一样。这说明培训没有产生真正的效益，也说明观察法在考察实际工作能力的改进方面是一种最有效的方法。

4. 目标实现的反馈信息

检查培训是否达到了原先设定的培训目标。例如，通过对营销人员进行为期一个月的培训，要求使人均销售额比培训前增长10%。如果这个目标实现了，即说明培训是有实际价值的。因此，对待凡是可以预先确定目标的培训活动，这是一种很好的评价方法。但是也应该看到这种方法极易受到其他因素干扰，依上例而言，销售与产品本身、市场供求、季度变化等因素都有一定关系，而这些因素都会干扰评价的准确性。

第四节　员工的职业生涯规划

职业生涯规划(Career Planning)，是指个人结合自身情况以及眼前的机遇和制约因素，为自己确立职业目标，选择职业道路，确定教育、培训和发展计划等，并为自己实现职业生涯目标而确定行动方向、行动时间和行动方案。

职业生涯规划既包括个人对自己进行的，也包括企业对员工进行的职业规划管理体系。对于企业来说，良好的职业生涯管理体系还可以充分发挥员工的潜能，给优秀员工一个明确而具体的职业发展引导，从人力资本增值的角度达成企业价值最大化。

一、职业生涯管理理论

(一)职业选择(人职匹配理论)

所谓职业选择(Vocational Selection)，是指人们从自己的职业期望、职业理想出发，依据自己的兴趣、能力、特点等自身素质，从社会现有的职业中选择一种适合自己的职业。职业选择包括从业以前的选择和从业以后的选择，前者通过选择实现就业，后者通过选择实现职业变换。一个人职业选择是否恰当，不仅关系到个人意愿和兴趣的满足，也关系到自身才能的发挥和对社会贡献的大小。

美国波士顿大学弗兰克·帕森斯(Frank Parsons)教授于1909年基于怎样职业选择，在《选择一个职业中》首次提出了人职匹配理论，他指出了选择职业的三个步骤：“第一，应清楚地了解自己的态度、能力、兴趣、智慧、局限和其他特性；第二，了解成功的条件及所学的知识，在不同工作岗位上所占的优势、机会和前途；第三，实现上述两条件的平衡。”其含义是说要将个人的主、客观条件与对自己有一定可能的社会职业岗位相对照，从而选择一种适合自己的职业。

这一理论告诉大家，在选择职业时，首先应认识自我。认识自我就是对自己的兴趣、气质、性格、能力、身心素质、知识结构、家庭文化背景等进行全面、客观的评价，从而确定自己所适合的职业范围。其次是了解职业。了解职业就是要分析职业内容、职业活动特点、职业环境、职业地位及经济收入等有关情况，从而找出欲从事的某种职业对从业者素质的具体要求。再次是人职匹配。根据对自身的评价和对职业的分析，确定自己适合从事的职业范围。这样选择职业可增加求职的针对性，减少盲目性。需要指出的是，决定人们选择何种职业的因素是极为复杂的，加上人又有较强的可塑性，所以选择职业还要考虑社会环境、社会心理、就业政策等因素。

从某种意义上讲，职业选择就是选择人生，就是选择自己的未来。一个人生活的好坏、社会地位的高低以及对社会贡献的大小，在很大程度上是由他所从事的职业及其在职业岗位上的贡献决定的。为什么有些人本该在事业上获得成功，却事与愿违，这并不完全是他们能力不够，而主要是他们选择了不适合发挥自身特长的职业。而那些事业有成的人，也并不一定比别人聪明，关键在于他们找到了适合自己特点的职业。合适的职业使他们的个人才能得到充分发挥，为他们带来了无限的创造机会，也带来了事业的成功。职业活动中的创造，体现了一个人一生中最主要的创造，人们在职业生活中体验到的幸福，含义最深刻，生命力最持久。所以说，职业选择是决定一个人的社会地位、经济收入乃至生活方式的重要因素。

(二)生涯发展阶段(舒伯五阶段理论)

美国著名职业生涯学家舒伯(1953)根据自己“生涯发展型态研究”的结果，参照布勒(Bueller)的分类，也将生涯发展阶段划分为成长、试探、决定、保持与衰退五个阶段，其中有三个阶段与金斯伯格的分类相近，只是年龄与内容稍有不同，舒伯增加了就业以及退休阶段的生涯发展。

按舒伯的理论，如表5-5所示，人一生中的职业发展可划分为成长阶段，出生到14岁；探索阶段，15岁~24岁；确立阶段，24岁~44岁，这一阶段是大多数人工作周期中的核心部分。这一阶段包括了三个子阶段：尝试子阶段(25岁~30岁)、稳定子阶段(30岁~40岁)以及职业中期危机阶段(在30多岁和40多岁之间的某个时段上)；维持阶段，45岁~65岁；下降阶段，66岁以上，也就是当退休临近的时候。处在不同职业发展阶段的人，应考虑不同的事情。例如，在探索阶段，可以多做些尝试、探索，在工作中摸索出本人的职业方向、职业锚、职业兴趣等，逐步找到最适合自己的职业。而40岁以上的人，就不应该做过多的尝试，而是应该认真分析清楚本人的职业锚、职业方向，选择本人有优势的职业做长远的打算。这里的年龄阶段划分还应该针对不同的职业加以区分，如在中国，作为职业足球运动员，30 岁已经该退休了；而作为教授，30 岁差不多是最年轻的(参见表 5-5)。

表 5-5　舒伯的职业发展阶段

阶　段	成长 (出生至 14 岁)	探索 (15 岁 ~24 岁)	确立 (25 岁 ~44 岁)	维持 (45 岁 ~65 岁)	衰退 (65 岁以上)
时期	A. 前职业期 B. 幻想　C. 兴趣 D. 能力	A. 尝试 B. 过渡 C. 试验	A. 稳定 B. 前进	A. 成就 B. 地位	A. 衰减 B. 退休

1. 成长阶段：出生至 14 岁，该阶段孩童开始发展自我概念，开始以各种不同的方式来表达自己的需要，且经过对现实世界不断地尝试，修饰其自己的角色。这个阶段共包括三个时期：幻想期(4 岁至 10 岁)，它以“需要”为主要考虑因素，在这个时期幻想中的角色扮演很重要；兴趣期(11 岁至 12 岁)，它以“喜好”为主要考虑因素，喜好是个体抱负与活动的主要决定因素；能力期(13 岁至 14 岁)，它以“能力”为主要考虑因素，能力逐渐具有重要作用。

2. 探索阶段：15 岁至 24 岁，该阶段的青少年，通过学校的活动、社团休闲活动、打零工等机会，对自我能力及角色、职业作了一番探索，因此选择职业时有较大弹性。这个阶段发展的任务是：使职业偏好逐渐具体化、特定化并实现职业偏好。这阶段共包括三个时期：尝试期(15 岁至 17 岁)，考虑需要、兴趣、能力及机会，作暂时的决定，并在幻想、讨论、课业及工作中加以尝试；过渡期(18 岁至 21 岁)，进入就业市场或专业训练，更重视现实，并力图实现自我观念，将一般性的选择转为特定的选择；试验并稍作承诺期(22 岁至 24 岁)，生涯初步确定并试验其成为长期职业生活的可能性，若不适合则可能再经历上述各时期以确定方向。

3. 建立阶段：25 岁至 44 岁，由于经过上一阶段的尝试，不合适者会谋求变迁或作其他探索，因此该阶段较能确定在整个事业生涯中属于自己的“位子”，并在 31 岁至 40 岁，开始考虑如何保住这个“位子”，并固定下来。这个阶段发展的任务是统整、稳固并求上进。这个阶段细分又可包括两个时期：试验—承诺稳定期(25 岁至 30 岁)，个体寻求安定，也可能因生活或工作上若干变动而尚未感到满意；建立期(31 岁至 44 岁)，个体致力于工作上的稳固，大部分人处于最具创意时期，由于资深往往业绩优良。

4. 维持阶段：45 岁至 65 岁，个体仍希望继续维持属于他的工作“位子”，同时会面对新的人员的挑战。这一阶段发展的任务是维持既有成就与地位。

5. 衰退阶段：65 岁以上，由于生理及心理机能日渐衰退，个体不得不面对现实从积极参与到隐退。这一阶段往往注重发展新的角色，寻求不同方式以替代和满足需求。

唐纳德·舒伯提出了强调职业发展阶段的理论。舒伯认为职业发展是人生成长的一部分。除了职业角色外，人还会在一定的年龄扮演某些其他角色，如孩子、学生、公民、配偶、父母、家庭主妇、退休人员等。

(三)性格与职业匹配理论

性格—职业匹配理论(Personality-Job Fit Theory)是一个由美国约翰·霍普金斯大学约

翰·霍兰德(John Holland)教授于1959年提出的职业兴趣理论。这个理论认为，每个人性格各异，性格类型、兴趣与职业都有密切关系。兴趣是人们活动的巨大动力，凡是具有职业兴趣的职业，都可以提高人们的积极性，促使人们积极愉快地从事该职业，且职业兴趣与性格特质之间存在很高的相关性。而当个人的性格特质与其工作特性具有高度一致性时，对于其工作将有更佳的表现。在一般职业招聘与甄选的过程中，常使用许多工具进行种种测试，如应征表格、人格测验或面谈，其实都是组织寻找人格与工作适配员工的手段。

霍兰德提出了四个基本假设：其一，人的个性大致可分为六种类型：实际型、研究型、艺术型、社会型、企业型和常规型；其二，所有职业均可划分为相应的六大基本类型，任何一种职业大体都可以归属于六种类型中的一种或几种类型的组合；其三，人们一般都倾向于寻找与其个性类型相一致的职业类型，追求充分施展其能力与价值观，承担令人愉快的工作和角色，职业也充分寻求与其类型相一致的人；其四，个人的行为取决于其个性与所处的职业类型，可以根据有关知识对人的行为进行预测，包括职业选择、工作转换、工作绩效以及教育和社会行为等。

在这四个前提的基础上，霍兰德提出了六边形模型，如图5-16所示。

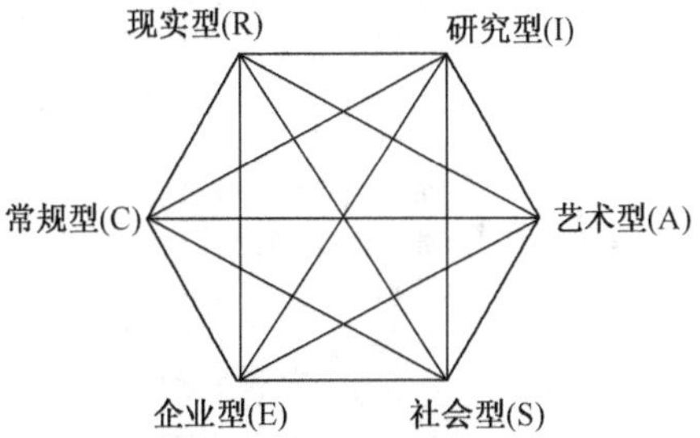

图5-16　性格—职业匹配理论六边形模型

六边形的六个角分别代表霍兰德所提出的六种类型。六种类型之间具有一定的内在联系，它们按照彼此间相似程度定位，相邻两个维度在各种特征上最相近，相关程度最高。距离越远，两个维度之间的差异越大，相关程度越低。每种类型与其他五种类型存在三种关系：相近、中性和相斥，霍兰德又经过了大规模的试验，分别确定了男性和女性的各种类型之间的相关系数。

根据六边形模型来理解，最为理想的职业选择就是个体能找到与其个性类型重合的职业类型，即人职协调。这时，个人最可能充分发挥自己的才能并具有较高的工作满意感。如果个人不能获得与其个性相重合的的职业，则寻找与其个性类型相近的职业。由于两种类型之间有较高的相关系数，个人经过努力和调整也能适应职业环境，达到人职次协调。最差的职业选择是个人在与其个性类型相斥的职业环境中工作。在这种情况下，个人很难适应工作，也不太能感到工作的乐趣，甚至无法胜任工作，是人职不协调的匹配方式。总之，个性类型与职业类型的相关程度越高，个人的职业适应性越好；相关程度越低，个体的职业适应性越差。因此，六边形模型有助于人们更好的理解和进行职业选择。

霍兰德还制定了两种类型的测定工具，帮助择业者进行职业决策。一种测定工具是职业选择量表(VPI)，也称为性格—职业匹配表，如表5-6所示。该量表要求被试者在一系列职业中做出选择，然后根据测定结果确定个人的职业倾向领域。另一种测试是自我指导探索(SDS)。在测试感兴趣的活动、能力和喜欢的职业的基础上，进而查寻比较适合自身特性的职业。霍氏理论由于其较强的操作性，成为20世纪60年代后较为有影响的职业设计理论。

表5-6 性格—职业匹配表

人格类型	个性特点	环境特点	职业特点	适应的职业群
现实型 (R)	具备机械操作的能力或体力，适合于与机器、工具、动植物等具体事物打交道，偏好户外活动	要求明确的、具体的体力任务和操作技能，人际关系要求不高	熟练的手工和技术工作，运用手工工具或机器进行工作	工程师、操作X光设备的技师、飞机机械师、无线电报务员、自动化技师、电工、鱼类和野生动物专家、机械工、木工等
研究型 (I)	具备对事物观察、评价、推理等方面的能力，讲究科学性	要求具备思考和创造能力，社交要求不高	科学研究和实验工作，研究自然界、人类社会的构成和变化	科研人员、科技工作者、实验员、数学家、物理学者、植物学家、动物学家、科学报刊编辑、地质学者等
艺术型 (A)	具有艺术性的、独创性的表达和直觉能力，不喜欢硬性任务，情结性强，具有想象力	通过语言、动作、色彩和形状来表达审美原则，单独工作	适合艺术创作性工作	作家、演员、记者、诗人、画家、作曲家、编剧、音乐教师、雕刻、摄影艺术、室内装修、服装设计等
社会型 (S)	喜欢从事与人打交道的活动，人道主义，但不能理智解决问题	解释和修正人类行为，具备高水平的沟通技能，热情助人	通过命令、教育、培训咨询等方式帮助、教育、服务人	联络、外交工作者、教师、学校领导者、导游、社会福利机构工作者、社会群众团体工作者、咨询人员、思想工作者等
企业型 (E)	以劝说、管理、监督和领导能力获得法律、政治、社会和经济利益	善作言行反应，有说服他人和管理能力，完成监督性角色	劝说他人、指派他人去做事情的工作	厂长、各级领导者、管理者、政治家、律师、推销员、批发商、零售商、调度员、广告宣传员等
常规型 (C)	注重细节，讲究精确，具备记录和归档能力	要求系统、常规的行为，体力要求低，人际技能低	一般指各种办公室的事务性工作	会计、统计、出纳、办公室职员、税务员、秘书、计算机操作员、打字员、成本核算员、法庭速记员等

(四)个人职业规划(职业锚理论)

1. 施恩的职业锚理论

美国麻省理工大学埃德加·H·施恩(Edgar. H. Schein)教授1978年认为职业锚(Career Anchor)是职业生涯规划时另一个必须考虑的要素。施恩认为，职业规划实际上是一个持续不断的探索过程。在这一过程中，每个人都在根据自己的天资、能力、动机、需要、态度和价值观等慢慢地形成较为明晰的与职业有关的自我概念。当一个人不得不做出职业选择的时候，他无论如何都不会放弃的那种职业中至关重要的东西或价值观就是职业锚。正如“职业锚”这一名词中“锚”的含义一样，职业锚是人们选择和发展职业时所围绕的中心。

施恩认为，每一个人都有自己的职业锚，随着一个人对自己越来越了解，这个人就会越来越明显地形成一个占主要地位的职业锚。影响一个人职业锚的因素有：(1)天资和能力；(2)工作动机和需要；(3)人生态度和价值观。天资是遗传基因在起作用，而其他各项因素虽然受先天因素的影响，但更加受后天努力和环境的影响。所以，职业锚是会变化的，在这一点上，职业锚有别于职业性向。

施恩根据自己在麻省理工学院的研究指出，要想对职业锚提前进行预测是很困难的，这是因为一个人的职业锚是不断发生着变化的，它实际上是在一个不断探索的过程中所产生的动态结果。有些人也许一直都不知道自己的职业锚是什么，直到他们不得不做出某种重大选择的时候，比如到底是接受公司将自己晋升到总部的决定，还是辞去现职，转而开办和经营自己的公司。正是在这一关口，一个人过去所有的工作经历、兴趣、资质、方向等才会集合成一个富有意义的模式（或职业锚），这个模式或职业锚会告诉此人，对他或她个人来说，到底什么东西是最重要的。

2. 施恩的5种职业锚

施恩根据自己对麻省理工学院毕业生的研究，提出了以下5种职业锚：技术或功能型职业锚、管理型职业锚、创造型职业锚、自主与独立型职业锚、安全型职业锚。

（1）技术或功能型职业锚。具有较强的技术或功能型职业锚的人往往不愿意选择那些带有一般管理性质的职业。相反，他们总是倾向于选择那些能够保证自己在既定的技术或功能领域中不断发展的职业。

（2）管理型职业锚。具有较强的管理型职业锚的人，往往表现出成为管理人员的强烈动机，承担较高责任的管理职位是这些人的最终目标。当追问他们为什么相信自己具备获得这些职位所必需的技能的时候，许多人回答说，他们之所以认为自己有资格获得管理职位，是由于他们认为自己具备以下三个方面的能力：其一，分析能力，即在信息不完全、不确定的情况下发现问题、分析问题和解决问题的能力；其二，人际沟通能力，即在各种层次上影响、监督、领导、操纵及控制他人的能力；其三，情感能力，即在情感和人际危机面前，只会受到激励而不会受其困扰和削弱的能力，以及在较高的责任压力下不会变得无所作为的能力。

（3）创造型职业锚。在施恩看来，具有较强创造型职业锚的人，往往表现出强烈的建立或创设某种完全属于自己的东西。如一件署有他们名字的产品或工艺，一家他们自己的公司或一批反映他们成就的个人财富等。

（4）自主与独立型职业锚。具有较强自主与独立型职业锚的人，往往表现出强烈的自己决定自己命运的愿望，总是希望摆脱那种因在大企业中工作而依赖别人、受人摆布的境况。在这些人中有许多人还有着强烈的技术或功能导向，然而，他们却不是到某一个企业中去追求这种职业导向，而是决定成为一位咨询专家，要么是自己独立工作，要么是作为一个相对较小的企业中的合伙人来工作。

（5）安全型职业锚。具有较强安全型职业锚的人，极为重视长期的职业稳定和工作的保障。他们希望能在一个熟悉的环境中、安全的组织中维持一种稳定的、有收入保障的职业，如公务员、教师等终生性职业。这些人显然更愿意让他们的雇主来决定他们的职业生涯发展。

3. 八种职业锚模型

1992年，麻省理工大学的学者专家在施恩五种职业锚的基础上，增加了三种，从此将“职业锚”类型拓展为八种，如图5-17所示。

（1）服务/奉献型：把“职业锚”定位于这种类型的人追求自己认可的核心价值，如帮助他人，倡导环保等。他们一直在追寻这种机会，即使薪水很低也在所不惜。他们不会接受不能实现自己价值的职业，即使面对高薪酬和高职位的诱惑也不动心。

(2)挑战型：把"职业锚"定位于这种类型的人喜欢解决"不可能完成的任务"，战胜强硬的对手，克服无法克服的困难障碍。对他们而言，从事某项职业的原因是因为工作允许他们去战胜各种困难，新奇、变化是他们实现终极目标的动力。

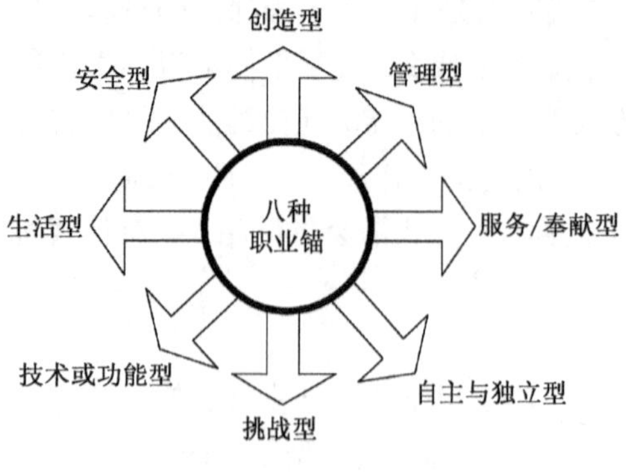

图 5-17　八种职业锚模型

(3)生活型：工作环境能够平衡并满足个人、家庭和职业的需要。把"职业锚"定位于这种类型的人希望将生活的各个主要方面整合为一个整体。正因为如此，他们需要一个能够提供足够的弹性让他们实现这一目标的职业环境，甚至可以降低他们职业的一些要求，如薪水、职位。

(五)员工的职业发展路径(职业通道理论)

从个体成长和激发创造力角度来看，一位员工在同一岗位的创造力是存在一定规律周期的。美国学者库克(Kuck)从如何更好地发挥人的创造力的角度，论证了人力资源流动的必要性。库克通过对研究生参加工作后创造力发挥情况的研究，从创造力的角度论证了员工岗位流动，也就是企业对于员工横向职业通道设计的必要性。他指出工作者参加某一岗位后一般经历创造力加速增长期(初期，1.5 年)、发挥巅峰期(黄金期，1 年)、衰减稳定期(尾期，0.5 ~1.5 年)等三个阶段构成的 S 形曲线。为保持和激发员工的工作创造力，应及时通过横向职业通道改变工作内容和环境，从而保证在上一个 S 形曲线结束时，再进入下一个 S 形曲线，保证 S 形曲线的不间断继续。库克指出，为激发研究人员的创造力，应该及时变换工作部门和研究课题即进行人力资源流动。如图 5-18 所示，创造力较强的时期大约有 4 年，人的一生就是在不断开辟新工作领域的实践中，来激发和保持自己的创造力的。即走完一个 S 形曲线，再走下一个 S 形曲线。

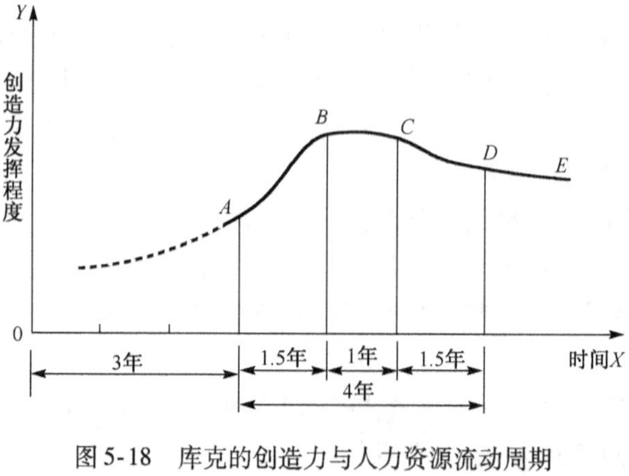

图 5-18　库克的创造力与人力资源流动周期

库克提出了一个单通道模式的职业发展通道。随后，职业通道理论发展了起来。职业通道是指一个员工的职业发展计划。对企业来说，可以让企业更加了解员工的潜能；对员工来说，可以让员工更加专注于自身未来的发展方向并为之努力。这一职业发展计划要求员工、主管以及人力资源部门共同参与制定。员工提出自身的兴趣与倾向，主管对员工的工作表现进行评估，人力资源部门则负责评估其未来的发展可能。

职业通道模式主要分三类：单通道模式、双通道模式、多通道模式。按职业性质又可分为管理性、技术性、技能性职业通道。图 5-19 所示是一家管理咨询公司的单通道模式。图 5-20 所示是一家百货公司的双通道模式。

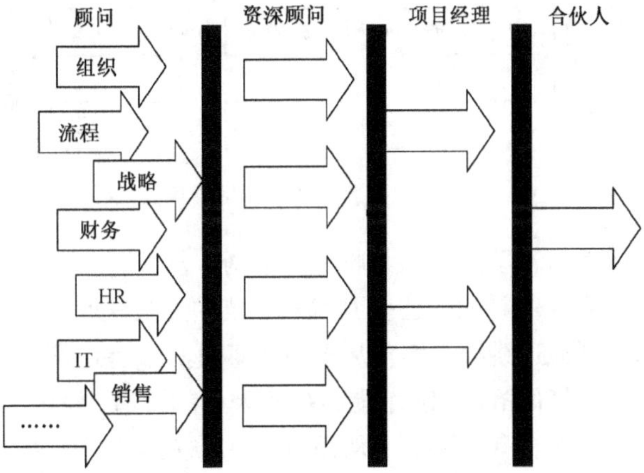

图 5-19　单通道的职业发展模式

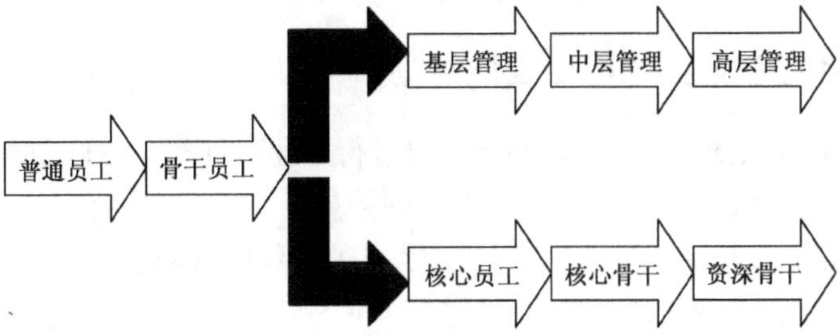

图 5-20　双通道的职业发展模式

根据各行业工作性质的不同，宜采用不同的职业通道。如技术性职业通道宜采用三通道模式，即技术系列通道、技术带头人通道、技术管理人员通道。其中，技术带头人是指有较强技术基础，能管理项目的员工,他们进行项目资源的计划协调与控制，并有预算能力，设立技术开发策略与产品开发方向，他们主要对技术人员的技术要求进行把关，而无直接管理技术人员的权力；而技术管理人员主要对项目的预算、人员的调动升迁考评负责。每一级职称都可以分别用学历要求、专业要求、工作经验要求、专业知识要求和能力要求等五个维度加以界定，随着职称级别的提高，各维度的相关要求也有适当的提高。这样每两级职称之间就产生了要求间距，即职称晋级考核标准，同时每一职称级别都与薪金和工作负责程度正相关，即职称级别越高，薪金与工作负责程度越高。

企业要留住优秀员工，就要坚持实施员工多通道发展，提倡员工多岗位实践。多通道模型如图 5-21 所示。知识型员工多通道发展、多岗位实践的实质是为员工提供机会成就，及机会和成就激励。对一些知识技术骨干性人才，尊重其个性发展与组织发展相协调，鼓励和提倡他们向交叉专业、边缘性专业、甚至跨专业岗位实践发展，从而促进其挑战性、创新性进一步发展。

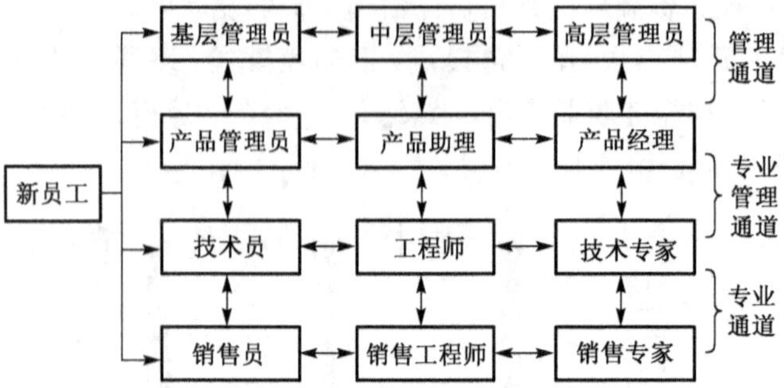

图 5-21　多通道的职业发展模式

另外，需要注意技术与管理类型职业通道的平衡。从实践的角度看，由于“官本位”思想的不良影响，技术职业的重要性往往受到忽视，技术人员还是往管理者序列挤，一些不想放弃技术工作的人，则通过跳槽来实现从事技术职业的梦想，那些跳不走或不想跳又挤不进管理序列的人，则士气低落。因此，提高技术人员的待遇、地位，为技术人员设计与管理序列各等级待遇基本相当的等级序列，从而吸引优秀人才安心从事技术开发工作和技术服务工作，意义非同寻常。平衡管理与技术类型职业通道的待遇，可直接应用工作评价技术，确定各类各层次岗位的相对重要性，以此作为确定待遇的依据。

二、员工如何制定在企业的职业发展规划

本书沿用许多职业咨询机构和心理学专家进行职业咨询和职业规划时常常采用的一种方法，就是有关五个问题的思考的模式，五个问题如下。

第一个问题是：我是谁？应该对自己进行一次深刻的反思，有一个比较清醒的认识，优点和缺点，都应该一一列出来。

第二个问题是：我想做什么？是对自己职业发展的一个心理趋向的检查。每个人在不同阶段的兴趣和目标并不完全一致，有时甚至是完全对立的。但随着年龄和经历的增长而逐渐固定，并最终锁定自己的终生理想。

第三个问题是：我能做什么？则是对自己能力与潜力的全面总结，一个人职业的定位最根本的还要归结于他的能力，而其职业发展空间的大小则取决于自己的潜力。对于一个人潜力的了解应该从几个方面着手去认识，如对工作的兴趣、对工作的韧力、对突发状况的判断力以及知识结构是否全面、是否及时更新等。

第四个问题是：环境支持或允许我做什么？这种环境支持在客观方面包括本地的各种状态，比如经济发展、人事政策、企业制度、职业空间等；人为主观方面包括同事关系、领导态度、亲戚关系等，两方面的因素应该综合起来看。有时我们在职业选择时常常忽视主观方面的东西，没有将一切有利于自己发展的因素调动起来，从而影响了自己的职业切入点。而在国外通过同事、熟人的引荐找到工作是最正常也是最容易的。当然我们应该知道这和一些不正常的“走后门”等歪门邪道有着本质的区别。这种区别就是这里的环境支持是建立在自己的能力之上的。

第五个问题是：自己最终的职业目标是什么？明晰了前面四个问题，就会从各个问题中找到对实现有关职业目标有利和不利的条件，列出不利条件最少的、自己想做而且又能够做的职业目标，那么第五个问题自然就有了一个清楚明了的框架。最后，将自我职业生涯计划列出来，建立形成个人发展计划书档案，通过系统的学习、培训，实现就业理想目标：选择一个什么样的单位，预测自我在单位内的职务提升步骤，个人如何从低到高逐级而上。例如，从技术员做起，在此基础上努力熟悉业务领域、提高能力，最终达到技术工程师的理想生涯目标；预测工作范围的变化情况，不同工作对自己的要求及应对措施；预测可能出现的竞争，如何相处与应对，分析自我提高的可靠途径；如果发展过程中出现偏差，如果工作不适应或被解聘，如何改变职业方向。对以上问题，进行综合分析，以此确定自己的最佳职业生涯路线。

三、企业如何参与员工的职业生涯规划

职业生涯规划虽然是员工谋求自我发展的个人设计，但企业可以通过企业文化、制度体系等辅助性措施从外部加以指导。企业首先要分析，员工之所以在本企业里工作，取决于以下五个因素：(1)企业发展前景与个人前景的吻合；(2)企业文化；(3)直接上级管理能力；(4)绩效考核公平性；(5)薪酬水平。

图 5-22 所示为一种较理想的企业与员工共同职业生涯规划，由此可以看出，企业前景与个人前景的吻合对员工的稳定十分重要。多项调查显示，员工个人发展因素成为继薪酬之后最重要的离职原因。晋升是员工的需求，是员工的福利。职业生涯规划是企业关爱员工的一种表现，生涯规划是让员工在企业内找到合适位置的办法。职业生涯规划可以实现企业与员工的双赢，员工因职业生涯规划与管理，对自我的优势、兴趣、能力以及职业前景有了较为全面和充分的认识，通过生涯规划技术与企业提供的发展通道实现对自我生涯的管理，提升职业竞争力。企业则通过职业生涯管理了解员工发展愿望、动机与职业兴趣，在组织设计中结合员工特点，充分实现人岗的匹配，最大程度提高员工工作效能与忠诚度，降低因人员流失造成的企业成本。

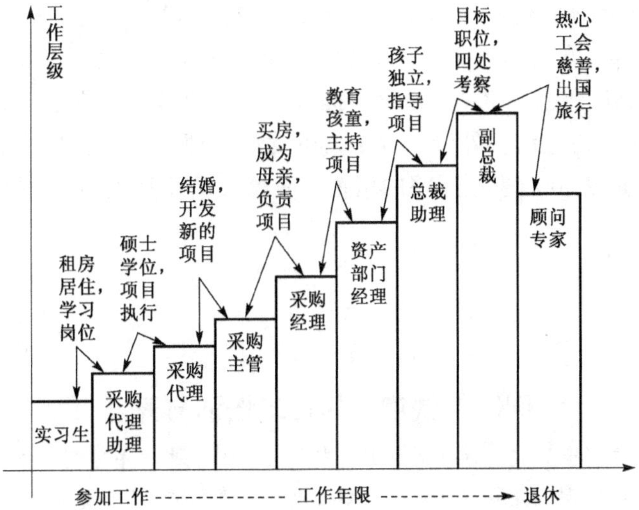

图 5-22　较理想的企业与员工共同职业生涯规划

企业恰当地参与员工职业生涯规划，可以使企业及时掌握员工的个性化特征和职业发展动向，了解员工的需要、能力及自我目标，加强个体管理；再辅以按照员工兴趣、特长和公司需要相结合的培训发展计划，充分挖掘其潜力，使员工真正安心于企业工作并发挥最大潜能，创造出企业与员工持续发展的良好氛围与条件。职业生涯规划由此也成为联系企业与员工的工具。

一般来说，企业参与员工职业生涯规划可从以下几方面着手。

(1)了解员工个人自我发展规划，寻找其与企业理念、目标的最佳切入点，以此作为企业指导员工职业发展的起点。企业和员工是紧密联系的利益共同体，双方的发展相互依存。每个员工都会有自己的生涯设计，追求的可能是权力、财富或是工作的安定感，哪种人适合企业需要，企业可以在多大程度上满足其自我目标，合作的潜力有多大，企业必须按照发展需要选择相适应的且真心在企业工作以实现自我的合适人选。

(2)有步骤、有计划、分阶段地以培训进修、轮岗锻炼、工作加压等手段帮助员工进行自我提高，同时予以及时评价，使员工认识自我、修正自我，进而产生与企业同命运、共发展的内在动力与创新能力。员工的发展很大程度上依赖于企业合理的职业管理。实现企业与员工的共同成长，关键在于建设“以人为本”的企业文化，在企业中创造出进取、和谐、平等的企业精神氛围，形成强大的精神动力，在理念层次达到企业内部和谐一致。企业首先要为员工创造一个能够施展才华，实现自我价值的舞台，同时善于引导，让员工在企业中能够找到一条发展道路，把全部身心融入到企业的发展中，奉献全部智慧。员工谋求职业发展是一个不断提升自我的过程，以企业为主导的培训应成为辅助员工职业发展的有力工具。重视通过有效培训提升员工的职业安全感和工作能力，变利用员工能力为开发员工潜能，这是人力资源管理的方向。

(3)以完善的管理制度和管理体系为员工提供工作机会和发展阶梯的必要保障。企业运行机制的核心是人的激励与约束，如果没有有效的激励机制、约束机制与发展机制，员工的积极性、创造性就得不到发挥。管理者首先应当明确员工的职位升迁不是企业对员工的酬谢或赏赐，而是双方共同的目标。员工的自我实现通过横向的(如金钱)和纵向的(如职位)发展来体现，企业须提供相应的、可以证明其自我实现的内部条件如职位、权责、待遇、福利等，本着以人为本的思想，从尊重员工发展需要、帮助员工发展的角度出发，制定人性化与理性化相结合的职业提升方案，让其持续拥有向前发展的希望，从而保持人力资源管理的主动。外资企业中，在设置管理职位的同时会留有充裕的、平行的非管理职位，以避免员工职业通路的堵塞，使每位员工都有为实现自我价值而工作的动力。

应用与训练

DIO餐饮集团的员工培训与开发

DIO餐饮集团在经济全球化的背景下专注于中西文化融合的休闲餐饮服务，2002年在上海青浦创设首家门店，目前DIO集团旗下项目包括DIO咖啡、米萝咖啡、上岛咖啡的6个省份特许经营权、三个连锁品牌经营及管理、DIO食品加工等，全国门店总数800余家，遍布中国二十多个省份、自治区和直辖市中的百余城市，成为中国复合式休闲餐饮咖啡类的领先者。2011 年 DIO 滤挂咖啡全面上市，填补了国内滤挂咖啡市场品牌的空白。

DIO 品牌得以成功的关键，在于其对产品品质与服务品质的孜孜以求和不断打造完美的优雅环境与充满人文气息的欧亚咖啡文化氛围。全国万余名 DIO 员工，奉行 DIO 以客户满意为宗旨的服务准则，为客户营造欧亚咖啡文化氛围，打造一座又一座“爱的咖啡馆”。

DIO 餐饮集团根据各岗位胜任的不同要求，设定了相应的必修课程和选修课(如表 1 所示)，保证在整个公司体系下，每个门店不同层级的员工所具备的能力一致，进而确保不同门店的管理和服务水平也保持一致，同时帮助员工在日常工作的同时取得个人能力的进步，推动个人职业的发展。

表 1　DIO 餐饮集团员工必修课程和选修课表

<table>
<tr><th colspan="2">分　类</th><th>门店专业技能系列</th><th>门店运营管理系列</th><th>行政专业系列</th><th>行政管理系列</th></tr>
<tr><td rowspan="14">必修课程</td><td rowspan="7">入职培训</td><td colspan="4">公司沿革与发展</td></tr>
<tr><td colspan="4">企业文化</td></tr>
<tr><td colspan="4">公司制度</td></tr>
<tr><td colspan="4">食品安全卫生</td></tr>
<tr><td colspan="4">消防与安全知识</td></tr>
<tr><td colspan="4">服务意识</td></tr>
<tr><td colspan="4">……</td></tr>
<tr><td rowspan="6">岗位专业课程</td><td>产品制作培训</td><td>门店安全管理</td><td>生产计划管理</td><td>有效沟通</td></tr>
<tr><td>产品质量管理</td><td>门店营销管理</td><td>物流管理</td><td>如何选、育、用、留</td></tr>
<tr><td>服务技巧培训</td><td>门店财务管理</td><td>供应商管理</td><td>企业内部控制与风险管理</td></tr>
<tr><td>OJT-部属培育</td><td>门店人力资源管理</td><td>如何做好库存管理</td><td>成功的项目管理</td></tr>
<tr><td>……</td><td>……</td><td>……</td><td>……</td></tr>
<tr><td colspan="4"></td></tr>
<tr><td rowspan="4">选修课程</td><td rowspan="4">知识拓展课程</td><td>西餐文化</td><td>团队管理</td><td>沟通技巧</td><td>职场人士减压技巧</td></tr>
<tr><td>咖啡文化</td><td>卓越顾客服务</td><td>时间管理</td><td>时间管理</td></tr>
<tr><td>目标管理</td><td>情商管理</td><td>特许连锁知识</td><td>特许连锁知识</td></tr>
<tr><td>……</td><td>……</td><td>……</td><td>……</td></tr>
</table>

DIO 餐饮集团根据发展需求并结合员工个人特点，为员工选择合适的职业发展路径，帮助员工进行全方位多渠道的职业发展规划，给予员工充分的职业发展空间。在 DIO，员工可以通过公司提供的大量的学习培训机会，在工作岗位上专攻所长，获得平等的晋升机会。

DIO 餐饮集团根据企业岗位设置的特点及员工素质模型的不同类型，确定了员工发展路径图，员工根据自身综合素质、技能的提升水平及绩效状况，可在各自的系统内获得平等的直线晋升机会，同时也可根据个人愿望与公司发展需求在不同的系统中转换发展。DIO 集团为员工设计的职业发展路径如图 1 所示(见下页)。

应用与训练

根据上述信息，实际操作以下教学任务。

(1)请根据咖啡门店营销管理的岗位培训需求，运用胜任能力模型，制定 DIO 门店营销管理岗位的培训目标和内容，并设计课程大纲。

(2)请问 DIO 集团为员工设计的职业发展路径属于哪一种职业通道模型，请评价这种模型。

(3)全班分为 5 组，分别模拟 DIO 集团员工培训，各组织试讲一门培训课程。选题范围见 DIO 餐饮集团员工必修课程和选修课表。

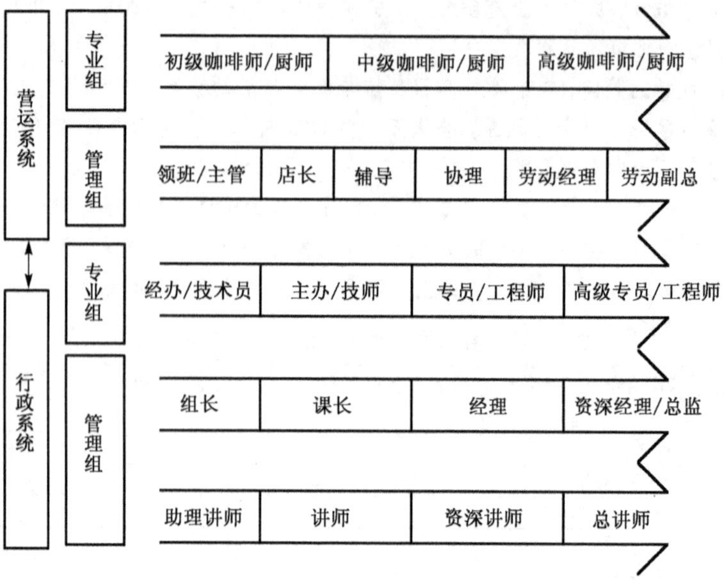

图1　DIO集团为员工设计的职业发展路径

思考与练习

1. 员工培训与开发对现代企业有什么作用？
2. 简述和员工培训与开发相关的教育培训与学习原理。
3. 培训与开发的基本流程是什么？
4. 培训需求调查的主要方法有哪些？
5. 如何进行培训效果评估？
6. 企业如何参与员工的职业生涯规划？

拓展阅读1

快速成长公司的员工培训

2002年7月，总部位于成都、旗下已有三家上市公司、拥有国务院第一批正式授牌的国家级四大软件产业基地之一、拥有全国27个软件园的托普集团，在诞生10周年之际郑重宣布，在全国一次性招聘5000名软件工程师。事实上，托普软件集团自身已有的开发员工队伍也只有2000名而已，却要一次招聘5000名软件工程师。在这个国内人称“合格的软件工程师不超过五万人”（刚刚毕业的学生在严格意义上还不能称作软件工程师）的现实面前，托普为什么要招5000名软件工程师？

1. 人才瓶颈，突击招聘

作为快速成长的企业，托普像跨栏一样实现了一轮又一轮的跨越，几乎在每次跨越的时候都会饱受人才匮乏之苦。1993年做第一块电子显示屏，托普才10多名员工，由于人手不够，他们不得不拼命加班，结果连现场的保安都熬不住这样连续的“夜战”；1999年开始，托普在全国各地软件园建设的过程中更是捉襟见肘，托普不得不一边大量招聘，一边快速培训新员工，一边让新手顶上去。随着软件产业成为全国上下的聚焦点，竞争压力也越来越大，在无数后起之秀和新生力量的威胁面前，托普迫切需要研发一代又一代功能上更强、使用上更符合用户需求的新的软件产品，保持自身产品和技术的竞争力，而这就需要投入大量专注的高素质的研发人才。尽管托普当时的技术研发人员已有2000人，但除了在成都的总部之外，分到全国各地27个软件园后，每个软件园中的研发队伍规模就很小了，有些园区的软件研发人员还不到10个人，难以应付各地的业务需要，更难以做新软件产品的研发。许多时候，托普不得不从研发第一线抽调技术人员到全国各地去出差。托普当时面临的就是这样的窘境：随着自身的迅速膨胀，迫切需要大量具有一定素质的人力资源来支撑这个迅速膨胀的平台。

2. 招聘是急行军，培训是慢火煲汤

由于业务迅速膨胀的缘故，快速发展企业的通病是内部管理难以规范，急行军模式的招聘确实能短期解决大量的人力困境，但海量的新人不停地涌入，为了尽快应付工作的需要，企业往往极少有时间与员工进行深入的沟通，员工与企业的利益关系也很难得到与发展速度相适应的调整，加上人员的频繁调动、工作强度的增加，员工往往很难与企业之间建立认同感，加上每天都在变化，企业文化和传统也日渐淡薄。这时，急切需要员工培训和人才开发。

而此时的托普，早已建立了“以人为本”的企业文化，并且有健全的企业规章制度，也应急成立了托普培训学院。在1996年颁布的《托普典章》是中国民营企业的第一部管理法典。2002年版《托普典章》中有这样的条文：“托普事业尊重员工应体现在：保障员工的各种合法权益；员工有机会参与到公司的各类管理中；让员工有愉快、舒适的工作环境；使员工有各种学习、培训和锻炼提高的机会；善待员工，使其得到较丰厚的报酬”。“人性化”环境才是留住高素质人才的根本保障。《托普典章》有这样的条文：“托普应该造就这样的环境：任何曾经在托普工作过的员工，都对托普怀着一种敬意和感激之情，使他们在托普的工作经历成为其人生中最激动不已的历程”。然而，这一切要落实到急行军招聘进来的新员工身上，需要慢火煲汤的员工培训。笔者亲历托普培训学院几期员工培训，并未感受到托普企业文化的精神洗礼，巨大的反差后来很快爆发了出来。

3. 培训断链，人力资源成了人力成本

员工培训与开发是一种计划性和连续性的活动。从某种意义上说，人力资源管理的核心是人力培训和人才开发，这同时也是企业人力资源的造血功能，而招聘引进是企业人力资源的输血功能，就像人体一样，仅靠输血无法维持生命，必须充分发挥企业人力资源的造血功能。然而，托普的培训并未和招聘有效的对接，并没有实现员工培训的目标——使员工的个人职业生涯规划与企业的发展高效统一起来。

“萝卜快了不洗泥”。新入职的5000名“软件工程师”事实上良莠不齐，有很多是大学才毕业的学生，根本无法独立从事软件研发工作。“屋漏偏遇雨”，软件行业寒流来袭，托普在资本市场的风光却掩盖不了市场销售和软件产品上的欲振乏力，因此无法立即给新入职的员工描绘出招聘时许诺的那样广阔的职业发展蓝图。没有对企业产生认同感、也没有工作上的成就感的新员工们，开始怀疑、诋毁托普，甚至叫来记者潜入软件园区采访办公室的无所事事。后来的结果证明，托普急行军招聘的这5000名软件工程师“人力资源储备”，在一定程度上加重了企业的“人力资源成本”，后来直接成了托普倒闭的“掘墓人”。

4. 托普的倒闭及反思

随着外部环境的变化，托普许多潜在问题集中爆发出来，最关键的是失去了核心竞争力，没有建立起自身有效的造血功能。托普在软件行业并没有及时有效地推出自己的主打产品，而是赚了钱就多元化扩张，未能专注于软件研发方面，逐步在技术与市场上失去了竞争优势。随着2003年软件业暴利时代的终结，托普主营收入剧降、净利润一泻千里，年亏损却高达4.01亿元，旗下多家子公司处于停业状态。银行与地方政府纷纷倒戈，四川、上海、浙江等地的托普软件园被查封的消息纷至沓来。紧随其后的就是全国各地的托普5000名软件工程师上演“员工大逃亡”，有的员工甚至把办公电脑里的硬盘拆了带走，对企业的怨恨达到了极致。

2004年3月，大学教授出身的托普创始人以两元钱将价值以千万元计的股权和托普软件以及托普科技两家上市公司的控制权拱手送人，黯然抽身远走美国，留下的是40亿元的悬案和一个崩盘的托普系统。2011年创始人入境回国时被捕，并于2013年10月以挪用资金罪被判处有期徒刑9年。此时，托普集团早已经不复存在。

思考

托普倒闭的原因很多很复杂，从人力资源的角度，我们可以从员工培训与开发的失误中总结出企业应该做什么？应该怎么做？应该做成怎样？

拓展阅读2

苹果大学只有一课——减法

近日，美国《纽约时报》采访了三位不愿意透露姓名的苹果公司员工，揭开了神秘的“苹果大学”冰山一角。

“苹果大学”由苹果公司创始人乔布斯一手创立，是该公司的内部培训项目。苹果在乔布斯时期以保密工作出众而闻名，“苹果大学”也因此一直秘而不宣，鲜少被媒体曝光。

许多大公司都有这类培训项目，经常由企业高管或名校教授授课，从某种程度上来说也是一种员工福利。而作为业内顶尖企业，“苹果大学”有何独特之处？

一、员工趋之若鹜

从某种程度上来讲，“苹果大学”的课程和他们的产品及苹果本身的气质一脉相承。一名苹果的员工称：“（这里）连厕所的手纸都好像是艺术品一样！”

“苹果大学”的创办理念来自乔布斯。2008年，这一项目由前耶鲁大学管理学院院长、苹果现任人力资源副总裁波多利内（Joel Podolny）正式创建。

“苹果大学”的讲师全部都来自各行各业的专业人士，其中有教师、设计师、编辑或作家。你不需要到处奔波，就能听到来自耶鲁、加州大学伯克利分校、斯坦福、麻省理工、哈佛等名校的老师授课。这些老师同样非常低调，苹果的发言人不希望授课教授接受任何外界采访。

与此相应，苹果不会强制员工“上学”，但针对不同部门、不同类别设置的不同课程，足以让员工们趋之若鹜。员工可以登录专门网站，根据自己的部门和职业选择相应课程，然后前往位于总部名叫“城市中心”（City Center）的大楼上课——这里也是苹果产品设计的“发源地”。

苹果特意将教室装修成类似大学课堂的阶梯教室，方便学员听讲。此外，不仅苹果总部的员工享有这种福利，有时教授们也会长途旅行到苹果的海外办公室授课，中国区也在名单之列。

二、在“苹果大学”大学学什么？

苹果曾经的决策案例是“苹果大学”的授课内容之一。一位员工透露，当初苹果决定iPod和iTunes软件兼容Windows系统背后也有一番博弈。乔布斯本人当初非常不愿意这么做，但最终他还是默许了这个决策。结果证明，得益于Windows巨大的装机量，这一策略给音乐播放器市场及iTunes商店带来了爆炸性增长，也为后来iPhone的逆袭打下了基础。

另一个培训课程为“在苹果的沟通技巧”，主要讲述如何将产品操控直觉化以及同事之间如何分享想法、如何为产品做营销。来自皮克斯动画的Randy Nelson以毕加索的《牛》为例，阐述苹果公司的极简设计理念。1945 年，毕加索用将近一个月的时间画出了《牛》的 11 稿。最早的画作中可以看到牛的身体结构，但经过不断重构，这些细节都被淡化，最后的版本仅是一个由线条构成的图形。但毫无疑问，它就是一头牛。

不难看出二者的共同之处：苹果的设计师在产品设计中努力去繁存简，正如毕加索在作画时摒弃不必要的细节。我们手中的苹果产品在诞生前几乎都经历了这一过程，苹果鼠标就是一个极好的例子。

一位参加了课程培训的苹果员工表示："在多次迭代之后，你可以用一种非常简洁的方式来传递信息，这正是苹果品牌的特色，也是我们做事的方式。"

还有一个名为"苹果为何是苹果"的课程，Nelson 展示了苹果 Apple TV 的遥控器和谷歌电视的遥控器，前者只有精简的 3 个按钮，后者则拥有多到 78 个按钮。

苹果设计师是如何决定最终留下来的 3 个按键的？起初团队也曾有过无数想法，但经过不停讨论与减法，最后按键只剩下最基础的功能——一个用来播放和暂停视频，一个用来选择要看的内容，还有一个代表"回到主菜单"。"苹果只是将消费者最需要的展示给他们，而谷歌的设计师则相反，他们将自己想要的一股脑儿展现给客户。"Nelson 说。

在这些课程中，甚至还有专门针对被苹果收购的公司创始人开设的课程，帮助他们更好地融入苹果公司，更快地整合资源。比如，苹果收购 Beats 之后，该公司创始人就会参加这些课程的培训。

三、培养下一个"乔布斯"

苹果公司于 2008 年秘密开设"苹果大学"（Apple University）项目，旨在培养公司高管的"乔布斯式"思维。苹果从未对"苹果大学"项目进行任何评论，在《乔布斯传》中对"苹果大学"的记载也寥寥无几。

此前，《洛杉矶时报》报道称，"'苹果大学'旨在传承乔布斯最宝贵的遗产，让苹果独一无二的成功秘诀与创新 DNA 在苹果员工中代代相传"，"从而为他永别苹果的日子做准备"。

据媒体报道，乔布斯曾亲自教授名为"The Best Things"（最好的事物）的课程，乔布斯希望告诉苹果员工，要确保自身周围的事物都是最好的，身边都是最优秀的同事，所用工具材料也必须是最好的，如此才能保证工作完成得最好。

资料来源：《成都商报》. 2014. 8. 14. 第 11 版国际.

第六章
绩效管理

案例导入

A 公司员工的绩效管理

A 公司，成立于20世纪50年代初，目前有员工1000人左右。总公司本身没有业务部门，只设有一些职能部门；总公司下有若干子公司，分别从事不同的业务。

绩效考评工作是公司重点投入的一项工作，公司的高层领导非常重视。人事部具体负责绩效考评制度的制定和实施。人事部在原有的考评制度基础上制定出了《中层干部考评办法》。在每年年底正式进行考评之前，人事部又出台了当年的具体考评方案，以使考评达到可操作化程度。

公司的高层领导与相关的职能部门人员组成考评小组。考评的方式和程序通常包括被考评者填写述职报告、在自己单位内召开全体员工大会进行述职、民意测评（范围涵盖全体员工）、向科级干部甚至全体员工征求意见（访谈）、考评小组进行汇总写出评价意见并征求主管副总经理的意见后报公司总经理。

考评的内容主要包含三个方面：被考评单位的经营管理情况，包括该单位的财务情况、经营情况、管理目标的实现等方面；被考评者的德、能、勤、绩及管理工作情况；下一步工作打算，重点努力的方向。具体的考评细目侧重于经营指标的完成、政治思想品德，对于能力的定义则比较抽象。各业务部门（子公司）都在年初与总公司对自己部门的任务指标进行了讨价还价的过程。

对中层干部的考评完成后，公司领导在年终总结会上进行说明，并将具体情况反馈给个人。尽管考评的方案中明确说考评与人事的升迁、工资的升降等方面挂钩，但最后的结果总是不了了之，没有任何下文。

对于一般员工的考评则由各部门的领导掌握。子公司的领导对于下属业务人员的考评通常是从经营指标的完成情况来进行的；对于非业务人员的考评，无论是总公司还是子公司均由各部门的领导自由进行。至于被考评人来说，很难从主管处获得对自己业绩优劣评估的反馈，只是到了年度奖金分配时，部门领导才会对自己的下属做一次简单的排序。

请回答下列问题：

1. 绩效管理在人力资源管理中有何作用？这些作用在 A 公司是否有所体现？
2. A 公司的绩效管理存在哪些问题？如何才能克服这些问题？

学习指引

学习目标

1. 了解和掌握绩效管理的有关概念；
2. 掌握绩效管理的基本知识、基本原理和方法；
3. 掌握绩效管理的整个工作过程和工作内容。

解决问题

1. 树立绩效管理理念；
2. 能够结合实际进行绩效计划的制订、绩效实施辅导、绩效评估、绩效反馈面谈、绩效评估结果应用、绩效管理培训等工作。

知识与理论

第一节　绩效管理概述

一、绩效与绩效管理

（一）相关概念界定

1. 绩效的定义

理论界对绩效的界定，目前有两种较为流行的观点：一是结果说，二是行为说。近来学者提出与绩效结果说和行为说不同的第三种观点，即技能、能力与价值观绩效论。

持结果说观点的学者认为，绩效作为结果主要包括财务结果和非财务结果，财务结果指企业的最终绩效通常表现为财务上的结果，如经营利润、资产收益等，这些指标在评价经营部门和员工绩效方面发挥了重要作用，非财务结果指与财务结果密切的、容易用数据来衡量的，通常可以转化为财务结果或者与实现财务结果具有同等重要意义的数字，如产品市场占有率、产品产量等。

绩效行为说则认为，绩效是员工在完成工作过程中表现的一系列行为特征，诸如工作能力、责任心、工作态度、协作意识等，绩效的行为说过分的注重结果会忽视其他一些重要的程序因素和人际关系因素，而恰恰正是这些因素对工作的结果有着重要的影响，因此，那些与既定目标有关的行为本身就是绩效。

行为绩效可分为任务绩效和周边绩效。任务绩效是指正式定义的工作的各个方面，周边绩效则是指组织自发性或超职责行为。

2. 绩效管理的定义

绩效管理是通过对企业战略的建立、目标分解、业绩评估，并将绩效成绩用于企业日常管理活动中，以激励员工业绩持续改进并最终实现组织战略以及目标的持续性的管理活动。其定义包含两方面的含义。

（1）持续性的过程

绩效管理是持续性的。它包括从设定目标和任务，观察绩效，再提供、接受指导和反馈这样一个永不停止的过程。

（2）与战略目标相一致

绩效管理要求管理者确保员工的工作活动和产出与组织的目标是一致的，并借此帮助组织赢得竞争优势。

二、绩效管理的作用

（一）绩效管理促进组织和个人绩效的提升

绩效管理通过设定科学合理的组织目标、部门目标和个人目标，为企业员工指明了努力方向。管理者通过绩效辅导沟通及时发现下属工作中存在的问题，给下属提供必要的工作指导和资源支持，下属通过工作态度以及工作方法的改进，保证绩效目标的实现。在绩效考核评价环节，对个人和部门的阶段工作进行客观公正的评价，明确个人和部门对组织的贡献，通过多种方式激励高绩效部门和员工继续努力提升绩效，督促低绩效的部门和员工找出差距改善绩效。在绩效反馈面谈过程中，通过考核者与被考核者面对面的交流沟通，帮助被考核者分析工作中的长处和不足，鼓励下属扬长避短，促进个人得到发展；对绩效水平较差的组织和个人，考核者应帮助被考核者制订详细的绩效改善计划和实施举措；在绩效反馈阶段，考核者应和被考核者就下一阶段工作提出新的绩效目标并达成共识，被考核者承诺目标的完成。在企业正常运营情况下，部门或个人新的目标应超出前一阶段目标，激励组织和个人进一步提升绩效，经过这样绩效管理循环，组织和个人的绩效就会得到全面提升。另外，绩效管理通过对员工进行甄选与区分，保证优秀人才脱颖而出，同时淘汰不适合的人员。通过绩效管理能使内部人才得到成长，同时能吸引外部优秀人才，使人力资源能满足组织发展的需要，促进组织绩效和个人绩效的提升。

（二）绩效管理促进管理流程和业务流程优化

企业管理涉及对人和对事的管理，对人的管理主要是激励约束问题，对事的管理就是流程问题。所谓流程，就是一件事情或者一个业务如何运作，涉及因何而做、由谁来做、如何去做、做完了传递给谁等几个方面的问题，上述四个环节的不同安排都会对产出结果有很大的影响，极大的影响着组织的效率。在绩效管理过程中，各级管理者都应从公司整体利益以及工作效率出发，尽量提高业务处理的效率，应该在上述四个方面不断进行调整优化，使组织运行效率逐渐提高，在提升组织运行效率的同时，逐步优化公司管理流程和业务流程。

（三）绩效管理保证组织战略目标的实现

企业一般有比较清晰的发展思路和战略，有远期发展目标及近期发展目标，在此基础上根据外部经营环境的预期变化以及企业内部条件制订出年度经营计划及投资计划，在此基础上制订企业年度经营目标。企业管理者将公司的年度经营目标向各个部门分解，就成为了部门的年度业绩目标，各个部门向每个岗位分解核心指标，就成为了每个岗位的关键业绩指标。

三、绩效考评的内容

一般而言，完整的人事考评内容应该包括业绩考评、能力考评、态度考评、潜力测评和适应性考评等五项内容。在实际操作过程中，由于各企业所处的环境不同，完成目标管理工作中具体的特点不同，以及经营者的偏好不同，就可能使企业人事考评偏重于其中一项或几项。比如，企业管理工作的重心在于提高工作效率，其考评内容偏重于业绩考评，如果需要提升一些有才干的人员来促进企业的发展，则考评的内容就偏重于能力考评和潜力测评。

（一）业绩考评

通常称为“考绩”，是对企业人员担当工作的结果或履行职务工作结果的考察与评价。它是对组织成员贡献程度的衡量，是所有工作关系中最本质的考评。它直接体现出员工在企业中价值的大小、与被考评者担当工作的重要性、复杂性和困难程度呈正相关的关系。通过反馈系统的反馈，业绩考评比其他考评更能体现组织的效率。

(二)能力考评

能力考评是考评员工在职务工作中发挥出来的能力。比如，在工作中判断是否正确、工作效率如何、工作中协调能力怎样等。根据被考评者在工作中表现出来的能力，参照标准和要求，对被考评者所担当的职务与其能力是否匹配做出评定。这里的能力主要体现在四个方面：常识、专业知识和其他相关知识；技能、技术和技巧；工作经验；体力。需要指出的是，企业人事考评中的能力考评和能力测试不同，前者是同被考评者所从事的工作相关，而后者是对员工的能力从人的本身属性进行评价，分出优劣，强调人的共性，不一定要和员工的现任工作相联系。

(三)态度考评

态度考评是考评员工为某项工作而付出的努力程度，比如是否有干劲、有热情、忠于职守、服从命令等。态度是工作能力向业绩转换的中介，在很大程度上决定了能力向业绩的转化。当然，同时还应考虑到工作完成的内部条件和外部条件。态度反映“功劳”和“苦劳”之间的关系，最大限度地使只有“苦劳”的人成为有“功劳”的人，是企业的责任，也是企业有效使用人力资源的诀窍。

(四)潜力测评

潜力相对于“在职务工作中发挥出来的能力”而言，是“在工作中没有发挥出来的能力”。至少有以下四方面原因，使一个人的能力不能在自己所担当的职务工作中发挥出来。

1. 机会不均等，即没有经过公平竞争获得发挥能力的机会。

2. 与此相近的人员配置不合理，担任的职务与能力不相配，不相称。所谓大才小用，或小才大用，都会抑制一个人在自己的职务上发挥才能。

3. 领导命令或指示有误。

4. 能力开发计划不周。

具体而言，一个人要发挥能力，必须自身的能力结构合理，否则就会因为缺少某一方面的知识而阻碍其他已经拥有的能力的发挥。与此相联系，合作共事者之间的能力结构也要配套，使彼此间能力互补，相长相促等等。可以肯定的说，一个员工在自己的职位上是不可能完全发挥出自身能力的，不管处于何种职位的员工，自身总是存在着一定的潜力，了解、测评和把握员工的潜力，并在此基础上开发员工潜力，是有实际意义的。潜力考评针对的问题是：首先是如何了解每个员工的潜力？这些潜在的能力如何评价？他还能干些什么？

四、绩效考核和绩效管理

(一)绩效考核与绩效管理的区别

绩效考核与绩效管理存在着明显的区别：

1. 目的不同

绩效管理是为了达到一定的绩效目标，是以“做事”为中心的；绩效考核的目的，则是为了给一些综合的人事决策提供依据，如薪酬级别的晋升、职位调整等，因此，绩效考核是以“人”为中心的。当然，绩效管理中也会包含一些涉及人的措施，如发放绩效薪酬、进行人员培训等。但是，这些都是围绕更好地达成结果目标和行为标准而进行的；而绩效考核的结果，则用于那些与具体的工作结果和行为标准没有直接关系的人事决策，如人员晋升、薪酬等级的提升等。当然，也有的组织利用绩效考核的结果，进行绩效薪酬发放、安排人员培训等，甚至很多从事管理研究的人，也支持这种做法，但我们认为，这属于对绩效考核结果的误用，其管理效果往往并不好。

2. 对象不同

绩效管理对象是单项绩效，包括单项结果绩效和单项行为绩效。绩效考核的对象则是整体绩效，或者说是创造这些绩效的“人”。

3. 内容不同

绩效管理包括目标和标准设定、监督和控制等活动。绩效考核则主要包括绩效评价标准设计、绩效评估等活动。

4. 周期不同

绩效管理的周期一般说来比较短，并且随着绩效项目的差异而非常灵活。例如，对于生产工人的质量绩效的管理，有时必须以小时为单位来进行。对于科研项目这样本身周期较长的工作，则一般要划分为若干较短的周期，进行绩效管理；而绩效考核的周期较长且相对固定。

总结绩效管理和绩效考核的区别如表6-1所示。

表6-1　绩效管理与绩效考核的区别一览表

项目名称 / 角度	绩效管理	绩效考核
目　的	以“做事”为中心	以“人”为中心的
对　象	绩效管理对象是单项绩效，包括单项结果绩效和单项行为绩效	绩效考核的对象则是整体绩效，或者说是创造这些绩效的“人”
内　容	绩效管理包括目标和标准设定、监督和控制等活动	绩效考核主要包括绩效评价标准设计、绩效评估等活动
周　期	绩效管理的周期一般来说比较短，并且随着绩效项目的差异而非常灵活	绩效考核的周期较长且相对固定
方　式	计划式	判断式
过　程	一个完整的过程	管理过程中的局部环节和手段
目　的	解决问题	事后算账
结　果	注重结果和过程	注重结果
侧重点	侧重于信息沟通与绩效提高	侧重于判断的评估
评　价	双赢	成或败
时　间	伴随管理活动的全过程	只出现在特定的时期
手　段	事先的沟通与承诺	事后的评估
关注点	关注未来的绩效	关注过去的绩效
程　序	管理程序	人力资源管理程序

（二）绩效管理与绩效考核的联系

在进行绩效考核时，一种简便易行的方法是根据考核者的总体印象对员工进行考核。如果采用这种方法的话，则绩效考核与绩效管理在形式上将没有直接的关系。但是，在那些具有较好的绩效管理基础的组织中，绩效考核经常是根据绩效管理过程中设置的绩效目标和标准进行的。也就是说，在这些组织中，绩效管理中的目标设定过程和绩效考核标准的设定，已融合为一个过程。

第二节　绩效管理系统的设计

一、绩效管理流程

绩效管理流程是一个完整的系统，它由绩效计划、绩效管理、绩效评估、绩效反馈、绩效改进五个环节构成。绩效管理的过程通常被看做一个循环，这个循环的周期通常包含五个步骤。

（一）绩效计划

绩效计划是绩效管理流程中的第一个环节，发生在新的绩效期间的开始。制订绩效计划的主要依据是工作目标和工作职责。绩效计划并不是在制订以后就一成不变，随着工作的开展，会根据实际情况不断调整工作计划。在绩效计划阶段，管理者和被管理者之间需要在对被管理者绩效的期望问题上达成共识。在共识的基础上，被管理者对自己完成工作目标做出承诺。管理者和被管理者共同的投入和参与是进行绩效管理的基础。绩效管理是一项协作性活动，由工作执行者和管理者共同承担。并且绩效管理的过程是连续的过程，而不是在一年内只进行一两次的活动。

绩效计划的内容包括以下几个方面。

1. 员工在本次绩效期间内所要达到的工作目标是什么？

2. 制订绩效计划的主要依据是工作目标和工作职责。达成目标的结果是怎样的？这些结果可以从哪些方面去衡量，评判标准是什么？

3. 从何处获得关于员工工作结果的信息？员工的各项工作目标完成得如何？

（二）绩效实施与管理

制订了绩效计划之后，被评估者就开始按照计划开展工作。在工作的过程中，管理者要对被评估者的工作进行指导和监督，对发现的问题及时予以解决，并对绩效计划进行调整。在整个绩效期间内，都需要管理者不断地对员工进行指导与反馈。

（三）绩效评估

在绩效期结束的时候，依据预先制订好的计划，主管人员对下属的绩效目标完成情况进行评估。绩效评估的依据就是在绩效期间开始时双方达成一致意见的关键绩效指标，同时，在绩效实施与管理过程中，收集到的能够说明被评估者绩效表现的数据和事实，可以作为判断被评估者是否达到关键绩效指标要求的证据。具体步骤将在本节第二部分详细展开。

（四）绩效反馈面谈

1. 绩效反馈的作用

完成绩效评估后，主管人员还需要与下属进行一次面对面的交谈。通过绩效反馈面谈，使下属了解主管对自己的期望，了解自己的绩效，认识自己有待改进的方面；并且，下属也可以提出自己在完成绩效目标中遇到的困难，请求上司的指导或帮助。

绩效反馈是绩效管理过程中的一个重要环节。它主要通过考核者与被考核者之间的沟通，就被考核者在考核周期内的绩效情况进行面谈，在肯定成绩的同时，找出工作中的不足并加以改进。绩效反馈的目的是让员工了解自己在本绩效周期内的业绩是否达到所定的目标，行为态度是否合格，让管理者和员工双方达成对评估结果一致的看法；双方共同探讨绩效未合格的原因所在并制订绩效改进计划，同时，管理者要向员工传达组织的期望，双方对绩效周期的目标进行探讨，最终形成一个绩效合约。由于绩效反馈在绩效考核结束后实施，而且是考核者和被考核者之间的直接对话，因此，有效的绩效反馈对绩效管理起着至关重要的作用。

2. 绩效反馈的基本原则

（1）经常性原则

绩效反馈应当是经常性的，而不应当是一年一次。这样做的原因有两点：首先，管理者一旦意识到员工在绩效中存在缺陷，就有责任立即去纠正它。如果员工的绩效在 1 月份时就低于标准要求，而管理人员却非要等到 12 月份再去对绩效进行评价，那么这就意味着企业要蒙受 11 个月的生产率损失。其次，绩效反馈过程有效性的一个重要决定因素是员工对于评价结果基本认同。因此，考核者应当向员工提供经常性的绩效反馈，使他们在正式的评价过程结束之前就基本知道自己的绩效评价结果。

（2）对事不对人原则

在绩效反馈面谈中双方应该讨论和评估的是工作行为和工作绩效，也就是工作中的一些事实表现，而不是讨论员工的个性特点。员工的个性特点不能作为评估绩效的依据，比如个人气质的活泼或沉静。但是，在谈到员工的主要优点和不足时，可以谈论员工的某些个性特征，但要注意这些个性特征必须是与工作绩效有关的。例如，一个员工个性特征中有不太喜欢与人沟通的特点，这个特点使他的工作绩效因此受到影响，这样关键性的影响绩效的个性特征还是应该指出来的。

（3）多问少讲原则

发号施令的经理很难实现从上司到“帮助者”、“伙伴”的角色转换。我们建议管理者在与员工进行绩效沟通时遵循20/80 法则：80% 的时间留给员工，20% 的时间留给自己，而自己在这 20% 的时间内，可以将 80% 的时间用来发问，20% 的时间才用来“指导”、“建议”、“发号施令”，因为员工往往比经理更清楚本职工作中存在的问题。换言之，要多提好问题，引导员工自己思考和解决问题、自己评价工作进展，而不是发号施令，居高临下地告诉员工应该如何做。

（4）着眼未来的原则

绩效反馈面谈中很大一部分内容是对过去的工作绩效进行回顾和评估，但这并不等于说绩效反馈面谈集中于过去。谈论过去的目的并不是停留在过去，而是从过去的事实中总结出一些对未来发展有用的东西。因此，任何对过去绩效的讨论都应着眼于未来，核心目的是为了制定未来发展的计划。

(5) 正面引导原则

不管员工的绩效考核结果是好是坏，一定要多给员工一些鼓励，至少让员工感觉到：虽然我的绩效考核成绩不理想，但我得到了一个客观认识自己的机会，我找到了应该努力的方向，并且在我前进的过程中会得到主管人员的帮助。总之，要让员工把一种积极向上的态度带到工作中去。

(6) 制度化原则

绩效反馈必须建立一套制度，只有将其制度化，才能保证其能够持久的发挥作用。

案例链接

如此绩效反馈面谈

2013年年底的一个周三下午，成都高新区某IT公司销售部员工张三被其主管销售部赵经理请到了二楼会议室。张三进门时，看见赵经理正站在窗户边打手机，脸色不大好看。约五分钟后，赵经理匆匆挂了电话说："刚接到公司一个客户的电话……前天人力资源部长找我谈了谈，希望我们销售部能带头实施面谈。我本打算提前通知你，好让你有个思想准备。不过我这几天事情比较多，而且我们平时也常沟通，所以就临时决定今天下午和你聊聊。"

等张三坐下后，赵经理接着说："其实刚才是宜宾的李总打来电话，说我们的设备出问题了。他给你打过电话，是吧？"张三一听，顿时紧张起来："经理，我接到电话后认为他们自己能够解决这个问题的，就没放在心上。"张三心想：这李总肯定向赵经理说我的坏话了！于是变得愈加紧张，脸色也变得很难看。

"不解决客户的问题怎么行呢？现在市场竞争这么激烈，你可不能犯这种低级错误呀！这件事等明天你把它处理好，现在先不谈了。"说着赵经理拿出一张纸，上面有几行手写的字，张三坐在对面没看清楚。赵经理接着说："这次的绩效考评结果我想你也早就猜到了，根据你的销售业绩，你今年业绩最差。小张呀，做市场是需要头脑的，不是每天都出去跑就能跑到业务的。你看和你一起进公司的小李，那小伙子多能干，你要向他多学着点儿！"张三从赵经理的目光中先是看到了批评与冷漠，接着又看到了他对小李的欣赏，张三心里感到了刺痛。

"经理，我今年的业绩不佳，那是有客观原因的。宜宾等城市我们进入的晚，当地已经有同类型品牌垄断，产品市场还不成熟，跟成都周边地区不能比。为了开拓市场，我可费了很多心血才有这些成绩的。再说了，小李业绩好那是因为……"张三似乎有满肚子委屈，他还想往下讲却被赵经理打断了。

"小张，你说的客观原因我也能理解，可是我也无能为力，帮不了你啊！再说，你来的比他们晚，他们在江浙那边已经打下了一片市场，有了良好的基础，我总不能把别人做的市场平白无故地交给你啊。你说呢？"赵经理无奈地看着张三说。

"经理，这么说我今年的奖金倒数了？"张三变得沮丧起来。

正在这时销售部的小吴匆匆跑来，让赵经理去办公室接一个电话。赵经理匆匆离去，让张三稍等片刻。于是，张三坐在会议室里，心情忐忑地回味着经理刚才讲过的话。大约过了三分钟，赵经理匆匆回到了会议室坐下来。

"我们刚才谈到哪儿了？"赵经理显然把

话头丢了。张三只得提醒他说到自己今年的奖金了。

“小张，眼光要放长远，不能只盯着一时的利益得失。今年业绩不好，以后会好起来的。你还年轻，很有潜力，好好干会干出成绩来的。”赵经理试图鼓励张三。

“我该怎么才能把销售业绩做得更好呢？希望经理你能多帮帮我呀！”张三流露出恳切的眼神。

“做销售要对自己有信心，还要有耐心，慢慢来。想当年我开辟南京市场时，也是花了近一年的时间才有了些成效。那个时候公司规模小，总经理整天带着我们跑市场。现在我们已经有了一定的市场占有率了，公司知名度也有所提高，应该讲现在比我们那时候打市场要容易些了。”

张三本正打算就几个具体的问题请教赵经理时，赵经理的手机突然响了。赵经理看了一眼号码，匆忙对张三说：“我要下班接儿子去了，今天的面谈就到这里吧，以后好好干！”说罢匆匆地离开了会议室，身后留下了一脸困惑的张三……

3. *如何让绩效面谈更有效*

为使得绩效面谈更为有效，部门主管应注意以下几点。

(1)周密计划，精心准备

对于高度敏感、与员工切身利益密切相关且影响深远的企业绩效面谈来说，主管更要花足够多的时间进行周密计划，精心准备。这里主管的准备工作要点包括如下。

① 明确面谈目的，与员工协商制订面谈计划(包括人员安排、面谈日期、面谈时间、面谈持续时间、面谈地点等方面)。这里需要注意的是：面谈地点的选择应充分考虑到面谈对象的性格特点。

② 将面谈目的与面谈计划至少提前一周告知员工，并请员工按照要求认真准备。

③ 主管应认真收集、整理、分析员工的工作说明书、历史绩效记录，即与其工作绩效相关的工作原始记录、业绩证明(如业务合同等)、管理台账以及以前的考核记录和面谈记录等；如果该员工向多名主管汇报工作，还应向所有主管收集该员工的工作资料。

④ 主管应制订具体、可操作的面谈提纲及主要问题清单。

⑤ 主管应思考如下问题：你能否找出这些问题的根源？你的行为在多大程度上变成了下属问题的来源——你是否就是产生问题的一个原因？试图发现你对于该员工可能产生的假想和盲点(例如，该员工的绩效很好但你只是不喜欢他的“风格”)。

(2)善于倾听，良性互动

有人认为口才好是指表达能力强，而事实上口才好的精髓在于善于倾听。有专家将倾听分为五个层次，最高的一个层次是怀有同理心的倾听。现在一般认为，同理心是一种将心比心、感同身受、体察他人内心世界的心理品质。从形式上，同理心可以大致分两种类型。

(1)在语言中对他人的同理。即通过有声的语言向对方表达出来的同理心，如“我明白你的感受”、“如果我是你，我也会和你有一样的感受”、“我完全能理解你此刻的心情”等。

(2)在肢体上表达对对方的同理。在肢体上模仿对方的姿态，如与对方保持同样的站姿、坐姿，甚至于双脚的摆放、双手的动作、目光转动的方向，将自己的高度调整到与对方视线平行的高度等。社会心理学家早就发现：人们喜欢那些喜欢自己的人以及和自己相似的人。在这样做的时候，主管们已经在向员工传递出了积极友好的信号，有助于深入了解对方真正的情绪和想法。

因此，主管要学会倾听，以“请你谈谈你的看法”、“请告诉我你对这件事的看法”等，鼓励下属参与到谈话中去。主管应注意以下要点：放下架子，以朋友的姿态与对方建立起融洽的交谈气氛；以心换心，设身处地的从对方的立场看问题；在倾听中保持积极回应，如点头并辅以“然后呢”、“接下来呢”、“我很有兴趣”等鼓励性话语；不要轻易打断下属，鼓励他讲出问题所在，之前千万不要急于反驳；注意向对方核实你收到的信息之后，才开始表达自己的想法，有理有据。

(3)注重实效，绩效为本

一项针对绩效反馈面谈的调查发现，员工对绩效反馈面谈本身的满意度较差的主要原因并非在于直接上级绩效反馈的技巧层面，而是更多的集中于上级是否能提供具有实质性的、建设性的绩效改进意见。绩效反馈面谈的技巧不足可能造成双方沟通障碍，技巧改善或许能部分消除沟通障碍，但绩效反馈面谈的终极目的却不在于此，而是站在公司战略发展目标的高度，切实巩固和提升员工将来的绩效。因此，一份双方认可的绩效改善目标及其具体行动计划必不可少。从根本上来讲，整个绩效反馈面谈都应围绕这一关键展开。当然，这对于主管们的个人能力提出了挑战，需要他们运用超凡的智慧、理性的判断以及丰富的业务经验。

(五)绩效改进

1. 绩效改进的概念

绩效改进是绩效考核的后续应用阶段，是连接绩效考核和下一循环计划目标制定的关键环节。绩效考核的目的不仅仅是作为确定员工薪酬、奖惩、晋升或降级的标准，员工能力的不断提高以及绩效的持续改进才是其根本目的，而实现这一目的的途径就是绩效改进。

绩效改进就是采取一系列具体行动(绩效辅导活动)来改进员工的绩效。通常，在绩效反馈面谈时，须直接指出员工的需改进之处。其后，即可选取一次缺失(待改进的项目)，率先开始进行绩效改进。

作为绩效评估中不可分割的一部分，绩效改进是提升企业组织及员工绩效的重要环节，也是企业倡导“以人为本”，促进员工人力资本增值的一种现代管理方式。

2. 绩效改进的基本步骤

绩效改进的形式多种多样，但其过程大致上可以分为以下几个步骤。

首先，分析员工的绩效考核结果，找出员工绩效中存在的问题。其次，针对存在的问题，制订合理的绩效改进方案，并确保其能够有效的实施，如个性化的培训等。再次，在下一阶段的绩效辅导过程中，落实实施已经制订的绩效改进计划，尽可能为员工的绩效改进提供知识、技能等方面的帮助。

3. 绩效改进的方法

(1)分析工作绩效差距

① 目标比较法：将考评期内员工的实际工作表现与绩效计划的目标进行对比，寻求工作绩效的差距和不足的方法。

② 水平比较法：将考评期内员工的实际业绩与上一期的工作业绩进行比较，衡量和比较其进步或差距的方法。

③ 横向比较法：在各部门或单位间，各员工间进行横向比较。

(2)查明产生差距的原因

① 个人体力条件：性别、年龄、智力、能力、经验、阅历。

② 心理条件：个性、态度、兴趣、动机、价值观、认识论。

③ 企业外部环境：资源、市场、客户、对手、机遇、挑战。

④ 企业内部环境：资源、组织、文化、人力资源制度。

(3)改进工作绩效的策略

① 预防性策略与制止性策略。

预防性策略是在作业前明确告诉员工应该如何行为。制止性策略是及时跟踪员工的行为，及时发现问题予以纠正。

② 正向激励策略与负向激励策略。

正向激励策略主要通过鼓励手段，负向激励策略主要通过惩罚手段。

③ 组织变革策略与人事调整策略。

针对考核中反映出的问题，及时对组织结构、作业方式、人员配置等方面进行调整。

4. 绩效改进计划

(1)内容

① 发展项目。

通常是指在工作的能力、方法、习惯等方面有待提高的方面。这些有待发展的项目可能是现在水平不足的项目,也可能是现在水平尚可但工作有更高要求的项目。一个人需要改善和提高的项目可能很多,但不可能在短短的半年或一年时间内全面得到改善和提高,所以在员工绩效改进计划中应选择那些最为迫切需要改进且易改进的项目。

② 发展原因。

选择某些有待发展的项目列入到员工绩效改进计划中一定是有原因的。这种原因通常是由于在这方面的水平比较低,而工作任务完成或员工未来发展又需要其在这方面表现出较高的水平。

③ 水平。

绩效的改进计划应该有明确清晰的目标,因此在制订员工绩效改进计划时要指出需要提高项目的目前表现水平是怎样的,期望达到的水平又是怎样的。

④ 发展方式。

将某种有待发展的项目从目前水平提高到期望水平可能有多种方式,如自我学习、理论培训、研讨会、他人帮助改进等。对一个项目进行发展可以采用一种方式,也可多种方式同时实施。

⑤ 目标期限。

任何目标的确定都必须有时限的要求，否则这一目标就没有实际意义。同样在员工绩效改进计划中，要确定经过多长时间才能将有待发展项目的绩效从目前水平提升到期望水平。

(2)制订绩效改进计划流程

通常说来，制订员工绩效改进计划需要经历以下过程：

① 员工与主管人员进行绩效考核结果沟通。在主管人员的帮助下,使员工认识到自己在工作中哪些方面做得好,哪些方面做得不够好。

② 员工与主管人员双方就员工绩效方面存在的差距分析原因,找出员工在工作能力、方法或工作习惯等有待改进的地方。

③ 员工与主管人员根据未来的工作目标的要求,在工作能力、方法或工作习惯方面有待改进的方面中,选取员工目前最为迫切需要改进且易改进的方面作为个人未来一定时期内将要发展的项目。

④ 双方共同制定改进这些工作能力、方法或工作习惯的具体行动方案,确定个人发展项目的期望水平、实现期限以及改进的方式。

⑤ 列出员工有待发展的项目达到期望水平所需要的资源,并指出哪些资源需要主管人员提供帮助和支持。

一个典型的绩效改进计划如表 6-2 所示。

表 6-2 绩效改进计划范例

绩效改进计划(PIP)

先生/女士：

在　　年　　月　日至　　年　　月　　日的考评周期中，你的考评结果未能达到任职岗位的要求。根据公司绩效管理相关规定，并基于你能正确认识到工作表现中存在的不足及有改进的愿望，经公司批准，给予你绩效及行为改进的机会。有关改进计划内容如下：

一、绩效表现中存在的不足

二、原因分析与改进举措

三、绩效改进计划

1. 绩效改进期：　个月，自　　年　　月　　日起至　　年　　月　　日止。

2. 绩效改进的具体目标：

目标项	目标	目标值	衡量标准	考核权重
业绩目标				
能力提升目标				
价值观改进目标				

3. 结果应用：若绩效改进期考核合格，则公司继续履行与你的劳动关系；否则，公司将对你的岗位进行调整或解除与你的劳动关系。

员工本人签字：　　　　日期：　　年　月　日

直接上级签字：　　　　日期：　　年　月　日

人力资源部签字：　　　日期：　　年　月　日

二、绩效考评程序设计

企业的绩效考核，应当分作六个具体的行动步骤组织实施。把每一个步骤列为一个作业单元，在行动前精心组织操作培训和专项辅导，并进行必要的模拟演练。

第一步，确定考核周期。

依据企业经营管理的实际情况（包括管理形态、市场周期、销售周期和生产周期），确定合适的考核周期，工作考核一般以月度为考核周期。每个周期进行一次例行的重点工作绩效考核。对需要跨周期才可能完成的工作，也应列入工作计划，进行考核。可以实行时段与终端相结合的考核方法，在开展工作的考核周期，考核工作的进展情况，在完成工作的考核周期，考核工作的终端结果。

第二步，编制工作计划。

按照考核周期，作为考核对象的职能部门、业务机构和工作责任人，于周期期初编制所在部门或岗位的工作计划，对纳入考核的重点工作内容进行简要描述。每一项重点工作都要明确设置工作完成的时间指标和绩效指标。同时按照预先设定的计分要求，设置每一项重点工作的考核分值。必要时，附加开展重点工作的保障措施。周期工作计划应按照时间要求编制完成，并报送考核执行人确认，然后付诸实施。

第三步，校正量效化指标。

绩效考核强调要求重点工作的开展和完成必须设置量效化指标，量化指标是数据指标，效化指标是成效指标。重点工作的量效化指标，反映了重点工作的效率要求和价值预期。另外，在实际工作的操作中，并不是所有的工作结果或成效都可以用数据指标进行量化的，而效化指标则比较难以设置和确定，需要一定的专业素质和及时的信息沟通。因此，考核执行人应同考核对象对重点工作的量效化指标进行认真校正并最终确定，保障重点工作的完成质效。

第四步，调控考核过程。

在管理运转中，存在并发生着不确定性因素，容易造成工作变数，考核也是如此。当工作的变化、进展和预置的计划发生冲突时，首先应该对变化的事物进行分析，准确识别变化的原因和走向，然后对工作计划和考核指标做出及时、适当的调整改进。

第五步，验收工作成效。

每个周期期末，在设定的时间内，考核执行人依据预置或调整的周期工作计划，对考核对象的重点工作完成情况，进行成效验收。按照每项工作设置的量效化指标和考核分值，逐项核实工作成效，逐项进行评分记分，累计计算考核对象该考核周期重点工作完成情况的实际得分，并就工作的绩效改进做出点评。

第六步，考核结果运用。

考核的目的是改进绩效、推进工作、提高效率。考核对象重点工作完成情况的实际得分即为考核结果。如何运用考核结果，会直接影响考核的激励作用。要切实结合企业管理资源的实际情况，充分考虑企业文化的负载能力，在这个基础上选择和确定考核结果的运用方式。在这里简要介绍几种考核结果的运用方法。

一是考薪挂钩，就是考核结果与薪资收入并轨，按照考核得分，计算薪资实际收入。这个薪资可能是职能职务薪酬或岗位工资，也可以是独立设立的绩效工资，还可能是效益奖金。

二是考职挂钩，把考核结果与考核对象的职位挂钩。考核对象由于主观因素，在较长时间内不能按计划完成重点工作或者不适于承担所在岗位的工作职责，应合理地调整其岗位或职务，避免重点工作遭受损失。

三是信息整合，通过考核，可以反映、整合并有效利用多个方面的考核信息。有资源配置信息、岗位设置信息、管理损耗信息、工作问题信息和人才信息等。考核结果的信息运用，能够为企业的工作决策、管理运转和人才的培养使用，提供重要的信息支持。

三、绩效考评指标体系设计

（一）绩效考评指标体系的设计程序

一个科学合理的绩效考评指标体系往往是通过科学的程序设计出来的，思路和程序的科学合理保证了指标设计方向的正确性。因此，设计绩效考评指标体系应遵循以下程序。

1. 工作岗位分析

根据企业制定的战略目标，要实现企业、部门、团队和个人的绩效目标，应对被考评对象所从事的岗位的工作内容、特点、性质以及完成这些工作所具备的条件等进行研究和分析，从而了解被考评对象在该岗位工作所应达到的目标和所采取的工作方式等，初步确定出绩效考评指标。

2. 理论验证

依据绩效考评的基本原理与原则，对所设计的绩效考评指标进行论证，使其具有一定的科学依据，应对以下三方面进行有效验证。

（1）对单个考评指标的有效性进行验证，包括可理解、可控制、可实施、可信、可衡量、可低成本获取、与目标一致、与整个指标体系一致等内容。

（2）对考评指标的平衡性进行验证，绩效评价必须同时考虑质量、成本、时间三要素。

（3）对考评指标的相互关系进行验证，尽量避免一个体系中的指标间出现矛盾与冲突的现象，以及防止两个指标出现负相关的现象。

3. 进行指标调查，确定指标体系

拟定的各种考评指标进行审查、比较归类、合并与筛选。首先根据考评对象进行归类，然后把内涵相同、内容交叉重复较大的指标合并，再对具有因果关系、矛盾关系的指标进行正本清源、去伪存真的筛选，同时再根据可操作化原则，以简单易测的考评指标代替复杂的或看似精确但难以操作的指标。按照设计指标体系的原则，对所设计的指标进行归类、检验，从而形成绩效考评指标体系。

4. 进行必要的修改和调整

为了使确定后的指标体系更趋于合理，还应对其进行必要的修改和调整，并根据已变化的情况不断更新和改造。修改和调整分为两种：一种是考评前的修改调整，通过进一步调查分析，将所确定的指标体系提交领导、专家会议讨论，征求相关主管人员和专家的意见，修改、补充、完善绩效考评指标体系；另一种是考评后的修改调整，根据考评的过程及考评结果应用之后所发现的问题，经过认真对照比较和分析，对指标体系进行必要的修改，使考评指标体系更加充实和完善。

（二）绩效考评指标体系的构成

绩效考评指标体系的构成因各企业的实际情况而各有不同，同一企业各部门和各岗位也因各自承担的责任、履行的职责以及要实现的目的等不同而各有差异。但部门和个人的考评指标设计都应建立在公司战略、关键作业流程及部门或岗位职责的基础之上。

1. 绩效考评指标类别

绩效考评指标体系的设计根据工作性质的不同可以分为品质特征型、行为过程型和工作结果型。一般来说，绩效导向的评估体系更适合用于工作成果容易量化的产出性的工作。为了全面、客观、充分地反映团队或个体的绩效，任何一个绩效考评指标体系都不仅包括单一的一类指标，一般由多种不同类别的绩效考评指标组合而成，从多个角度、多个方面对考评对象进行绩效评价。具体选用哪些类别的指标，应根据绩效考评的对象、考评的目的及企业的具体情况确定。

2. 不同对象的指标构成及权重

（1）部门考评指标的构成

部门考评指标的设计，其目的应主要考察不同部门对基于企业战略目标分解而制定的不同部门工作计划的实现程度以及部门职责的履行情况，同时也应考察部门与其他部门之间的相互协作，以及自身业务管理和员工素质的提升。一方面，部门指标应将定量指标和定性指标相结合，动态指标和静态指标相结合，选择主要的关键性的指标，并尽可能从数量、质量、成本、时限四个方面加以反映，以客观全面反映部门绩效。另一方面，部门指标应根据各部门的绩效目标、职责内容、性质和承担的责任进行设置，不同的部门指标应有所不同，各个指标的权重也应根据其相对而言于企业价值的大小和实现绩效目标的重要程度而定。表6-3～表6-5为根据某公司实际情况设计的行政人事部、财务部与工程部指标汇总范例。

表6-3　行政人事部部门绩效考评指标汇总范例

考评指标	指标定义	权重	资料来源
会议管理	负责总经理办公会的组织与支持	10%	总经理
公共关系	加强公司对外公共宣传的工作管理、公司相关部门关系的维护和协调工作，以及其他日常接待工作	10%	总经理
档案管理	归档管理的及时性与完整性	10%	行政人事部
文秘工作	① 文件处理及时、无差错 ② 建立并完善公司基本管理制度 ③ 对其他部门的制度执行情况进行监督，检查	10%	行政人事部
费用控制	对车辆费用、办公费用等采取有效的费用控制措施	20%	财务部
综合管理	① 经理交办的工作及时和有质量地完成 ② 全公司行政人事管理工作，严格监督协调公司各项具体管理工作的执行和开展，处理各种矛盾、纠纷，做到公平、公正、不偏不倚，保证公司管理的顺畅	30%	总经理
组织氛围与员工满意度	① 员工理解公司发展目标、部门目标和本岗位职责 ② 员工清楚知道自己的优、缺点并主动加以改进 ③ 员工具备完成工作所需知识和技能 ④ 员工工作积极主动，善于学习 ⑤ 员工间坦诚相待，相互协作，共同促进部门目标达成	10%	行政人事部

表6-4 财务部部门绩效考评指标汇总范例

考评指标	指标定义	权重	资料来源
任务完成情况	拟定财务规划，关注资金动态，为公司决策提供服务	30%	总经理
财务预算控制	编制、修正财务预算计划、成本计划、利润计划，监督计划执行情况，编制财务分析报告	20%	财务部
财务制度健全	健全财务制度，核算制度，监督落实制度的执行	10%	财务部
财务报告及时	定期组织编制财务报表，组织编制财务状况说明书，提出财务建议	10%	财务部
财务监督	监督、指导会计核算，监督现金与出纳管理，合理安排资金，监督货款回笼	10%	财务部
部门费用控制	按月分解费用计划，监督计划的执行，不允许超支费用	10%	财务部
组织氛围与员工满意度	①员工理解公司发展目标、部门目标和本岗位职责 ②员工清楚知道自己的优、缺点并主动加以改进 ③员工具备完成工作所需知识和技能 ④员工工作积极主动，善于学习 ⑤员工间坦诚相待，相互协作，共同促进部门目标达成	10%	行政人事部

表6-5 工程部部门绩效考评指标汇总范例

考评指标	指标定义	权重	资料来源
提供财务分析与预测报告	实际费用/目标费用×100%，同比上一年度下降×%	30%	财务部
项目更新改造计划完成进度	年初制定的项目更新改造计划的完成进度	20%	工程部
设备设施维护保养	①定期进行设备设施维护保养 ②设备设施出现故障及时维修 ③具有设备设施维护保养规程及操作流程，并根据实际情况不断改进完善 ④真实、及时记录维护保养资料，保存完整	20%	工程部
安全事故	实施系统安全生产监控，无重大事故发生	20%	工程部
组织氛围与员工满意度	①员工理解公司发展目标、部门目标和本岗位职责 ②员工清楚知道自己的优、缺点并主动加以改进 ③员工具备完成工作所需知识和技能 ④员工工作积极主动，善于学习 ⑤员工间坦诚相待，相互协作，共同促进部门目标达成	10%	行政人事部

(2)员工绩效考评指标体系的构成

由于员工所处岗位的特点、性质、工作内容、承担的责任各不相同，不同岗位员工的考评指标各不相同。一般员工的绩效考评指标体系也应包括定量指标和定性指标，可以从工作业绩、工作能力和工作态度等多个维度进行考评，各项指标所占权重的大小也因对企业贡献价值的大小和重要程度而有所不同，以下分别举例(参见表6-6～表6-8)。

表 6-6　管理人员绩效考核指标

部门：行政人事部　　岗位：行政人事部经理

维度	考核指标	指标定义	权重	分数
工作业绩	工作目标	目标明确、清晰，考虑工作客观难度	30%	10□ 8□ 6□ 4□ 2□
	工作质量	考察员工的工作过程，促使其提高工作效率，有效降低成本		10□ 8□ 6□ 4□ 2□
	工作完成情况	工作任务完成情况 = 实际完成任务量/基数 ×100%		10□ 8□ 6□ 4□ 2□
工作能力	执行力	对公司制订计划的执行程度	50%	10□ 8□ 6□ 4□ 2□
	组织领导能力	工作计划性强，能充分调动部门内员工积极性，达到规定标准		10□ 8□ 6□ 4□ 2□
	沟通协调能力	与部门内外进行有效沟通，认真听取意见和建议，协调工作		10□ 8□ 6□ 4□ 2□
	员工培养	有效的培养和指导员工，帮助员工设计个人培训和发展计划		10□ 8□ 6□ 4□ 2□
工作态度	出勤率	实际出勤天数/应出勤天数 ×100%	20%	10□ 8□ 6□ 4□ 2□
	工作责任感	对公司及公司企业文化有很好的认同感，工作认真负责，一丝不苟，勇于承担责任		10□ 8□ 6□ 4□ 2□
	工作热情	热爱本职工作，始终充满热情，并以身作则		10□ 8□ 6□ 4□ 2□
		10—出色　8—较强　6—平常　4—较差　2—很差		

表 6-7　管理人员绩效考核指标

部门：工程部　　岗位：工程部经理

维度	考核指标	指标定义	权重	分数
工作业绩	目标达成度	与年度目标相比，工作目标达成情况	35%	10□ 8□ 6□ 4□ 2□
	安全监管	确保日常工作正常进行，发现隐患及时排除，确保现场无重大安全事故发生		10□ 8□ 6□ 4□ 2□
	安全事故处理	发生事故及时组织处理		10□ 8□ 6□ 4□ 2□
	设备设施维护	设备设施的维修与保养及时		10□ 8□ 6□ 4□ 2□
	费用控制	与目标值比较，实际费用控制程度及费用开支的合理性、必要性		10□ 8□ 6□ 4□ 2□
工作能力	团队管理能力	合理分配工作任务及授权，指导、辅导与激励下属	45%	10□ 8□ 6□ 4□ 2□
	知识技能	熟悉掌握管理相关的知识和技能		10□ 8□ 6□ 4□ 2□
	领导技能	具有良好的判断、识别员工技能及培养储备员工的能力		10□ 8□ 6□ 4□ 2□
	周密缜密	工作认真细致及深入程度，考虑问题全面性		10□ 8□ 6□ 4□ 2□
工作态度	出勤率	实际出勤天数/应出勤天数 ×100%	20%	10□ 8□ 6□ 4□ 2□
	全局观念	团队合作精神，立足全局、整体出发考虑处理问题能力		10□ 8□ 6□ 4□ 2□
	以身作则	表率作用如何，严格要求自己与否，遵守制度纪律情况		10□ 8□ 6□ 4□ 2□
	执行力	对公司的战略、决策、计划的执行程度，进取精神、勤奋程度、责任心、事业心		10□ 8□ 6□ 4□ 2□
		10—出色　8—较强　6—平常　4—较差　2—很差		

表 6-8　普通员工绩效考核指标

维度	考核指标	指 标 定 义	权重	分数
工作业绩	会计核算	① 按规定审核工资、票据、凭证，及时准确录入会计记账凭证，重大差错率为零 ② 各种会计凭证应当天及时准确登账 ③ 审核各项财务收支，加强成本、费用核算，对不合理收支提出意见并及时上报	50%	10□ 8□ 6□ 4□ 2□
	编制报送报表	按规定及时、准确编制各类报表		10□ 8□ 6□ 4□ 2□
	计缴税款	按规定及时计算并缴纳各项应交税款		10□ 8□ 6□ 4□ 2□
	会计资料保管	① 按规定及时将会计资料档案装订保管，不得有遗漏遗失 ② 每天对财务软件进行发送备份，每月进行全面备份		10□ 8□ 6□ 4□ 2□
工作能力	知识、技能	具有相关工作所必需的知识；掌握与运用必要的技能；善于发现问题，不断改进	30%	10□ 8□ 6□ 4□ 2□
	执行力	积极主动配合领导，按上级指示认真贯彻落实工作指令，使工作圆满完成		10□ 8□ 6□ 4□ 2□
工作态度	出勤率	实际出勤天数/应出勤天数×100%	20%	10□ 8□ 6□ 4□ 2□
	积极性	主动协助上级，配合同事，共同完成工作		10□ 8□ 6□ 4□ 2□
	积极性	对分配的任务即使是有困难仍主动、积极地承担以及完成，积极学习与业务相关的知识		10□ 8□ 6□ 4□ 2□
	责任心	坚守岗位，忠诚于自己的职责，对所承担的工作努力完成		10□ 8□ 6□ 4□ 2□
		10—出色　8—较强　6—平常　4—较差　2—很差		

3. 绩效考评指标体系设计中应注意的问题

（1）指标体系设计要与企业和岗位的绩效目标和实际相结合。不同考评对象的指标体系应各具特色，科学合理的考评指标体系，不仅对企业的绩效考评发挥基础和指导作用，还能使企业的绩效考评工作与绩效管理目标达到最大效用。

（2）考评指标体系要与考评系统累积的信息有效地结合起来。

（3）绩效考评指标体系应注意不断更新，与不断变化的绩效管理目标相契合。科学合理的考评指标体系要符合企业发展战略与管理目标的要求，不断完善与发展。

（4）各项考评指标要明确、精简。在设计考评指标时应避免指标过于笼统与繁杂，从而削弱了重要性指标的效力。

一个科学合理的绩效考评指标体系的设计需要选用科学合理的设计方法，企业绩效考评指标体系的设计是一个系统的工程，必须根据每个企业的具体情况对指标体系各方面不断完善与修正，使其符合企业战略发展的要求，有助于组织效率的提高，有利于企业管理目标的改进与有效实施。

第三节　绩效考评的方法

一、行为导向型主观考评方法

行为导向的评价方法分为行为导向型主观考评方法和行为导向型客观考评方法。行为导向型主观考评方法主要是依据一定的标准或设计好的维度对被考评者的工作行为进行主观评价的方法。

行为导向型主观考评方法主要技术：排列法、选择排列法、成对比较法和强迫分布法。

（一）排列法

排列法也称排序法、简单排列法，是绩效考评中比较简单易行的一种综合比较的方法。这种方法的优点是简单易行，花费时间少，能使考评者在预定的范围内组织考评并将下属进行排序，从而减少考评结果过宽和趋中的误差。

（二）选择排列法

选择排列法也称交替排列法，是简单排列法的进一步推广。选择排列法是较为有效的一种排列方法，采用本法时，不仅上级可以直接完成排序工作，还可将其扩展到自我考评、同级考评和下级考评等其他考评的方式之中。

（三）成对比较法

成对比较法也称配对比较法、两两比较法等。应用成对比较法时，能够发现每个员工在哪些方面存在明显的不足和差距，在涉及的人员范围不大、数目不多的情况下宜采用本方法。

首先，根据某种考评要素如工作质量，将所有参加考评的人员逐一比较，按照从最好到最差的顺序对被考评者进行排序；然后再根据下一个考评要素进行两两比较，得出本要素被考评者的排列次序；依次类推，经过汇总整理，最后求出被考评者所有考评要素的平均排序数值，得到最终考评的排序结果。

（四）强制分布法

强制分布法也称强迫分配法、硬性分布法。采用这种方法可以避免考评者过分严厉或过分宽容的情况发生。

假设员工的工作行为和工作绩效整体呈正态分布，那么按照状态分布规律，员工的工作行为和工作绩效好、中、差的分布存在一定的比例关系，在中间的员工应该最多，好的、差的是少数。强制分布法就是按照一定的百分比，将被考评的员工强制分配到各个类别中。类别一般是五类，可以是10%、20%、40%、20%、10%，也可以是5%、20%、50%、20%、5%等。采用这种方法，可以避免考评者过分严厉或过分宽容的情况发生，克服平均主义。缺点是只能把员工分为有限的几种类别，难以具体比较员工差别，也不能在诊断问题时提供准确可靠的信息。

二、行为导向型客观考评方法

（一）关键事件法

对事不对人，以事实为依据，考评者不仅要注重对行为本身的评价，还要考虑行为的情境，可以用来向员工提供明确的信息，使他们知道自己在哪些方面做得比较好，哪些方面做得不好。此方法强调的是选择具有代表最好或最差行为表现的典型和关键性活动事例，作为考评的内容和标准。

采用本方法有较大的时间跨度，因此可与年度、季度计划的制定与贯彻实施密切的结合在一起。

本方法可以有效弥补其他方法的不足，为其他考评方法提供依据和参考，主要特点是：为考评者提供了客观的事实依据；考评内容不是员工的短期表现，而是一年内整体表现，具有较大的时间跨度，可以贯穿考评期的始终；以事实为根据，保存了动态的关键事件记录，可以全面了解下属是如何消除不良绩效，如何改进和提高绩效的。

缺点是：关键事件的记录和观察费时费力；能做定性分析，不能做定量分析；不能具体区分工作行为的重要性程度，很难使用该方法在员工之间进行比较。

（二）行为锚定等级评价法

将关键事件和等级评价有效地结合在一起，通过一张行为等级评价表可以发现，在同一个绩效维度中存在一系列的行为，每种行为分别表示这一维度中的一种特定绩效水平，将绩效按等级量化，可以使考评的结果更有效、更公平。

其具体的工作步骤如下。

1. 进行岗位分析，获取本岗位的关键事件，由其主管人员作出明确简洁的描述；

2. 建立绩效评价等级，一般为5～9级，将关键事件归并为若干绩效指标，并给出确切定义；

3. 由另一组管理人员对关键事件作出重新分配，将它们归入最合适的绩效要素及指标中，确定关键事件的最终位置，并确定出绩效考评指标体系；

4. 审核绩效考评指标等级划分的正确性，由第二组人员将绩效指标中包含的重要事件，由优到差，从高到低进行排列；

5. 建立行为锚定法的考评体系。

优点：对员工的考量更加精确；考评标准更加明确；具有良好的反馈功能；具有良好的连贯性和较高的信度；考评的维度清晰，各绩效要素的相对独立性强，有利于综合评价判断。

（三）行为观察法

与行为锚定等级评价法大体接近，只是在量表的结构上有所不同。本方法不是首先确定工作行为处于何种水平上，而是确认员工某种行为出现的概率，它要求评定者根据某一工作行为发生频率或次数的多少来对被评定者打分。如从不（1分）、偶尔（2分）、有时（3分）、经常（4分）、总是（5分）。既可以对不同工作行为的评定分数相加得到一个总分数，也可以按照对工作绩效的重要性程度赋予工作行为不同的权重，经加权后再相加得到总分。总分可以作为不同员工之间进行比较的依据。发生频率过高或过低的行为不能选取为评定项目。

行为观察量表法克服了关键事件法不能量化、不可比，以及不能区分工作行为重要性的缺点，但是编制一份行为观察量表较为费时费力，同时，完全从行为发生的频率考评员工，可能会使考评者和员工双方忽略行为过程的结果。

（四）加权选择量表法

加权选择量表法具体的设计方法简述如下。

1. 通过工作岗位调查和分析，采集涉及本岗位人员有效或无效行为表现的资料，并用简洁的语言做出描述；

2. 对每一个行为项目进行多等级评判，合并同类项目，删去缺乏一致性和代表性的事项；

3. 求出各个保留项目评判分的加权平均数，将其作为该项目等级分值。

该方法打分容易，核算简单，便于反馈，但是适用范围较小，采用本方法时，需要根据具体岗位的工作内容，设计不同内容的加权选择考评量表。

三、结果导向型考评方法

（一）目标管理法

由员工与主管共同协商制定个人目标，个人的目标依据企业的战略目标及相应的部门目标而确定，并与它们尽可能一致；该方法用可观察、可量化的工作结果作为衡量员工工作绩效的标准，以既定的目标作为对员工考评的依据，从而使员工个人的努力目标与组织目标保持一致，减少管理者将精力放到与组织目标无关的工作上的可能性。

基本步骤简述如下。

1. 战略目标设定：考评期内的目标设定首先是由组织的最高层领导开始的，由他们制定总体的战略规划，明确总体的发展方向，提出企业发展的中长期战略目标、短期的工作计划。

2. 组织规划目标：在总方向和总目标确定的情况下，分解目标，逐级传递，建立被考评者应该达到的目标，这些目标通常成为对被考评者进行评价的根据和标准。

3. 实施控制：目标实施过程中，管理者提供客观反馈，监控员工达到目标的进展程度，比较员工完成目标的程度与计划目标，根据完成程度指导员工，必要时修正目标，在一个考评周期结束后，留出专门的时间对目标进行回顾和分析，目标管理法的评价标准直接反映员工的工作内容，结果易于观测，所以很少出现评价失误，也适合对员工提供建议，进行反馈和辅导。由于目标管理的过程是员工共同参与的过程，因此，员工工作积极性大为提高，增强了责任心和事业心。但是，目标管理法没有在不同部门、不同员工之间设立统一目标，因此难以对员工和不同部门间的工作绩效作横向比较，不能为以后的晋升决策提供依据。

（二）绩效标准法

绩效标准法与目标管理法基本接近，它采用更直接的工作绩效衡量的指标，通常适用于非管理岗位的员工，衡量所采用的指标要具体、合理、明确，要有时间、空间、数量、质量的约束限制，要规定完成目标的先后顺序，保证目标与组织目标的一致性。

绩效标准法比目标管理法具有更多的考评标准，而且标准更加具体详细。依照标准逐一评估，然后按照各标准的重要性所确定的权数，进行考评分数汇总。

1. 绩效标准法的优点

由于被考评者的多样性，个人品质存在明显差异，有时某一方面的突出业绩和另一方面的较差表现有共生性，而采用这种方法可以克服此类问题。绩效标准法为下属提供了清晰准确的努力方向，对员工具有更加明确的导向和激励作用。

2. 绩效标准法的缺点

绩效标准法的局限性是需要占用较多的人力、物力和财力，需要较高的管理成本。

第四节　平衡计分卡

一、平衡计分卡的概念

(一) 平衡计分卡的提出与发展

平衡计分卡(Balanced Score Card)，源自哈佛大学教授 Robert Kaplan 与诺朗顿研究院(Nolan Norton Institute)的执行长 David Norton 于 1990 年所从事的未来组织绩效衡量方法的一种绩效评价体系。从 1992 年卡普兰与诺顿在《哈佛商业评论》发表的第一篇关于平衡计分卡的文章到 2000 年的《战略中心型组织》书籍的出版，平衡计分卡已从最初的业绩衡量体系转变成为用于战略执行的新绩效管理体系，平衡计分卡的应用和研究已取得了重大的突破。

2004 年，卡普兰与诺顿又出版了一本关于平衡计分卡的新书《战略地图》。《战略地图》阐述的是如何将组织的战略可视化，通过战略地图来描述组织的无形资产转化为有形成果的路径，并且在无形资产的衡量和管理上面，提出了“战略准备度”这种新的概念。

(二) 平衡计分卡的定义

平衡计分卡以企业战略为导向，通过财务、客户、内部业务流程和学习与增长四个方面及其业绩指标的因果关系，全面管理和评价企业综合业绩，是企业愿景和战略的具体体现，既是一个绩效评价系统也是一个有效的战略管理系统。

(三) 平衡计分卡的多角度理解

1. 平衡计分卡是战略管理与执行的工具。平衡计分卡是在企业总体发展战略达成共识的基础上，通过科学的设计，将其 BSC 四个维度的目标、指标，以及实施步骤有效地结合在一起的一个战略管理与实施体系。它的主要目的是将企业的战略转化为具体的行动，为企业的战略搭建执行平台，以提升企业的战略执行力。

2. 平衡计分卡是绩效管理的工具。BSC 从四个纬度设计适量的绩效指标有效运作企业的战略。BSC 为企业提供的绩效指标具有可量化、可测度、可评估性，有利于全面系统地监控企业战略的执行，促进企业战略与远景的目标达成。

3. 平衡计分卡是企业各级管理者进行有效沟通的一个重要方式。为了战略的执行，必须将企业的远景规划与各级组织，包括各管理层乃至每个员工进行沟通，使企业所有员工都能够理解战略与远景规划，并及时地给予有效的反馈。

(四) 平衡计分卡与 KPI 的区别

KPI(Key Performance Indication)即关键业绩指标，是通过对组织内部某一流程的输入端、输出端的关键参数进行设置、取样、计算、分析，衡量流程绩效的一种目标式量化管理指标，是把企业的战略目标分解为可运作的远景目标的工具，是企业绩效管理系统的基础。KPI 是现代企业中受到普遍重视的业绩考评方法。KPI 可以使部门主管明确部门的主要责任，并以此为基础，明确部门人员的业绩衡量指标，使业绩考评建立在量化的基础之上。建立明确的切实可行的 KPI 指标体系是做好绩效管理的关键。

对于企业而言，首先明确企业的战略目标，并在企业会议上利用头脑风暴法和鱼骨分析法找出企业的业务重点。然后，再用头脑风暴法找出这些关键业务领域的关键业绩指标，即企业级 KPI。接下来，各部门的主管需要依据企业级 KPI 建立部门级 KPI，并对相应部门的 KPI 进行分解，确定相关的要素目标，分析绩效驱动因数（技术、组织、人），确定实现目标的工作流程，分解出各级部门级的 KPI，以便确定评价指标体系。然后，各部门的主管和部门的 KPI 人员一起再将 KPI 进一步细分，分解为更细的 KPI 及各职位的业绩衡量指标。这些业绩衡量指标就是员工考核的要素和依据。这种对 KPI 体系的建立和测评过程本身就是统一全体员工朝着企业战略目标努力的过程，也必将对各部门管理者的绩效管理工作起到很大的促进作用。

二、平衡计分卡的维度

（一）四个维度的具体内容

1. 财务维度

其目标是解决“股东如何看待我们”这一类问题。表明我们的努力是否对企业的经济收益产生了积极的作用，因此，财务方面是其他三个方面的出发点和归宿。

2. 客户维度

这一维度回答的是“客户如何看待我们”的问题。客户是企业之本，是现代企业的利润来源，客户理应成为企业的关注焦点。客户方面体现了公司与外界、部门与其他单位变化的反映，它是 BSC 的平衡点。

3. 内部运作流程维度

内部业务维度着眼于企业的核心竞争力，回答的是“我们的优势是什么”的问题。因此，企业应当甄选出那些对客户满意度有最大影响的业务程序（包括影响时间、质量、服务和生产率的各种因素），明确自身的核心竞争力，并把它们转化成具体的测评指标，内部过程是公司改善经营业绩的重点。

4. 学习和成长维度

其目标是解决“我们是否能持续为客户提高并创造价值”这一类问题。只有持续提高员工的技术素质和管理素质，才能不断的开发新产品，为客户创造更多价值并提高经营效率，企业才能打入新市场，增加红利和股东价值。

四个维度的内容如图 6-1 所示。

（二）四个维度的相互关系

平衡记分卡中的每一项指标都是一系列因果关系中的一环，既是结果又是驱动因素，通过它们把相关部门的目标同组织战略联系在一起。员工的技术素质和管理素质决定产品质量和销售业绩等；产品/服务质量决定顾客满意度和忠诚度；顾客满意度和忠诚度及产品/服务质量等决定财务状况和市场份额。为提高经营成果，必须使产品或服务赢得顾客的信赖；要使顾客信赖，必须提供顾客满意的产品，为此改进内部生产过程；改进内部生产过程，必须对职工进行培训，开发新的信息系统。

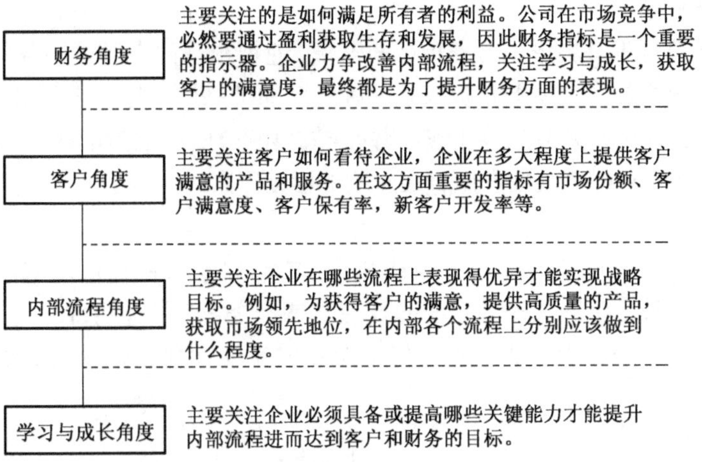

图 6-1　平衡计分卡四个维度内容

平衡记分卡的设计包括四个方面：财务角度、客户角度、内部流程角度、学习和成长角度。这几个角度分别代表企业三个主要的利益相关者：股东、客户、员工。每个角度的重要性取决于角度的本身和指标的选择是否与公司战略相一致。其中每一个方面，都有其核心内容。

1. *财务层面*

财务业绩指标可以显示企业的战略及其实施和执行是否对改善企业盈利做出贡献。财务目标通常与获利能力有关，其衡量指标有营业收入、资本报酬率、经济增加值等，也可能是销售额的迅速提高或创造现金流量。

2. *客户层面*

在平衡记分卡的客户层面，管理者确立了其业务单位将竞争的客户和市场，以及业务单位在这些目标客户和市场中的衡量指标。客户层面指标通常包括客户满意度、客户保持率、客户获得率、客户盈利率，以及在目标市场中所占的份额。客户层面使业务单位的管理者能够阐明客户和市场战略，从而创造出出色的财务回报。

3. *内部经营流程层面*

在这一层面上，管理者要确认组织擅长的关键的内部流程，这些流程帮助业务单位提供价值主张，以吸引和留住目标细分市场的客户，并满足股东对卓越财务回报的期望。

4. *学习与成长层面*

它确立了企业要创造长期的成长和改善就必须建立的基础框架，确立了未来成功的关键因素。平衡记分卡的前三个层面一般会揭示企业的实际能力与实现突破性业绩所必需的能力之间的差距，为了弥补这个差距，企业必须投资于员工技术的再造、组织程序和日常工作的理顺，这些都是平衡记分卡学习与成长层面追求的目标。如员工满意度、员工保持率、员工培训和技能等，以及这些指标的驱动因素。

三、平衡计分卡的特点

（一）平衡计分卡的平衡作用

1. 财务与非财务

平衡计分卡源自于解决单一财务指标的弊端，它要求从财务和非财务的角度去思考公司战略目标及考核指标。因财务指标只是一种滞后的结果性指标，它只能反映公司过去发生的情况，不能告诉企业如何改善业绩。财务与非财务的平衡强调的是企业不仅要关注财务绩效，更要关注于对财务绩效产生直接影响的驱动因素。

2. 短期与长期

平衡计分卡既关注短期的经营目标和绩效指标，也要关注长期的战略目标与绩效指标。也就是说平衡计分卡既关注了企业的长期发展，也关注了近期目标的完成，使企业的战略规划和年度计划得到有效的结合，保证企业的年度计划和企业的长远发展方向保持一致。

3. 内部与外部

平衡计分卡将评价的视线范围由传统上的只注重企业内部评价，扩大到企业外部，包括股东、客户。关注了公司内外的相关利益方，能有效地实现外部（如客户和股东）与内部（如流程和员工）衡量之间的平衡。

4. 前置与滞后

平衡计分卡中强调领先与滞后的平衡主要涉及到两个层面。一方面强调的是企业不仅要关注事后的结果，更要关注影响结果的因素和过程。另一方面强调的是企业既关注那些能反映企业过去绩效的滞后性指标，也要关注能反映、预测企业未来绩效的领先指标。

（二）平衡计分卡的优点

1. 克服财务评估方法的短期行为；

2. 保持组织所有资源协调一致，并服务于战略目标；

3. 能有效地将组织的战略转化为组织各层的绩效指标和行动，解决了企业的战略规划操作性差的缺点；

4. 有利于各级员工对组织目标和战略的沟通和理解，保证了组织的年度计划和组织的长远发展方向得到有效的结合；

5. 有利于组织和员工的学习成长和核心能力的培养；

6. 使企业的战略成为一个持续的流程。

（三）平衡计分卡的缺点

1. 实施难度大

平衡计分卡的实施要求企业有明确的组织战略；高层管理者具备分解和沟通战略的能力和意愿；中高层管理者具有指标创新的能力和意愿。因此管理基础差的企业不可以直接引入平衡计分卡，必须先提高自己的管理水平，才能循序渐进地引进平衡计分卡。

2. 指标体系的建立较困难

平衡计分卡对传统业绩评价体系的突破就在于它引进了非财务指标，克服了单一依靠财务指标评价的局限性。然而，如何建立非财务指标体系、如何确立非财务指标的标准以及如何评价非财务指标。因此在运用平衡计分卡时，要求企业的管理层根据企业的战略、运营的主要业务和外部环境加以仔细斟酌。

3. 指标数量过多

指标数量过多，指标间的因果关系很难做到真实、明确。平衡计分卡涉及财务、客户、内部流程、学习与成长四套业绩评价指标。如果指标之间不是呈完全正相关的关系，我们在评价最终结果的时候，应该选择哪个指标作为评价的依据；如果舍掉部分指标的话，是不是会导致业绩评价的不完整性。这些都是在应用平衡计分卡时要考虑的问题。

4. 各指标权重的分配比较困难

要对企业业绩进行评价，就必然要综合考虑上述四个层面的因素，这就涉及一个权重分配问题。不但要在不同层面之间分配权重，而且要在同一层面的不同指标之间分配权重。而且平衡计分卡也没有说明针对不同的发展阶段与战略需要确定指标权重的方法，故而权重的制定并没有一个客观标准，这就不可避免地使得权重的分配有浓厚的主观色彩。

5. 部分指标的量化工作难以落实

尤其是对于部分很抽象的非财务指标的量化工作非常困难，如客户指标中的客户满意程度和客户保持程度如何量化，再如员工的学习与发展指标及员工对工作的满意度如何量化等。这也使得在评价企业业绩的时候，无可避免的带有主观因素。

6. 实施成本大

平衡计分卡要求企业从财务、客户、内部流程、学习与成长四个方面考虑战略目标的实施，并为每个方面制定详细而明确的目标和指标。在对战略的深刻理解外，需要消耗大量精力和时间把它分解到部门，并找出恰当的指标。而落实到最后，指标可能会多达 15 ~ 20 个，在考核与数据收集时，也是一个不轻的负担。并且平衡计分卡的执行也是一个耗费资源的过程。一份典型的平衡计分卡需要 3 ~ 6 个月去执行，另外还需要几个月去调整结构，使其规范化。从而总的开发时间经常需要一年或更长的时间。

四、平衡计分卡的实施

（一）平衡计分卡的实施步骤

1. 制定企业远景目标与发展战略

平衡计分卡贯穿于企业战略管理的全过程。由于应用平衡计分卡时，是把组织经营战略转化为一系列的目标和衡量指标。因此，平衡计分卡对企业战略有较高的要求，企业应在符合和保证实现企业使命的条件下，在充分利用环境中存在的各种机会和创造机会的基础上，确定企业同环境的关系，规定企业从事经营范围、成长方向和竞争对策，合理地调动企业结构和分配企业的全部资源，从而使企业获得竞争优势，制定出适合本企业成长与发展的企业远景目标与发展战略。企业战略要力求满足适合性、可衡量性、合意性、易懂性、激励性和灵活性。

2. 把组织经营战略转化为一系列的衡量指标

遵循 SMART 原则，即具体的(Special)、可衡量的(Measurable)、可达到的(Attainable)、相关的(Relevant)和有限时的(Time-based)。

平衡计分卡是一个战略实施机制，它把组织的战略和一整套的衡量指标相联系，弥补了制定战略和实施战略间的差距，能使企业战略有效的实施。为了使企业战略有效实施，我们可逐步把组织战略转化为财务、客户、内部流程、学习与成长四个方面的衡量指标。

(1)定性数据

对指标体系中的定性数据需要设计调研问卷。为避免主观判断所引起的失误，可以将定性指标分成7个档次(很好，好，较好，一般，较差，差，很差)，分别对应7~1分。7~1表示不同的等级，等级之间只是对指标看法的程度不同。由于在赋值判断过程中已含标准，可以直接计算评价值。用加权平均的方法对调查结果进行计算。

(2)定量数据

定量指标的数据值按照指标的释义和公司的具体情况进行收集，数据的收集需要不同部门配合。由于各项定量指标的内容、量纲各不相同，直接综合在一起十分困难。因此，必须将这些指标进行无量纲处理，将定量指标原值转化为评价值。确定平衡计分卡的评价指标的权重。

确定权重一个较为简便和合理的方法就是通过专家打分。专家的组成结构要合理，要有本企业的中高层管理人员、技术人员，也要有基层的技术和管理人员，还要有企业外的对本企业或本行业熟悉的专家，如行业协会的成员、大学或研究机构的成员。

同时，对不同的企业权重选择应根据不同行业、不同企业的特点进行打分。如高科技企业，技术更新快，因而学习创新成长性指标所占的权重就较大；对大型企业而言，如美国通用公司，运作流程的顺畅就显得很重要，因而该指标所占权重也相对较大；对银行等金融企业而言，财务指标事关重大，该指标的权重自然也较大。表6-9所示为美国PIONEER石油公司的年度奖励制度中平衡计分卡各类指标的权重。

表6-9 美国PIONEER石油公司的年度奖励制度中平衡计分卡各类指标的权重

指标构成	第一层指标权重%	具体指标内容	第二层指标权重%
财务	60	利润与竞争者比较	18
		投资者报酬率与竞争者比较	18
		成本降低与计划比较	18
		新市场销售成长	3
		现有市场销售成长	3
客户	10	市场占有率	2.5
		客户满意度调查	2.5
		经销商满意度调查	2.5
		经销商利润	2.5
内部流程	10	社区/环保指数	10
学习与成长	20	员工工作环境与满意度调查	10
		员工策略性技能水准	7
		策略性资讯供应情况	3
总计	100%		100%

3. 将战略与企业、部门、个人的短期目标挂钩

为了有效避免出现企业战略目标、部门计划目标、个人绩效考核目标的纵向矛盾，及

各部门间计划的横向不和谐，我们进行战略目标分解。战略分解理论可以按以下流程来实施，将战略与部门、个人的目标挂钩(如图6-2所示)。

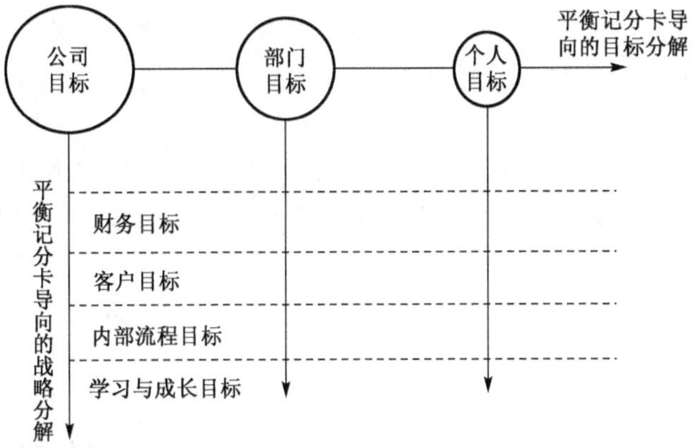

图6-2　平衡计分卡的目标分解

企业应该将这看成是整个管理体系的一个组成，而不单单是上级工作的附加部分。上级必须将制定目标的权力下放给员工，给员工自行决断的自由(但要求员工对工作结果负责)。

在实际操作过程中，我们应注意以下几点：

(1)上级和员工必须愿意一起制定目标。数据显示，这种目标的制定过程能使员工的工作绩效提高10% ~25%。这一过程之所以起作用，是因为这一过程帮助员工将精力集中在重要工作上，并促使员工对自己完成的工作负责。

(2)目标应该是长期和短期并存，且可量化和可测量。而且，在制定目标时还必须说明实现目标的步骤。

(3)预期的结果必须在员工的控制之中，因为可能会有标准被污染的情况。

(4)目标必须在每一个层次上保持一致。

(5)上级和员工必须留出特定的时间来对目标进行回顾和评估。

4. 战略的具体实施、反馈和中期调整、修正

完成了绩效考核指标和目标的确定之后，系统科学的绩效考核内容设定体系便形成了。很有必要制定“绩效考核——工作计划表”，将员工绩效考核内容书面记录下来，作为绩效考核的依据。

5. 建立健全的考核体系，根据平衡计分卡的完成情况进行奖惩

建立健全的考核体系，将员工奖金、晋升、教育培训等与员工所完成平衡计分卡的情况直接挂钩，形成有效的管理回路。在薪酬结构方面，应建立绩效考核和年终奖金，对平衡计分卡完成好的员工进行奖励，对完成不佳的员工进行惩罚；在教育培训方面，对优秀员工进行提高性深造，对不佳者进行强制性培训；在晋升方面，建立优胜劣汰、能上能下的机制，实行能者上、庸者让、平者下的制度。使平衡计分卡的实施实现评价员工的业绩和能力，激发员工的热情和潜力，最大限度地开发和利用企业的人力资源，从而提高整个企业的绩效水平。

(二)平衡计分卡的实施条件

1. 管理质量高

企业管理质量须达到较高水平，管理达到程序化、规范化、精细化，使企业战略的每一层次都能有效地实施，最后达到预期的目标。

2. 信息度高

企业应提供自动化的方法，针对纳入平衡计分卡解决方案中的所有数据加以收集与摘要，并使用现有的营运、分析及通信工具，使信息准确、可靠、及时、快捷。

3. 员工素质水平高

员工素质水平的情况影响平衡计分卡实施的效果，特别是高层和中层员工的素质水平尤其关键。

4. 对战略目标的合理分解

对企业战略的合理分解，是平衡计分卡成功实施的关键。企业战略要进行层层分解，转化成一系列可衡量、可实施的具体目标，并在实施中期作合理的调整与修正。

应用与训练

实训要求：通过收集企业绩效管理的相关案例，就特定案例让读者对案例的绩效管理进行分析和描述，也可以分组讨论。然后由每个人或小组递交分析与改进报告。

实训内容：

(1)应用并管理绩效管理程序和文件

(2)执行绩效管理系统

训练重点：绩效管理体系设计、绩效管理的技能、BSC；

训练难点：不同岗位性质的绩效管理与团队绩效管理。

思考与练习

1. 绩效管理的作用主要体现在哪几个方面？
2. 绩效考核和绩效管理的区别和联系。
3. 绩效管理流程的基本步骤。
4. 如何进行绩效考评指标体系设计。
5. 简述常用的绩效考评方法。
6. 简述平衡记分卡的基本思想及应用。

拓展阅读

联想集团绩效管理：巧走平衡木

“绩效管理”这个幽灵无时无刻不骚扰着每一个员工，在人力资源和部门经理的心里更是留下了难以磨灭的“阴影”——如何将绩效评估的目标设立得更科学？如何让评估的过程更流畅和透明化？如何既顾及短期绩效的达成，又能保证企业和个人的业绩及能力的持续增长？如何将评估从被动、被监督转变为员工主动的改进？联想集团通过各种手段和方式混搭而成的绩效考核方法，极大地发挥了绩效考核制度本身的灵活性，也在一定程度上逃离了伴随着该制度而生的削弱团队协作、消减创新精神，甚至颠覆企业文化等弊端。

如果你看到联想集团的绩效考核表格，一定觉得不太规范，甚至有点乱，但这正是联想集团的特色绩效管理。

1. 双指标体系共存

夏伟(化名)刚任职联想集团一年多，是研发部门的一名普通员工，春节前经常无所顾忌地傻笑。原因很简单，快到年终考核了，自己觉得业绩很好，能得到很好的奖励。然而等到结果出来时，夏伟的喜悦骤然少了许多：激励并没有他认为的那样高。

更让夏伟不能理解的是，另一个研发团队的成员张帆(化名)开拓的新项目没有自己多，绩效成绩竟然比自己高。夏伟觉得奇怪：公司的报酬不是和业绩直接挂钩的吗？

满腹疑问的夏伟找到了人力资源部门，得到的解释是，虽然夏伟开拓的新项目多，但团队整体的开拓成绩平平，所以综合起来这一项的成绩不高；而张帆的新项目开拓虽然没有夏伟强，但其团队成绩高。眼下，团队成绩的权重比较大，加权之下夏伟的成绩确实比张帆少了些。

这是联想集团绩效管理平衡的措施之一，对于不便于把指标细化到每一个人身上的部门来讲，联想集团认为这部分业务刚好也是异常强调团队协作的业务，团队业绩的好坏直接影响着个人绩效。而对于类似于指标极其明确，甚至很容易分配到个人头上去的产品或者销售部门，联想集团则尽量考核到人。比如说华东区的年度销售任务，通过层层分解，每个销售人员的目标都非常明确，集团无须再为某个销售团队设立考核指标，直接到人反倒更直接明了。

联想集团华东区域总部人力资源总监曹金昌觉得这样看似混乱的双指标体系能共存正是联想集团在指标设置环节的特色：“设置指标其实是绩效考核的关键，联想集团也遭遇过很多因为指标不清晰、不个性而带来的麻烦。慢慢地，我们摸索出了一条道路，在设置指标的时候尽量做到全面。”

曹金昌所说的全面包括四个方面的内容：第一，根据不同的业务设置不同的考核指标；第二，尽可能的定量；第三，指标的界定一定要十分清楚，描述也要让员工看得明白；第四，设置指标时一定要与员工进行沟通。

2. 个性化考核：联想集团每个员工都有短期和中长期两个目标

一般情况下，短期的目标都是由公司根据企业的目标分解到员工头上的，而中长期的目标则是每个员工对自己未来的描述。每年年初，联想集团的员工都要向部门领导交一份自己的中长期发展规划，如果这份规划和部门领导对员工的判断一致，该规划就生效，人力资源部门也会创造各种条件，提供尽可能多的资源帮助员工。

而如果员工对自己中长期的发展规划和部门领导对其的观察、定位不一致，双方就一定要坐下来沟通，联想集团认为不管是什么样的考核方式，调动员工的积极主动性和创造性都是最终目的，而不是完全按照上级的意思办事。

为了做到考核尽量个性化，联想集团先从部门的个性化开始抓起，针对个性化表现不那么明显的销售部门为每个销售人员都建立了一套销售系统，登陆该系统就可以看到自己年度内的所有计划、完成情况等讯息。

对于绩效考核的难点——研发部门的考核，联想集团也力争个性化。联想集团在研发上的投入很大，在考核的过程中也运用了大量的人力和物力。联想集团把研发部门分成研究院和二级研发机构(研发部门)，虽然同为研发工作人员，但这两个系统的人员所从事的工作大不相同。研究院多从事基础性和前瞻性的研究，以保障联想集团未来的竞争力，而二级研发机构则多从事产品的更新换代等工作。

王明是二级研发机构的研发人员，联想集团在考核他的时候主要考虑两个方面的指标：研发周期和工程化。

“现在产品的更新换代快，我们会根据市场上同类产品的淘汰周期以及联想集团想要得到的业界标准确定研发周期。”曹金昌说研发周期反映在市场就是一个企业的市场反映速度，直接决定着企业是否能够跟上消费者的步伐。

而工程化指标则包括研发转化成产品的时间、件数以及一次生产成功率等，是衡量研发成果转化成市场价值的有效手段。

当然，除了这两个硬性的指标外，客户的满意度也是衡量二级研发机构员工绩效的重要指标之一。

研究院的考核指标与二级研发机构大相径庭。专利数是考核研究院的主要指标，同时还有论文发表数和国家课题的参与数。

研发人员在联想集团是可以换岗的，如果二级研发机构的研发人员喜欢从事基础性的研究工作，可以申请调到研究院去，申请的当季度，绩效考核内容跟随发生变化，王明就是从二级研发机构调到研究院的研发人员。

3. 沟通是主线

如果把绩效管理比喻成一张错综复杂的渔网，沟通就是攥在渔夫手中的收网线，联想集团深信这一点。

联想集团的绩效沟通不只停留在事前让员工知道为什么考核和如何考核上，也不只停留在事后分析上，更重要的沟通是事中的纠正和完善上。

去年第四季度最后一个月，联想集团的一个销售团队的考核目标发生了改变，原因是联想集团市场部门发现远程教育迅速崛起，伴随而来的肯定是大规模的采购，但在制定第四季度考核方案的时候并没有发现这样的现象，于是和员工沟通后修正绩效考核指标成为必然。

该部门的绩效考核表里立即增加了远程教育项目的内容，类似的事件在联想集团的绩效考核过程中时有发生。当然，并不是在发生变化的时候，绩效沟通才开始运行，员工随时可以向人力资源部门反映问题，人力资源部门也随时期待着和员工面对面讨论绩效。

联想集团招聘总监卫弘一再提醒员工，绩效结果出来后的沟通一定不能大而化之，因为这直接关系着员工的积极性和下一阶段工作的正确与否。

联想集团还同时要求沟通要做到面面俱到。了解联想集团的人都知道，联想集团部门内给员工强制排序，把员工分成A、B、C三个等级，虽然不同团队之间的这种分级是保密的，但拿到C级分级的员工都会感到黯然。

这时候的人力资源工作者必须清晰地向C级别的员工说明这样分级的目的是为了更有效地利用资源，团队会根据他所处的级别给予他相匹配的资源、合作者以及有针对性的帮助和指导等。

参考文献

[1] 方振邦. 绩效管理. 北京：中国人民大学出版社，2003.

[2] 赫尔曼 · 阿吉斯. 绩效管理（第三版）. 北京：中国人民大学出版社，2013.

[3] 刘美凤，方圆媛. 绩效改进. 北京：北京大学出版社，2011.

第七章
激 励 管 理

案例导入

TY汽车的危机与解决

TY汽车公司为了提高劳动生产率曾实施过一次企业再造、改革计划，对汽车生产装配操作加强控制。

TY汽车公司组织了恢复正常工作环境的活动。他们对全厂工人进行了问卷调查，最后得出以下主要结论：

1. 工人认为管理部门不关心他们的需要、情感等问题。

2. 工人的工作无保障，他们认为管理部门不事先通知或进行协商就改变他们的工作计划，增加或取消加班时间，随意通知他们停工，工人们不知如何与公司合作。

3. 工人们认为管理部门对他们改进工作方法和工厂业务的意见没有兴趣。

4. 许多工人对公司的目标和计划不了解，企业和员工之间缺乏共同的目标，公司想做什么，为何要这样做，工人无法知道，因此没有形成凝聚力。

经过上述诊断，公司发现产生危机的主要根源是管理部门和工人之间缺乏及时的沟通，缺乏必要的交往。因此，公司开始全面实施"交流计划"，内容是：每天用5分钟在工厂广播与汽车工业、公司和工厂有关的新闻。这些新闻主要涉及销售、库存和生产计划的状况，使工人对公司的情况有大体的了解。其中，消息公报作为工厂经理和工人之间一种直接交流的方法，所有有关工厂业务的主要消息都直接传给工人，并贴在布告栏里面，包括新产品、轮班、生产计划、每周生产和新订货等变化。管理训练为了加强管理人员在工作中的人际交往作用，要求所有管理人员以及职员都要经过人际关系和交往的训练，由富有组织装配线经验的公共关系协调员和质量控制主任来设计和指导。

此外，管理部门还发展了一种作业轮换计划，对轮换工作有兴趣的工人给予必要的训练，帮助他们扩大在同一装配工作组内的工作能力，其中包括大约30种各不相同的，但基本上属于同一技术水平的工作。

交流计划实行一段时间后看到了效果，恢复了正常生产，员工不满下降到前一年的1/3，生产效率也有明显提高。

思考

TY汽车公司的危机是如何解决的？作业轮换计划为什么能收到良好的效果？

学习指引

学习目标

- 掌握激励的概念和基本原则；
- 熟悉激励理论的分类及内涵；
- 了解在实践中的激励创新方式。

解决问题

- 能够结合实际运用恰当的激励理论构建激励体系；
- 能够运用激励理论分析并解决人力资源管理实践中遇到的问题。

知识与理论

第一节 激励理论

激励通过影响员工需要的实现，来提高他们的工作积极性、引导他们在组织中的行为，以利于组织目标的实现。合理的激励措施有利于充分调动员工的积极性，发挥员工的潜力，提高员工的工作效率，从而提高企业效益。

一、激励的内涵

激励(Motivate)就是采用某种有效的措施或手段调动人的积极性的过程，它使人产生一种兴奋的状态并保持下去，在这种状态的支配下，员工的行为趋向组织的目标，且行为效率得到提高，最终高效地完成组织的目标。

这一定义包含以下几方面的内容。

(1)激励的出发点是满足组织成员的各种需要，即通过系统地设计适当的外部奖酬形式和工作环境，来满足企业员工的外在需要和内在需要。

(2)科学的激励工作需要奖励和惩罚并举，既要对员工表现出来的符合企业期望的行为进行奖励，又要对不符合企业期望的行为进行惩罚。

(3)激励贯穿于企业员工工作的全过程，包括对员工个人需要的了解、个性的把握、行为过程的控制和行为结果的评价等。因此，激励工作需要耐心。

(4)信息沟通贯穿于激励工作的始末，从对激励制度的宣传、企业员工个人的了解，到对员工行为过程的控制和对员工行为结果的评价等，都依赖于一定的信息沟通。企业组织中信息沟通是否通畅，是否及时、准确、全面，直接影响着激励制度的运用效果和激励工作的成本。

(5)激励的最终目的是在实现组织预期目标的同时，也能让组织成员实现其个人目标，即达到组织目标和员工个人目标在客观上的统一。

(一)激励的基本原理

人的行为都是由人的动机支配的，动机是人的行为的直接动力，行为是动机的外在表现。动机是人的一种精神状态，它对人的行为起激发、推动、加强的作用，可以说是直接决定着人的行为方向，是人的行为发动的直接原因。动机的起源是需要，需要是指内、外部客观的刺激作用于人的大脑引起的个体缺乏某种东西的状态。这里的刺激既包括个体本身的、内部的，也包括个体外部的。人类的各种行为都是出于对某种需要的满足。未满足的需要是激励的起点，从而导致某种行为，但需要并不是行为的直接决定因素，需要只有转化为动机才能决定人的行为。

某种需要并不一定会产生动机。需要向动机转化是要有条件的：一是需要达到一定的程度，足以产生满足需要的愿望。二是目标的确定，即在需要达到一定程度，并对其产生满足的愿望的基础上，而后确定行为的目标时，动机就产生了。仅有需要是不够的，有了需要就会产生一种紧张状态，当这种紧张状态达到一定程度时，人就会想方设法去满足它，于是愿望就产生了。但仅有愿望也不够，它只是反映了人的内心需要，是行为的内在驱动力，由于尚没有明确的目标，所以该驱动力没有明确的方向，没有形成动机。一般来说，只有强烈的动机才可以引发行为。

（二）激励的本质

激励的实质就是根据员工的需要设置某些目标，并通过一定的措施激发员工和组织目标一致的强势动机，并按组织所需的方式引导员工行为的过程。激励的实质主要强调以下几个方面。

（1）激励是一个满足员工需要的过程。

（2）激励是激发员工动机，调动员工积极性的过程。

（3）激励是引导员工的行为指向组织目标，并且和组织目标保持一致的过程。

（4）激励是减少员工挫折行为，增加建设行为的过程。

（三）激励的原则

在人力资源管理工作过程中，对员工的激励一般应遵循以下基本原则。

（1）目标结合原则

在激励机制中，设置目标是一个关键环节。目标设置必须同时体现组织目标和员工需要的要求。

（2）物质激励和精神激励相结合的原则

物质激励是基础，精神激励是根本。在两者结合的基础上，逐步从物质激励过渡到以精神激励为主。

（3）引导性原则

引导性原则是激励过程的内在要求。外在的激励措施能不能达到预期的效果，不仅取决于激励措施本身，还取决于被激励者对激励措施的认识和接受程度。对于被激励者，激励应该是自觉接受而非管理者强加的。管理者应设置实现组织目标的具体要求，并确保每位员工都清楚，通过激励将个体成员的积极性集中体现到组织目标上来，实现个体与集体的协调发展。如护士长应积极投入工作，以身作则，引导护士以实际行动热爱护理事业，热爱自己的集体。

（4）合理性原则

激励的合理性原则包括两层含义：其一，激励的措施要适度，要根据所实现目标本身的价值大小确定适当的激励量；其二，奖惩要公平。

（5）明确性原则

激励的明确性原则包括三层含义。

第一，明确，即激励的目的是需要做什么和必须怎么做。

第二，公开，特别是涉及分配奖金等大量员工关注的问题时，更为重要。

第三，直观，即实施物质奖励和精神奖励时都需要直观地表达它们的指标，总结和授予奖励和惩罚的方式。直观性与激励影响的心理效应成正比。

(6)时效性原则

要把握激励的时机，“雪中送炭”和“雨后送伞”的效果是不一样的。激励越及时，越有利于将人们的激情推向高潮，使其创造力连续有效地发挥出来。

(7)正激励与负激励相结合的原则

所谓正激励就是对员工符合组织目标的期望行为进行奖励；而所谓负激励就是对员工违背组织目的的非期望行为进行惩罚。正负激励都是必要而有效的，不仅作用于当事人，而且会间接地影响周围其他人。

(8)按需激励原则

激励的起点是满足员工的需要，但员工的需要因人而异、因时而异，并且只有满足最迫切需要(主导需要)的措施，其效价才高，激励强度才大。因此，领导者必须深入地进行调查研究，不断了解员工需要层次和需要结构的变化趋势，有针对性地采取激励措施，才能收到实效。

二、激励理论

按照研究层面的不同，激励理论可以分为三种类型：内容型激励理论、过程型激励理论和综合型激励理论。

(一)内容型激励理论

内容型激励理论，主旨是确定有哪些因素能够促使员工努力工作，并根据这些因素，设计并实施相应的措施和手段，从而达到激励的目的。

1. *需要层次论*

需要层次理论(Hierarchy of Needs Theory)是由美国著名的心理学家亚伯拉罕·马斯洛教授在1943年出版的《人类的动机理论》一书中提出的，这一理论的基本内容如下。

(1)人有多种需要

在马斯洛看来，人类价值体系存在两类五种不同的需要，一类是沿生物谱系上升方向逐渐变弱的本能或冲动，称为低级需要；一类是随生物进化而逐渐显现的潜能或需要，称为高级需要。

五种需要分别是生理需要、安全需要、社交需要、尊重需要和自我实现需要，如图7-1所示。

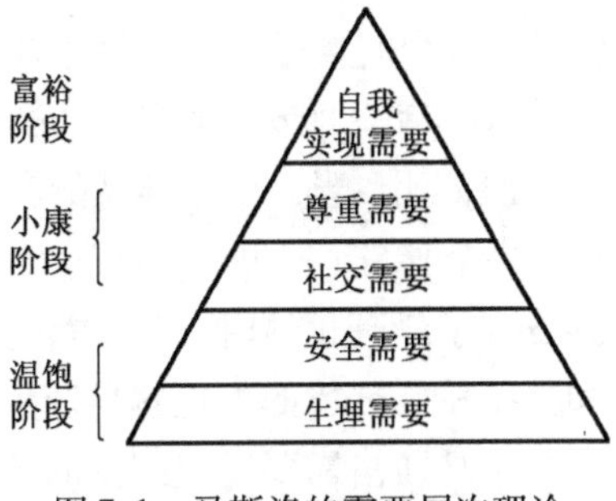

图7-1　马斯洛的需要层次理论

① 生理需要：生理需要是人的最基本的需要，在各层次需要中居于基础地位，是维持生命所必需的。包括人们的衣、食、住、行。该需要得不到满足，也就谈不上其他需要。只有生理需要得到满足了，人们才会关注更高层次的需要，即所谓“仓廪实而知礼节，衣食足而知荣辱”。

② 安全需要：保护自己免受生理和心理伤害的需要，包括人身安全、健康保障、资源所有性、财产所有性、道德保障、工作职位保障和家庭安全。马斯洛认为，整个有机体是一个追求安全的机制，人的感受器官、效应器官、智能和

其他能量主要是寻求安全的工具，甚至可以把科学和人生观都看成是满足安全需要的一部分。

③ 社交需要：也称归属需要。人是社会动物，是社会关系的总和，任何人都不可能孤立地生存和工作，总希望与别人交往，在交往中受到关注、接纳、关心、友爱等，因此，要求在感情上有所归属。

④ 尊重需要：人们并不仅仅满足于作为组织的一员，总是希望自己的重要性得到认可，希望自己的成就、人品、才能等得到较高的评价；希望自己拥有一定的声望，有一定的影响力。因此，尊重需要分为内部尊重因素，如自尊、自立和成就；以及外部尊重因素，如地位、认可和关注。

⑤ 自我实现需要：这是最高层次的需要，在上述需要等到满足后，这个需要就凸显了。自我实现的需要就是一种追求个人能力极限的内驱力，包括成长、发挥自己的潜能和自我实现。

人都潜藏着这五种不同层次的需要，但在不同的时期所表现出来的各种需要的迫切程度是不同的。最迫切的需要才是激励人行动的主要原因和动力。人的需要是从外部得来的满足逐渐向内在得到的满足转化的。当低层次的需要基本得到满足后，它的激励作用就会降低，其优势地位将不再保持下去，高层次的需要会取代它成为推动行为的主要原因。有的需要一经满足，便不能成为激发人们行为的起因，于是被其他需要取代。而高层次的需要比低层次的需要具有更大的价值。热情由高层次的需要激发。人的最高需要即自我实现就是以最有效和最完整的方式表现他自己的潜力，唯此才能使人得到高峰体验。

人的五种基本需要在一般人身上往往是无意识的。对于个体来说，无意识的动机比有意识的动机更重要。对于有丰富经验的人，通过适当的技巧，可以把无意识的需要转变为有意识的需要。

(2)人的行为产生的原因是未满足的需要

马斯洛认为这五个需要是有层次之分的，分为较低层次需要（生理需要、安全需要）和较高层次需要（社交需要、尊重需要和自我实现需要）。人在不同的时期其需要是不同的，在同一时期也有不同的需要，在各种需要中，只有占主导地位的需要才能支配人的行为。

此外，马斯洛还认为：在人自我实现的创造性过程中，产生出一种所谓的“高峰体验”的情感，这个时候是人处于最激荡人心的时刻，是人存在的最高、最完美、最和谐的状态，这时的人具有一种欣喜若狂、如醉如痴、销魂的感觉。

实验证明，当人呆在漂亮的房间里会显得比在简陋的房间里更富有生气、更活泼、更健康；一个善良、真诚、美好的人比其他人更能体会到存在于外界中的真善美。当人们在外界发现了最高价值时，就可能同时在自己的内心中产生或加强这种价值。总之，较好的人和处于较好环境的人更容易产生高峰体验。

关于马斯洛需要层次理论的价值，目前国内外尚有各种不同的观点，既有积极的因素，也有消极的因素。

积极的观点认为：第一，马斯洛提出人的需要有一个从低级向高级发展的过程，这在某种程度上是符合人类需要发展的一般规律的。一个人从出生到成年，其需要的发展过程，基本上是按照马斯洛提出的需要层次进行的。当然，关于自我实现是否能作为每个人的最高需要，目前尚有争议。但他提出的需要是由低级向高级发展的趋势是无可置疑的。第二，马斯洛的需要层次理论指出了人在每一个时期，都有一种需要占主导地位，而其他需要处于从属地位。这一点对于管理工作具有启发意义。第三，马斯洛需要层次论的基础是人本主义心理学。他认为人的内在力量不同于动物的本能，人的内在价值和内在潜能的实现乃是人的本性，人的行为是受意识支配的，人的行为是有目的性和创造性的。

消极的观点认为：第一，马斯洛过分地强调了遗传在人的发展中的作用，认为人的价值就是一种先天的潜能，而人的自我实现就是这种先天潜能的自然成熟过程，社会的影响反而束缚了一个人的自我实现。这种观点过分强调了遗传的影响，忽视了社会生活条件对先天潜能的制约作用。第二，马斯洛的需要层次理论带有一定的机械主义色彩。一方面，他提出了人类需要发展的一般趋势；另一方面，他又在一定程度上，把这种需要层次看成是固定的程序，看成是一种机械的上升运动，忽视了人的主观能动性，忽视了通过思想教育可以改变需要层次的主次关系。第三，马斯洛的需要层次理论，只注意了一个人各种需要之间存在的纵向联系，忽视了一个人在同一时间内往往存在多种需要，而这些需要又会互相矛盾，进而导致动机的斗争。

2. 双因素理论

双因素理论（Two Factor Theory）是由美国心理学家弗雷德克斯·赫茨伯格提出的，该理论也称为激励—保健理论（Motivation-Hygiene Theory）。

20 世纪 50 年代末期，赫茨伯格和他的助手们在美国匹兹堡地区对二百名工程师、会计师进行了调查访问。访问主要围绕两个问题：在工作中，哪些事项是让他们感到满意的，并估计这种积极情绪持续多长时间；又有哪些事项是让他们感到不满意的，并估计这种消极情绪持续多长时间。赫茨伯格以对这些问题的回答为材料，着手研究哪些事情使人们在工作中快乐和满足，哪些事情造成不愉快和不满足。结果发现，使职工感到满意的都是属于工作本身或工作内容方面的；使职工感到不满的，都是属于工作环境或工作关系方面的。他把前者叫做激励因素，后者叫做保健因素，如图 7-2 所示。

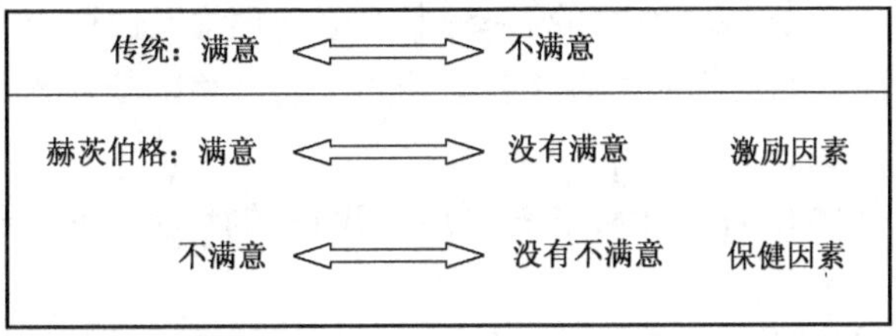

图 7-2　双因素理论的特点与分类

（1）保健因素

保健因素也称为环境因素，主要包括除工作本身之外的外界环境因素，如公司政策、人际关系、监督、工作环境、薪金、地位等；当这些工作环境和工作条件不具备时，会使员工感到不满意，从而降低员工的工作积极性和热情。如果具备这些条件，就不会降低其工作热情，能够维持员工已有的现状，但员工不会因此提高其积极性。

（2）激励因素

激励因素主要是工作本身的因素，包括工作本身的挑战性、工作成就的认可、工作责任、晋升等。这些工作本身因素的改善，能够激发和调动员工的积极性和热情，从而会经常性地提高员工的工作效率。如果这些因素没有处理好，也会引起员工的不满，但影响不大。

赫茨伯格修正了传统的关于满意与不满意的观点，认为满意的对立面是没有满意，不满意的对立面是没有不满意。

根据赫茨伯格的理论，在调动员工积极性方面，可以分别采用以下两种基本做法。

① 直接满足

直接满足，又称为工作任务以内的满足。它是一个人通过工作所获得的满足，这种满足是通过工作本身和工作过程中人与人的关系得到的。它能使员工学习到新的知识和技能，产生兴趣和热情，使员工具有光荣感、责任心和成就感。因而可以使员工受到内在激励，产生极大的工作积极性。对于这种激励方法，管理者应该予以充分重视。这种激励的措施虽然有时所需的时间较长，但员工的积极性一旦被调动起来，不仅可以提高生产效率，而且能持久，所以管理者应该充分注意运用这种方法。

② 间接满足

间接满足，又称为工作任务以外的满足。这种满足不是从工作本身所获得的，而是在工作后获得的。如晋升、授衔、嘉奖或物质报酬和福利等，都是在工作之后获得的。其中福利方面，诸如食堂、托儿所、员工学校、俱乐部等，都属于间接满足。间接满足虽然也与员工所承担的工作有一定的联系，但它毕竟不是直接的，因而在调动员工积极性上往往有一定的局限性，常常会使员工感到与工作本身关系不大而满不在乎。研究者认为，这种满足虽然也能够显著地提高工作效率，但不容易持久，有时处理不好还会产生负作用。

3. ERG 理论

ERG 理论（ERG Theory）是由耶鲁大学的阿尔德佛提出的。该理论某种程度上是对马斯洛的需要层次理论和赫茨伯格的双因素理论的一种延伸和扩展，但对于人类需要的研究成果与实际情况更为接近。他把人的需要归结为三种：生存（Existence）的需要、相互关系（Relatedness）的需要和成长（Growth）的需要，因此，该理论又被称为 ERG 理论。

（1）生存的需要即人们的物质生存需要，相当于马斯洛需要层次理论的生理需要和安全需要，属于低层次需要；

（2）相互关系的需要相当于马斯洛需要层次理论的社会交往需要和尊重需要的外在部分；

（3）成长的需要则相当于马斯洛需要觌理论的尊重需要的内在部分和自我实现需要。

ERG 理论和马斯洛需要层次理论之间既有联系又有区别。ERG 理论也认为人的需要具有层次性和发展性，生存、发展、成长需要是逐层发展的，低层次的需要得到较好地满足，个体便会增强对较高层次的需要。与马斯洛需要层次理论所不同的是，阿尔德佛认为，人在同一时刻可能存在多种需要，如果高层次的需要不被满足受挫，那么人就会转而向下，其低层次的需要就会变得更强烈。

ERG 理论还倡导一种“受挫—回归”的维度。马斯洛认为，如果一个人在某层次的需要未得到满足，那么他的需要就会停留在这个层次上，直到满足为止。ERG 理论则认为，一个人高层次需要得不到满足时，其低层次的需要的强度就会增加，如图 7-3 所示。

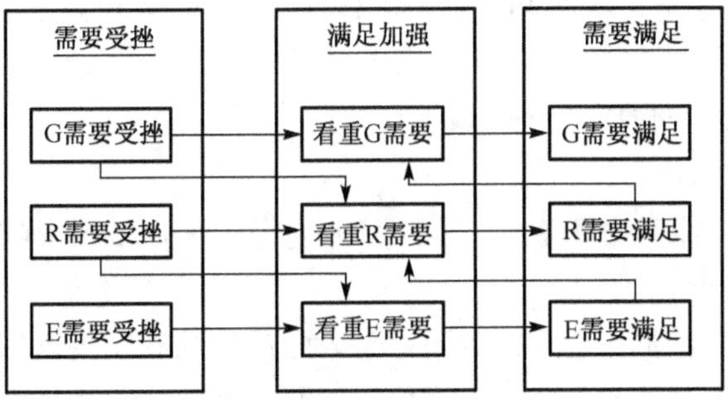

图 7-3　ERG 理论的特点

4. 成就需要理论

成就需要理论(Achievement Need Theory)是美国哈佛大学的教授麦克莱兰德于 20 世纪 50 年代提出的。他认为，人有三种基本的需要：友谊需要、权力需要和成就需要。这些需要并不是先天的本能欲求，而是通过后天的学习获得的。

(1)友谊需要：即建立友好和亲密的人际关系的愿望。具有高度归属需要的人，比较注重与他人保持一种融洽的社会关系，渴望他人的喜爱和接纳，喜欢与他人保持密切友好的关系和相互的理解与沟通，并且更喜欢合作而非竞争的环境。

(2)权力需要：即控制他人的愿望和驱动力。具有较高权力需要的人喜欢承担责任，并努力影响他人，喜欢置身于具有竞争性的工作环境中和工作岗位上。与有效的绩效相比，他们更关心自己的威望和影响力。

(3)成就需要：即把事情做得更好，追求成功的愿望。具有成就需要的人，有强烈的求得成功的愿望，也有同样强烈的对失败的恐惧，他们渴望挑战，喜欢为自己设置一些有一定难度但经过努力能够实现的目标。他们追求的往往是成功本身，而不是成功后的奖赏与报酬。

麦克莱兰德认为，不同的人对成就、权利和友谊的需要程度不同，层次排列不同。个体行为主要取决于那些被环境激励起来的需要，这三种需要与管理工作有特定的联系，经过大量广泛的研究，他得出以下结论：

第一，具有高成就需要的人，往往力求把事情做得更好，他们喜欢具有个人责任、能够获得工作反馈和适度冒险精神的环境；

第二，高成就需要的人并不一定是一个优秀的管理者；

第三，友谊需要和权力需要与管理者的成功密切相关；

第四，可以通过培训激发员工的成就需要。

(二)过程型激励理论

过程型激励理论关注的是动机的产生以及从动机产生到采取具体行为的心理过程，试图揭示出用于解释激励行为的普遍的过程。由于这类理论研究的重心是激励过程，而非激励的具体内容，所以其适用性更广。

1. 公平理论

公平理论(Equity Theory)是美国心理学家亚当斯于 1963 年提出的，也称社会比较理论。该理论主要讨论报酬的公平性对人的工作积极性的影响，即人除了关注自己报酬的绝对量外，还关注与相关他人报酬相比较的相对量。该处的比较有横向比较和纵向比较之分。

公平理论的主要内容包括三个方面。

(1)公平是激励的动力

公平理论认为，人能否受到激励，不但受他们得到了什么的影响，还要受他们所得与别人所得是否公平的影响。

这种理论的心理学依据，是人的知觉对于人的动机的影响关系密切。他们指出，一个人不仅关心自己所得所失本身，而且还关心与别人所得所失的关系。他们以相对付出和相对报酬全面衡量自己的得失。如果得失比例和他人相比大致相当时，就会心理平衡，认为公平合理心情舒畅。比别人高则令其兴奋，是最有效的激励，但有时过高会带来心虚，不安全感激增。低于别人时则会产生不安全感，心理不平衡，甚至满腹怨气，工作不努力、消极怠工。因此，分配合理性是激发人在组织中工作动机的因素和动力。

(2)公平理论的模式

即公平理论的方程式：$\frac{O_P}{I_P}=\frac{O_C}{I_C}$，其中：

O_P——对自己报酬的感觉

I_P——对自己投入的感觉

O_C——对他人报酬的感觉

I_C——对他人投入的感觉

当上式为不等式时，可能出现以下两种情况：

① $\frac{O_P}{I_P}<\frac{O_C}{I_C}$

在这种情况下，他可能要求增加自己的收入或减小自己今后的努力程度，以便使左方增大，趋于相等；第二种办法是他可能要求组织减少比较对象的收入或者让其今后增大努力程度以便使右方减小，趋于相等。此外，他还可能另外找人作为比较对象，以便达到心理上的平衡。

② $\frac{O_P}{I_P}>\frac{O_C}{I_C}$

在这种情况下，他可能要求减少自己的报酬或在开始时主动多做些工作，但久而久之，他会重新估计自己的技术和工作情况，最终觉得他确实应当得到那么高的待遇，于是产量便又会回到过去的水平了。

除了横向比较之外，人们也经常做纵向比较，即把自己目前投入的努力与目前所获得报偿的比值，同自己过去投入的努力与过去所获报偿的比值进行比较。

只有相等时，他才认为公平，如下式所示：

$\frac{O_P}{I_P}=\frac{O_H}{I_H}$，其中：

O_P——对自己现在报酬的感觉

I_P——对自己现在投入的感觉

O_H ——对自己过去报酬的感觉

I_H ——对自己过去投入的感觉

当上式为不等式时，也可能出现以下两种情况：

① $\frac{O_P}{I_P} < \frac{O_H}{I_H}$

当出现这种情况时，人也会有不公平的感觉，这可能导致工作积极性下降。

② $\frac{O_P}{I_P} > \frac{O_H}{I_H}$

当出现这种情况时，人不会因此产生不公平的感觉，但也不会觉得自己多拿了报酬，从而主动多做些工作。调查和试验的结果表明，不公平感的产生，绝大多数是由于经过比较认为自己目前的报酬过低而产生的；但在少数情况下，也会由于经过比较认为自己的报酬过高而产生。

(3)不公平的心理行为

当人们感到待遇不公平时，在心里会产生苦恼，呈现紧张不安，导致行为动机下降，工作效率下降，甚至出现逆反行为。为了消除不安，一般会进行以下行为措施：通过自我解释达到自我安慰，造成一种公平的假象，以消除不安；更换对比对象，以获得主观的公平；采取一定行为，改变自己或他人的得失状况；发泄怨气，制造矛盾；暂时忍耐或逃避。

2. 期望理论

期望理论(Expectancy Theory)，又称作“效价—手段—期望理论”，是由北美著名心理学家和行为科学家维克托·弗鲁姆(Victor H. Vroom)于1964年在《工作与激励》中提出的激励理论。

(1)期望理论的内涵

弗鲁姆认为，人们在采取一定的行为之前，总是要对自己行为所指向的目标的价值及成功的概率进行一番估计。当他认为行为指向的目的正是自己所期望的，对自己的价值较大时，其行动的激发力量就会增大；反之，则相反。同时，当他估计到自己的行为成功的可能性较大时，其激发力量也会增大；反之，如果成功的概率微乎其微甚至根本不可能，那么他的激发力量也就微乎其微或者为零了。用公式表示如下：

$$M = V \times E$$

M 表示激发力量，是指调动一个人的积极性，激发人内部潜力的强度。

V 表示目标价值(效价)，是一个心理学概念，指达到目标对于满足个人需要的价值。同一目标，由于每个人所处的环境不同、需求不同，其需要的目标价值也就不同。同一个目标对每个人可能有三种效价：正、零、负。效价越高，激励力量就越大。某一客体如金钱、地位、汽车等，如果个体不喜欢、不愿意获取，目标效价就低，对人的行为的拉动力量就小。举个简单的例子，幼儿对糖果的目标效价就要大于对金钱的目标效价。

E 是期望值，是人们根据过去经验判断自己达到某种目标的可能性是大还是小，即能够达到目标的概率。目标价值大小直接反映人的需求动机强弱，期望概率反映人实现需求和动机的信心强弱。如果个体相信通过努力肯定会取得优秀成绩，期望值就高。

可以看出，V 和 E 任何一个出现值小的情况，M 的值都将变小。

根据该理论，在实际管理中，须处理好以下三个方面的关系，如图 7-4 所示。

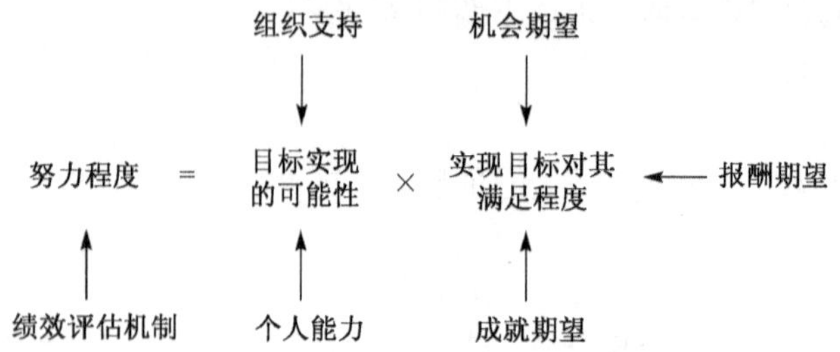

图 7-4　期望理论模型

第一，努力和绩效之间的关系（如果我付出了最大努力，能否达到组织要求的工作绩效水平、是否会在绩效评估中体现出来）：只有当预期达到目标的概率较高时，才能激发很强的工作力量。人们总是希望通过一定的努力达到预期的目标，如果个人主观认为达到目标的概率很高，就会有信心，并激发出很强的工作力量，反之，如果他认为目标太高，通过努力也不会有很好的绩效时，就失去了内在的动力，导致工作消极。

第二，绩效与奖励之间的关系（如果达到这一绩效水平，组织会给我什么样的奖赏或报酬）：只有预期完成绩效能获得奖励时，人们才有较高的工作热情。即指个体经过努力取得良好工作绩效所带来的对绩效的奖赏性回报的期望。人们总是希望取得成绩后能够得到奖励，当然这个奖励也是综合的，既包括物质上的，也包括精神上的。如果他认为取得绩效后能得到合理的奖励，就可能产生工作热情，否则就可能没有积极性。

第三，奖励与个人目标之间的关系（这一报酬是否是我所急需的、对我重要吗）：如果获得奖励正是个人所期望的，即对个人的价值较大，则激发的工作力量也较大。任何结果对个体激励影响的程度，取决于个体对结果的评价，即奖励与满足个人需要的关系。人们总是希望自己所获得的奖励能满足自己某方面的需要。然而由于人们在年龄、性别、资历、社会地位和经济条件等方面都存在着差异，他们对各种需要要求得到满足的程度也就不同。因此，对于不同的人，采用同一种奖励办法所能满足的需要程度不同，能激发出的工作动力也不同。

（2）期望理论的实践

由于期望理论是在目标尚未实现的情况下研究目标对人的动机影响，因此，期望理论对于有效地调动人的积极性，做好人的思想政治工作，具有一定的启发和借鉴意义。在人力资源管理的激励工作中，应该充分地研究目标的设置、效价和期望概率对激发力量的影响。因为不同的人有不同的目标，同一个目标对不同的人也会有不同的价值。只有具体问题具体分析，才能真正调动起每个员工的积极性。

① 目标设置

根据弗鲁姆的期望理论，为了使激发力量达到最佳效果，首先应当注意目标的设置。心理学认为，恰当的目标能给人以期望，使人产生心理动力，从而激发起热情，产生积极行为。为此，在设置目标时，必须考虑以下两个原则。

一方面，目标必须与员工的物质需求和精神需求相联系，使他们能从组织的目标中看到自己的利益，这样效价就大。

另一方面，要让员工看到目标实现的可能性很大，这样期望概率就高。

此外，在目标的设置时，还应该考虑以下几点。

第一，要考虑组织目标和员工个人目标的一致性。目标既有组织目标，又有个人所追求的目标。从根本上说，组织利益与个人利益是一致的。然而，由于员工需求的个别差异，个人往往会有自己的具体目标，因此，组织目标与员工个人目标既有一致性，又有差异性。管理者要善于使员工的个人目标与组织目标结合起来，使组织目标能够包含员工更多的共同需求，使更多的员工能够在组织目标中看到自己的切身利益，从而把组织目标的完成看成是与自己休戚相关的事。

第二，要考虑目标的科学性。一般来说，目标应该带有挑战性，适当地高于个人的能力。但要注意，切不可使目标过高，以免造成员工心理上的挫折，失去取胜的信心；也不可使目标过低，以免员工鼓不起干劲，失去内部的动力。

第三，要考虑目标的阶段性。组织的总目标，往往使员工感到“遥远”，应该将总目标分成若干个阶段性的小目标。一方面，小目标易于实现，从而提高员工的期望概率；另一方面，小目标便于通过信息反馈检查落实，从而实行有效的定向控制，逐步将员工导向既定的总体目标。

第四，要考虑目标的可变性。目标设立后，一方面要认真执行，另一方面要根据情境的变化，对目标做适当的修正或调整，使之更加符合变化了的主客观条件，更好地激励员工的积极进取精神。当然，也应注意不要轻易频繁地调整目标。因为过于频繁的变化，容易降低目标在人们心目中的效价和期望值。因此，在一般情况下，应该维护目标的严肃性。

② 效价的作用

同样的目标，在不同人的心目中，往往会有不同的效价，这主要是由各人的理想、信念、价值观的不同造成的，同时也与人的文化水平、道德观念、知识能力、兴趣爱好及个性特点有关。要全面地理解“效价”的作用和意义，企业和员工不能单纯地只看目标的价值“对企业有没有好处”或“对自己有没有好处”，还应该看到目标价值对社会有多少贡献。如果对效价的理解，仅仅局限于“对自己有没有好处”，很容易使人走上追逐个人名利的邪路，如果对效价的理解只是“对企业本身有没有好处”，就会把企业引向歧途。例如，日本住友银行在一次招收新职员的考试中，总裁堀团出了一道试题：“当住友银行与国家双方利益发生冲突时，你认为如何去处理才合适?”许多人答道：“应从住友的利益着想。”堀团对这些人的评语是：“不能录取。”另有许多人答道：“应以国家的利益为重。”堀团认为这个答案及格，但不足以录用。只有少数几个人的回答是：“对于国家利益和住友利益不能双方兼顾的事，住友绝不染指。”堀团认为这几个人卓有见识，把他们录用了。

③ 期望值的估计

期望值的估计，即对实现目标可能性大小的估计。对期望值的估计应该恰如其分。估计过高会盲目乐观，实现不了，容易出现心理挫折；估计过低容易悲观泄气，会影响信心，放松努力。

弗鲁姆认为，期望的东西不等于现实，期望与现实之间一般有三种可能性，即期望小于现实，期望大于现实，期望等于现实。这三种情况对人的积极性的影响是不同的。

- 期望小于现实，即实际结果大于期望值。一般来说，在正强化的情况下，如奖励、提职、提薪、分房子等，当现实大于期望值的时候，有助于提高人们的积极性，增强人们的信心，增加激发力量。而在负强化的情况下，如惩罚、灾害、祸患等，期望值小于现实，就会令人感到失望，从而产生消极情绪。
- 期望大于现实，即实际结果小于期望值。一般来说，在正强化的情况下，会产生挫折感，对激发力量产生削弱作用。如果在负强化的情况下，期望值大于现实，则会有利于调动人们的积极性，因为这时人们已做了最坏的打算和准备，而结果却比预想的好得多，这自然对人的积极性是一个很大的激发。
- 期望等于现实，即人们的期望变为现实，所谓期望的结果，是人们预料之中的事。在这种情况下，也有助于提高人们的积极性。如果从此以后，没有继续给以激励，积极性则只能维持在期望值的水平上。

此外，对期望值的估计，人与人之间也存在着很大的差异，这主要与个人的兴趣、愿望、知识、能力和生活经验等因素有关。一般来说，如果目标符合社会发展规律，又不脱离当前的实际，达到的可能性就越大，在这种情况下，就要设法提高员工的“期望值”。鼓舞士气，增强信心。相反，如果目标违背社会发展规律，就要劝说和引导员工降低“期望值”，直至其最终放弃这个目标。

为了实现组织目标，作为管理者或领导者，既要设法提高目标在员工心目中的效价，又要设法提高员工对目标的期望值，除此之外，还应采取切实可行的措施，建立有效的保证体系，只有这样，才能从总体上提高实现目标的最大可能性。

3. 强化理论

强化理论（Reinforcement Theory）是美国心理学家斯金纳于20世纪70年代提出的。主要研究人的行为与外部因素之间的关系，是以学习的强化原则为基础的关于理解和修正人的行为的一种学说。人们为了实现自己的目标，就必须采取一定的行为。行为产生结果，结果作用于环境，环境对结果做出评价，该评价对人以后的行为产生影响，好的评价会加强该行为，使其重复出现；不好的评价或者不进行评价，则该行为将会减弱甚至消失。环境所起的就是强化的作用。

利用强化方式改造行为，一般有四种基本方式。

（1）正强化：对于积极的、符合组织目标的行为进行奖赏，如奖金、表扬、提升、改善工作关系等。受到正强化的行为得到加强，就会重复出现，从而有利于组织目标的实现。

（2）负强化：对于那些消极的、与组织目标偏离或者背道而驰的行为进行惩罚，如克扣奖金、批评、降级等。消极的行为得到负强化，就会减弱或消失。

（3）自然消退：指对某种行为不予回应，以表示对该种行为的轻视或某种程度的否定，从而减少这种行为。例如，有经验的教师往往对上课扮鬼脸的淘气学生佯装未见，使其自讨没趣而自行收敛。

（4）惩罚：用批评、降职、罚款等带有强制性、威胁性的结果，创造一种令人不快甚至痛苦的环境，以表示对某些不符合要求行为的否定，从而消除这些行为重复发生的可能性。

上述基本强化方式中，正强化是影响行为的最有利手段，它能够增强或增加有效的工作行为。自然消退只能使员工知道不应该做什么，而不能使其知晓应该做什么。

强化理论对管理实践的指导作用主要体现在以下几点。

(1)奖励与惩罚相结合

即对正确的行为，对有成绩的个人或群体给予适当的奖励；同时，对于不良行为，对于一切不利于组织工作的行为则要给予处罚。大量实践证明，奖惩结合的方法优于只奖不罚或只罚不奖的方法。

(2)以奖为主，以罚为辅

强调奖励与惩罚并用，并不等于奖励与惩罚并重，而是应以奖为主，以罚为辅，因为过多地运用惩罚的方法，会带来许多消极的作用，在运用时必须慎重。

(3)及时而正确强化

所谓及时强化是指让人们尽快知道其行为结果的好坏或进展情况，并尽量地予以相应的奖励，而正确强化就是要“赏罚分明”，即当出现良好行为时就给予适当的奖励，而出现不良行为时就给予适当的惩罚。及时强化能给人们以鼓励，使其增强信心并迅速地激发工作热情，但这种积极性的效果是以正确强化为前提的；相反，乱赏乱罚决不会产生激励效果。

(4)奖人所需，形式多样

要使奖励成为真正强化因素，就必须因人而异地进行奖励。每个人都有自己的特点和个性，其需求也各不相同，因而他们对具体奖励的反应也会大不一样。所以奖励应尽量不搞一刀切，应该奖人之所需，形式多样化，只有这样才能起到奖励的效果。

4. 目标设置理论

目标设置理论(Goal-Setting Theory)由洛克于20世纪60年代提出。管理实践表明，目标对人的行为具有导向作用，目标为员工的行为指明了方向，告诉他们应该做什么以及需要付出多大的努力才能达到目标。在管理中，目标的价值是有目共睹的。目标的明确与否，对员工行为的激发力量的大小是不同的。通常来说，在明确目标的指引下，员工的行为是高效率的，而模糊的目标则会导致员工行为的盲目性，从而效率低下。另一方面，有一定难度的目标总是比容易的目标更能激发员工付出更大的努力，效率也更高。

实践还证明，对于参与制定的目标，员工的努力程度总是比对上级指定的目标所付出的努力大，也更容易为员工所接受。所以，困难的目标，应该积极地吸引员工参与其中。在实现目标的过程中，反馈与否，对员工的效率也有很大的影响。反馈可以告诉员工已经取得的成就与所要达到的目标之间的差距，从而促使他们及时地完善策略，提高效率。自我效能感也会对人们的行为产生影响。自我效能感是指个人对自己胜任工作的信心。自我效能感越高，其行为效率越高，实现目标的可能性越大；反之，则相反。对于不同的反馈，具有不同效能感的人，其反应也是不同的。自我效能感高的人，对于消极的反馈，其反应是积极的；而自我效能感低的人则相反。如图7-5所示。

(三)综合型激励理论

波特和劳勒于1968年提出了新的综合型激励模式，将行为主义的外在激励和认知派的内在激励综合起来。在这个模式中含有努力、绩效、个体品质和能力、个体知觉、内部激励、外部激励和满足等变量，如图7-6所示。

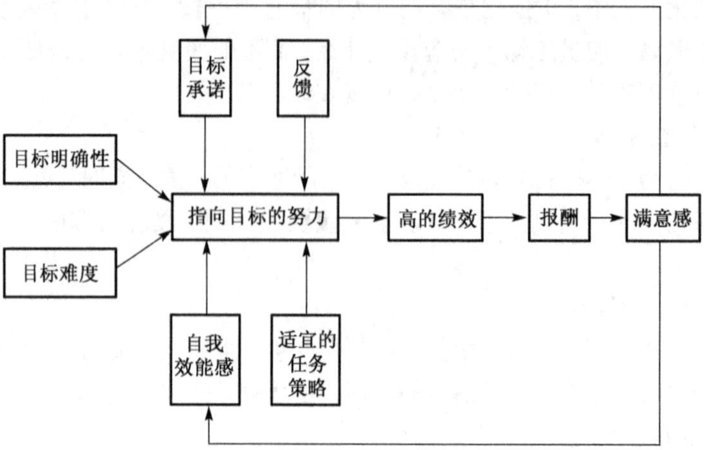

图 7-5　目标设置理论的循环模型

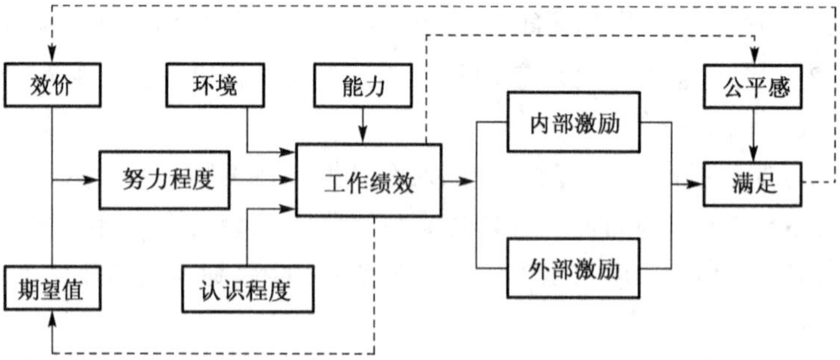

图 7-6　综合型激励模式

在这个模式中，波特与劳勒把激励过程视为外部刺激、个体内部条件、行为表现、行为结果相互作用的统一过程。一般人都认为，有了满足才有绩效。而他们则强调，先有绩效才能获得满足，奖励是以绩效为前提的，人们对绩效与奖励的满足程度反过来又影响以后的激励价值。人们对某一作业的努力程度，是由完成该作业时所获得的激励价值和个人感到做出努力后可能获得奖励的期望概率所决定的。显然，对个体的激励价值越高，其期望概率越高，则完成作业的努力程度也越大。同时，人们活动的结果既依赖于个人的努力程度，也依赖于个体的品质、能力及个体对自己的工作作用的知觉。

波特和劳勒的激励模式还进一步分析了个人对工作的满足与活动结果的相互关系。他们指出，对工作的满足依赖于所获得的激励同期望结果的一致性。如果激励等于或者大于期望所获得的结果，那么个体便会感到满足；反之，如果激励和劳动结果之间的联系减弱，那么人们就会丧失信心。

（四）其他激励理论

1. X 理论和 Y 理论

在马斯洛及其需求理论的强烈影响下，道格拉斯·麦格雷戈将该理论应用到组织结构中。20 世纪 60 年代，他提出了两种相反的理论，称之为“X 理论”和“Y 理论”。

X 理论强调人本质上是惰性的，不愿意工作，他们需要接受指导，并因为害怕惩罚而受到激励。另外，X 理论还认为，一般员工都力图逃避责任，而将工作安全置于首位。

Y 理论认为人能够自制和自我指导。该理论提出，普通员工不仅会接受责任而且还会主动寻求责任。

按照 X 理论管理的组织，其组织结构通常是等级化的。员工被认为是这样的：

(1)懒惰且尽可能地逃避工作；

(2)需要管理和指导以更好地工作；

(3)通常都胸无大志；

(4)伺机逃避责任。

Y 理论在组织结构上以完全相反的方式运作，其组织特点是统合。员工被认为是这样的：

(1)能够享受物质和精神的成就；

(2)能够引导自己实现目标；

(3)能够将成就和一定的奖励挂钩；

(4)能够运用高度的想象力和独创性，并具有创新精神。

2. Z 理论

Z 理论是由威廉·大内提出来的，通常用于日本式的管理风格。大内说，成功的秘诀并不在于技术，而在于管理员工的方式。这种风格包括：强烈的公司理念、独特的公司文化、长远的员工发展，以及凛议决策制度。其结果是：员工流失率降低，工作投入增加，生产率也获得了提高。

Z 理论的一个主要应用方面是信誉。许多组织花费了大量时间用于发展人际关系技巧，这是进行有效地集体决策所必需的。当一个集体作出决策时，要求将每一个成员的命运置于其他成员手中。每个人都要对集体为个人设定的目标负责，团队表现对目标的完成至关重要。

三、激励体系的构建

激励体系(Incentive Systems)是指通过对特定的目标对象以刺激、鼓励等手段的综合运用，使其能够认同激励者的培养目标，并通过自己不断地努力达到该目标的一种过程。

(一)激励体系的内容

激励体系建设一般包括物质激励和精神激励两大方面。

(1)物质激励

物质激励对激发员工的积极性具有非常重要的作用。物质激励方式多种多样，必须根据每个岗位的不同特点采取相应的方式，才能达到最好的激励效果。物质激励没有绝对高低之分，更多的是一个相对概念，在设计物质激励的过程中最重要的是要体现“公平”原则，以公司发展战略和经营计划为导向，以每位员工创造的绩效大小为依据，制定基于绩效的物质激励体系，充分体现“多创造价值多得回报”的理念。

(2)精神激励

精神激励是激发员工积极性的另一种方式。精神激励的方式同样有很多，企业要善于创新精神激励的方式，充分激励每位员工的积极性。

企业为了达到最大化的激励效果，要善于把物质激励和精神激励有效结合。如果只采用其中一种激励方式，永远无法达到有效激励员工的目的。片面强调物质激励，容易使员工产生拜金主义，增加企业的激励成本；过度地依靠精神激励也不管用，精神激励只能在短期内调动员工的积极性和创造性，如果没有相应的物质激励作为保障，难以产生长期效果，改革开放前众多国有企业的实践就证明了这一点。

（二）员工激励的特点

员工激励具有以下特点。

1. 激励的结果不能事先感知

激励是以人的心理作为激励的出发点，激励的过程是人的心理活动的过程，而人的心理活动不可能凭直观感知，只能通过其导致的行为表现来感知。

2. 激励产生的动机行为是动态变化的

从认识的角度来看，激励产生的动机行为不是固定不变的，而要受多种主客观因素的制约，不同的条件下，其表现不同。因此，必须以动态的观点认识这一问题。

3. 激励手段是因人而异的

从激励的对象来看，由于激励的对象是有差异的，人的需要也是千差万别的，从而决定了不同的人对激励的满足程度和心理承受能力也各不相同。因此，这就要求对不同的人采取不同的激励手段。

4. 激励的作用是有限度的

从激励的程度上看，激励不能超过人的生理和能力的限度，应该讲究适度的原则。激励的目的是使人的潜力得到最大限度的发挥。但是，人的潜力不是无限的，受到生理因素和自身条件的限制，所以，不同的人发挥的能力是不同的。

（三）激励体系构建的原则

1. 对于不同的员工采用不同的激励手段，适当拉开实际效价的档次，控制奖励的效价差。

2. 注意期望心理的疏导，每次评奖阶段都是员工期望心理高涨阶段，有一些人会出现挫折感。

3. 注意公平心理的疏导，在员工心里树立正确的公平观，包括以下几点：

（1）要认识到绝对公平是不存在的；

（2）不要盲目地攀比；

（3）不应“按酬付劳”，造成恶性循环。

4. 恰当地树立奖励目标。在树立奖励目标时，既不可过高，又不可过低，对于一个长期的奋斗目标，一旦达到阶段目标，就应及时给予奖励，这样可以使员工的期望概率较高，收到满意的激励效果。

5. 注意掌握时机和奖励频率。对于目标任务不明确，需长期方可见效的工作，奖励频率宜低，对于目标明确，短期可见成果的工作，奖率频率宜高，奖励频率和奖励强度恰当配合。

第二节 激励的创新

激励机制就是企业将其远大理想转化为具体事实的连接手段。以美国加州一家已有99年历史的经营沙石、水泥及柏油的GuraniteRock公司为例，12年前，当Woolpert兄弟共同担任公司总裁时，他们为公司设定了一个惊人的目标：将促使公司全力满足顾客，使其服务水准达到、甚至超过以顾客满意度而闻名全球的Nordstrom百货公司。这个目标对于GuraniteRock这家老牌的家族企业，尤其是员工，多半是在沙石场工作的武夫硬汉，客户又多是彪悍的建筑工人或建筑承包商，不可谓不大胆、惊人！

GuraniteRock公司为了实现其雄心勃勃的目标，采用了一种非常激进的"拒付费"政策。GuraniteRock公司在其开出的每一张发票下方都印有：不论任何原因，只要你觉得服务不满意的项目，就可以拒绝付费。你所要做的只是划掉那些不满意项目的收费额，写张便条说明问题所在，并连同发票复印件及余款支票寄还本公司即可。

"拒付费"方案的实施，对GuraniteRock公司产生了非常深远的正面影响。该方案如同一套警告系统，反映出顾客对于公司服务及产品品质的意见，根本不容公司有半点忽视。它迫使公司的各级经理人必须毫不留情地彻底找出问题的根源，以免一再遭到拒付。而且，该方案也向公司的全体员工和顾客严正宣示，GuraniteRock公司将真心重视顾客的满意度，并非只是喊喊口号而已。

当然，GuraniteRock公司的"拒付费"方案取得了巨大的成功。公司无论是在其市场占有率上还是在其盈利表现方面，均取得了巨大的提升。1992年，GuraniteRock公司还获得了MalcolmBaldrige国家品质奖。

除了传统的激励理论，在企业的实践过程中，出现了越来越多的激励创新，具有代表性的有员工持股、股票期权和EVA。

一、员工持股计划

员工持股计划(Employee Stock Ownership Plans，ESOP)属于一种特殊的报酬计划，是指为了吸引、保留和激励公司员工，通过让员工持有股票，使员工享有剩余索取权的利益分享机制和拥有经营决策权的参与机制。

(一)ESOP的实现方式

从国外的通常做法看，ESOP一般可分为非杠杆型的ESOP与杠杆型的ESOP。

1. 非杠杆型的员工持股计划

非杠杆型的员工持股计划是指由公司每年向该计划贡献一定数额的公司股票或用于购买股票的现金。这个数额一般为参与者工资总额的15%，当这种类型的计划与现金购买退休金计划相结合时，贡献的数额比例可达到工资总额的25%。这种类型计划的要点是：

(1)由公司每年向该计划提供股票或用于购买股票的现金，职工不需做任何支出；

(2)由员工持股信托基金会持有员工的股票，并定期向员工通报股票数额及其价值；

(3)当员工退休或因故离开公司时，将根据一定年限的要求相应取得股票或现金。

2. 杠杆型的员工持股计划

杠杆型的员工持股计划主要是利用信贷杠杆来实现的。这种做法涉及职工持股计划基金会、公司、公司股东和贷款银行四个方面：

(1)首先，成立一个职工持股计划信托基金会；

(2)然后，由公司担保，由该基金会出面，以实行职工持股计划为名向银行贷款购买公司股东手中的部分股票，购入的股票由信托基金会掌握，并利用因此分得的公司利润及由公司其他福利计划(如职工养老金计划等)中转来的资金归还银行贷款的利息和本金；

(3)随着贷款的归还，按事先确定的比例将股票逐步转入职工账户，贷款全部还清后，股票即全部归职工所有。

这种类型计划的要点是：

(1)银行贷款给公司，再由公司借款给员工持股信托基金会，或者由公司做担保，由银行直接贷款给员工持股信托基金会；

(2)信托基金会用借款从公司或现有的股票持有者手中购买股票；

(3)公司每年向信托基金会提供一定的免税的贡献份额；

(4)信托基金会每年从公司取得的利润和其他资金，归还公司或银行的贷款；

(5)当员工退休或离开公司时，按照一定条件取得股票或现金。

(二)ESOP的规范操作流程

ESOP的规范操作流程包括以下几方面。

1. 进行实施员工持股计划的可行性研究，涉及到政策的允许程度；对企业预期激励效果的评价；财务计划；股东的意愿统一等。

2. 对企业进行全面的价值评估。员工持股计划涉及到所有权的变化，因此合理的公正的价值评估对于计划的双方——员工和企业来说都是十分必要的。企业价值高估，显然员工不会愿意购买；而企业价值低估，则损害企业所有者的利益，在我国主要表现为国有资产的流失。

3. 聘请专业咨询顾问机构参与计划的制定。我国企业由于长期缺乏完善的市场机制下经营的全面能力，因此缺乏对于一些除产品经营外的经营能力。特别是对于这样一项需要综合技术、涉及多个部门和复杂关系界定的工程，聘请富有专业经验和有知识人才优势的咨询顾问机构的参与是必要的。

4. 确定员工持股的份额和分配比例。在我国，由于国有企业的特殊属性，企业的员工在为企业工作过程中所累积的劳动成果未得以实现，因此，在确定员工为企业贡献所应得的报酬股份时，难度较大，另外，员工持股的比例也要跟计划的动机相一致，既能够起到激励员工的目的，又不会损害企业原所有者的利益。

5. 明确职工持股的管理机构。在我国，因为各个企业基本上存在着较为健全的工会组织。而对于一些大型的企业来说，借鉴国外的经验，由外部的信托机构、基金管理机构来管理员工持股信托也是可行的。

6. 解决实施计划的资金筹集问题。在国外，实施ESOP资金主要的来源渠道是金融机构的贷款，而在我国现有情况下，仍然以员工自有资金为主，企业提供部分低息借款。对于金融机构目前在 ESOP 中的介入似乎还没有，但是不管从哪个方面讲，这样做都是有可行性的，并且对于解决银行贷款出路问题，启动投资和消费有一定的促进作用。

7. 制定详细的计划实施程序。实施 ESOP 详细的计划程序主要体现在员工持股的章程上。章程应对计划的原则、参加者的资格、管理机构、财务政策、分配办法、员工责任、股份的回购等做出明确的规定。

8. 制作审批材料，进行审批程序。计划要得以实施，通常要通过集团公司、体改办、国资管理部门等部门的审批，但在实施操作中也存在灵活的做法。

二、股票期权制度

股票期权(Executive Stock Options, ESO)又称经营者股票期权或管理层股票期权，是指企业向主要经营者提供的一种在一定期限内按照某一既定价格购买一定数量本公司股份的权利。由企业的所有者向经营者提供激励的一种报酬制度。例如，一位公司经理被公司股东允诺，可以用今年的本公司股票价格(如5 元)，购买3 年后的股票若干股，那时，每一股股票的价格可能已升至25 元。这样做的好处是，对企业经营者改善经营、增大盈利产生很大的压力和诱惑，他只有努力创新才能使公司股票大幅度增值，公司生产力增强了，而他个人得到的利益也通过股票期权实现了。

股票期权制度指经公司股东大会同意，将预留或库存在公司中的已发行未公开上市的普通股股票(有些公司采取市场回购的方式买进公司股票)的认股权，授予公司高级管理人员、科技骨干或有重大贡献的普通员工，借以最大限度地调动他们的生产经营积极性和创新精神的一种激励制度。股票期权制规定，上述人员可以在规定的时期，按预先确定的价格购买本企业股票。上述人员购买股票时的购买价格与实施购买时股票的市价之间的差距，形成购买者即期权所有者的期权收入，实际上，期权收入也就是认股权的价值。

股票期权制的产生，既是生产力和科学技术发展到一定阶段，资产所有权与经营权发生分离的产物，也是人力资本在生产经营过程中所处的地位发生革命性变革的结果。

在美国，股票期权制有两种：一种是激励性股票期权，另一种是非法定股票期权。这两种期权授予的对象不同：激励性股票期权一般授予普通员工，用于激励员工努力工作，分享公司成长带来的成果。美国国内税法规定，个人持有的激励性股票期权最高限额为10 万股，这种期权在税收方面有优惠。非法定股票期权则主要授予公司高层管理人员和技术骨干，用于调动经营人员的积极性，在税收方面没有优惠，个人收益不能从公司所得税税基中扣除，个人收益部分必须依法缴纳个人所得税。

实施股票期权虽然同股票的购买存在千丝万缕的联系和相同性，但是，股票期权同股票的直接购买或无偿赠与又有许多不同。

第一，对于行权人来说，股票期权所带来的收入是一种预期收入，它的价值取决于行权人经营企业的业绩。业绩好，行权人所获得的差价收益大，反之，则小；而直接购买股票或无偿赠与所获得的收益与企业高级管理人员经营企业的业绩无关，直接购买股票的收益取决于股市行情；无偿赠与就是赠与收益。

第二，股票期权所追求的是对企业高级管理人员及业务骨干进行长期激励，同时，对股票期权持有者来说，它也包含着一定的经营风险，而直接购买股票和无偿赠与均不具有这些功能和要求。

(一)股票期权制度与其他激励机制的区别和联系

人们对经营者股权激励的理解存在一定的混乱，将股票期权制与经营者股权混为一谈。在市场经济条件下，经营者股权激励的主要形式有经营者持股、期股和股票期权等。

经营者持股有广义和狭义两种，广义持股是指经营者以种种形式持有本企业股票或购买本企业股票的权利；狭义持股是指经营者按照与资产所有者约定的价格出资购买一定数额的本企业股票，并享有股票的一切权利，股票收益可在当年足额兑现的一种激励方式。一般所讲的经营者持股均指狭义持股。

经营者持股的特点主要有：一是经营者要出资购买，出资方式可以是用现金，也可以是低息或贴息贷款；二是经营者享有持股的各种权利，如分红、表决、交易、转让、变现、继承等；三是股票收益可在短期内兑现；四是风险较大，一旦经营失败，其投资将受损。

持股的有利之处在于经营者自己掏钱买股票，个人利益与企业经营好坏紧紧联系在一起，有利于调动经营者的积极性，促进企业发展。

(二)股票期权制度需要解决的四大问题

股票期权制度是西方国家的公司激励经营者及员工为公司长期发展而努力工作的一种薪酬制度。对公司经营者普遍缺乏激励和约束，是我国公司治理存在的一个主要问题。因此，中国的企业也需要创造条件，尽快有步骤地推行股票期权制度。在这一过程中，必须解决的基本问题有：

1. 对股票期权制度的内容及实施所需条件不了解，存在认识上的盲目性。如不知道可能带来的风险，不知道对股东(特别是小股东)可能产生的负面影响，不重视建立企业经营者包括考核、“薪酬包”等在内的基本制度，不了解这些基本制度对实行股票期权等股权激励制度的重要意义。

2. 公司治理不完善，在“内部人控制”的情况下引入股票期权制度，必然出现经营者为自己定薪定股，损害公司和股东利益的情况。国有企业，包括国有控股(含相对控股)的上市公司，公司治理结构不健全的突出表现是国有企业老板不到位，没有一个机构承担国有资本经营责任，承担决定有关人事、考核的责权。上市公司经营者多为与控股机构关系密切的“内部人”，甚至与控股公司负责人是同一个人，只要控股机构同意，上市公司经营者很容易控制公司。这种结构，加上企业未建立严格的审计、考核体系，国有上市公司内部人不合理地自定薪酬股份的可能性很大。私人或非国有法人控制的上市公司，由于公司治理结构不健全，也有同样的问题。已引起各方关注的国有和非国有上市公司被掏空的事件，说明上述担心绝非空穴来风。

3. 资本市场不健全，有可能因引入股票期权制度出现更多的黑箱操作、幕后交易。我国对幕后交易等违规行为的监管尚不健全、不严格，实行股票期权制度、甚至允许回购股票，诱发经营者搞违规的“内部交易”及和外部人结合操作市场的可能性加大。证券、会计、法律等中介服务机构职业道德和水准不高，甚至有严重的“做假账”问题，不利于公司治理水平的提升，不利于资本市场健全发展，也不利于股票期权制度有效地发挥作用。

4. 政府直接控制国有企业薪酬的管理体制，不利于企业制定合理的股票期权制度。股票期权形式的薪酬是经营者全面薪酬的一部分，公司只能根据自己的需要、财务承受力、人才市场价格等确定经营者的薪酬总水平和结构。经营者薪酬方案是公司人才战略和经营战略的重要组成部分，用国家审批的办法管理，很难与企业人才战略所要求的薪酬体系协调，会破坏包括长期和短期、股票形式与现金形式的薪酬体系内在的统一性，不利于合理真实地估计公司的完全的薪酬成本。

三、EVA：一种新的激励模式

EVA 是 Economic Value Added 的缩写，由思腾思特公司创导，表示“经济增加值”，是指从税后净营业利润提取了包括股权和债务在内的所有资金成本后的经济利润，是度量公司业绩的指标。

EVA 的计算公式为：

EVA(经济增加值)=税后净营业利润-资本成本

其中：

资本成本=资本成本率×公司使用的全部资本

资本成本是总资本乘以资本成本率得出的数额。资本代表着向投资者筹资(债权人的贷款部分和股东的股权投资部分)或利用盈利留存对企业追加投资的总额。这里的资本成本是经济学意义上的机会成本。

资产若能有效运用，获取相同税后净营业利润所需的资本将减少，盈余现金将回报给投资者用来投资其他企业并促进经济增长。通过向管理者收取资金成本，EVA 鼓励管理者高效投入资本和利用资产，使管理者可以有效地对债权人和股东负责。

EVA 考虑了有关公司价值创造的所有因素和利益关系平衡，不仅仅是一种公司业绩度量的指标，还是一个全面财务管理的架构，是一种经营层薪酬的激励机制。作为一种有高度统一性的方法，EVA 可应用于目标设置、业绩评估、与投资者沟通、评估战略、配置资金、并购估值以及使管理者像所有者那样思考的激励奖金确定等多种领域。

(一)EVA 体系

思腾思特公司提出的“Four M’s”的概念可以最好地阐释 EVA 体系，即评价指标(Measurement)、管理体系(Management)、激励制度(Motivation)以及理念体系(Mindset)。

1. 评价指标

EVA 评价指标是衡量业绩最准确的尺度，对无论处于何种时间段的公司业绩，都可以做出最准确恰当的评价。在计算 EVA 的过程中，首先对传统收入概念进行一系列调整，从而消除会计运作产生的异常状况，并使其尽量与经济真实状况相吻合。

例如，GAAP 要求公司把研发费用计入当年的成本，即使这些研发费用是对未来产品或业务的投资。为了反映研发的长期经济效益，在利润表上作为当期一次性成本的研发费用从中剔除。在资产负债表上，作出相应的调整，把研发费用资本化，并在适当的时期内分期摊销。而资本化后的研发费用还要支付相应的资本费用。思腾思特公司已经确认了达160 多种对 GAAP 所得收入及收支平衡表可能做的调整措施。这些措施涉及到诸多方面，包括存货成本、货币贬值、坏账储备金、重组收费以及商誉的摊消等。尽管如此，在保证精确性的前提下，也要顾及简单易行，所以通常建议客户公司采取 5 ~ 15 条调整措施。针对每个客户公司的具体情况，确认那些真正确实能够改善公司业绩的调整措施。基本的评判标准包括：调整能产生重大变化，有确切的可得数据，这些变化可为非财务主管理解。还有最重要的一条，就是这些变化能够对公司决策起到良好的影响作用，并且节省开支。

2. 管理体系

EVA 管理体系是衡量企业所有决策的单一指标。公司可以把 EVA 作为全面财务管理体系的基础，这套体系涵盖了所有指导营运、制定战略的政策方针、方法过程，以及衡量指标。在 EVA 体系下，管理决策的所有方面全都囊括在内，包括战略企划、资本分配，并购或撤资的估价，制定年度计划，甚至包括每天的运作计划。总之，增加 EVA 是超越其他一切的公司最重要的目标。

从更重要的意义来说，成为一家 EVA 公司的过程是一个扬弃的过程。在这个过程中，公司将扬弃所有其他的财务衡量指标，否则这些指标会误导管理人员做出错误的决定。例如，如果公司的既定目标是最大程度地提高净资产的回报率，那么一些高利润的部门不会太积极地进行投资，即使是对一些有吸引力的项目也不愿意，因为他们害怕损害回报率。相反，业绩并不突出的部门会十分积极地对几乎任何事情投资，即使这些投资得到的回报低于公司的资本成本。所有这些行为都会损害股东的利益。然而，统一着重于改善 EVA 将会确保所有的管理人员为股东的利益做出正确决策。

EVA 公司的管理人员很清楚增加价值只有三条基本途径：一是可以通过更有效地经营现有的业务和资本，提高经营收入；二是投资所期回报率超出公司资本成本的项目；三是可以通过出售对别人更有价值的资产或通过提高资本运用效率，比如加快流动资金的运转，加速资本回流，从而达到把资本沉淀从现存营运中解放出来的目的。

3. 激励制度

如今许多针对管理人员的激励报偿计划过多地强调报偿，而对激励不够重视。无论奖金量是高还是低，都是通过每年讨价还价的预算计划确定的。在这种体制下，管理人员最强的动机是制定一个易于完成的预算任务，并且因为奖金是有上限的，他们不会超出预算太多，否则会使来年的期望值过高，甚至使其信誉受损。

EVA 使经理人为企业所有者着想，使他们从股东角度长远地看待问题，并得到像企业所有者一样的报偿。思腾思特公司提出了现金奖励计划和内部杠杆收购计划。现金奖励计划能够让员工像企业主一样得到报酬，而内部杠杆收购计划则可以使员工对企业的所有者关系真实化。以 EVA 增加做为激励报偿的基础，正是 EVA 体系蓬勃生命力的源泉。因为使 EVA 的增加最大化，就是使股东价值最大化。在 EVA 奖励制度之下，管理人员为自身谋取更多利益的唯一途径就是为股东创造更大的财富。这种奖励没有上限，管理人员创造 EVA 越多，就可得到越多的奖励。事实上，EVA 制度下，管理人员得到的奖励越多，股东所得的财富也越多。

EVA 奖金额度是自动通过公式每年重新计算的。例如，若 EVA 值提高，那么下一年度的奖金将建立在当前更高的 EVA 水平增长的基础之上。不仅如此，公司还推荐“蓄存”

一定量的额外奖金，并分几年偿付。蓄存奖金可以在EVA下降的时候产生一种“负”奖金，并且确保只有在EVA可持续增长之时才发放奖金。因为奖金没有上限，并且脱离了年度预算，EVA管理人员更有动力进行全面经营(home runs)，不再单打独斗(singles)，并且会在进行投资时考虑到长远利益(long- run payoffs)。采取EVA激励机制，最终推动公司的年度预算的是积极拓展的战略方针，而不是被保守预算限制的战略方针。

4. 理念体系

如果EVA制度全面贯彻实施，EVA财务管理制度和激励报偿制度将使公司的企业文化发生深远变化。在EVA制度下，所有财务营运功能都从同一基础出发，为公司各部门员工提供了一条相互交流的渠道。EVA为各分支部门的交流合作提供了有利条件，为决策部门和营运部门建立了联系信道，并且根除了部门之间互有成见、互不信任的情况，这种互不信任特别会存在于运营部门与财务部门之间。

如Harnischfeger公司的CFO弗朗西斯·科比(Francis Corby)说，“自从公司采用EVA之后，管理层并没有拒绝一个可行的资本投资要求。生产管理人员明白，如果新投资项目的收益低于资本，他们的奖金将受到影响，所以他们不会为了使项目通过而故意夸大项目的预期回报。”实际上，EVA是一套公司法人治理制度，这套制度自动引导所有的管理人员和普通员工，鼓励他们为股东的最大利益工作。此外，EVA制度还帮助决策权的有效下放和分散，因为它使得每个管理人员有责任创造价值，并且对他们这样的做法给以奖励或惩罚。

把EVA写入企业文化的关键在于使其成为汇报、计划和决策的共同关注焦点。这就要求做到以下两点：一方面，因为EVA是全部生产要素的衡量指标，人们必须认识到EVA能够，也必须处于高出其他财务和营运指标的地位。如果EVA只是作为许多其他业绩衡量指标的附加手段实施，那么混乱的、本可解决的复杂情况仍将继续存在。另一方面，决策过程必须采用EVA指标。

（二）EVA激励计划的操作要点

1. 实施红利银行制度

EVA奖励计划实施红利银行制度。将红利银行的奖金始终处于一种变动的状态，使经营层在思考方式和行为上更多地趋于股东利益，从而使他们能够着眼于公司的长期发展而做出比较好的企业规划，并不断追求持续和长期的改进。

与传统实行封顶的激励制度相比，红利银行制度最大的特点是将奖金计酬和奖金分开支付。每年实际支付给经营层的红利基于更新的奖金库账户余额，并将奖金记入奖金银行中。如果奖金库账户余额为负，则没有奖金支付，本期期末余额将被结转到下一期。

2. 将EVA与薪酬挂钩，赋予经营层与股东一样关注企业成功与失败的心态

将EVA与经营层的薪酬挂钩，即把EVA增加值的一部分回报给经营层，从而创造出使经营层更接近于股东的环境，使管理人甚至企业的一般员工开始像企业的股东一样思考。按照EVA增加值的一个固定比例来计算经营层的奖金，是以EVA为核心的薪酬管理体系的思路。

3. 建立股东控制经营层的运营机制

导入EVA激励计划，建立一种股东控制经营层行为的机制，确保经营层在追求自身利益的同时实现股东财富最大化。这样的运营机制使经营层、股东保持同一立场，增强了委托者和代理者的信任关系，真正协调经营层与股东的关系。

通过EVA激励计划建立经营层和股东的利益纽带，使经营层和股东二者关系进一步合理协调和融洽，在心态上促使经营层与股东一样去经营管理。

4. 将股票期权奖励与EVA奖金相结合

杠杆股票期权方案与公司的EVA奖金计划密切相关，奖金数量确定后，经营层除了现金奖励外，还有大量的公司股票期权。将股票期权奖励与EVA奖金结合起来，使得股票期权本身成为一种可变的报酬，这样整个激励制度的杠杆化程度就提高了。

这样管理者工作方向便从降低股东的期望目标转向了努力提高业绩，经营层和股东就有了一个共同的利益纽带。同时，也达到了积极的策略，驱动了积极的预算，而不是温和的预算驱动温和的策略的效果。

（三）基于EVA激励计划建立的各项制度

1. 基于EVA建立奖励基金

基于EVA建立的奖励基金体现出薪酬与公司效益的直接挂钩，在EVA机制下经理层奖金将直接根据当年度和前一年度的EVA值来计算，计算公式如下：

$$奖金 = M_1 \times (EVA_t - EVA_{t-1}) + M_2 \times EVA_t$$

其中，EVA_t 和 EVA_{t-1}，分别是当年和前一年的EVA实际值；M_1 和 M_2 是加权系数，M_1 反映了EVA的变化值在确定管理人员当年奖金时的比重，M_2 反映了当年EVA值在确定管理人员当年奖金时的比重。

2. 基于EVA建立奖金银行

公司通过设立专门的账户来处理经营层的奖金。该账户有两种类型：一种是目标奖金，用现金支付，但是超额奖金的1/3放入奖金银行账户，以后年份出现负的业绩则从该账户中扣减，但是逐年派发余额的1/3。另一种是完全奖金银行账户，即将全部奖金都放入奖金银行账户，每年提走1/3，负的业绩同样借记该账户。

对经营层的奖金采用延期支付方式，可以激励经营层从公司的长期发展来规划企业的发展计划，避免当期支付引发的经营者行为短期化倾向。所以，每个经营期间以EVA为基准计算的奖金应采取当期支付与延期支付相结合的办法。

3. 基于EVA建立管理制度

（1）基于EVA建立考核体系和管理体系。EVA的持续增长需要明确的战略、以EVA提高为基础的业绩考评系统及职责分明、奖惩分明的责任机制，可以帮助管理人员权衡不同因素，以做出最佳决策的财务管理系统和以价值增值为核心的企业文化。

（2）基于EVA建立杠杆股票期权制度。建立基于EVA的杠杆股票期权制度的意义在于将经营层的经济利益与公司股份相挂钩，即只有股东获得了最低的投资收益率后，经营层才能获得期权收益。杠杆股票期权的执行价格每年应当以相当于公司资本成本的比例上升。

应用与训练

1. 期望效应的实践运用——九寨沟之旅

为了激励业务员更好地完成销售目标，营销主管发布了这样一项奖励措施：年终销售业绩前两名，奖励九寨沟双飞旅游一次。这项激励政策在小张、小李和老王三个人身上就产生了不同的反应（假定小张、小李、老王都相信主管会兑现诺言）。

小张刚刚大学毕业一年多，别说九寨沟，就是出远门的机会都很少，而且更没有坐过飞机。听到这项决定后，小张非常兴奋，暗地里发誓一定要努力工作，争取圆满完成任务出去风光一趟。根据期望理论，小张的效价如果用满分为 1 来计算，凭小张的能力和干劲，在三个人当中他成功的可能性是 50%。

小李是一位工作了将近五年的业务员，全国各地他跑了不少地方，飞机也坐过了，可是九寨沟却一直没有去过，九寨沟风景美丽他早就知道，也想着什么时候有机会去游览一番。这样看来，九寨沟旅游对小李的效价虽然不是 1，但也很高，为 0.9，凭小李的能力和经验，在三个人中他成功的可能性是 80%。

老王是一位老业务员，是三位中资历最老也是业绩最出色的一个业务员，全国各地几乎没有他没去过的地方，九寨沟也已经去过两次，而且，他老婆刚刚动了一次大手术，并因此欠了不少债，人们都知道老王现在最缺的是钞票。可以看出，九寨沟对他已经失去了价值，效价应该是 0，凭老王的能力和业务关系基础，在三个人当中他成功的可能性是 100%。

请根据期望理论的公式，分别计算这项激励政策对小张、小李、老王的激励效用，并分析九寨沟之旅对谁的激励作用更大？

2. Y 公司的激励制度

Y 公司地处西部最大省会城市的高新区，是一名从美国学成归国的 Z 博士在 2008 年创建的。目前，公司每年的销售额达 1.7 亿元人民币，并计划 10 年内达到 5 亿元人民币。

面对外界激烈的竞争环境，Z 博士在充分发挥自己管理天赋的基础上创造了一套有效而独特的激励方法，人们一直认为该公司的管理是极为成功的。

他为职工创造了极为良好的工作环境——公司总部设有网球场、游泳池，还有供职工休息的花园和宁静的散步小道，他规定每周五下午免费为职工提供咖啡，公司还定期举办酒会、宴会及各种体育比赛活动。除此之外，他还允许员工自由选择机动灵活的工作时间。

同时，他还注重用经济手段来激励员工。例如，他每年都会拿出一部分公司股份用于奖励优秀员工，目前，部分员工已拥有公司股份的 30%，这极大地激发了员工为公司努力工作的热情。Z 博士还特别注重强化员工的参与管理意识。他要求每个员工都要为公司长远发展提出自己的设想，以加强对公司的了解进而提高他们对公司强烈的责任心和感情，自觉地关心公司的利益。

Z 博士本人又是一个极为随和、喜欢以非正式身份进行工作的有才能的管理者。由于他在公司内对管理人员、技术人员和员工都能平等地采取上述一系列措施，公司的绝大多数人员极为赞同他的做法。公司员工都把自己的成长与公司的发展联系起来，并为此感到满意和自豪。

当然，Z 博士深知，要长期维持这样一批忠实工作的群体确实不是件容易的事。随着公司的快速发展，它的增长速度自然会放慢，也会出现一个更为正式而庞大的管理机构。在这种情况下，该如何更有效的激励员工呢？

根据案例请回答下列问题：

(1)Y 公司采取了哪些激励方法？

(2)请结合激励管理理论分析这些激励方法为什么能起作用？

思考与练习

1. 激励管理在人力资源管理体系中有什么作用？

2. 激励管理与人力资源管理其他模块工作之间的关系是什么？

3. 激励理论有哪些？相互之间的关系是什么？请总结激励理论的构成框架。

拓展阅读

1. 格兰仕的激励体系

格兰仕是微波炉界的“大白鲨”，它凭借持续不断的价格战，大幅吃掉竞争对手的利润空间，提前结束了微波炉行业的战国时代。它在拼搏了3年夺下中国第一的宝座之后，仅用2年的时间又拿下全球第一的桂冠。如今的格兰仕用实力和业绩成为了世界家电行业500强中国入选企业第一名，中国家电出口的两强企业之一。是什么驱动着格兰仕这个“大白鲨”，斗志不已、不停游弋呢？答案是格兰仕的激励体系焕发了广大员工的热情和积极性，从而为自身的发展提供了澎湃的动力和竞争的活力。

格兰仕首先看重员工对企业的感情投入，认为只有员工发自内心的认同企业的理念、对企业有感情，才能自觉地迸发出热情、为企业着想。在1万多人的企业里，要让员工都具备主人翁的心态，站在企业利益的角度来做好各环节的工作，在保证质量的同时严格控制住成本，这无疑是很难的。因而他们加强对全体员工的文化培训，用群众的语言和通俗的故事，将公司的理念和观点传达给每位员工。为自己的长远、共同的利益而工作，成了格兰仕员工的共识。

在注重感情投入、文化趋同的基础上，格兰仕对待不同的员工采取不同的激励方法和策略。对待基层工作人员，他们更多地采用刚性的物质激励；而对待中高层管理人员，则更注重采用物质和精神相结合的长期激励。

基层工人的收入与自己的劳动成果、所在班组的考核结果挂钩，既激励个人努力又激励他们形成团队力量。基层人员的考核的规则、过程和结果都是公开的，在每个车间都有大型的公告牌，清楚地记录着各生产班组和每个工人的工作完成情况和考核结果。对生产班组要考核整个团队的产品质量、产量、成本降低、纪律遵守、安全生产等多项指标的完成情况，同时记录着每个工人的完成工件数、加班时间、奖罚项目等。根据这些考核结果，每个人都能清楚地算出自己该拿多少，别人强在什么地方，以后需要在什么地方改进。也许这些考核设计并不高深，但要持之以恒地坚持、保持公正透明地运行，却不是每个企业都能做到的。依靠这个严格、公平的考核管理体系，格兰仕将数十个车间和数以万计的工人的业绩有效地管理了起来。

中高层管理层是企业的核心队伍，关系到企业的战略执行的效率和效果，他们往往也是企业在激励中予以重视的对象。格兰仕同样对这支骨干队伍高度的重视，但并没有一味地采用高薪的方式，因为他们认为金钱的激励作用是递减的，管理者需要对企业有感情投入和职业道德，不能有短期套利和从个人私利出发的心态。他们在干部中常常用“职业军人”作比喻来说明这个道理，在抗美援朝战争中，美军的失败是“职业军人”的心态，他们打仗拿着工资奖金，所以从心理上不敢打、不愿打，能打赢就打，打不赢就跑，遇到危险，举手投降。而中国的志愿军心中有着爱国热情、民族尊严，不因危险、困难而退缩，士气如虹、坚韧不拔，所以才最终赢得了“小米步枪对抗飞机大炮”的战争。

所以格兰仕对中高层管理者更强调用工作本身的意义和挑战、未来发展空间、良好信任的工作氛围来激励他们。格兰仕的岗位设置相当精简，每个工作岗位的职责范围很宽，这既给员工提供了一个大的舞台，可以尽情发挥自己的才干，同时也给了他们压力与责任。在格兰仕没有人要求你加班，但是加班是很经常的、也是自觉的，因为公司要的不是工作时间和形式，而是工作的实效。同时这也是公平的赛马机制，众多的管理者在各自的岗位上，谁能更出色地完成工作，谁就能脱颖而出。格兰仕为员工描绘了美好的发展远景，这也意味着给有才能的人提供了足够的发展空间，这大大地激励着富有事业心、长远抱负的管理者们。

在平时，格兰仕对管理者们工作的业绩和表现进行考核，只发几千元的月度工资，而把激励的重点放在财务年度上。他们将格兰仕的整体业绩表现、盈利状况和管理者的薪酬结合起来，共同参与剩余价值分配，从而形成长期的利益共同体。他们采取年终奖、配送干股、参与资本股的方式，递进式地激励优秀的管理者。如所有考核合格的管理者，都会有数量不等的年终奖；另外公开评选优秀的管理者，参与公司预留的奖励基金分配，这个奖励基金是按公司的盈利状况提取的；其中最优秀的几名管理者则配送次年的干股，不需要支付现金购买公司股份，能够参与公司次年一定比例的分红；经过几个年度考核，能提升到公司核心层的高层管理者，则可以购买公司股权，成为公司正式的股东。目前已有50多名中高层管理者拥有格兰仕的股份(资本股)，有70多名管理者拥有干股，这构成了格兰仕是各条战线上与公司利益高度一致的中坚力量。这样通过层层的激励方式，不断培养、同化、遴选了格兰仕忠诚度高、战斗力强的核心队伍，构成了格兰仕长远发展的原动力。

“适合就是最好的”，每个企业都有自身的特点，都有千差万别的历史背景、人际关系和经营理念，但最关键的是要设计和运行适合自身特点的激励体系，才能更好地解决好发展的动力问题。

思考

格兰仕的激励体系给我们带来了怎样的启示？

2. 欧莱雅的激励机制

巴黎欧莱雅(L'Oreal)是全球首屈一指的美容品牌，是目前世界上最大的化妆品集团，旗下拥有兰蔻、欧莱雅、美宝莲、薇姿等500多个品牌，曾被著名的英国《金融时报》和美国《商业周刊》誉为“最受尊敬的法国公司”、“美的王国”，在世界范围内拥有良好的口碑。

欧莱雅集团是《财富》世界500强之一，世界著名化妆品生产厂家，创建于1907年。除化妆品外，该集团还经营高档消费品，并从事制药和皮肤病研究。其业务包括：化妆品，染发用品，护肤品，防晒用品，彩妆，淡香水和香水，皮肤病研究，制药，高档消费品。

早在1907年，发明了世界上第一支合成染发剂的法国化学家欧仁·舒莱尔创办了欧莱雅公司。经过一个世纪的努力，如今欧莱雅已经由一个小型家庭企业跃居世界化妆品行业的领头羊，经营活动已遍及150多个国家和地区，在全球拥有283家分公司、42家工厂及100多个代理商，在世界各地拥有员工5万多人，成为世界第一大化妆品公司。2003年欧莱雅集团的全球销售额达140亿欧元，并实现连续19年利润两位数增长。欧莱雅集团同时又是最受赞赏的法国公司及财富全球500强企业之一。

● 巴黎总部培训

欧莱雅是一家高度全球化的著名500强公司，在全世界50多个国家开展业务。欧莱雅在全球范围内需要大批的高层管理人员，而且是能够跨文化管理的商业领导人。承担领导人培训任务的是欧莱雅法国巴黎总部，即巴黎“欧莱雅管理教育中心”，对欧莱雅的全球高层领导进行培训。

每年，欧莱雅会选送全球有领导潜力的高级管理经理到法国巴黎总部参加高层培训，培训由欧莱雅集团与欧洲著名的工商管理学院INSEAD合作，设置名为“Leadership for Growth”的领导力培训课程，专门针对有工作经验的全球高层经理人。有机会参加这种培训的学员将与来自世界各地的管理精英在这所世界一流的商学院度过紧张充实的20天，从顶尖的MBA教授及经验丰富的欧莱雅高层领导那里，吸收先进的管理理念。

这项培训课程由INSEAD为欧莱雅量身定制。授课老师包括INSEAD著名的教授、一些经济领域或政策领域非常有名的学者，欧莱雅的领导人也会亲自来给学员授课、演讲，为欧莱雅来自世界各地的优秀人才提供最顶尖的管理培训。欧莱雅高层亲自参与领导人培训，体现了公司管理层对培养领导人才的决心。

欧莱雅全球领导人培训有两个目的，一是让他们学习最先进的管理经验；二是为来自全球各地的欧莱雅高级管理人员提供相互沟通的机会，有利于他们今后在工作中的交流与互助。欧莱雅中国人事部总监戴青谈起她在巴黎培训的经历时，表示对人才济济的欧莱雅感到自豪，对欧莱雅出色的领导人培训感到自豪。欧莱雅总部聘请了大批优秀的人才，如世界著名的专家教授进行基础研究，在巴黎培训总部，能够有机会结识许多国家的高级经理人及研发人员，聆听充满智慧的专家教授们讲课，不但是宝贵的学习机会，更增加了对欧莱雅的认同和尊重感。因此，在激励员工士气、增加员工忠诚度等方面，巴黎总部领导力培训也起到了巨大的作用。

● “责任激励”——在实践中培养领导人

欧莱雅拥有良好的领导人培养环境，培训倾向于工作实践。每一名欧莱雅员工都拥有自己的责任，这种责任本身就是在为员工成为领导人做准备。不论是何种级别的岗位，责任就是对员工的激励，员工是责任的支配者与承诺者。这就是欧莱雅的“岗位责任激励”，营造出培养领导人的自觉环境。

欧莱雅是一个培养与发展经理人、领导人的“大学校”，有各种相关制度与措施来培养与发展员工。如欧莱雅开展管理培训生制度，根据需要为培养未来欧莱雅领导人与管理者做准备。但通常在实际工作中，欧莱雅并不会明确确认员工要做的事情，而是让员工基于对公司以及自我使命的认识，对岗位职能及公司发展战略的认识，以一名“企业家”的身份，来自己计划该如何开展工作，实现目标。这种像“诗人”一样自主的做法正是欧莱雅文化的体现。

欧莱雅认为，员工每天所做的工作，每天所承担的责任，就是对员工最好的训练。员工在工作岗位遇到的挑战都需要员工自己去用“诗人”般的智慧与“农民”般的勤劳去解决，通过在工作中激发员工的个性智慧，促进他们成功，是欧莱雅热衷的一种培养领导力的方法。欧莱雅崇尚让员工在日常工作中学习与成长，通过承担更大的责任成长。所以欧莱雅十分重视经理人对员工的激励作用，为员工创造机会，挑战员工，激励员工成功。欧莱雅的经理人承担的不仅仅是促进业务增长的任务，更担负着培养领导人的重任。盖保罗认为，欧莱雅最好的人事经理就是各业务部门的经理。

《太公六韬·文韬·赏罚》：“用赏者贵信，用罚者贵必。”意思是说，实行奖赏必须重视守信，实行惩罚必须重视坚决执行。

欧莱雅十分重视激励机制，树立诱人梦想，带来好的“收成”，当员工以“诗人”的梦想与“农民”的实干实现了一个又一个成就，欧莱雅的激励机制都会给予公平、及时的肯定，刺激员工取得更高的业绩，实现更大的梦想。欧莱雅希望员工把公司的钱当作自己的钱来经营，把欧莱雅的生意当作自己的生意来看管，让每一名欧莱雅人都成为公司的“主人翁”。

在巴黎欧莱雅总部，对刚生完孩子的女性员工，除了政府规定要给的四个半月的薪水外，欧莱雅公司还给这些职工多加一个月的薪水，并可以在2年之内的任何时候领取。欧莱雅的8000名经理中，2000名已有购股权。如此优厚的员工福利，使欧莱雅的人才流失率保持在很低的水平，每名欧莱雅员工平均在公司工作14年。欧莱雅负责人力资源关系的副总裁Francois Vachey说：“员工的忠诚度对公司来说非常重要。他们来了，加入了我们，然后留了下来。”

关怀、信任、扶持人才，尤其是年轻人才，是欧莱雅保持朝气与活力的制胜之道。大大超出市场平均水平的优厚的薪资福利，灵活机动的晋升机制，全球内部员工股权认购、年终分红、利润共享的激励策略，吸引着全球各地的人才带着热情与智慧投入欧莱雅的怀抱。

欧莱雅建立了由薪资、福利、奖金、利润分享、股权、巴黎培训等众多激励方式组成的激励体系。

● 薪资

在薪资方面，欧莱雅为员工提供在行业中位于中上水平、富有竞争力的薪资。薪资根据岗位责任与业绩而决定。宋·苏轼《滕县公堂记》："才有大小，故养有厚薄。"才能有大小高低，所以决定了待遇有高低厚薄。

● 年终浮动奖金、利润分享

每年年底，根据员工的业绩表现，员工会得到相应的奖励。奖金的幅度完全与业绩挂钩，表现突出奖金也多，表现差的员工甚至拿不到奖金。同时，每年公司还有利润分享计划，拿出一定比例的收益与每一位欧莱雅员工分享。

● 股权

股权也是一种很重要的激励方式，得到股权奖励的员工也意味着将有更多的机会在海外从事工作或培训。

● 晋升与岗位轮换

表现优秀的员工，毫无疑问，将优先得到职位晋升的机会。欧莱雅有着众多的品牌与事业部以及各种产品线，当公司中某个职位出现空缺时，欧莱雅会优先考虑留给公司内部表现突出的员工，让员工感到欧莱雅用人的灵活性。

● 培训机会

欧莱雅人视能够被派往法国巴黎总部培训为一种很大的激励。能够被选送到巴黎培训不仅仅是去学习某项技能以及建立内部工作关系，更是一种荣誉，只有表现最突出的经理人才能得到去巴黎总部学习的机会。

● 与高层沟通

欧莱雅高层与员工的沟通也起到很好的激励作用。例如，创造欧莱雅神话的CEO欧文中于2003年初访问中国，与欧莱雅中国员工进行面对面地沟通，表扬他的爱将盖保罗，激励中国的欧莱雅人，为欧莱雅中国的"诗人"们带来了新的梦想与激情。欧莱雅中国公司的总裁盖保罗是一名很活跃的意大利人，他会利用各种机会在各种场合与员工沟通，每一次的新员工培训，他都要亲自参加，向新人介绍欧莱雅，激励他们在欧莱雅实现梦想。

思考

欧莱雅的激励机制运用了哪些激励理论和创新的激励方法？

参考文献

[1] [美]加里·德斯勒(Dessler，G.) 著. 人力资源管理. 北京：清华大学出版社，2005.

[2] [美]巴里·西维尔斯泰恩著，尚涤非，杨延伟译. 激励员工. 长春：吉林出版社，2007.

[3] [美]亨德里克斯著，胡雅梅，张学渊，曹利群译. 组织的经济学与管理学：协调、激励与策略. 北京：中国人民大学出版社，2007. 7.

[4] 陈维政，余凯成，程文文主编. 人力资源管理与开发高级教程. 北京：高等教育出版社，2004.

[5] 王吉鹏主编. 高管激励. 北京：中国劳动社会保障出版社，2008.

第八章
薪酬管理

案例导入

张杰的难题

YN公司成立于2005年8月，以贵州特色杂粮加工和销售为主营业务，公司资产近1亿元，目前正处在快速发展阶段。公司于2012年6月在经济相对发达的S省省会城市成立了分公司，运作了近一年，一直未招到合适的分公司经理，前后来了两个分公司经理都未能留下来，均嫌待遇过低，目前这一职位暂时由公司销售管理部经理周伟兼任，但毕竟周伟本来的工作就已经非常饱满了，经常的加班加点已经使他不堪重负。而随着公司的快速发展，S省市场成为一个亟待开拓的区域，市场不等人，公司人力资源部经理张杰最近经过各种渠道的招聘、筛选，分公司经理的人初步确定为万全，他在国内一个知名企业做大区经理多年，经验丰富，有开拓精神，比较符合岗位要求，但在待遇方面要求基本年薪15万元，这比目前销售管理部经理周伟的还高，由于公司处于经济不发达的省份，人员整体薪酬水平不高，现在到了经济相对发达的S省，原来的薪酬水平和体系已不适应，需要进行调整，但跟董事长兼总经理的龙斌提过多次，都因调整意味着人工成本的大幅度提高而没同意，用什么样的薪酬水平和构成留住万全，成了人力资源部经理张杰面临的亟待解决的难题。

资料来源：本章编写者根据企业经历写作.

思考

1. 张杰面临怎样的难题？为什么会出现这个难题？
2. 薪酬福利对企业吸引人才、留住人才是否重要？

学习指引

学习目标

1. 掌握薪酬的概念、构成与功能；
2. 熟悉薪酬管理的含义、原则、基本内容与流程；
3. 熟悉基于职位的薪酬体系概念与内容和基于技能的薪酬体系概念与内容；
4. 掌握福利的含义、形式和内容；
5. 熟悉薪酬预算与控制的含义、方法；
6. 了解薪酬策略与计划的含义；
7. 了解薪酬制度的完善与创新。

解决问题

1. 掌握薪酬设计的流程，能针对某组织进行实际的薪酬设计；
2. 能使用薪酬预算的基本方法进行薪酬预算。

“天下熙熙皆为利来，天下攘攘皆为利往。”进化使自私的个体学会了合作，合作的基础就是利益，而市场经济目前是人类能找到的配置资源、实现个人、群体和社会目标的最好方式，市场经济就是交易的经济，通过市场交易人们之间的合作有了具体含义。作为员工和企业之间的合作和交易，员工付出自己的劳动和企业所需要的绩效，企业则给员工以薪酬作为回报。

在整个人力资源管理体系中，合理有效的薪酬福利管理系统是吸引、激励、发展与留住人才的最有力的方式和基础，没有薪酬管理，其他人力资源管理则成为空中楼阁，它向员工传达企业的价值导向，说明什么样的行为是企业所倡导的，什么样的行为是企业所不愿看到的。同时，它还通过与企业发展战略的充分一致性，来使企业所有员工的努力和行为都集中到能够帮助企业提升竞争力的方向上去。另外，薪酬管理系统作为人力资源管理系统中的一个子系统，只有与其他各种人力资源管理职能如绩效管理、工作分析等相结合才能发挥其应有的作用。

第一节　薪酬管理基本概念

一、薪酬与薪酬管理

（一）薪酬的含义与构成

在人力资源管理中，薪酬是一个界定比较宽泛、内容十分丰富的概念，不同的人对薪酬的看法和认识往往存在着较大的差异。因为中国企业的人力资源管理正处于与国际管理理论和技术对接的过程之中，薪酬的概念往往和国际通行的认识存在着一定的差异，并进一步导致混乱，因此仔细研究薪酬的内涵和外延具有十分重要的现实意义。那么，到底什么是薪酬呢？美国的薪酬管理专家约瑟夫·J·马尔托奇奥在其所著的《战略薪酬管理》一书中，将薪酬界定为：雇员因完成工作而得到的内部和外部的回报，他将总的薪酬划分为外部薪酬和内部薪酬两部分。内部薪酬是反映员工从工作中获得的心理结果；外部薪酬则包括货币和非货币回报。本书比较赞同总体薪酬的概念。所谓总体薪酬，不仅包括企业向员工提供的经济性的报酬，还包括企业提供给员工的成长与发展的机会、为员工创造良好的工作环境及工作本身的挑战性、企业的品牌文化等特征所带来的非经济性的心理满足感。

从图 8-1 中可以看出，企业向员工提供的总体报酬，包括经济性的报酬和非经济性的报酬两部分。经济性的报酬又包括直接报酬与间接报酬。直接报酬主要包括：基础工资、奖金、股权、红利和各种津贴等；间接报酬指企业向员工提供的各种福利，如保险、优惠、服务和带薪休假等。非经济性报酬包括工作本身、工作环境和组织特征带来的效用三个部分。

工作本身带来的效用包括：工作的趣味性、工作的挑战性及工作的成就感等。工作环境带来的心理效用包括：友好和睦的同事关系、领导者的个人品质与风格及舒适的工作条件等。而组织特征带来的心理效用包括：组织在业界的声望与品牌、组织在产业中的领先地位及组织高速成长带来的机会与前景等。之所以把这些非经济性的心理效用也计入薪酬的组成部分，是因为这些非经济性的心理效用也是影响人们进行工作选择和职业选择的重要因素，并成为企业吸引人才、保留人才的重要工具和手段。在经济性报酬中，主要包括下面几个组成部分。

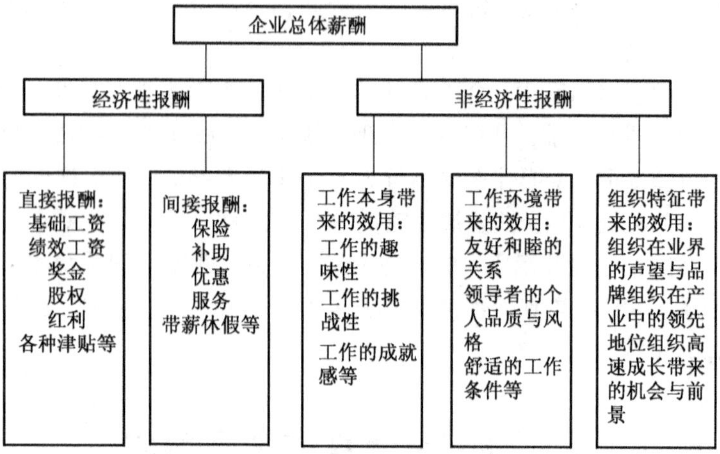

图 8-1　总体薪酬的构成（资料来源：邹华. 人力资源管理原理与实务. 中国农业大学出版社. 2008. ）

1. 基础工资

员工只要在企业中工作就能定期拿到一个固定数额的劳动报酬。基本工资多以小时工资、月薪、年薪等形式出现。基础工资又分为工龄工资、技能工资和职位工资等。

2. 绩效工资

绩效工资主要是以实际的最终劳动成果确定员工薪酬的工资制度，也称为浮动工资或变动工资。从工资形式的本义上说，绩效工资是根据工作成绩而支付的工资，工资支付的唯一根据主要是工作成绩和劳动效率。但是在实践中，由于绩效的定量比较难以操作，所以除了计件工资和佣金外，更多的是依据员工绩效而增发的奖励性工资。

3. 奖金

奖金是对员工杰出的表现或卓越的贡献所支付的除员工工资以外的奖励性报酬，也是企业为了鼓励员工提高劳动效率和工作质量付给员工的货币奖励。奖励分为短期奖励和长期奖励两种。

4. 津贴与补贴

津贴与补贴指对员工在特殊的劳动条件及工作环境中的额外劳动耗费和生活费用的额外支出的补偿。通常把与工作联系的补偿称为津贴，把与生活联系的补偿称为补贴。常见的津贴有岗位津贴、加班津贴和轮班津贴等。

5. 福利

从本质上讲，福利是一种补充性薪酬，但往往不以货币的形式直接支付，而多以实物或服务的形式支付，如带薪休假、子女教育津贴、廉价住房、优惠价格购买本企业股票及保险等。从支付对象上看，福利可以分为全员性福利、只供某一特殊群体享受的特种福利及特困补助。全员福利是所有员工都能享受的待遇，其分配基础是平均律。特种福利是针对企业中的特殊人才设计的，如高层管理人员或具有专门技能的高级专业人才等，这种福利的依据实际是贡献律，是对这类人员的特殊贡献的回报。常见的特种福利有：高档轿车服务、出差时入住高级宾馆、饭店及高级住宅津贴等。特困补助是为有特殊困难的职工提供的，如公伤残疾、重病等，这种福利的基础是需要律。

6. 股权

股票期权主要包括员工持股计划（ESOP）和股票期权计划（Stock Option）。员工持股计划主要针对企业中的中基层员工，而股票期权计划则主要针对中高层管理人员、核心业务和技术人员。员工持股计划和股票期权计划不仅是针对员工的一种长期报酬形式，而且是将员工的个人利益与组织的整体利益相连接，优化企业治理结构的重要方式，是现代企业动力系统的重要组成部分。近年来股权已经越来越受到中国企业的青睐。

（二）薪酬的功能

薪酬是组织对员工贡献的回报，它是组织的费用支出，是劳动者的收入构成，代表组织和员工之间所形成的一种利益交换关系，也是企业的一种投资。其功能可从三方面加以理解。

1. 对员工的功能

（1）经济保障功能

薪酬是员工以自己的付出为企业创造价值而从企业获得的经济上的回报，对于大多数员工来说，薪酬是他们的主要收入来源，它对于劳动者及其家庭的生活所起到的保障作用是其他任何收入保障手段所无法替代的。即使是在西方发达国家，工资差距对于员工及其家庭的生存状态和生活方式所产生的影响仍然非常大。在现代经济条件下，薪酬对于员工的保障并不仅仅体现在要满足员工在吃、穿、用、住、行等方面的基本生存需要，同时还体现在要满足员工娱乐、教育、自我开发等方面的发展需要。

（2）激励功能

员工对薪酬状况的感知可以影响员工的工作行为、工作态度以及工作绩效，即产生激励作用。企业员工总是期望自己所获得的薪酬与同事之间具有一种可比性，从而得到公平感。如果员工能够获得比他人更高的薪酬，就会认为是对自己能力和所从事工作价值的肯定。当员工的低层次薪酬需求得到满足以后，通常会产生更高层次的薪酬需求，并且员工的薪酬需求往往是多层次并存的，因此，企业必须注意同时满足员工的不同层次薪酬需求。如果员工的薪酬需要得不到满足，则很可能会产生工作效率低下、人际关系紧张、缺勤率和离职率上升、组织凝聚力和员工对组织的忠诚度下降等多种不良后果。

（3）社会信号功能

薪酬作为一种信号，可以很好地反映一个人在社会流动中的市场价格和社会位置，又可以反映一个人在组织内部的价值和层次。可见，员工薪酬水平的高低除具有经济保障功能外，还具有信号传递作用，实际上反映了员工对于自身在社会或组织内部的价值的关注。

2. 对企业的功能

（1）成本控制功能

薪酬构成企业的人工成本，过高的薪酬水平，会提高产品的成本，进而提高产品的价格，影响产品的竞争力。尽管劳动力成本在不同行业和不同企业的经营成本中所占的比重不同，但对于任何企业来说，薪酬都是一块不容忽视的成本支出。而且，企业支付的薪酬水平，直接影响到企业在劳动力市场上的竞争力，只有那些保持相对较高薪酬水平的企业，才能够吸引和保留足够多的合格员工。因此，企业为了吸引、获得和保留人才必须付出一定的代价，同时，为了提高产品市场上的竞争力又必须注意对薪酬成本的控制。

(2)改善经营绩效

由于薪酬决定了现有员工受到激励的状况，影响到他们的工作效率、缺勤率、对组织的归属感以及组织承诺度，从而直接影响到企业的生产能力和生产效率。通过合理的薪酬设计及科学的绩效考核，企业向员工传递什么样的行为、态度以及业绩是受到鼓励的，是对企业有贡献的信号。通过信号的引导，员工的工作行为和工作态度以及最终的绩效将会朝着企业期望的方向发展。相反，不合理和不公正的薪酬则会引导员工采取不符合企业利益的行为，从而导致企业经营目标难以达成。因此，如何通过充分利用薪酬这一利器来改善企业经营绩效，是企业薪酬管理的一个重大课题。

(3)塑造和强化企业文化

薪酬影响员工的工作行为和工作态度，一项薪酬制度可能促进企业塑造良好的文化氛围，也可能与企业现有的价值观形成冲突。薪酬的导向作用，要求企业必须建立科学合理并具有激励性的薪酬制度，从而对企业文化的塑造起到积极促进的作用。

3. 对社会的功能

薪酬对社会有劳动力资源的再配置功能，市场薪酬信息时刻反映着劳动力的供求和流向等情况，并能自动调节薪酬的高低，使劳动力供求和流向也逐步趋向平衡。劳动力市场通过薪酬的调节，可以实现劳动力资源的优化配置，并能调节人们择业的愿望和就业的流向。

(三)薪酬管理

1. 薪酬管理的概念

薪酬管理是指企业在经营战略和发展规划的指导下，综合考虑内外部各种因素的影响，开展岗位评价与薪酬调查，确定薪酬总额、薪酬形式、薪酬等级、薪酬结构，制定并实施薪酬计划和预算、薪酬制度，进行薪酬调整、薪酬沟通并对整个薪酬体系本身的有效性做出评价和改善的持续而动态的过程。

2. 薪酬管理的内容

薪酬管理一般包括以下内容：薪酬水平及其调整，薪酬结构的改善，薪酬制度的设计，薪酬形式的采用，薪酬成本的控制。

3. 薪酬管理的原则

薪酬管理的一般原则：对外具有竞争力——支付等于或高于劳动力市场一般薪酬水平的薪酬；对内具有公平性——支付相当于员工工作价值的薪酬；对员工具有激励性——适当拉开员工之间的薪酬差距。具体内容包括几个方面：①补偿原则；②公平原则；③透明化原则；④激励性原则；⑤竞争性原则；⑥经济性原则；⑦合法性原则。

薪酬管理对任何一个组织来说都是一个比较棘手的问题，主要是因为企业的薪酬管理系统一般要同时达到公平性、有效性和合法性三大目标，企业经营对薪酬管理的要求越来越高，但就薪酬管理来讲，受到的限制因素却也越来越多，除了基本的企业经济承受能力、政府法律法规外，还涉及企业不同时期的战略、内部人才定位、外部人才市场及行业竞争者的薪酬策略等因素。

因此，对企业来讲，薪酬要充分发挥效力，薪酬管理必须做到：对建立企业价值和组织观念提供强有力的支持，与企业经营战略相辅相成、相得益彰。对企业员工来讲，其发挥效力的基本前提是：在外部具有竞争性，在内部具有价值分配公平性和价值获得对等性。基于企业和员工两方面的考虑，薪酬管理的目标应是在相关约束条件下达到企业吸引人才、使其持续服务和激励其产生佳绩。

4. 薪酬管理的基本流程

在市场经济条件下，企业薪酬管理需要立足于企业的总体战略和人力资源战略，以劳动力市场为依据，在考虑到员工所任职位本身的价值和任职资格的基础上，结合绩效考评，形成企业的薪酬管理体系，然后实施此体系并不断作出调整和完善，以有效实现薪酬管理的公平性、有效性、合法性三大基本目标和组织目标（见图 8-2）。

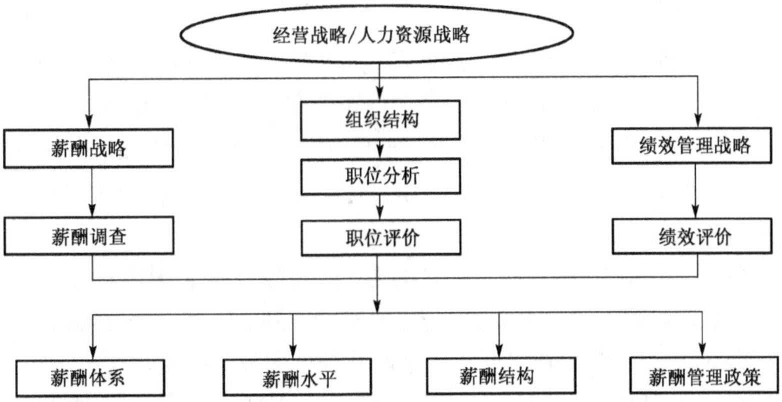

图 8-2 企业薪酬管理的基本流程①

二、工作岗位分类与薪酬等级划分

（一）两种基本的薪酬体系

我们将以职位为基础确定基本薪酬的薪酬系统叫职位薪酬体系或计划，也叫以工作为基础的薪酬计划或体系，将以技能和能力为基础确定基本薪酬的薪酬系统称为技能/能力薪酬体系，也叫以人为中心的薪酬计划或体系。

1. 职位薪酬体系

职位薪酬体系（Duty Wage System）基于职位，发放的对象是职位，需首先对职位本身的价值做出客观的评估，然后根据这种评估的结果付给担任这一职位的从业人员与其职位价值相当的工资的一种工资制度。这种工资体系是建立在职位评价的基础上的，员工所执行职位的差别是决定基本工资差别的最主要因素。

职位薪酬体系的特点是：严格的职位分析，比较客观公正；职位工资比重较大，职位津贴高，在整个工资中职位工资一般在 60% 以上，工资浮动比重小，比较稳定；严格的职级

① 资料来源：刘昕. 薪酬管理（第三版）. 中国人民大学出版社，2011.

对应严格的工资等级(Pay Grade)；职位薪酬体系的缺点是容易形成管理独木桥，职员晋升的机会比较小，成长的规划比较窄，影响了员工工作的积极性、主动性和创造性。

2. 技能/能力薪酬体系

技能/能力薪酬体系(Function Wage System)基于员工技能或能力，发放的对象是员工能力或技能。设计技能/能力薪酬体系的难点在于不能科学有效地对员工的能力进行测试和评价。这里有一个著名的素质冰山模型，即员工有很大一部分能力隐藏没有外显出来，特别是员工的行为动机根本无法正确进行测试。因此要评估员工能力就相当困难。另外，基于技能或能力设计薪酬，那么哪些能力应用于固定工资，哪些能力又与浮动工资有关？哪些能力应用于短期激励和考核，哪些能力与长期激励和考核有关？这些都应该弄清楚。当然，职能工资制相比职位工资制要科学、合理得多，因为它把员工的成长与公司的发展统一起来考虑，而不是把员工当机器，仅仅执行一定的职位和承担一定的职责。职能工资制的重点在于职业化任职资格体系和职业化素质与能力评价体系的建立。

(二)工作岗位分类

企业的职位或岗位，是指企业赋予每个员工的工作职务及其所承担的责任。它是企业人力资源管理的基本单位。所谓职位分类，是指把企业中所有职位，依其工作的性质、难易程度、权责大小以及工；作所需的资格与条件，按照一定的标准与原则加以分析比较，进而将每一职位归入不同的等级。其目的在于，以此作为劳动报酬和任用及考评员工的基本依据。

1. 职位分类的有关概念

(1)职系(Series)：是指一些工作性质相同，而责任轻重和困难程度不同，所以职级、职等不同的职位系列。简言之，一个职系就是一种专门职业(如机械工程职系)。

(2)职组(Group)：工作性质相近的若干职系综合而成为职组，也叫职群。

(3)职级(Class)：指将工作内容、难易程度、责任大小、所需资格皆很相似的职位划为同一职级，实行同样的管理使用与报酬。

(4)职等(Grade)：工作性质不同或主要职务不同，按其困难程度、职责大小、工作所需资格等条件充分相同之职级的归纳称为职等。

2. 职位分类的作用

职位分类在企业人力资源管理过程中是一项基础性工作，因而具有重要的作用。具体表现在以下几方面。

(1)它是按劳取酬的依据。员工报酬取决于其工作性质、难易程度及责任大小。职位分类将员工工作依此进行了明确的区分，起到了将职位、资格与报酬相统一的作用，因而奠定了按劳分酬的基础。

(2)有利于绩效考核。职位分类的前提是对每一职位工作标准与要求的具体、明确的规定。以此为准则可以对员工从事的工作及任务完成情况进行测量和评估，并激励员工不断提高工作质量和工作效率。

(3)有利于成本、费用控制。职位分类对企业内部各部门所需职位数量及工作总量都有准确的统计，并有相应的工作报酬方面的规定。这就使企业在控制劳动成本与人员使用上有了衡量的标准，从而极大地提高成本、费用控制的准确性，使成本核算具有科学性。

(4)提高培训效果。职业教育与岗位培训成效如何，取决于对不同职位的不同业务要求。职位分类使任职资格和对工作任务的要求具体化，据此进行有针对性的培训，因切合实际需要，可收到良好效果。换而言之，职位分类使培训目标、内容与方法明确化。

(5)有利于人力资源的优化配置。依据职位分类及其职位标准对员工进行考核，可以发现员工在专业特长、综合素质等方面的优劣与潜能，进而实行动态调整，即发现人才和使用人才，达到员工各扬所长、人尽其才的目的。从总体上看，实现企业员工的优化配置，可最大限度地提高人力资本的使用价值。

(三)薪酬等级划分

1. 什么是薪酬等级

薪酬等级是在岗位价值评估结果基础上建立起来的，它将岗位价值相近的岗位归入同一个管理等级，并采取一致的管理方法处理该等级内的薪酬管理问题。薪酬等级是一个基本框架，是薪酬结构的基础。薪酬结构的一个主要特点是将薪酬分成不同的等级，因而出现了薪酬等级。

2. 薪酬等级划分的考虑因素

薪酬等级划分的考虑要素包括：企业文化、企业所属行业、企业员工人数、企业发展阶段、企业组织架构。等级越多，薪酬管理制度和规范要求越明确，但容易导致机械化；等级越少，相应的灵活性也越高，但容易使薪酬管理失去控制。薪酬级别的划分也可以参照一些经验，比如跨国公司一般分为25级左右，1000名左右的生产型企业分为15～16级，100人的组织9～10级比较合适。

3. 薪酬等级的类型

(1)分层式薪酬等级类型

分层式薪酬等级类型：特点是企业包括的薪酬等级比较多，呈金字塔形排列，员工薪酬水平的提高是随着个人岗位级别向上发展而提高的；这种等级类型在成熟的、等级型企业中常见。

(2)宽泛式薪酬等级类型

宽泛式薪酬等级类型：特点是企业包括的薪酬等级少，呈平行形，员工薪酬水平的提高既可以是因为个人岗位级别向上发展而提高的，也可以是横向工作调整而提高的；这种薪酬等级类型在不成熟的、业务灵活性强的企业中常见。

三、薪酬调查

薪酬调查是薪酬设计中的重要组成部分。它解决的是薪酬的对外竞争力和对内公平问题，是整个薪酬设计的基础，只有实事求是的薪酬调查，才能使薪酬设计做到有的放矢，解决企业的薪酬激励的根本问题，做到薪酬个性化和有针对性的设计。通常薪酬调查需要考虑以下三个方面。

① 企业薪酬现状调查。通过科学的问卷设计，从薪酬水平的三个公平(内部公平、外部公平、自我公平)的角度了解造成现有薪酬体系中的主要问题以及造成问题的原因。

② 进行薪酬水平调查。主要收集行业和地区的薪资增长状况、不同薪酬结构对比、不同职位和不同级别的职位薪酬数据、奖金和福利状况、长期激励措施以及未来薪酬走势分析等信息。

③ 薪酬影响因素调查。综合考虑薪酬的外部影响因素，如国家的宏观经济、通货膨胀、行业特点和行业竞争。人才供应状况和企业的内部影响因素，如盈利能力和支付能力、人员的素质要求及企业发展阶段、人才稀缺度、招聘难度。

四、薪酬结构

(一) 薪酬结构的含义与内容

薪酬结构是指对组织中各种岗位或技能之间工资率所做的安排，薪酬结构包含以下三方面内容：

1. 组织内部以职位或技能等级为依据区分的薪酬等级的数量。
2. 同一薪酬等级内部的薪酬变动范围。
3. 相邻两个薪酬等级之间的交叉与重叠关系。

(二) 薪酬结构的设计步骤

步骤一：通观被评价职位的点值状况，根据职位评价点数对职位进行排序。

步骤二：按照职位点数对职位进行初步分组。

步骤三：根据职位的评价点数确定职位等级的数量及其点数变动范围。

步骤四：将职位等级划分、职位评价点数与市场薪酬调查数据结合起来。

步骤五：考察薪酬区间中值与市场水平的比较比率，对问题职位的区间中值进行调整。

步骤六：根据确定的各职位等级或薪酬等级的区间中值建立薪资结构。

(三) 薪酬结构模型举例

按照上述设计步骤我们就可以建立一个如图 8-3 所示的薪酬结构。在整体薪酬框架中，同一家企业中可以采用多种薪酬结构，以更好的贯彻企业的经营哲学、有效激励员工、促进企业发展。比如，企业在设计销售人员和技术研发人员的薪酬结构时，可以采取两种不同的模式。

五、薪酬预算与控制

(一) 人工成本与薪酬预算的概念

所谓人工成本是企业在生产经营活动中用于和支付给员工的全部费用。人工成本的构成有：劳动报酬、社会保险费用、住房费用、福利费用、教育经费、劳动保护费和其他人工成本。

所谓薪酬预算，实际上指的是管理者在薪酬管理过程中进行的一系列成本开支方面的权衡和取舍。

薪酬预算的目标包括如下几点。

1. 合理控制员工流动率，同时降低企业的劳动力成本，保证企业所有者的收益最大化目标能够得以实现。

2. 有效影响员工的行为。首先，员工的流动率受到雇用关系中诸多因素的影响，而薪酬水平是其中非常重要的一个影响因素。其次，员工的绩效表现对于企业而言也是至关重要的。

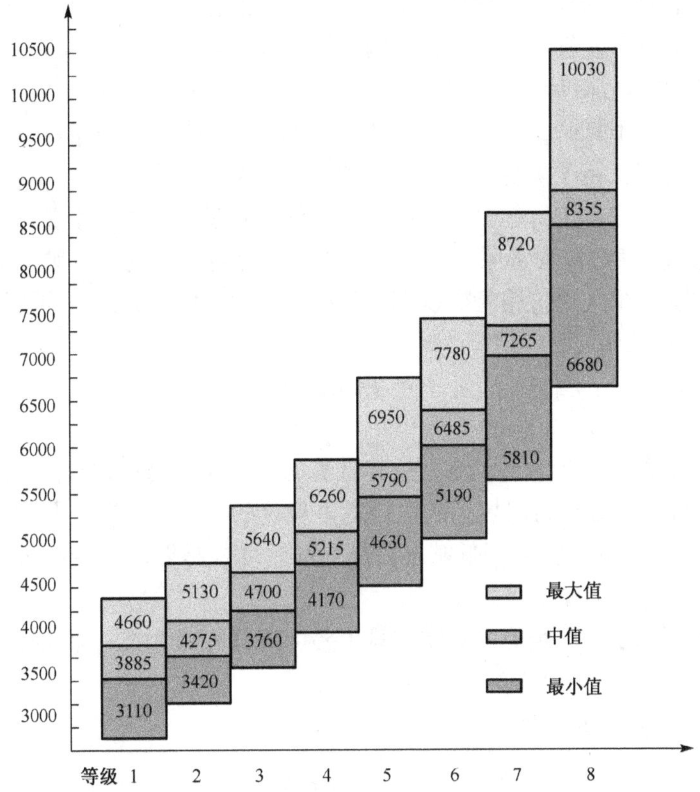

图 8-3　薪酬结构模型

(二)薪酬预算过程中的一些关键决策

- 什么时候对薪酬水平进行调整?
- 对谁的薪酬水平进行调整?
- 企业的员工人数是增加了还是减少了?这种变动是在什么时候出现的?
- 员工的流动状况怎样?
- 企业里的工作职位状况会发生哪些变化?

(三)薪酬预算应考虑的因素

1. 外部环境

市场环境:企业与其所处的市场间都会有着不可分割的联系。从薪酬预算的角度来说,了解外部市场的一种常见方式就是进行薪酬调查。通过这种薪酬调查,企业可以搜集到有关基准职位的市场薪酬水平方面的信息;把它们与组织中的现有状况进行比较,会有助于企业判定自己在劳动力市场上的准确职位,从而为企业的预算制定提供准确的依据。

政治法律环境:如当地的有关最低工资标准等。

2. 企业内部环境

企业制作薪酬预算的内部环境主要取决于组织既有的薪酬决策和它在招募、挽留员工方面所花费的费用。企业内部环境的变动情况主要是源于员工队伍本身发生的变化,如员工数量的增减以及员工的流动。

另外一个会对薪酬预算的内部环境发生较大影响的因素是技术的进步，企业总体技能水平的提高或降低足以发挥出不亚于其他因素的影响作用。

3. 员工生活成本的变动

企业在进行薪酬预算时，把生活成本的变动情况结合进去考虑是一种很自然的做法；毕竟薪酬最基本功用就在于满足员工生活开支方面的需求。

但对员工的生活成本进行衡量又实在不是一件很容易的事情，企业普遍采取的做法是选取消费价格指数(CPI)作为参照物，以产品和服务价格的变化来反映出实际生活水平的变动情况。但也有不少人对价格指数(CPI)作为参照物的做法提出了不同意见。

4. 企业的薪酬现状

上年度的加薪幅度。相对于企业本年度的薪酬预算而言，上年度的加薪幅度可以充当一种参照。

企业的支付能力。企业的支付能力是其自身财务状况的函数，当企业的财务处境良好时，往往具备保持其在劳动力市场上的优势竞争地位的实力，而当企业在财务方面出现问题时，企业则通常会采取裁员、降低基本薪酬上涨幅度或是缩减可变薪酬的做法来确保企业渡过难关。

企业现有的薪酬政策。企业的薪酬政策主要可以分为两大类，即现有的薪酬水平政策和薪酬结构政策。

(四)薪酬预算的方法

1. 根据薪酬费用比率推算合理的薪酬费用总额

薪酬费用比率 = 薪酬费用总额/销售额

= (薪酬费用总额/员工人数)/(销售总额/员工人数)

2. 根据盈亏平衡点推断适当的薪酬费用比率

盈亏平衡点、边际盈利点和安全盈利点所要求销售额计算公式是：

盈亏平衡点 = 固定成本/(1 - 变动成本比率)

边际盈利点 = (固定成本 + 股息分配)/(1 - 变动成本比率)

安全盈利点 = (固定成本 + 股息分配 + 企业盈利保留)/(1 - 变动成本比率)

根据上面三个公式，推断出企业支付薪酬成本的各种比率：

薪酬支付最高比率(最高薪酬成本比率) = 薪酬成本总额/盈亏平衡点

薪酬支付可能限度(可能薪酬成本比率) = 薪酬成本总额/边际盈利点

薪酬支付安全限度(安全薪酬成本比率) = 薪酬成本总额/安全盈利点

3. 根据劳动分配率来推算合理的薪酬费用总额

这里所说的劳动分配率，是指在企业所获得的附加价值中，有多少被用来作为薪酬开支的费用；其计算公式是：

劳动分配率 = 薪酬费用总额 / 附加价值

附加价值 = 利润 + 薪酬费用 + 其他形成附加价值的各项费用

= 利润 + 薪酬费用 + 财务费用 + 租金 + 折旧 + 税收

(五)薪酬控制

所谓薪酬控制，是指为确保既定方案顺利落实而采取种种相关措施的过程。

薪酬控制在很大程度上指的是对于劳动力成本的控制，大多数企业里也都存在着正式的薪酬控制体系。

劳动力成本 = 雇用量 ×（平均薪酬水平 + 平均福利成本）

可以从以下几个方面来关注企业里的薪酬控制：第一，通过控制雇用量来控制薪酬；第二，通过对平均薪酬水平、薪酬体系的构成的调整以及有目的地设计企业的福利计划以达到控制薪酬的目的；第三，利用一些薪酬技术对薪酬进行潜在的控制。

第二节 福利管理

一、福利项目的设计

（一）福利的概念和作用

在现代企业提供给员工的整体薪酬中，福利已经成为越来越重要的组成部分。所谓福利，是指企业向员工提供的除工资、奖金之外的各种保障计划、补贴、服务以及实物报酬。在现代企业中，福利在整个薪酬中的比重已经越来越大，对企业的人工成本产生了十分重要的影响。福利虽然没有工资、奖金那样明显的直接激励作用，但是，它的积极作用还是很大的。

其主要作用如下：

1. 传递企业的文化和价值观

现代企业越来越重视员工对企业的文化和价值观的认同，因为企业具有一个积极的并得到员工普遍认同的文化氛围将对企业的运营效率产生十分重要的影响。而福利恰恰是体现企业的管理特色，传递企业对员工的关怀，创造一个大家庭的工作氛围和组织环境的重要手段。企业成功的经验一再表明，那些能够在市场上获得成功的企业，无一不强调以员工为中心来展开企业的管理，也无一不向员工提供形式多样、富有吸引力的福利措施。

2. 吸引和保留人才

人们在寻找职业时，越来越把优厚的福利作为重要的选择标准。许多福利设计都和工龄有关。如带薪休假的长短都与年资的深浅有关，这些福利实际上成了员工的一种长期投资。员工一旦离开企业，此投资就会永远失去。

3. 税收减免

福利相对于工资和奖金，还有一个十分重要的功能就是税收减免。因为福利作为企业提供给员工的各种保障计划、服务和实物等，它完全可以用现金来进行替代。那么，把这些福利完全折算成现金计入工资中，将会使员工为这些福利支付一笔高额的所得税。但如果采用福利的形式，那么员工就能够在得到这些报酬的同时，获得税收的减免，这也是福利在当前越来越多地受到欢迎的一个十分重要的原因。

（二）福利的形式和内容

员工福利的内容丰富、形式多样，且不断的在企业实践中创新，很多企业在这方面是走在前列的，如谷歌公司就是个代表。比如谷歌的“遗属福利”（Death Benefits），包括了在10年里每年向死者配偶或同居伴侣支付死者生前年薪的50%。下面我们仅列出企业实践中一些最主要的项目分类。这些福利项目是就广义的意义来说的，目的都在于提高员工的全面“工作生活质量”，因而涵盖面广，有些是经济性的，还有些是非经济性的，有些福利项目在国外已经实行或普及，但在我国，有些福利项目尚未实施或正在做少量探索。

1. 经济性福利

经济性福利是以金钱或实物为形式的员工福利。下面对一些常用的经济性福利作简要介绍。

(1)额外金钱性收入

如在年终或国庆节等特殊节日加薪、分红、物价津贴，商业与服务业单位的小费等。

(2)超时酬金

加班费、节假日值班费或加班优待的饮料、膳食之类。

(3)交通性福利

企业接送员工上、下班的免费班车或厂车服务；市内公共交通费补贴或报销；购买个人交通工具(自行车、摩托车或汽车)的低息贷款或津贴；保养费或燃料费补助等。铁路、航空及某些行业对本部门员工提供折价的车票、机票或其他部门产品服务的福利政策。

(4)住房性福利

提供免费单身宿舍和夜班宿舍；廉价公房出租或出售给本企业员工；提供购房低息或无息贷款；发放购房补贴；住房公积金。

(5)饮食性福利

如免费或低价工作餐、工间免费饮料(茶水、咖啡等)、公关应酬饮食报销、食品免费发放以及集体折扣代购等。

(6)教育培训性福利

如提供企业内在职或短期脱产培训、企业外部公费进修(业余、部分脱产或脱产)、报刊订阅补贴、专业书刊购买补贴、为本企业员工捐助专用助学金以及免费提供计算机或其他学习设施服务等。

(7)医疗保健福利

如提供公费医疗(全部或部分)、免费定期体检及防疫注射、药费或滋补营养品报销或补贴、职业病免费防护以及免费或优惠疗养、医疗保险等。

(8)意外补偿金

如提供意外公伤补偿费、伤残生活补助以及死亡抚恤金等。

(9)带薪节假日

除每周末及法定假日和病假、产假外，每月及每年有若干天带薪事假或休假日，其长短通常按照年资工龄的不同而作区别性规定。

(10)旅游性福利

如提供有组织的集体文体活动(晚会、舞会、郊游、野炊及体育竞赛等)、企业自建文体设施(运动场、游泳池、健身房、阅览室、书法、棋、牌、台球及网球等活动室)、免费或折扣电影、戏曲、表演、球赛票券、旅游津贴、优惠车、船、机票及免费订票服务等。

(11)金融性福利

如提供信用储金、存款户头特惠利率、低息贷款、预支薪金及额外生活困难补助金等。

(12)其他生活性福利

如洗澡、理发津贴，降温、取暖津贴，以优惠价格提供本企业的产品或服务等。

(13)离退休福利

如养老保险、退休金、长期服务奖金(工龄达到规定年限时发给)等。

这些福利项目有的是法定的，有的是企业根据自身情况设立的；有的不仅给予员工本人，还可以全部提供给员工的直系家属。由于每个员工各有不同的需要与爱好，福利若不能投其所好，投入产出比就会降低，激励力就会削弱。为提高福利项目的有效性，国外不少企业开始采取自助餐式福利发放方式，即将等值福利按照不同方式搭配，让员工各取所需，取得了较好的效果。

2. 非经济性福利

这是广义的福利，目的却与经济性福利一样，是为了全面改善员工的“工作生活质量”。这类福利多采取服务或环境改善的形式，不涉及金钱与实物，故称为非经济性福利。但应当记住，对于企业来说，也是同样要发生成本的。

(1)工作环境保护

企业利用人机工程原理进行工作环境设计、工作扩大化、工作丰富化、弹性工作时间、扩大工作反馈渠道以及工作授权与工作团队等工作设计项目，企业推行内部提升政策(即有中高层职位空缺时，只从内部已有员工中选拔递补，不到外界去寻觅的规定)、员工参与的民主化管理等。

(2)法律保护性服务

这是员工福利中增长最快的项目之一。通常有两种类型：简易方案和综合方案。简易方案提供免费电话或办公室咨询、文件审核及对比较复杂的事件提供免费或优惠价格的法律服务。综合方案包括其他服务、平等就业权利保护(反种族、性别、年龄、相貌及学历歧视)、投诉检举的反报复、隐私保护，以及代理一些离婚案件、房地产交易及参与民事与刑事犯罪的审判等。

(3)咨询性服务

免费为员工进行职业发展设计的咨询服务，即为员工提供分析、指导和建议，提供参考资料与情况服务等；为员工提供心理健康咨询，如为员工提供因过分的工作负荷与压力导致的高度焦虑或精神崩溃等心理症状的诊治服务，采取免费或优惠价。

中国的特殊国情决定了某些福利的确立。如“职工本人及其家属的户口迁入企业所在城市”的特殊条件。户籍制是我国为控制城市人口无节制地恶性膨胀而在历史上久已实行的政策。它在历史上曾对既定目标的实现起过积极的作用，但它对人才流动的无区别的限制在当前的消极作用日益明显。为了促进经济、尤其是高科技企业的发展，在人才竞争中创造优势，已有许多城市放松了对急需人才的户籍限制。与此相对应，企业帮助员工办理暂住证或入户手续也是具有特殊激励性的奖励措施。

二、企业补充养老保险和补充医疗保险的设计

(一)企业补充养老保险的概念

企业补充养老保险是指由企业根据自身经济实力，在国家规定的实施政策和实施条件

下为本企业职工所建立的一种辅助性的养老保险。它由国家宏观指导、企业内部决策执行。企业补充养老保险费可由企业完全承担，或由企业和员工双方共同承担，承担比例由劳资双方协议确定。企业内部一般都设有由劳、资双方组成的委员会，负责企业补充养老保险事宜。很多国家都鼓励企业在国家的法定养老保险之外，自行建立企业的补充养老计划，国家提供税收优惠。比如美国的“401K”计划，我国政府也于2004年出台了《企业年金试行办法》。

(二)企业补充养老保险的优势与不足

相对于其他形式的养老基金而言，企业补充养老保险既能够体现出专家投资管理的潜力和优势，又能有较好的风险收益组合和较低的交易成本，是其人力资源管理和人力资本投资的重要举措，有效的企业补充养老保险计划有利于保留和吸引高端技术和管理人才，进而有利于增强内部的凝聚力和外部的市场竞争力。

但与个人账户养老金计划相比，其缺点主要体现在以下几方面。

第一，其制度透明度较差，对养老金受益权和携带性通常有一定限制，较早的离职者不能拥有其养老基金的既得受益权。

第二，员工养老金的保障程度还取决于企业对养老金计划适度的融资水平、资产托管与投资的有效性、税收政策的优惠激励。

第三，从其适应性上看，一般只是较好地适用于公司规模较大、员工相对稳定的单位或行业。

第四，其最大的缺点在于企业设立的养老金计划往往被看成是公司财务与人力资源管理功能的扩展。企业拥有权利终止养老金计划，甚至经常改变其养老基金形式与成员的资格条件。

(三)补充养老保险的筹资和待遇支付

补充养老保险是企业为其职工建立的，企业必须缴费。不过，应该鼓励职工参与缴费。美国的“401K”计划(职业年金计划的一种形式)规定，只有雇员缴费，雇主才须按一定比例配合缴费。这种配合机制促进了“401K”计划在美国的迅速发展。在目前企业不愿意建立补充养老保险的情况下，通过雇员缴费促使企业配合缴费也是推动我国补充养老保险发展的重要手段。至于政府，在给予税收优惠政策之外，不承担缴费责任，也不承担弥补补充养老保险财务赤字的责任。

目前，我国的补充养老保险全部实行基金积累制个人账户模式，待遇采用缴费确定型支付方式，即根据职工的工龄、贡献大小等因素，将企业缴费分解到每个职工的个人账户中，养老金待遇根据个人账户的积累额来确定。这种方式的优点在于：就企业方面来说，企业不承担补充养老保险基金的投资风险，企业无须向职工承诺将来退休时有确定的养老金待遇；就职工个人来说，采用个人账户方式，便于职工流动时将其养老金权利随同转移。个人账户方式也有其自身的缺陷，如个人账户完全的可转移性使得企业通过这种方式留住职工的作用大为降低，不利于调动企业建立补充养老保险的积极性；个人账户基金的投资风险由职工承担，由于金融市场的波动和投资的成败，将会导致职工补充养老金待遇的不确定。

(四)企业年金及其特点

1. 含义

企业年金又称职业年金，是指企业根据自身发展战略需要和经济实力建立的、旨在为本企业员工提供一定水平的退休收入保障的员工福利制度，是企业补充养老保险的一个重要构成。

2. 特点

(1)一般由企业自愿决定是否建立，并自主选择管理和运作方式；

(2)属于私人产品；

(3)企业年金大多采用积累制，实行个人保障；

(4)主要是通过资本市场如各种金融机构来运作，其投资手段更多样化；

(5)更注重效率原则，在企业内部人力资源战略中是具有激励机制的福利手段。

3. 功能

(1)企业年金是公共年金计划的重要补充和扩大，提高了老年人的收入水平；

(2)企业年金是在工资、奖金、津贴、股权和期权之外，雇主对员工分配的另一个重要手段；

(3)企业年金是提高劳动生产率和增强企业凝聚力的重要手段；

(4)企业年金的投资经营还会带给雇员丰厚的经济回报。

4. 企业年金的类型划分

(1)根据创立主体不同，可分为由单个企业创立的和由多个企业(行业)创立的企业年金；

(2)根据供款来源不同，可分为个人缴费企业年金计划和个人不缴费企业年金；

(3)根据决定因素不同，可分为强制性、自愿性和集体谈判决定的企业年金；

(4)根据筹资方式不同，可分为积累制和现收现付制企业年金；

(5)根据缴费和受益的关系不同，可分为待遇确定制(DB)、缴费确定制(DC)和混合型企业年金。

(五)补充医疗保险

1. 含义

补充医疗保险是指企业除了参加法定的基本医疗保险之外，通过保险方式对被保险人因遭受疾病或意外伤害事故所发生的医疗费用支出或收入损失提供额外经济补偿的保险保障。

2. 作用

(1)有利于满足人们不同层次的医疗需求；

(2)有利于促进医疗卫生资源的合理配置以及公共卫生服务体系的形成；

(3)有利于减轻政府负担，有效提高全民健康和生活质量。

3. 形式

(1)商业健康保险；

(2)企业自我健康保险；

(3)健康维持组织(HMO)；

(4)优先服务提供组织(PPO)；

(5)定点服务计划(POS)。

三、住房公积金的核算

（一）住房公积金的概念

住房公积金是单位及其在职职工缴存的长期住房储金，是住房分配货币化、社会化和法制化的主要形式。住房公积金制度是国家法律规定的重要的住房社会保障制度，具有强制性、互助性、保障性。单位和职工个人必须依法履行缴存住房公积金的义务。这里的单位包括国家机关、国有企业、城镇集体企业、外商投资企业、城镇私营企业及其他城镇企业、事业单位、民办非企业单位、社会团体。

（二）缴纳规定

1. 住房公积金缴存范围

下列单位及其在职职工（不含在以下单位工作的外籍员工）：

（1）机关、事业单位；

（2）国有企业，城镇集体企业，外商投资企业，港澳台商投资企业，城镇私营企业及其他城镇企业或经济组织；

（3）民办非企业单位、社会团体；

（4）外国及港澳台商投资企业和其他经济组织常驻代表机构。

城镇个体工商户、自由职业人员，可以申请缴存住房公积金，并不是每个城市的住房公积金管理中心都允许城镇个体工商户、自由职业人员交纳住房公积金，具体情况请咨询当地住房公积金管理机构。

2. 缴存比例

国务院《住房公积金管理条例》第十八条：职工和单位住房公积金的缴存比例均不得低于职工上一年度月平均工资的5%；有条件的城市，可以适当提高缴存比例。具体缴存比例由住房公积金管理委员会拟订，经本级人民政府审核后，报省、自治区、直辖市人民政府批准。城镇个体工商户、自由职业人员住房公积金的月缴存基数原则上按照缴存人上一年度月平均纳税收入计算。

3. 缴费时间

（1）新参加工作的员工从参加工作的第二个月开始缴存住房公积金，月缴存额为员工本人当月工资乘以员工住房公积金缴存比例。

（2）单位新调入的员工从调入单位发放工资之日起缴存住房公积金，月缴存额为员工本人当月工资乘以员工住房公积金缴存比例。

（3）单位应当于每月发放员工工资之日起5日内将单位缴存的和为员工代缴的住房公积金汇缴到登记公积金专户内，由受委托银行计入员工住房公积金账户。

4. 单位为员工缴存的住房公积金，按下列规定列支

（1）机关在预算中列支；

（2）事业单位由财政部门核定收支后，在预算或者费用中列支；

（3）企业在成本中列支。

5. 处罚

单位不办理住房公积金缴存登记或者不为本单位职工办理住房公积金账户设立手续的，

由住房公积金管理中心责令限期办理；逾期不办理的，处1万元以上5万元以下的罚款。

单位逾期不缴或者少缴住房公积金的，由住房公积金管理中心责令限期缴存；逾期仍不缴存的，可以申请人民法院强制执行。

知识链接

《谷歌公司的福利》①

谷歌公司的员工福利可谓是全美国最好的：免费的理发、美食、驻公司大夫及高科技“清洁”厕所是外界谈论最多的一些福利待遇。我在有幸采访谷歌人力资源副总裁拉兹洛·博克（Laszlo Bock）期间发现，谷歌最新提供的福利待遇延伸至员工过世之后，如果员工在雇用期内不幸过世的话，那么其未亡配偶或同居伴侣将会在未来十年内每年获得一张金额相当于该过世员工年薪50%的支票，而且已故员工的每一位子女都将每月从公司领到1,000美元补贴，直到他们19岁为止（如果子女是全职学生，则延长至23岁为止）。这项福利没有“员工任职年限要求”，这意味着谷歌3.4万名全体员工都有资格享受这项福利待遇。

在产假和陪产假方面，谷歌的福利也是是最好的：一位谷歌发言人表示，在新生儿出生之后，新生儿的爸爸享有六周的带薪假期，而新生儿的妈妈可以享有18周的带薪假期（对于资金短缺的新生儿父母而言，更好的一点是：在休假期间股票将按期授予）。公司还有内部幼托服务。

第三节　薪酬策略与计划

一、薪酬策略

薪酬策略是指将企业战略和目标、文化、外部环境有机地结合从而制定的对薪酬管理的指导原则，薪酬策略对薪酬制度的设计与实施提出了指导思想。同时，薪酬策略也是评估薪酬政策的重要衡量指标。薪酬策略是人力资源部门根据企业最高管理层的薪酬方针拟订的，它强调的是相对于同规模的竞争性企业来讲其薪酬支付的标准和差异。

（一）薪酬策略概述

企业的薪酬策略既要反映组织的战略需求，又要满足员工期望。薪酬与组织及其外部环境之间存在着一种依存关系，与企业的发展战略是契合的。企业的发展战略决定了企业的薪酬策略，企业的薪酬策略支持企业发展战略的实现。薪酬策略对企业发展战略的支持作用表现在通过薪酬策略向员工发出企业期望的信息，并对那些与企业期望一致的行为进行奖励。员工期望是企业制定薪酬策略需要考虑的重要因素，企业要根据员工的特点和不同需要，对不同年龄层次的员工采用不同的薪酬福利策略。

---

① 根据搜狐财经 http://business.sohu.com/20120810/n350328068.shtml《谷歌员工福利好 死后年薪还不少》一文整理。

（二）薪酬策略的类型

薪酬策略主要包括两个方面的策略，一是体现企业支付标准的策略，即薪酬水平策略；二是体现企业支付差异的策略，即薪酬结构策略。这些策略通过企业的工资等级和工资幅度、加薪条件、晋升、降级、调制、支付的机密性、小时工资率、加班、休假、工作时数和工作时间等各个方面的薪酬政策表现出来。薪酬策略的目标包括提高生产率、控制成本、实现对员工的公平对待和遵守国家法令。

（1）薪酬水平策略

薪酬水平策略实质上就是企业薪酬的外部竞争力策略，其本质在于在市场既定的薪酬水平上设定一个对公司有利的最优报酬水平，在这一过程中，市场的薪资调查结果对其具有重要的借鉴作用。企业薪酬水平与市场水平的关系取决于企业设定的薪酬策略目标，企业可以根据不同的薪酬策略目标，将薪酬水平设定在高于、相当于或低于市场水平上。

薪酬水平策略可分为四类。

第一，领袖政策，也叫领先型薪酬策略，既企业的薪酬水平高于市场水平。其实现方式之一是：在每年年底调薪时，考虑到下一年年底的市场薪酬水平，将企业的薪资水平调整至年底的预期水平，这样企业的薪酬水平在全年中都比市场水平高，在年底与市场持平。

第二，市场追随策略，也叫市场匹配策略，就是根据市场的平均水平来确定本企业的薪酬定位，大多数企业均执行这种策略。其实现方式之一是：在每年年底调薪时，根据下一年中的市场薪酬水平，来确定企业的薪资水平，这样企业的薪酬水平确定在半年以后的水平上，在上半年薪资水平高于市场水平，但是在下半年中低于市场水平。

第三，拖后策略，既企业的薪酬水平低于市场水平。其实现方式之一是：在每年年底调薪时，将薪资水平确定在下年初的竞争性水平上，结果导致自己的薪资在全年都低于市场水平。

第四，混合策略，企业根据职位或员工的类型或者是总薪酬的不同组成部分分别制定不同的薪酬水平策略。例如，根据职位族确定不同的竞争性薪酬政策：关键技术群体的薪资高于市场水平；其他群体的薪资低于或等于市场水平。根据薪酬的构成来确定不同的竞争性薪酬政策：薪酬总额高于市场水平；基本薪酬低于市场水平；奖励性薪酬或奖金高于市场水平；福利等于或高于市场水平。

薪酬策略目标是制定企业薪酬水平的基础，但是企业薪酬水平制定以后，并不是僵化不变的，为了加强薪酬策略目标的实现，需要不断对薪酬水平进行调整。

（2）薪酬结构策略

薪酬结构策略是企业在薪酬策略设计中，在薪酬的水平化和层级化之间的最优化选择。在企业的薪酬策略中，企业可采用水平化的薪酬策略，也可采用层级化的策略。所谓水平化策略，是指企业的薪酬层次比较少，不仅最高薪酬水平与最低薪酬水平之间的差距小，而且相邻的薪酬档次之间的差距也很小。所谓层级化策略是指企业的薪酬层次比较多，最高薪酬水平与最低薪酬水平之间的差距比较大，相邻的薪酬档次之间的差距也比较大。对于薪酬结构策略，有两点需要引起注意：一是薪酬的水平化和结构化是相对的，而不是绝对的，没有一个标准能将两者完全分开；二是水平化策略或层级化策略没有优劣之分，采取哪种策略，完全取决于企业中工作的组织方式和评价标准。如果企业中强调团队合作，注意对团队绩效的考评，则宜采用水平化策略；如果企业强调个人能力，注重对个人绩效的考评，则宜采用层级化策略。

企业的薪酬策略也不是一成不变的，要定期进行调整。结构调整包括工资标准和工资等级调整两个方面，工资标准的调整主要参考市场工资率的变化，工资等级的调整主要用于理顺企业员工的内部关系。

(三)薪酬策略的确定

薪酬策略的确定，应逐一地回答以下几个问题。

1. 薪酬设计要达到的目的

也就是说，首先要确定目的，我们到底要通过新的薪酬体系设计达到什么效果？是要奖优罚劣，还是要增加福利、稳定团队？

2. 薪酬设计要遵循的原则

我们的指导思想是什么？是要以岗定薪、建立薪级等级体系，还是要打破层级、建立宽幅薪酬？是要拉大差距、鼓励内部竞争，还是要差距适当、增加保障因素？是要以业绩导向，还是以能力导向等。

3. 当前的薪酬体系存在的突出问题

目前面临的迫切问题是什么，针对这些问题应该有什么样的解决思路？例如：突出问题是薪资水平不合理？关键岗位激励不足？薪资结构僵化？内部不公平严重？明确了问题之后，在接下来的方案设计中，就能够针对性地有所侧重。

4. 我们的薪酬水平有多高

在行业里，我们的薪酬水平处于什么位置？大约处在什么分位上？与竞争对手相比，我们要比他们高还是低(尤其是关键岗位)？高多少？低多少？

5. 我们要重点激励的人员

企业的核心竞争力靠哪些人支撑，应该重点向他们倾斜。对于重点激励的岗位，我们需要什么档次的人才，打算给出什么程度的薪资水平？对他们的激励方式是什么？是否能够起到激励的作用？

6. 我们要重点激励的内容

我们激励员工的什么行为？要业绩，还是能力？要工龄，还是学历？要职称，还是行政级别？企业激励什么，就需要设计什么薪酬元素，体现对这些行为的鼓励，从而有效支持企业战略和文化导向。

二、薪酬计划

(一)薪酬计划的含义

薪酬计划是企业预计要实施的员工薪酬支付水平、支付结构及薪酬管理重点等内容，是企业薪酬政策的具体化，本章第一节介绍的薪酬预算就是薪酬计划的主要体现。

(二)制订薪酬计划的原则

企业在制订薪酬计划时要坚持以下两个原则：①与企业目标管理相协调的原则；②以增强企业竞争力为原则。

（三）制订薪酬计划的方法

1. 从下而上法

顾名思义，“下”指员工，“上”指各级部门，以至企业整体。从下而上法的工作程序是根据部门的人力资源规划和企业的每一位员工在未来一年薪酬的预算估计数字，计算出整个部门所需要的薪酬支出，然后汇集所有部门的预算数字，编制出企业整体的薪酬计划。

2. 从上而下法

与从下而上法相对照，从上而下法的工作程序是先由企业的高层主管根据人力资源规划等决定企业整体的薪酬计划额和增薪的数额，然后再将整个计划数目分配到每一个部门。各部门按照所分配的计划数额，根据本部门内部的实际情况，将数额分配到每一位员工。

从上而下法虽然可以控制总体的薪酬成本，但缺乏灵活性，而且确定薪酬总额时主观因素过多，降低了计划的准确性，不利于调动员工的积极性。

案例链接

联想集团的薪酬就这样和国际接轨①

自联想集团收购 IBM PC 业务后，一家中国企业如何设计一种兼顾本土和国际行情的国际薪酬体系，一直受到人们关注。联想集团虽然从收购 IBM PC 时就进行了薪酬的国际化调整，员工薪酬体系也发生了相应变化，但与国际化接轨的目标还没有实现。该怎么办?

高管率先与国际接轨：联想集团日前披露的年报显示，杨元庆 2005 财年的年薪为 2175 万港元，是前年度的 424 万港元的 4 倍多。联想集团董事及高薪人士的酬金，由前年度的 1270 万港元，升至去年度的 1.75 亿港元，激增 12.8 倍。很显然，联想集团高管的薪酬率先与国际化接了轨。

员工薪酬国际化需要软着陆：据原 IBM 员工透露：以基本工资计，IBM 员工 7 倍于联想集团员工。显然，要想实现公平，三年之内，联想集团必须完成两件事：一是制订一套完整的薪酬方案，这套方案既需要满足联想集团员工，也需满足原 IBM 员工；二是让联想集团现在两极分化的工资体系向新的薪酬方案平稳过渡。

联想集团薪酬调整的大方向是在原联想集团薪酬体系上（或对原联想集团员工），增加固定工资比例，降低可变薪酬比例；在原 IBM 工资的体系上（或对原 IBM 员工），降低固定工资比例，增加可变工资比例。同时，逐步上调联想集团员工整体收入。最终，联想集团员工实现薪酬一体。

第四节　薪酬制度完善与创新

一、薪酬制度的制定（工资制度的设计、宽带薪酬的设计、工资制度的调整）

（一）薪酬制度

薪酬制度是指是指一个企业制定的有关薪酬方面的一系列标准、办法、规则、流程和政策等，是企业薪酬管理的依据。

① 刘昕. 薪酬管理（第三版）. 中国人民大学出版社. 2011. 36-37 内容整理.

薪酬制度也是企业对薪酬问题决策的产物或薪酬体系设计的成果。

(二)企业的薪酬决策

薪酬体系决策。薪酬体系决策的主要任务是明确企业确定员工基本薪酬的基础。

薪酬水平决策。薪酬水平是指企业中各职位、各部门以及整个企业的平均薪酬水平，薪酬水平决定了企业薪酬的外部竞争性。

薪酬结构决策。薪酬结构指的是同一组织内部的薪酬等级数量以及不同薪酬等级之间的薪酬差距大小。

薪酬管理政策决策。所谓薪酬管理政策主要涉及企业的薪酬成本与预算控制方式以及企业的薪酬制度、薪酬规定和员工的薪酬水平是否保密的问题。

(三)薪酬体系的设计(以职位薪酬体系的设计为例)

为实现薪酬管理的目标和组织目标，首先必须进行薪酬体系设计，一个有效的薪酬体系不应是僵化和死板的，而应该根据需要随时进行监控和调整。要设计出合理科学的薪酬体系，一般要经历以下六个步骤。

1. 工作分析

工作分析是确定薪酬的基础。结合企业的经营目标，在业务分析和人员分析的基础上，明确各职位和岗位的关系，此项工作应由企业人力资源部门组织，各业务主管部门合作编写职位说明书。

2. 岗位评价

岗位评价重在解决薪酬的对内公平性问题。它有两个目的，一是比较企业内部各个职位的相对重要性，得出职位等级序列；二是为进行薪酬调查建立统一的职位评估标准，消除本企业不同单位之间由于职位名称不同，但实际工作要求和工作内容相同，或职位名称相同，但实际工作要求和工作内容不同等原因所导致的职位差异，使不同职位之间具有可比性，为确保工资的公平性奠定基础。

(1)成立岗位评价小组

企业为了加强管理提出一些完善薪酬制度的措施，往往容易遭到员工的抵制。其原因主要是员工与企业没有达成共识，或是曲解了企业的意图。为了消除这些负面影响，建议企业在进行岗位评价时，先成立一个由员工自己选出来的参与评价的工作小组。

(2)选择岗位评价的方法进行岗位评价

岗位评价的方法主要有四种，岗位排列法、岗位分类法、要素比较法及要素计点法。

3. 薪酬调查

详见下文。

4. 确定薪酬原则和策略

薪酬原则和策略的确定是薪酬设计后续环节的前提。在充分了解企业目前薪酬管理的现状的基础上，确定薪酬分配的依据和原则，以此为基础确定企业的有关分配政策与策略，如不同层次、不同系列人员收入差距的标准，薪酬的构成和各部分的比例等。

5. 薪酬类别的确定

根据企业的实际情况和未来发展战略的要求，对不同类型的人员应当采取不同的薪酬类别，例如，企业高层管理者可以采用与年度经营业绩相关的年薪制，管理序列人员和技术序列人员可以采用岗位技能工资制，营销序列人员可以采用提成工资制，企业急需的人员可以采用特聘工资制等。

6. 薪酬结构设计

薪酬的构成因素反映了企业关注内容，因此采取不同的策略、关注不同的方面就会形成不同的薪酬构成。企业在考虑薪酬的构成时，往往综合考虑以下几个方面的因素：一是职位在企业中的层级，二是岗位在企业中的职系，三是岗位员工的技能和资历，四是岗位的绩效，分别对应薪酬结构中的不同部分。

总之，薪酬体系设计必须根据企业的实际情况，并紧密结合企业的战略和文化，系统全面科学的考虑各项因素，并及时根据实际情况进行修正和调整，才能充分发挥薪酬的激励和引导作用，为企业的生存和发展起到重要的制度保障作用。薪酬体系设计是一个庞大的工程，不是靠文字堆砌而成的方案就能完成的，而是企业全体都参与的过程，是与其他人力资源管理职能紧密结合的过程。

（四）宽带薪酬及其设计

1. 定义

传统上那种带有大量等级层次的垂直型薪资等级制度与扁平、灵活、团队导向的文化是不相符的。因此，一些组织开始采取一种被称为“薪资带”（Banding）或“薪资宽带”（Broadbanding）的新战略，在这种薪资系统中，大量的薪资等级被少数相对范围较宽的薪资宽带所取代（见图 8-4）。

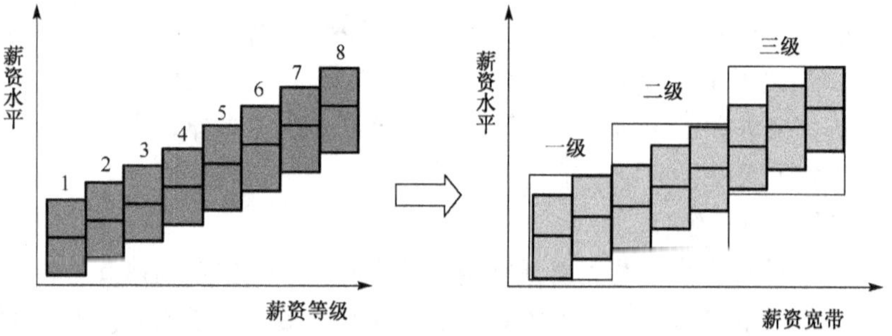

图 8-4　从传统薪酬等级到薪酬宽带示例

（资料来源：刘昕. 薪酬管理（第三版）. 中国人民大学出版社,2011）

2. 来源

宽带薪资这种薪酬概念来源于广播术语：组织不再期望员工是“单一频率”的，而是希望他们能够覆盖“宽频道”——具有多种技能和素质，从而在需要时能够承担多种任务。

3. 性质

宽带薪资本身并非是一种新的薪酬战略，它只是技能或能力薪酬这些薪酬战略赖以建立和有效运营的一个平台，仍然属于薪酬结构的范畴。

4. 作用

（1）宽带型薪资结构支持扁平型组织结构。

（2）宽带型薪资结构能引导员工重视个人技能的增长和能力的提高。

(3)宽带型薪资结构有利于职位的轮换。

(4)宽带型薪资结构能密切配合劳动力市场上的供求变化。

(5)宽带型薪资结构有利于管理人员以及人力资源专业人员的角色转变。

(6)宽带型薪资结构有利于推动良好的工作绩效。

5. 传统薪资结构与宽带薪资结构的综合比较(见表8-1)

6. 宽带薪资结构设计的几个关键决策

薪资宽带数量的确定。薪资宽带数量的决策依据还应当是组织中能够带来附加价值的不同员工的贡献等级到底应该有多少比较合适。

宽带的定价。参照市场薪资水平和薪资变动区间,在存在外部市场差异的情况下,对同一宽带之中的不同职能或职位族的薪资要分别定价。

将员工放入薪资宽带中的特定位置。

表8-1 传统薪资结构与宽带薪资结构的综合比较

比较内容	传统型	宽带型
薪资战略与企业发展战略	难配套	易配套
与劳动力市场的关系	市场是第二位的	以市场为导向
直线经理的参与	几乎没有参与	更多的参与
薪资调整的方向	纵向	横向及纵向
组织结构的特点	层级多	扁平
与员工的工作表现	松散	紧密
薪资等级	多	少
级差	小	大
薪资变动范围	窄	宽

跨级别的薪资调整以及宽带内部的薪资调整。

7. 实施宽带薪资结构的几个要点

(1)审查公司的文化、价值观和战略,看它们与宽带薪资设计的基本理念是否一致。

(2)注重加强非人力资源经理人员的人力资源管理能力。

(3)引发员工的参与,加强沟通,让全体员工都能清晰地理解这种新的薪资结构设计方式的用意。

(4)要有配套的员工培训和开发计划,并积极推行。

二、薪酬制度的完善与创新

(一)不断变化的薪酬管理环境

完善与创新是密切相关的,有时可在一个意义上使用,完善就是创新,创新就是完善,本章略作区分,薪酬制度的完善是对制度本身的科学性、合理性、系统性、全面性的要求,而创新则是制度本身的变革,是对薪酬制度适应性、发展性的要求。

薪酬制度的完善与创新的来自于不断变化的内外环境。

20世纪90年代以来,全球企业界都面临以下六个方面的重大环境变化:(1)全球化步伐加快,国际竞争愈演愈烈;(2)技术变化与服务经济势不可挡;(3)对个人以及组织整体能力的要求日益提高;(4)客户的期望与预期不断提高;(5)生产以及产品或服务提供的周期越来越短;(6)对员工的要求越来越高。

与此同时,20世纪90年代以来企业管理实践也发生了如下变化:(1)组织结构扁平化,开始以市场为导向的组织结构转变;(2)组织内部的沟通重心从纵向向横向转移;(3)企业更多的是鼓励员工通过为组织的成功做出贡献,而不仅仅是对组织保持忠诚来获得工作保障;(4)企业鼓励员工主动承担一定的合理风险和合理的犯错;(5)企业开始关注并鼓励员工进行持续性的创新活动；(6)企业越来越重视战略管理；(7) 企业更为重视如何展示为客户带来的价值增值。

只有顺应了上述环境变化以及企业管理实践的变化，进行企业薪酬制度的完善与创新，企业的薪酬制度才能真正发挥作用和效果。

(二)从传统薪酬战略到全面报酬战略

1. 传统薪酬存在的一些问题

(1)传统薪酬战略往往将目标界定在“吸引、激励和保留”员工方面，所采取的“战略”通常是支付市场化薪酬工资这种竞争性目标。

(2)基本薪酬加上绩效加薪的战略对于强调稳定性和一致性的职能组织来说是非常适用的，但是这种将基本薪酬与特定的、单个的职位紧紧地联系在一起做法，对于强调流程和速度的组织来说却不适用。

(3)20 世纪 90 年代以后的一个重大变化就是企业的组织结构开始从原来的金字塔状职能型结构向扁平型结构转移。

(4)新的竞争环境要求企业不断改善绩效和提高生产率，改善产品或服务的质量，同时改善员工的工作和生活质量，从而谋取竞争优势。

2. 全面薪酬管理战略的基本理念

以外部市场敏感性为基础的薪酬，而不是内部一致性；以绩效为基础的浮动薪酬，而不是年度定期调薪；风险分担的伙伴关系而不是既得权力；弹性的贡献机会而不是工作；横向晋升而不是纵向的职业发展通道；就业能力而不是就业保障性；团队贡献而不是个人贡献。

3. 全面薪酬的构成

(1)基本薪酬

在企业支付能力一定的情况下，尽量将基本薪酬水平紧密地与竞争性劳动力市场保持一致，以保证组织能够获得高质量的人才——利用基本薪酬来强调那些对企业具有战略重要性的工作和技能。

(2)可变薪酬

它具有针对动态环境的变化作出反映的灵活性，尤其是面向较大员工群体实行的可变薪酬能够针对员工和组织所面临的变革和较为复杂的挑战作出灵活反应。

(3)福利

福利计划是针对绩效和强调目标的，而并非是单纯地为了追随其他组织，实行弹性福利计划，强调为迎接未来的挑战而创新性地使用福利计划。

4. 全面薪酬战略的特征

(1)战略性：鼓励组织建立作为经营战略和财务战略以及组织文化延伸的全面薪酬战略。传统的注重内部的点要素工作评价系统以及绩效薪酬系统无法帮助组织为生存而战。

(2)激励性：全面薪酬管理关注企业的经营，是组织价值观、绩效期望以及绩效标准的一种很好传播者，它会对与组织目标保持一致的结果和行为给予报酬(重点是只让那些绩效足以让组织满意以及绩效优异的人得到经济回报，对于绩效不足者，则会诱导他们离开组织)。

(3)灵活性：全面薪酬战略强调薪酬系统的灵活性，这是因为尽管有效的全面薪酬战略将注意力集中在组织希望达到的目标上，但是它还必须保持一定的弹性，以便当组织在遇到未能预见到的困难，从而不得不进行变革或者出现需要强调的新重点时，能够快速地做出反应。

(4)创新性：与旧有薪酬制度类似，全面薪酬管理也沿袭了譬如收益分享这样一些传统的管理举措。但在具体使用时，管理者却采取了不同一以往的方式，以使其应用于不同的环境，并因时因地加以改进，从而使它们重新焕发出生机，更好地支持企业的战略和各项管理措施。

(5)沟通性：作为一种理想的全面薪酬战略，就必须能够将组织的价值观、使命、战略、规划以及组织的未来前景传递给员工，界定好员工在上述每一种要素中将要扮演的角色，从而实现企业和员工之间的价值观共享和目标认同。此外，全面薪酬战略非常重视制定和实施全面薪酬管理战略的过程，这是因为它把制定计划的过程本身看成是一种沟通的过程，企业必须通过这样一个过程使员工能够理解，组织为什么要在薪酬领域采取某些特定的行动。

5. 面向21世纪的全面报酬战略

进入21世纪以来，世界各国企业都已经越来越清醒地意识到，企业能否赢得竞争优势并且保持这种优势，关键在于能否形成一支胜任、敬业、忠诚的员工团队。然而，要想打造一支胜任、敬业而且忠诚的员工团队，仅仅从薪酬和福利两个方面去下工夫是不够的。企业必须重新考虑如何在提高资本价值的同时为优秀员工提供报酬，强化和引导他们的行为，提高经营业绩，实现组织战略目标。在这种情况下，全面报酬的思想和概念逐渐浮出了水面。

根据美国全面报酬学会的全面报酬体系模型，全面报酬模型包括了薪酬、福利、绩效管理与认可和赏识、工作与生活的平衡、开发和职业发展机会等五个方面的内容，而全面报酬战略则是将这五种关键报酬因素加以组合，从而实现对员工的最优激励的一种艺术。全面报酬体系是根植于组织文化、经营战略和人力资源战略之中的，这些因素也会对一个组织的人才吸引、保留和激励产生影响。

知识链接

战略薪酬：人力资源经理或薪酬主管角色的转换①

未来十年中限制企业发展的头号因素就是能否吸引和留住员工。但薪酬管理人员并没有对此做出适当的反应。报告显示，仅有半数公司的薪酬战略与业务战略或人事战略相联系。薪酬管理者有必要重新思考他们在组织中承担的角色，他们需要以一种更能帮助企业运行业务的方式应用其专业技能。

大多数薪酬流程是为了控制管理者而不是促使他们获得成功。人力资源经理要和业务经理成为真正的伙伴，就应该向他们提供工具而不是规则。

新经济条件下，和过去控制的角色不同，薪酬主管的新角色是薪酬工匠大师，其任务是设计和教育。为此薪酬管理者需要做以下事情。

- 有技巧和创造性地运用薪酬管理的基本职能，建立和经营背景相匹配的管理工具。
- 教育管理者如何使用这些管理工具以释放员工的潜能，推动业务飞速发展。
- 将自己视为流程促进者而非控制者。

---

① 根据约瑟夫·J·马尔托奇奥. 战略薪酬管理. 中国人民大学出版社. 2011.

应用与训练

1. 针对本地区某行业中的某些岗位做一次薪酬调查。

2. 为某企业或其他组织做一个年度薪酬预算方案。

3. 为某组织(企业或学校)设计薪酬管理体系。内容包括：企业组织系统设计、工作分析与评价、薪酬调查、薪酬结构设计、薪酬构成设计、薪酬制度设计等(可根据具体教学情况选择其中部分进行实训)。

思考与练习

1. 试述薪酬的概念、功能及构成。
2. 影响薪酬的因素有哪些?
3. 什么是薪酬管理，其流程是怎样的?
4. 福利有哪些功能? 它有哪些主要形式?
5. 企业薪酬管理面临怎样的内外环境变化?
6. 基本的薪酬体系有哪些?
7. 试述薪酬体系设计的程序。
8. 试述全面薪酬战略的特征。

拓展阅读

1. 热点问题

2012 央企职工年平均工资为 111357 元 比去年涨 8.2%

网易财经 2012 年 11 月 6 日讯 网易财经对国资委公布的 113 家央企及其上市子公司在岗职工年平均工资进行整理，发现 2012 年央企及其上市子公司共 287 家在职员工平均工资为 111357 元，相比 2011 年平均工资 102965 元增长了 8.2%。2012 年央企职工工资是城镇非私营单位职工年平均工资的 2.4 倍，是城镇私营单位职工年平均工资的 3.8 倍。

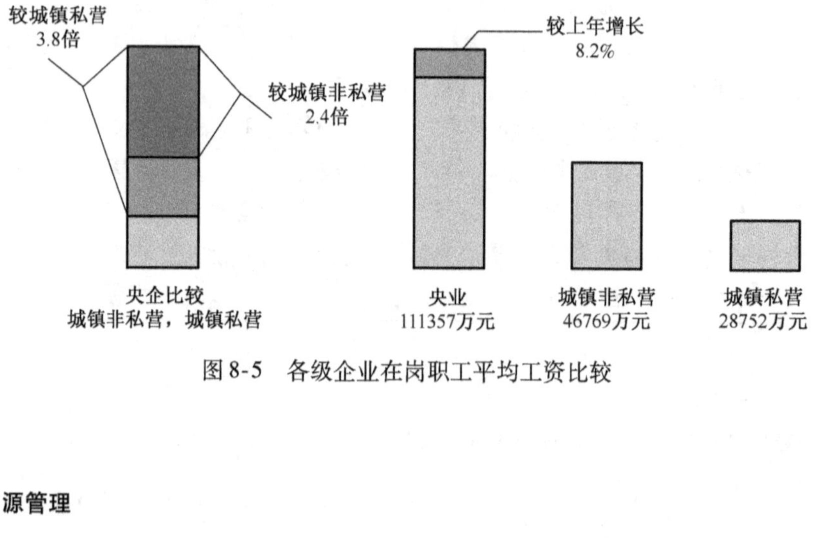

图 8-5　各级企业在岗职工平均工资比较

根据网易财经统计，2012 年央企职工工资的涨幅有减缓的趋势，然而垄断企业的工资仍然远高于社会平均工资。

（注：2012 年央企平均工资是用国资委公布的 113 家央企及其上市子公司共 287 家年报中“支付给职工以及为职工支付的现金”指标除以职工总人数所得，没有包括部分央企分给员工的房子、购物卡等福利。）

2. 经典读物推荐

(1) 阅读《国富论》第一篇第八章、第九章、第十章。

(2) 阅读《资本论》第一卷第五章。

(3) 萨缪尔森《经济学》(第 18 版) 第三篇第十三章。

3.【案例分析】

猎狗的成功之路

一只猎狗将兔子赶出了窝，并一直追赶它，追了很久，猎狗仍没有捉到兔子。牧羊人看到这种情景，讥笑猎狗说：“你们两个中小的反而跑得快”。猎狗答：“你不知道，我们两个完全不同！我仅仅是为了一顿饭而跑，兔子却是为了性命而跑呀！”这话被猎人听到了，猎人想：猎狗说得对啊，我要想得到更多的猎物，得想个好法子。于是，猎人又买来几只猎狗，并决定凡是能够在打猎中捉到兔子的猎狗，可以得到几根骨头，捉不到的就没有饭吃。这招果然有用，猎狗们纷纷努力去捉兔子。

就这样过了一段时间，问题又出现了。大兔子非常难捉到，小兔子好捉。但捉到大兔子得到的骨头和捉到小兔子的差不多，于是猎狗们都专门去捉小兔子。猎人经过思考后，决定不再将分得骨头的数量与是否捉到兔子挂钩，而是采用每隔一段时间就统计猎狗们捉到的兔子的总重量，并按照重量来评价猎狗及决定其在那段时间内的待遇。于是猎狗们捉到的兔子数量和重量都增加了，猎人很开心。

又过了一段时间，猎人发现猎狗们捉兔子的数量又减少了，而且越有经验的猎狗，捉兔子的数量下降得越厉害，于是猎人又去问猎狗。猎狗说：“主人，我们把最好的时间都奉献给了您，我们老了捉不到兔子时，您还会给我们骨头吃吗？”猎人于是有了论功行赏的想法：分析与汇总所有猎狗捉到的兔子的数量与重量，规定如果捉到的兔子超过了一定的数量后，即使捉不到兔子，每顿饭也可以得到一定数量的骨头。猎狗们很高兴，便都努力去达到猎人规定的标准。

一段时间之后，终于有一些猎狗达到了猎人规定的标准。这时，其中有一只猎狗说：“我们这么努力，只得到几根骨头，而我们捉的猎物远远超过了这几根骨头。我们为什么不能给自己捉兔子呢？”于是，有些猎狗离开了猎人，自己捉兔子去了，骨头与肉兼而有之。猎人意识到猎狗正在流失，那些离开的猎狗象野狗一般与自己的猎狗抢兔子。情况变动得越来越糟，于是猎人进行了改革，使得每条猎狗除基本的骨头外还可获得其所猎兔肉的 N%，而且随着时间加长，贡献变大，该比例还可递增，并有权分享猎人总兔肉的 M%。就这样，猎狗们与猎人一起努力，将野狗们逼得叫苦连天，纷纷强烈要求重归队伍。

日子一天天过去，到了冬天，兔子越来越少，猎人的所得也一天不如一天。那些服务时间长的老猎狗们不能捉到兔子了，但仍然无忧无虑地享受着那些它们自以为应得的食物。终于有一天猎人再也不能忍受了，把它们扫地出门。被扫地出门的猎狗们得到了一笔丰厚的赔偿金，于是它们成立了骨头公司。采用连锁加盟的方式招募野狗，向野狗们传授狩猎的技巧，它们从猎得的兔子中抽取一部分作为管理费。当赔偿金几乎全部用于广告后，它们终于有了足够多的野狗加盟，公司开始赢利。骨头公司许诺加盟的野狗能得到公司 N% 的股份，这实在是太有诱惑力了，不用再忍受猎人呼来唤去的，不用捉到足够多的兔子而累死累活，也不用眼巴巴地企求猎人多给两根骨头而扮得楚楚可怜。这一切对野狗来说，比多吃两根骨头更加受用。于是野狗们拖家带口地加入了骨头公司，一些猎人门下的年轻猎狗也开始蠢蠢欲动，甚至很多自以为聪明的猎人也想加入。

好多同类型的公司像雨后春笋般地成立了：骨易、骨网、华骨……一时间，森林里热闹起来。有个猎人与骨头公司进行合作谈判的时候，老猎狗出人意料地把骨头公司卖给了猎人。老猎狗们从此不再经营公司，转而开始写自传《老猎狗的一生》，后来又写了《如何成为出色的猎狗》、《如何从一只普通猎狗成为一只管理层的猎狗》、《猎狗成功秘诀》、《成功猎狗500条》、《穷猎狗、富猎狗》，还将老猎狗的故事搬上了荧屏，取名《猎狗花园》，四只老猎狗成为了家喻户晓的明星，收版权费而没有风险，利润更高。

——资料来源：胡昌全. 薪酬福利管理. 北京：中国发展出版社，2006.

思考

(1)猎狗们靠什么活着？

(2)猎人为什么不断调整分配方式？

(3)在不断改进的分配方案中，哪些猎狗会得到的比较多？

(4)猎狗是如何走向成功的？

参考文献

[1] 刘昕. 薪酬管理. 第三版. 中国人民大学出版社,2011.

[2] 郑功成. 社会保障学. 中国劳动社会保障出版社,2008.

[3] 邹华,修桂华. 人力资源管理原理与实务. 北京大学出版社. 中国农业大学出版社,2008.

[4] 颜爱民,方勤敏. 人力资源管理. 北京大学出版社. 中国农业大学出版社,2007.

[5] 李蔚田,傅航. 人力资源管理. 北京大学出版社. 中国农业大学出版社,2008.

[6] 胡昌全. 薪酬福利管理. 中国发展出版社,2006.

[7] 约瑟夫·J·马尔托奇奥. 战略薪酬管理. 中国人民大学出版社,2010.

第九章
团队管理

第一节　团队概述
第二节　团队精神
第三节　团队管理技能

案例导入

微软：有战斗力的团队

当被问及微软成功的秘诀时，世界首富比尔·盖茨干脆地回答道："微软有成功的团队。"

1. 网罗优秀人才

微软公司是一家由聪明人组成、管理良好的公司。能请来这一群人才，盖茨感到很自豪。他在1992年曾说："微软和其他公司与众不同的特色就是智囊的深度。把他们称做螺旋桨头脑、数字头脑、齿轮转动头脑或工作狂、用脑狂，还是微软狂都可以。"

盖茨曾多次说道："把我们顶尖的20个人挖走，那么微软会变成一家无足轻重的公司。"

盖茨说："这些人绝顶聪明，与公司一起成长。他们组成了一个团队，而领导那群具有'螺旋桨头脑'的聪明人组成了'研究院'。要怎么做，才能当个螺旋桨头脑？方法之一是研读唐纳德·克努特所著的《程序设计艺术》。这套书有三大册，而且陆续会出更多册。如果有人自负到自以为什么事都懂，克努特会帮助他们了解，这个世界既深奥又复杂。"

2. 塑造优势员工

30岁的执行副总裁史蒂夫·鲍尔默在公司内深受爱戴，从撰写程序设计方面来说，鲍尔默不是专业技术人员，但他大学时主修数学，而且是个精力充沛的商业高手。他不畏惧困难，勇于接受挑战。如，在Windows项目迟迟无法完成，成为一堆无法收拾的烂摊子时，他挺身而出，承担了开发责任，并成功地将其推向市场。

盖茨把鲍尔默这个在表达观点时猛敲墙壁吼叫的家伙，视为他最亲密的朋友和顾问。

另一位重要人物是麦克·梅普尔斯，在1988年到1995年间担任公司的执行副总裁。现在他急流勇退，成为公司的顾问，专门对有关兼并与招聘新人等提出建议。他当初毅然离开IBM是因为他看到了微软的巨大发展潜力。进入微软后，他把IBM的四项基本准则引入微软。

第一条准则是包括雇用、培训、工资报酬及晋升道路在内的整套人事管理方面的做法；第二条准则是培养中层经理，微软向来缺乏这方面的管理人才；第三条准则是继续设立专项职能，如开发、测试，但是必须保证让员工自由流动以获得更丰富的工作经验；第四条准则是软件公司必须为产品开发确定过程。微软公司就是靠这些出类拔萃的人物和比尔·盖茨合理的管理制度，在竞争中走向成功的。

思考

微软团队管理的成功经验是什么？

资料来源：团队管理的经典案例. 总裁学习网. http://www.cs360.cn/dbnews/2120070.html

学习指引

学习目标

1. 掌握团队的基本概念、构成要素和主要类型
2. 掌握团队精神的内涵和作用

解决问题

1. 明确高效团队的特征
2. 掌握如何打造团队精神
3. 熟悉团队管理技巧

知识与理论

企业的员工不是单一的个体，而是团队。因此，人力资源管理者首先应该是企业员工团队的管理者。团队理念、团队精神打造、团队管理原则、团队管理技巧等，是团队管理的必有之义。

第一节 团队概述

一、团队的含义

不同的学者从不同的角度界定了团队(Team)的定义。路易士(Lewis，1993)认为[①]，团队是由一群认同并致力于去达成共同目标的人所组成，这一群人相处愉快并乐于工作在一起，共同为达成高品质的结果而努力。在这个定义中，路易士强调了三个重点：共同目标、工作相处愉快和高品质的结果。盖兹贝克和史密斯(Katezenbach and Smith，1993)认为一个团队是由少数具有"技能互补"的人所组成，他们认同于一个共同目标和一个能使他们彼此担负责任的程序。盖兹贝克和史密斯也提到了共同目标，并提到了成员"技能互补"和分担责任的观点，同时还指出团队是个少数人的集合，保证相互交流的障碍较少，比较容易达成一致，也比较容易形成凝聚力、忠诚感和相互信赖感。但是，团队必定是以达到一个既定结果为最终目标，共同的目标是团队区别于群体的重要特征。

因此，团队可以定义为是由少数具有技能互补的人组成，他们认同于一个共同目标和一个能使他们彼此担负责任的程序，并相处愉快，乐于一起工作，共同为达成高品质的结果而努力。团队就是合理利用每一个成员的知识和技能协同工作，解决问题，达到共同的目标的共同体。

二、团队构成要素

团队是由员工和管理层组成的一个共同体，它合理利用每一个成员的知识和技能协同工作，解决问题，达到共同的目标。团队的构成要素可以总结为5P，如图9-1所示。

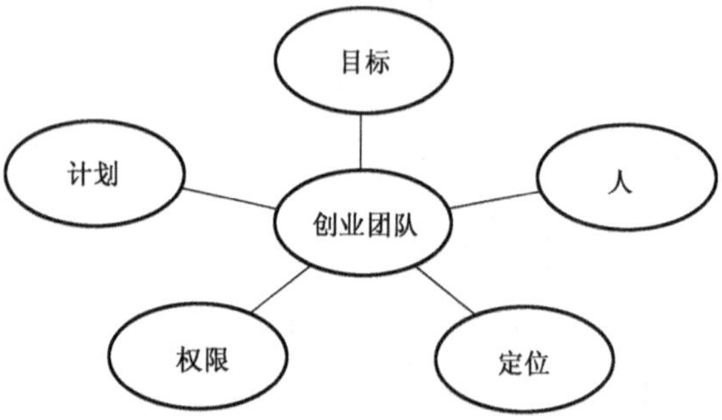

图9-1 团队的5P模型

① 卢翠翠. 高绩效团队特质及其组建模型. 中国人力资源网，2005-02-25.

(1)目标(Purpose)：团队应该有一个既定的共同目标，为团队成员导航，知道要向何处去，没有目标这个团队就没有存在的价值。目标在企业的管理中以创业企业的远景、战略的形式体现。

(2)人(People)：人是构成团队最核心的力量。三个及三个以上的人就形成一个群体，当群体有共同奋斗的目标就形成了团队。在一个团队中，人力资源是所有资源中最活跃、最重要的资源。

目标是通过人员来实现的，所以人员的选择是团队中非常重要的一个部分。在一个团队中可能需要有人出主意，有人定计划，有人实施，有人协调不同的人一起去工作，还有人去监督团队工作的进展，评价团队最终的贡献，不同的人通过分工来共同完成团队的目标。在人员选择方面要考虑人员的能力如何，技能是否互补，人员的经验如何。

(3)团队的定位(Place)，包含两层意思：第一，团队在企业中处于什么位置，由谁选择和决定团队的成员，团队最终应对谁负责，团队采取什么方式激励下属？第二，个体的定位。作为成员在团队中扮演什么角色？是制订计划还是具体实施或开展评估工作？

(4)权限(Power)：第一，整个团队在组织中拥有什么样的决定权？比方说财务决定权、人事决定权、信息决定权。第二，组织的基本特征。比方说组织的规模有多大，团队的数量是否足够多，组织对于团队的授权有多大，它的业务类型是什么。

(5)计划(Plan)，包含两层含义：第一，目标最终的实现，需要一系列具体的行动方案，可以把计划理解成达到目标的具体工作程序。第二，按计划进行可以保证团队的顺利进度。只有在计划的操作下团队才会一步一步地贴近目标，从而最终实现目标。

三、团队的类型

根据团队存在的目的和拥有自主权的大小，一般将团队分为4种类型：问题解决型团队、自我管理型团队、多功能型团队和虚拟型团队。

1. 问题解决型团队

20世纪80年代团队刚刚盛行时，大多数团队的形式很相似。这些团队一般是由来自于同一个部门的5～12个工人组成，他们每周利用几个小时的时间聚集，讨论如何提高产品质量、生产效率和改善工作环境。人们把这种团队称为“问题解决型团队”。

在问题解决型团队中，团队的主要责任是通过调查研究、集思广益理清组织存在的问题，拟定策略或执行计划。问题解决型团队对调动员工参与决策过程的积极性方面略显不足。

2. 自我管理型的团队

随着团队素质的不断提高，缺乏贯彻力、执行力和调动员工积极性和参与性动力不足等问题，使解决型团队渐渐地面临权利不足、功能欠缺等问题。因此，为了弥补这种缺陷，就要求团队具有自主解决问题的能力，希望团队能够独立承担起所有的责任，具备了这两种特征的团队被人们称为“自我管理型团队”。这种团队是一支真正能够独立承担责任的团队，团队管理下的成员不仅注意对问题的解决，而且看重解决问题后的执行能力。

通常来说，自我管理型团队的人数通常为10～15人，团队的成员构成呈现多样化的特征。团队的成员需要分担一些上级领导的职责，如人员招聘、绩效评估、工作任务的分配、工作强度的分布，以及工作时间的安排。

“路德教友互助会”是美国最大的保险和金融服务公司之一，其管理人员声称，自我管理型团队的主要责任是提高员工的满意度，使公司在 4 年的时间里裁员 15%，而业务量增加了 50%。美国印第安纳州福特威思市的爱地牌冰激凌厂，在引进自我管理型团队后，成本降低了 39%，生产效率提高了 57%。但对自我管理型工作团队效果的总体研究表明，实行这种团队形式并不一定会带来积极效果。比如，在这种团队中，员工的满意度的确有所提高。但是，与传统的工作组织形式相比较，自我管理型团队成员的缺勤率和流动偏高。因此，要正视自我管理型团队的功效，理智地理解这并不是培养团队制胜能力的万能技巧和方法。

3. 多功能型团队

“多功能型团队”是由来自于同一种等级不同领域的人交换信息，激发新的观点，解决组织所面临的一些问题。

许多组织采用跨越横向部门界线的形式已有多年。例如，20 世纪 60 年代，IBM 公司为了开发卓有成效的 360 系统，组织了一个大型的任务攻坚队，任务攻坚队成员来自于公司的多个部门。任务攻坚队其实就是一个临时性的多功能团队。同样，由来自多个部门的员工组成的委员是多功能团队的另一个例子。20 世纪 80 年代末，摩托罗拉公司在开发一个能够容纳 66 颗卫星的大型网络的项目时，也采用了多功能团队形式。在项目的第一年一直到项目进行到一半时，由 20 个摩托罗拉公司员工组成的多功能团队每天早晨聚会一次。后来，这个团队的成员扩展到包括其他十几个公司的专家，例如：道格拉斯公司的专家、马丁马瑞塔公司的专家、通用电气公司的专家、亚特兰大科技公司的专家、俄罗斯克兰尼切夫公司的专家等等。

多功能团队是一种有效的方式，它能够使组织内（甚至组织之间）不同领域的员工之间交换信息，激发出新的观点，解决面临的问题，协调复杂的项目。

麦当劳有一个危机管理队伍，责任就是应对重大的危机，由来自于麦当劳营运部、训练部、采购部、政府关系部等部门的一些资深人员组成。他们平时在共同接受关于危机管理的训练，甚至模拟当危机到来时怎样快速应对，比如广告牌被风吹倒，砸伤了行人，这时该怎么处理？一些人员考虑是否把被砸伤的人送到医院，如何回答新闻媒体的采访，当家属询问或提出质疑时如何对待？另外一些人要考虑的是如何对这个受伤者负责，保险谁来出，怎样确定保险？所有这些都要求团队成员能够在复杂问题面前做出快速行动，并且进行一些专业化的处理。

虽然这种危机管理的团队究竟在一年当中有多少时候能用得上还是个问题，但对于跨国公司来说是养兵千日，用兵一时，因为一旦问题发生就不是一个小问题。在面临危机的时候，如果做出快速而且专业的反应，危机会变成生机，问题会得到解决，而且还会给顾客及周围的人留下很专业的印象。

当然，由于团队成员在知识、经验、背景和观点等方面不甚相同，加上处理复杂多样的工作任务，实行这种团队形式，建立有效的合作需要相当长的时间，而且要求团队成员具有很高的合作意识和个人素质。

4. 虚拟型团队

“虚拟型团队”是随着通信技术的发展和网络服务的完善而渐渐兴起的，是数字化时代下的一种新的团队形式。

通常而言，虚拟型团队中，工作人员的组织模式是虚拟化的：一群具有共同理想、共同目标、共同利益的人，组合在一起，通过电话、网络、传真或者可视化图文来进行沟通、协调、讨论，相互交换意见，形成电子文档，从而完成一项事先拟定好的工作。这个“虚拟”，指的就是团队环境的虚拟，但每个成员所进行的工作都是真实的，通过虚拟世界所进行的相互之间的沟通和协作化也是真实存在的。

四、团队的特征

团队形式并不能自动地提高生产率，它也可能会让管理者失望。幸运的是，一些研究揭示了与高效团队有关的主要特征。

1. 清晰的目标

高效的团队对所要达到的目标有清楚的了解，并坚信这一目标包含着重大的意义和价值。而且，这种目标的重要性还激励着团队成员把个人目标升华到群体目标中去。在有效的团队中，成员愿意为团队目标作出承诺，清楚地知道希望他们做什么工作，以及他们怎样共同工作最后完成任务。

2. 相关的技能

高效的团队是由一群有能力的成员组成的。他们具备实现理想目标所必需的技术和能力，而且相互之间有能够良好合作的个性品质，从而出色完成任务。后者尤其重要，但却常常被人们忽视。有精湛技术能力的人并不一定就有处理群体内关系的高超技巧，高效团队的成员则往往兼而有之。

3. 相互的信任

成员间相互信任是有效团队的显著特征。也就是说，每个成员对其他人的品行和能力都确信不疑。我们在日常的人际关系中都能体会到，信任这种东西是相当脆弱的，它需要花大量的时间去培养而又很容易被破坏。而且，只有信任他人才能换来被他人的信任，不信任只能导致不信任。所以，维持群体内的相互信任，还需要引起管理层足够的重视。

组织文化和管理层的行为对形成相互信任的群体内氛围很有影响。如果组织崇尚开放、诚实、协作的办事原则，同时鼓励员工的参与和自主性，它就比较容易形成信任的环境。

4. 一致的承诺

高效的团队成员对团队表现出高度的忠诚和承诺，为了能使群体获得成功，他们愿意去做任何事情。我们把这种忠诚和奉献称为一致的承诺。

对成功团队的研究发现，团队成员对他们的群体具有认同感。他们把自己属于该群体的身份看作是自我的一个重要方面。因此，承诺一致的特征表现为对群体目标的奉献精神，愿意为实现这一目标而调动和发挥自己的最大潜能。

5. 良好的沟通

毋庸置疑，这是高效团队一个必不可少的特点。群体成员通过畅通的渠道交流信息，包括各种言语和非言语信息。此外，管理层与团队成员之间健康的信息反馈也是良好沟通的重要特征，它有助于管理者指导团队成员的行动，消除误解。就像一对已经共同生活多年、感情深厚的夫妇那样，高效团队中的成员能迅速而准确地了解彼此的想法和情感。

6. 谈判技能

以个体为基础进行工作设计时，员工的角色由工作说明、工作纪律、工作程序及其他一些正式文件明确规定。但对于高效的团队来说，其成员角色具有灵活多变性，总在不断地进行调整。这就需要成员具备充分的谈判技能。由于团队中的问题和关系时常变换，成员必须能面对和应付这种情况。

7. 恰当的领导

有效的领导者能够让团队跟随自己共同度过最艰难的时期，因为他能为团队指明前途所在。他们向成员阐明变革的可能性，鼓舞团队成员的自信心，帮助他们更充分地了解自己的潜力。

优秀的领导者不一定非得指示或控制，高效团队的领导者往往担任的是教练和后盾的角色，他们对团队提供指导和支持，但并不试图去控制它。

这不仅适用于自我管理团队，当授权给小组成员时，它也适用于任务小组、交叉职能型的团队。对于那些习惯于传统方式的管理者来说，这种从上司到后盾的角色变换，即从发号施令到为团队服务——实在是一种困难的转变。当前很多管理者已开始发现这种新型的权力共享方式的好处，或通过领导培训逐渐意识到它的益处，但仍然有些脑筋死板、习惯于专制方式的管理者无法接受这种新概念，这些人应当尽快转换自己的老观念，否则就将被取而代之。

8. 内部支持和外部支持

要成为高效团队的最后一个必需条件就是它的支持环境，从内部条件来看，团队应拥有一个合理的基础结构。这包括：适当的培训，一套易于理解的用以评估员工总体绩效的测量系统，以及一个起支持作用的人力资源系统。恰当的基础结构应能支持并强化成员行为以取得高绩效水平。从外部条件来看，管理层应给团队提供完成工作所必需的各种资源。

五、团队发展的阶段

从团队创建和发展的历程来看，团队会经历成立、震荡、规范化、高产和调整五个发展阶段。

（一）成立阶段

1. 成立阶段的内容

在团队的成立或者创建阶段要完成团队方案的勾画和其他准备工作，一般要花费几个月的时间。

在这个阶段，首先要考虑团队的定位问题，形成团队的内部结构框架，这就需要明确以下问题：（1）是否需要组建这支团队？（2）要创建一个什么样的团队？（3）团队的主要任务是什么？（4）团队中应该包括一些什么样的成员？（5）如何进行团队的角色分配？（6）团队的规模控制在多大？对这些问题，创建者必须拿出一个明确的规划来。

其次要建立起团队与外界的初步联系，这包括：(1)建立起团队与组织的联系；(2)确立团队的权限；(3)建立与团队运作相适应的制度体系，如人事制度、考评制度、奖惩制度等；(4)建立团队与组织外部的联系与协调的关系，如建立与企业顾客、企业协作者的联系，努力与社会制度和文化取得协调等。

这一阶段结束时，团队的每个成员都应该清楚本团队能够达到的愿景。

2. 成立阶段的团队领导工作

团队的成立必须得到上层领导的支持。在团队初创时，需要在整个组织内部挑选成员，这就涉及组织内部的协调和沟通问题，一定要明确本团队直接向谁负责，谁是团队的最终裁定者，并争取得到他的支持。

团队创建人需要花大量的时间和精力来带动自己的团队，因此责任重大。首先，创建人必须明确团队的目标、监控工作的进程并协调与外部的关系；其次要促进团队成员之间的信任与合作，鼓舞团队成员的士气，培养团队精神。

3. 成立阶段的心理压力

当团队最初形成时，团队成员往往会经历一种“意向性”阶段。由于在最初的团队形成过程中，团队成员之间并不熟悉，这就会给人们的彼此交往带来一些紧张或压力感，人们大都表现出一种礼节性或礼貌性的交往。但随着时间的变化和彼此之间的了解，团队成员之间增加了认识，大家都意识到一种相互存在的关系，也即意识到“团队”和“团队性”的存在。

(二)震荡阶段

团队成员在熟悉之后开始逐渐表现出自己的感受，同时也会表现出拒绝和不满，从而给团队工作带来“动荡”或冲突。如果冲突不能够及时解决或冲突进一步扩散或升级，那么即使是小的矛盾或冲突，也可能酿成整个团队的动荡。

1. 震荡阶段的问题

震荡阶段的团队可能有以下表现：(1)团队成员们的期望与现实产生脱节，出现不满情绪；(2)有挫折感和焦虑感，对团队目标能否完成失去信心；(3)团队中人际关系紧张，冲突加剧；(4)对领导权不满，当出现问题时，个别成员甚至会挑战领导者；(5)组织的生产力持续遭受打击。

2. 震荡阶段的措施

在震荡阶段，团队管理者首先要安抚人心，这是该阶段最重要的措施。管理者要认识并能够处理冲突，平衡关系。其次，管理者可以鼓励团队成员对有争议的问题发表自己的看法，在团队间进行积极有效的沟通。再次，要建立团队的工作规范，管理者要以身作则。最后，管理者要适时调整角色，适度对团队授权，鼓励团队成员参与决策，提高成员的自主性和积极性。

(三)规范化阶段

经过一段时间的震荡，团队开始逐渐走向稳定和成熟。在这个阶段，团队成员产生了强烈的团队认同感和归属感，团队表现出一定的凝聚力。团队成员的人际关系由分散、矛盾逐步走向凝聚、合作，彼此之间表现出理解、关心和友爱，并再次把注意力转移到工作任务和团队目标上，关心彼此的合作和团队的发展，并开始建立工作规范和流程，团队的工作特色逐渐形成，成员们的工作技能也有所提高。表9-1是关于团队规范化阶段的特征和相应的发展变化。

表9-1 团队规范化阶段的特征与变化

特　征	变　化
整体性	归属感或团队感增加，成员之间交往的友情发展，团队认同的发展
稳定性	积极参加团队活动，对团队活动的投入性和参与性增加
满意度	对团队生活感到愉快，自尊感和安全感增加，焦虑和紧张减少和降低
动力性	团队影响力的增强，团队成员对团队目标、团队决策和团队规范的接受程度增加，团队一致性行为增加

这一阶段是团队文化建设最有利的时期。团队管理者可进一步培养成员互助合作、敬业奉献的精神，增强对团队的归属感和凝聚力，促进团队共同价值观的形成，并鼓励团队成员为共同承诺的团队目标尽责。

这一阶段团队面临的最大问题是团队成员害怕遇到更多冲突而不愿正面提出自己的建议。这时就应通过提高团队成员的责任心和建立成员之间的信任感，营造自由平等的氛围。

（四）高产阶段

1. 高产阶段的内容

团队在高产阶段的表现如下：(1)团队成员具有一定的决策权，自由分享组织的信息；(2)团队成员信心强，具备多种技巧，能协力解决各种问题；(3)团队内部采用民主的、全通道的方式进行平等沟通，化解冲突，分配资源；(4)团队成员有着成就事业的高峰体验，有完成任务的使命感和荣誉感。

2. 高产阶段的团队领导工作

在此阶段，团队管理者应考虑以下工作：(1)思考和推动变革，更新业务流程与工作方法；(2)提出更具挑战性的团队目标，鼓励和推动员工不断成长；(3)监控工作的进展，通过承诺而非管理达到更佳效果；(4)肯定团队的整体成就，承认团队成员的个人贡献。

（五）调整阶段

随着工作任务的完成，很多团队都会进入调整阶段。对团队而言，可能有以下几种结局。

1. 团队解散

为完成某项特定任务而组建的任务型团队会伴随着任务的完成而解散。在这一阶段，团队成员的反应差异很大，有的很乐观，沉浸于团队的成就中；有的则很伤感，惋惜在团队中建立的合作关系不能再继续。

2. 团队休整

另一些团队，如大公司的执行委员会在完成阶段性工作任务之后，会开始休整而准备进行下一个工作周期，此间可能会有团队成员的更替，即可能有新成员加入，或有原成员流出。

3. 团队整顿

对于表现差强人意的团队，进入休整期后可能会被勒令整顿，整顿的一个重要内容就是优化团队规范。

第二节 团队精神

企业要想取得成功，在未来的竞争中立于不败之地，就要在公司内部形成强大的团队合力，团队合力则来自于企业团队精神的不断培养和建设。团队精神是团队稳定的保证。

一、解读团队精神

1. 团队精神的内涵

没有团队精神的团队，就犹如没有灵魂的人。团队精神，简单来说就是大局意识、协作精神和服务精神的集中体现。团队精神的基础是尊重个人的兴趣和成就，核心是协同合作，最高境界是全体成员的向心力、凝聚力，反映的是个体利益和整体利益的统一，并进而保证组织的高效率运转。团队精神的形成并不要求团队成员牺牲自我，相反，挥洒个性、表现特长保证了成员共同完成任务目标，而明确的协作意愿和协作方式则产生了真正的内心动力。

2. 团队精神的作用

团队精神可以凝聚团队员工的合力，使其有强烈的归属感和一体感，并且由衷地把自己的命运和团队的前途联系在一起，愿意为团队的利益与目标尽心尽力。

美国的吉姆·麦卡罗对“团队精神”曾这样描述：

一群人同心协力，集合大家的脑力，共同创造一项智能财产。

个人的创造力是一种神奇的东西，源自于潜在的人类心智潜能，它被情感丰富，而被技术束缚。

一群人全心全意地贡献自己的创造力，结合成巨大的力量，结合的创造力由于这一群人的互动关系，彼此激荡，而更加复杂。

在这种复杂的情况下，领导变成像是人际互动的交响乐指挥，辅助并疏导各种微妙的人际沟通。

在团队的沟通和互动是正确而健康时，能够使这一群人的力量完全结合，而产生相加相乘的效果，抵消互斥。沟通顺畅能使思想在团队中充分交流。

具体来说，团队精神的作用主要在以下几个方面提升着企业的竞争力。

(1)培养团队成员之间的亲和力

一个具有团队精神和集体意识的团队，成员之间往往具有亲和力和凝聚力，团队往往显示出高涨的士气，有利于激发员工工作的主动性。一个团结友爱、品德高尚的团队，能使每个团队成员感受到温情、光荣和自豪，也会受到高尚品德的熏陶。正是由于形成了集体意识、共同价值观、高涨的士气以及团结友爱、品德高尚的团队气氛，团队成员才会自愿地将自己的聪明才智贡献给团队，同时也使自身得到更为全面的发展。

(2)提高团队整体效能，增强竞争力

团队精神有助于组织凝聚力的培养，有助于提高组织整体效能，能形成一种能使大家协同工作的组织形式，得到超乎寻常的生产率。

要想在竞争日趋激烈的今天，求得企业团队的生存与发展，就必须充分开发人力资源，尤其要尽力形成强大的团队合力，使团队形成整体的竞争实力。

(3)提高团队员工的整体素质

实施团队建设，培育团队精神，是更新员工知识技能，进行“充电”提高的有效手段。团队是最基本的学习单位，组织中所有的目标都是直接或间接通过团队来达到的。整合众多员工的分工以形成强大的合力，发挥团队最佳战斗力的关键靠的就是提高团队所有成员个人的素质、技能与觉悟。

另外，实施团队精神建设，还有利于提高企业团队领导的领导艺术，实现领导方式从监督型、参与型向团队型转变，把员工培养成真正的工作伙伴，把团队培养成真正有实力的集体。

(4)推动团队有效地运作和发展

团队精神是一种推动团队有效运作和发展的内在动力。团队精神对团队成员的集体意识具有一种强化作用，形成强大的内在凝聚力量，团队成员之间具有强烈的认同感，成员对团队具有强烈的归属感，每个团队成员对团队目标、团队领导和团队决策持有肯定和支持的态度，团队成员认可和接受团队的共同价值观，并在实践中维护和发展团队的价值观。

在团队精神的作用下，团队成员产生了互相关心、互相帮助的交互行为，显示出关心团队的主人翁责任感，并努力自觉地去维护团队的集体荣誉，自觉地以团队的整体利益为重来约束自己的行为，从而使团队精神成为团队生存和发展的内在动力。

(5)为员工营造良好的工作氛围

企业员工都存在于特定的团队之中，良好的团队氛围能起到促进企业员工身心健康发展以及积极性、创造性充分发挥的作用。调动员工的积极性、创造性乃是当前亟待解决的重大现实问题。

培育团队精神，使个体本位和群体本位得到很好的兼顾，对于把集体主义、团队精神、全局观念内化为员工的自觉行为，营造企业团队内部和谐友爱、团结互助、共为一体、催人振奋的氛围具有重要的作用。

二、如何培养团队精神

在一个企业中，如果是多数人，甚至是全体成员都具有团队精神，这样的企业通常会取得辉煌的成功；否则，即使企业人数再多也是一盘散沙，得不到预期的绩效。一个团队是否具有团队精神，可以从以下几个方面去观察：首先，自主性——能够自己主动地去做事，有自己的看法和主见，知道自己的工作职责；其次，合作性——具有一股凝聚力，有问题一起解决，协作性好；最后，思考性——能不断地总结经验，发现问题，具有创新意识。

培养团队精神，把企业建成一个战斗力很强的团队，可以从以下几个方面入手。

1. 确立一个卓越的团队领导

一个优秀的团队少不了一名出色的领导，统帅者素质的高低很大程度上决定团队的战斗力的强弱。企业领导班子，特别是一把手的世界观、人生观、利益观、幸福观等对于打造团队精神具有决定性的作用。企业领导班子有什么样的精神追求和价值取向，他们带领的团队就会有与之相似或相近的共同价值观，即团队精神。一个好的团队领导，他会善于引导、发掘员工群体中的积极因素，采取纠正、培育、提升、弘扬等步骤，使之与企业的发展战略、发展目标趋于一致。

2. 建立团队共同的愿景

共同的愿景是企业团队精神建设的导航仪，有了共同的愿景才能让团队成员知道他们应干什么，才能让团队成员同心同德，为达到共同的目标而齐心努力。首先，愿景的设置要切实可行，一个不可能实现的愿景不仅不会让员工产生工作的激情，甚至还会打击员工的积极性；其次，愿景的设置必须遵循大家一致同意的共同规划，只有这样才能够使所有的人对愿景持认同和肯定的态度，才能使团队每一个人愿意尽最大的努力去完成。

3. 强化团结共事的观念，大力加强协作力建设

事先共心，合作心先合。马克思在论述分工和协作的时候，提出“协作力”这个概念。这种协作力，就是一种团队精神。团结共事的协作力，是团队精神赖以存在和建设的基础和条件，没有协作力就没有团队精神可言。无论是大雁结伴翱翔蓝天的事实，还是亿万蚂蚁倾巢出动搬动巨蟒的寓言，都启示人们：一盘散沙难成大业，握紧拳头才有力量。任何一个团队，成员之间必须团结一致，大家心往一处想，劲往一处使，才能无往而不胜。而这种精神，只有团结协作，才能创造出触动灵魂深处的某种东西，从大家内心发出“同甘共苦、精神共享”的呐喊。团结协作，是一种胸怀，一种品格，一种能力。团结协作的集体，能形成“比铁还硬、比钢还强”的巨大力量，什么事情都好办，遇到什么困难和风险也能够克服。

4. 建立有效的沟通机制

在日常工作中要保持团队精神与凝聚力，沟通是一个重要环节。比较畅通的沟通渠道、频繁的信息交流，使团队的每个成员间不会有压抑的感觉，工作就容易出成效，目标就能顺利实现。当然这里还包含一个优秀的统帅者和准确的目标，或发展方向的问题。当个人的目标和团队目标一致的时候，员工就容易产生对公司的信任，士气才会提高，凝聚力才能更深刻地体现出来。所以高层要把确定的长远发展战略和近期目标下达给下属，并保持沟通和协调。这时，企业团队成员都有较强的事业心和责任感，对团队的业绩表现出一种荣誉感和骄傲，乐意积极承担团队的任务，工作氛围处于最佳状态。

5. 给予适当的激励

人是一种情绪化动物，在遇到不顺意的事情时往往出现消极态度，如果这些消极的态度得不到正确的引导，对他们的工作和生活都会产生负面影响。这时最为有利的一剂良药便是激励。一是对于人事的安排要遵循“人尽其才，才尽其用”的原则，对每一个人做出最合适的安排。二是尽可能地满足员工各种合理的愿望。

6. 建立系统科学的管理制度

建立一整套科学的制度，使管理工作和人的行为制度化、规范化、程序化，是生产经营活动协调有序、高效运行的重要保证，没有有效的制度和规范，就会出现无序和混乱，就不会产生井然有序、纪律严明、凝聚力很强的团队。

总之，打造团队精神绝非一日之功。一个人的世界观、价值观要靠多年的教育训练

和生活实践的积累，才能逐步形成。团队精神的塑造更不是凭一时之兴就可以成功的。这个时代呼唤团队，呼唤团队精神与协作精神。现代企业不可能单打独斗。个人英雄主义当道的时代已离我们远去。现代企业，应紧随时代前进的步伐，而且要走在时代的前列，站在历史的高度，把握时代脉搏，结合自己团队的特点，并准确预测未来的发展趋势，从点滴做起，精心塑造具有独特魅力的企业文化，从而形成自己的、独具特色的团队精神。

第三节　团队管理技能

一、适当的团队决策模式

有关团队决策的清晰规则会使团队成员对决策感到坦然并给予支持。作为团队的领导者，需要帮助团队确定：由谁做出决策（团队领导者、全体成员、某些成员）；如何做出决策（一致通过、多数通过）；决策是否将是最后方案，如果不是，有何种修改程序；决策方式（怎样）的选择和决策人（谁）是紧密相关的。

第一，多数原则。团队成员在会议、讨论中发表意见，然后进行投票。得票50%以上的决定将被采纳。

第二，一致原则。团队的每一位成员都必须同意采纳某一决定。如果不能达成一致，团队则需要采用新的替代办法。

第三，小组决定。选出拥有相关经验与技能的小组去做决定。

领导者参考他人意见做出决定。团队领导者综合团队成员的意见，然后做出决定。

在选择决策方式时，团队需要权衡一些问题。团队成员在决策过程中的参与程度越高，他们支持决策结果的可能性就越大。所以，一致原则和多数原则的决策方式有助于团队忠诚度的建立。但是，这样的决策方式很费时间，团队也许没有时间将其排入工作计划。如果时间是个问题，应考虑为不同类型的决策选择不同类型的方式。对那些于团队成员最重要的决策可以使用“团队决定”的方式，而对其他决策则可以使用效率更高些的方式。

此外，让团队成员积极参与团队决策过程，这样可以增强团队成员的归属感和忠诚度，并鼓励其主动性与责任心。授权会培育出一种以信任与协作为基础的工作环境。

二、科学的人员招聘、选拔和配置程序

著名管理大师罗伯特·凯利说过：“企业的成功靠团队，而不是靠个人。”然而，团队要想赢得先机，先得选好人，团队成员各有所长，有机组合，相互配合，追求整体优势，才能成功。团队建设如同下棋，“点好兵、布好阵”，团队才能创造出一流的绩效。

（一）视需要招募团队成员

1. 确定招募需求

对新的团队成员的需要有时是有计划的，比如企业要进军某一专业领域时，会需要雇用一些有这方面专业技术的人才。但是，有时候这种需要并不是那么明显。因此，在招聘

新成员之前，建议先考虑几个问题：首先，团队是否合理利用了现有的员工，他们是否需要学习新技能以促进公司的发展？其次，团队是否拥有足够的人手以满足公司未来发展的需要？

如果对上面的问题回答是“否”的话，那么就需要在人力资源方面做出一些不同的决策。比如，重新设计团队的组合，以充分发挥团队成员的技能和才干；让团队成员集中精力完成眼前急需的工作，暂时放弃不着急的事，以提高工作效率。

如果真的需要雇用新成员，那么在做出决定前，还要问自己几个问题：首先，团队能否支付一名新成员的费用？其次，没有这名新成员，团队的发展是否就会受到限制？再次，团队需要的员工是兼职还是专职的？是长期的还是短期的？最后，为支付新员工的费用，团队的财力应该提高到什么水平？

2. 界定招募岗位及要求

在雇用符合要求的新成员之前，需要先对这个岗位的工作有确切的了解。根据对所招聘岗位的分析中获得的信息，确定恰当的岗位名称、工作报酬和福利，确认新员工的工作职责，需要完成哪些任务，并明确说明做此项工作的人员应具备的条件。

虽然团队中不同的工作岗位对员工的能力和技能有不同的要求，但所有人员都应该具备与团队的经营特点、管理哲学相一致的观点或价值观。如果员工的基本价值观与团队不同，对团队所从事的事业及运作方法都不认可，那么这名员工就可能“不适合”于这个团队。

（二）多元化考察团队应聘者

作为团队的管理者一旦需要增加队员时，就必须考虑如何选择一名合格的人员。在另外一种情况下，则是由团队人力资源管理部承担招募工作。然而，无论由谁来负责招聘，优秀的人才都是不容易发现的。而符合职业要求且具有丰富经验又训练有素的优秀人才更是难求。

1. 招募渠道多元化

为了把优秀、合格的团队人员招进公司，应该考虑使用多种不同的方法拓宽招聘渠道。不同方法的效果主要取决于工作的类型。具体类型前面招聘章节有述，此处略过。

2. 招聘人选合理化

在挑选团队成员时，要努力保证你聘请的个人有助于形成互补性的技能组合。不仅要寻找那些目前拥有团队所需要的技能的人员，也要寻找那些具备开发所需要的技能潜力的人员。虽然理想的技能组合根据团队的使命有所不同，但所有的团队都需要包括解决问题的能力、决策能力与人际关系能力的人。

三、正确评价团队绩效

1. 结果评估与过程评估并重

团队可以确定一套用于衡量目标进展情况的具体绩效指标。虽然考核指标主要取决于团队的具体工作，但经常会用到的考核指标类型，具体内容包括：团队业务目标的完成、顾客满意度、生产成本、产品或服务质量、利润、交付时间、停工小时数、答复顾客的速度等。

传统的绩效评估大多以结果或产出为导向。而对于团队绩效的评估来说，尽管结果仍然很关键，团队用以完成结果的方法也很重要。但用以完成结果的协作过程是衡量团队绩效的一个重要指标。考虑到这个因素，下面所列的绩效参数被划分为两个同等重要的范畴。

结果参数：团队目标的完成、顾客满意度、完成工作的数量、获得的工作知识与技能。

过程参数：对团队流程的支持及对团队的忠诚、参与程度和领导能力、团队内部及对外的口头与书面沟通、协作、冲突解决、计划与目标设定、参与性、双赢决策、解决问题以及分析技能的应用、可信度与信任度、对既定流程与程序的遵守、项目管理技能的应用(例如预算与工作调度)、建立与保持人际关系、变革与承担风险的意愿、个人与团队学习。

2. 团队绩效评估方法

有许多不同的方法可以用来度量团队的成功与否。这些方法在复杂程度、成本和所需时间等方面差别很大。对一个具有广泛的使命并且对整个组织将会有重大影响的团队，应该考虑使用一种较为精确的度量方法；对使命范畴较窄的团队，相对简单的方法也会提供很多学习信息。

(1)在类似的组织中寻找一个类似的团队作为参照基准。

(2)参照原始目标与计划评估团队所取得的进步。

(3)外聘咨询师对团队进行观察。

(4)鼓励定期开展非正式的团队讨论，对团队的运行进行评估。

(5)安排项目汇报会，以确定哪些进展正常、哪些进展不正常，以及这一环节如何能够对未来的项目产生助益。

3. 考评团队成员个人绩效

团队成员个人实际上担负着多重角色，如个体贡献者、团队中的一员及组织中的一员。所以，在评价个人绩效时，至少结合以下几种方法来讨论其在上述各个角色上的表现将会有所帮助。

(1)同事评价。团队成员相互评价各自的贡献。

(2)顾客满意度评价。内外部顾客对团队以及个人表现给予评价。

(3)自我评价。团队成员为自己的绩效表现打分。

(4)团队领导者考评。团队领导者和监督者对团队各成员的评价。

(5)管理层考评。部门主管或团队领导者的上级经理对团队个人及团队总体表现的评价。

4. 团队奖励机制指导原则

像对个人一样，奖励也会对团队产生激励作用。一个精心设计的奖励机制可以成为团队成功的重要推动力。

在制定奖励机制时，应保证：首先，注重整体而非个人；其次，不仅在项目结束时，在具有战略意义的重要时刻也应提供奖励；再次，仔细考虑该请谁来颁奖；最后，确定如何对待中途离开或加入的成员。

有许多不必花钱就能对团队成就进行嘉奖的方式。要找出什么形式的奖励对团队整体而言是有意义的而且要有创造性。例如，在全组织范围的大型会议上公布团队取得的成就；让团队成员担任其他团队的咨询顾问；在团队成员个人的人事档案中放置记录；发送手写的私人便条，以表示对团队出色完成工作的认可；给予团队决策的更大自由与权限。

四、重视企业文化建设

团队赖以运行的组织文化是团队工作能力的一个关键因素。高效率团队一个很大特点是信任。一是团队成员间相互的高度信任。即团队成员必须彼此相信各自的正直、个性特点、工作能力。事实上，信任往往是脆弱的，它需要长时间才能建立起来。“信任”具有五个维度：正直、能力、一贯、忠实、开放。就信任关系而言，五个维度的重要性是相对稳定的，通常顺序为：正直 > 能力 > 忠实 > 稳定 > 开放，而且正直程度和能力水平是判断一个人是否值得信赖的两个最关键特征。二是管理者对团队成员的信任，主要表现为组织过程中的透明度和公开性。包括决策过程中所体现的高度公正、公司管理过程中所体现的共同参与以及各阶层个人能力的不断提高等。为此，企业高层管理者必须致力于创造一种支持团队建设的、开放性的组织文化。这种文化既能支持团队成员积极开发自身技能，建立一种勇于承担风险的自信心，又能接受来自基层对上级管理者制定的战略方案、管理模式的种种质疑，容许团队成员工作中的失败，进而达到团队成员创造性潜能的最大释放。

应用与训练

1. 选取某家企业作为研究对象，通过收集资料和调查研究，分析该企业团队建设的现状及面临的挑战。

2. 每个宿舍组成一个团队，说明你所在团队名称和团队成员，同时描述每个成员的至少两个优点或特长，可采用图片等多媒体形式说明。

思考与练习

1. 团队的构成要素有哪些？
2. 团队的类型一般有哪几种？
3. 团队的特征包括什么？
4. 如何培养团队精神？
5. 如何运用团队管理技巧？

拓展阅读

1. 团队建设的需要度诊断

很多经验证明团队工作对组织的绩效有促进作用。一些经理拥有令人信任的团队，并且已经取得了令人难以置信的成绩。但是并不是团队制度对所有的组织都是合适的。因此，经理们必须决定在什么时候，什么情况下需要组织团队。下面的量表可以帮助你评估出组织中是否需要组织团队，以及在多大程度上需要组织团队。

首先在头脑中形成一幅你参加的组织或者你将要参加的组织的全貌图，这会有助于你完成量表，正确地估计组织对团队的需要程度。在完成这些问题时最好在头脑中继续保持组织的形象。针对每个问题，用从1到5的数字描述适合组织的程度，1表示有一点相似，5表示很相似。

(1)产出下降，或者比预想的低。

(2)出现抱怨、委屈的现象，或者原有的抱怨和委屈正在增强，并且士气较低。

(3)出现成员间的矛盾和敌意，或者这种矛盾和敌意逐渐增长。

(4)一些成员对分配的任务很迷惑，不知道做什么，或者对于和其他成员的关系不是很清楚。

(5)缺少明确的目标，或者缺少对目标的认同。

(6)成员间有明显的冷漠倾向，彼此缺少兴趣和投入。

(7)创新不多，试图冒险，有幻想等现象出现，或者逐渐增多。

(8)会议没有效率。

(9)不同组织层次和单位之间的工作关系令人不满意。

(10)各种职能间缺少协调。

(11)交流减少，人们不愿意彼此说话，信息不再共享。

(12)成员间以及成员和上一级领导之间缺少信任。

(13)在一些成员没有弄明白，或者不同意的情况下就做了决定。

(14)人们感觉到好好工作也得不到奖励，或者奖励不公平。

(15)不再鼓励组织成员为了组织利益而一起工作。

(16)客户和供应商不再是组织做出决定时的考虑因素。

(17)组织中各成员的工作没有效率，在工作进行中有很多的怠工现象。

(18)面临增加一个或者多个员工的问题和挑战。

(19)为了完成工作，人们必须调整他们的活动。

(20)面临困难挑战，而这个困难却没有任何一个人可以解决，或者诊断出问题所在。

资料来源：孙健敏. 团队管理. 北京：企业管理出版社，2004. 1，2-4.

2. 团队领导能力自测

请在下面各个项目上选出和你最相匹配的数字。

非常同意	同意	一般	不同意	非常不同意
1	2	3	4	5

(1)我清楚地意识到参加会议时我的强项和局限。

(2)为了团队的利益我把我自己的需要和目标放在了一边。

(3)即使我不是团队正式的领导者，或者团队工作的推动者，我都会发动和监控团队工作的进程，帮助我所在的团队保持积极状态，帮助团队成员为团队目标努力工作。

(4)我密切关注和辨认团队成员口头提供，或者非口头提供的重要线索。

(5)我给团队成员一些行为反馈，这些反馈可以帮助他们识别出问题行为，并进行适当调整。

(6)我表扬团队成员时，我会通过让团队成员负责处理我精心选择过的问题，并避免授权不够。

(7)我用我自己的工作方式允许团队改善它的做事程序，但是依旧鼓励全体队员的参与。

(8)我熟知各种解决问题和做出决定的工具，并在团队建设中适当运用。

(9)我理解群体动力，并能够在会议中管理和控制群体动力。

(10)我知道在团队发展的四个阶段中每个阶段都分别有哪些常见的行为和感情，并相应地采取适当的技术和措施。

(11)我知道在团队会议中有用的各种工具。

(12)如果会议期间，团队成员开始不合作、对抗，我会暂停会议，或者提前结束会议，因为即使是继续会议，也是非生产性的，没有意义的。

(13)我对于工作需要促进保持一种开放的态度。

(14)我会和团队成员共享我对团队成员的观察结果，以便判断我的观察是否正确。

(15)在团队建立的早期，我的工作风格是任务倾向的，带有强制意味的。

(16)对于团队中的“问题成员”，我会采取一定的策略来处理。

(17)当我在促进一个讨论时，我是客观的。

(18)在团队的第一次会议上，我组织讨论团队成员的角色，也包括我自己的角色。

如果你的得分在54分以上，那么你就应该考虑为提高你自己的领导团队的技能做一个行动计划。

资料来源：孙健敏. 团队管理. 北京：企业管理出版社，2004.1，18-20.

第十章
劳动关系管理

案例导入

工资集体协商是指职工代表与用人单位代表依法就企业内部工资分配制度、工资分配形式、工资支付办法、工资标准等事项进行平等协商，在协商一致的基础上签订工资协议的行为。建立工资集体协商制度一方面可以有效维护劳动者合法权益，使工资增长与企业效益提高相适应。另一方面，也有利于建立和谐稳定的劳动关系。2014年5月1日，《杭州市企业工资集体协商条例》正式实施。该条例规定：企业方首席代表拒绝在工资专项集体合同上签字的，企业方无正当理由未在60日内完成协商的，由人力资源和社会保障主管部门给予警告，逾期不改正的，对该企业处1万元以上3万元以下罚款，并可对该企业法定代表人或主要负责人处2000元以上5000元以下罚款。协商的内容，几乎涵盖了劳动者所有关于“钱的问题”。包括劳动定额与计件单价、工资分配制度、工资支付办法、各岗位职工年度平均工资水平及调整幅度、试用期及病假事假期间的工资待遇、加班加点的工资及津贴补贴标准、奖金分配办法等。《条例》还规定，被派遣劳动者与用工单位同类岗位的职工，实行相同的工资分配办法，对连续用工的，用工单位应当与被派遣劳动者通过协商建立正常的工资调整机制。对使用被派遣劳动者较多的用工单位，被派遣劳动者可以作为职工方协商代表参加用工单位的工资集体协商。《杭州市企业工资集体协商条例》中一系列刚性规定的出台加大了处罚力度，把企业工资集体协商工作上升到地方政府规章层面加以推行，使职工在维护自己合法权益方面有章可循，走在了全国前列。

思考

1. 工资集体协商的难点是什么？
2. 企业如何有效利用集体协商机制处理劳动争议，构建和谐劳动关系？

资料来源：中国新闻网，2014.04.25.

学习指引

学习目标

1. 理解劳动关系、劳动法律关系、劳动合同、集体合同和劳动争议的概念；
2. 理解事实劳动关系的含义和认定标准；
3. 熟悉劳动合同的变更、解除和终止的条件和情形；
4. 掌握劳动合同的订立、履行、变更、解除和终止程序；
5. 了解集体合同的内容和订立程序；
6. 理解集体合同和劳动合同的关系；
7. 掌握劳动争议的处理程序。

解决问题

1. 综合运用劳动合同管理技术对企业劳动合同进行全面管理；
2. 拟定企业劳动争议预防的方案以及劳动争议应对和处理的制度。

知识与理论

第一节　劳动关系管理概述

一、劳动关系的概念及特征

（一）劳动关系的概念

劳动关系（Labor Relations）又称为劳资关系、雇佣关系，是指社会生产中，劳动者与用人单位（包括各类企业、个体工商户、事业单位等）在实现生产劳动过程中所结成的一种社会经济利益关系①。

劳动关系有广义和狭义之分，从广义上讲，任何劳动者与任何性质的用人单位之间因从事劳动而结成的社会关系都属于劳动关系的范畴；从狭义上讲，劳动关系是指依照国家劳动法律法规规范的劳动关系，即双方当事人是被一定的劳动法律规范所规定和确认的权利和义务联系在一起的，其权利和义务的实现，由国家强制力保障。

（二）劳动关系的特征

劳动关系是劳动者为用人单位提供劳动，在实现劳动的过程中建立的社会经济关系。劳动关系概括起来主要有以下几个法律特征②：

1. 劳动关系是一种结合关系。劳动关系是在实现劳动过程中发生的关系，与劳动有着直接的联系，是一种劳动力和生产资料的结合关系。

2. 劳动关系具有特定的人身属性。劳动关系的双方当事人，一方是劳动力的提供者，即劳动者，另一方是劳动力的使用者，即用人单位。

3. 劳动关系具有明显的从属性。劳动关系的一方劳动者要成为另一方所在单位的成员，并遵守单位的内部劳动规则，是具有显著从属性特征的劳动组织关系。

二、劳动关系的类型

劳动关系可按照不同的分类标准进行多种分类。劳动关系的性质，主要是关于劳动关系双方利益关系的性质。由于劳动关系双方利益关系的性质和利益关系的处理原则不同，劳动关系也就分为不同类型。按照雇主与员工在利益方面的相互关系划分，可将劳动关系划分为以下三种类型③。

利益冲突型：利益冲突型劳动关系强调劳动关系的建立在劳资双方主体矛盾对立的基础上的。在这种类型的劳动关系中，双方主体存在明显的矛盾和分歧，各自强调自身利益，发生劳资矛盾和劳资冲突是不可避免的，在这种情况下工会在其中代表着工人的利益。

---

① 董福荣. 劳动关系管理. 1 页. 大连：东北财经大学出版社，2009.

② 冯光明等. 人力资源开发与管理. 242 页. 北京：机械工业出版社，2013.

③ 吴巍. 企业劳动关系管理. 7 页. 大连：东北财经大学出版社，2012.

利益一体型：利益一体型劳动关系则是以管理者或者雇主为中心建立起来的劳动关系。这种劳动关系的特点在于强调劳动关系双方利益的一致性，劳动者的利益通常由国家和企业代表。在这种劳动关系中，要求有完善和健全的人力资源开发与管理机制，发挥重要的劳动关系管理职能。

利益协调型：利益协调型劳动关系是以劳资双方权利对等和地位平等为基础建立起来的劳动关系。双方主体在人格和法律上是平等的，双方相互享有权利和义务，在处理双方利益关系时，遵循平等协商的原则，以期实现双方的共同目标。

三、劳动法律关系

劳动法律关系是劳动法律规范在调整劳动关系过程中形成的法律上的劳动权利和劳动义务关系。劳动法律关系是劳动关系在法律上的表现，是当事人之间发生的符合劳动法律规范、具有权利义务内容的关系①。简单来讲，在实践中应用的劳动关系就是劳动法律关系。

（一）劳动法律关系的构成要素

和所有法律关系一样，劳动法律关系也包括三要素，即主体、内容、客体。

1. 劳动法律关系的主体

劳动法律关系的主体，就是依劳动法享有权利与承担义务的劳动法律关系的参与者。劳动法律关系的当事人一方为劳动力所有者，称劳动者；另一方为生产资料占有者和劳动力使用者，称用人单位（或雇主）。在我国，劳动法律关系的主体一方是自然人，包括本国公民、外国人（外国公民和无国籍人）。另一方主体是用人单位。具体而言，在中国是有法人资格的企业、事业单位、国家机关、社会团体、个体经济组织等。

2. 劳动法律关系的内容

劳动法律关系的内容是劳动法律关系的核心和实质，即劳动法律关系主体双方依法享有的权利和承担的义务。劳动法律关系为双务关系，当事人互为权利义务主体。即一方的义务为另一方的权利。具体来讲，就是保障与实现主体双方各自依法享有的权利和承担的义务。

劳动法律关系的内容以劳动力所有权与使用权相分离为核心。在劳动关系中，劳动力所有权以依法能够自由支配劳动力并且获得劳动力再生产保障为基本标志，劳动力使用权则只限于依法将劳动力用于同生产资料相结合。我国《劳动法》规定，劳动者享有的主要权利包括：①劳动权；②民主管理权；③休息权；④劳动报酬权；⑤劳动保护权；⑥职业培训权；⑦社会保险权；⑧劳动争议提请处理权等。劳动者承担的主要义务有：①按质、按量完成生产任务和工作任务；②学习政治、文化、科学、技术和业务知识；③遵守劳动纪律和规章制度；④保守国家和企业的机密。用人单位的主要权利有：①依法录用、调动和辞退职工；②决定企业的机构设置；③任免企业的行政干部；④制定工资、报酬和福利方案；⑤依法奖惩职工。其主要义务有：①依法录用、分配、安排职工工作；②保障工会和职代会行使

---

① 冯光明等. 人力资源开发与管理. 243 页. 北京：机械工业出版社，2013.

其职权；③按职工的劳动质量、数量支付劳动报酬；④加强对职工思想、文化和业务的教育、培训；⑤改善劳动条件，搞好劳动关系和环境保护。

3. 劳动法律关系的客体

劳动法律关系的客体是指劳动法律关系主体双方的权利义务共同指向的对象。劳动者有偿向用人单位提供劳动力，用人单位通过支配、使用劳动力创造社会财富。双方权利义务共同指向的对象就是劳动法律关系的客体。

(二)劳动法律关系的特征

1. 人身关系和财产关系相结合

由于劳动力的存在和支出与劳动者人身不可分离，劳动者向用人单位提供劳动力，使得劳动关系具有人身关系的属性。由于劳动者是以让渡劳动力使用权来换取生活资料，所以用人单位要向劳动者支付劳动报酬。就此意义而言，劳动关系同时又是一种财产关系。

2. 兼具平等性与隶属性

劳动者与用人单位之间通过相互选择和平等协商，以合同形式确立劳动关系，并可以通过双方的协议来续延、变更、终止劳动关系。这表明劳动关系是一种平等关系，即平等主体间的合同关系。然而，劳动关系当事人双方在劳动力市场上处于实质不平等状态，即劳动者处于弱者地位；并且劳动关系一经缔结，劳动者就成为用人单位的职工，用人单位就成为劳动力的支配者和劳动者的管理者，这使得劳动关系又具有隶属性质，即成为一种从属主体间的管理和被管理的为特征的关系。

3. 冲突与合作并存

劳动者与用人单位在利益目标上存在着本质的冲突，劳动者追求自己的工资福利最大化，用人单位追求实现利润的最大化。这是成本与利润的矛盾。因而，劳动者与用人单位双方之间的对抗性非常明显，这种对抗性在一定条件下还会酿成社会危机。但是，双方之间也是一种利益伙伴关系，彼此的利益处于相互依存的共生状态，甚至有的利益目标，如劳动者的就业保障目标与用人单位的发展目标之间，具有相对的一致性。在劳动关系中，冲突和合作处于此消彼长的不断变动状态，冲突和对抗表明协调劳动关系的必要性，而合作则表明协调劳动关系的可行性。

四、企业劳动关系管理

劳动关系管理(Labor Relations Management)是通过规范化、制度化的管理，使劳动关系双方(用人单位和劳动者)的行为得到规范，权益得到保障，维护稳定和谐的劳动关系，促使企业经营稳定运行。企业劳动关系主要指企业所有者、经营管理者、普通员工和工会组织之间在企业的生产经营活动中形成的各种责、权、利关系、所有者与全体员工的关系、经营管理者与普通员工的关系、经营管理者与工人组织的关系、工人组织与职工的关系。企业劳动关系管理是企业管理当中非常重要的构成部分，是促进企业经营活动正常开展的前提。同时，通过管理者和劳动者的共同努力，能有效缓和和协调企业内部劳动关系的冲突，促进企业劳动关系的合作，实现企业劳动关系的和谐与稳定发展。

第二节　劳动合同管理

劳动合同是调整企业劳动关系的重要手段，尤其是在《中华人民共和国劳动合同法》（以下简称《劳动合同法》）和《中华人民共和国〈劳动合同法〉实施条例》（以下简称《劳动合同法实施条例》）颁布施行以后，更是从法律上进一步对劳动合同用工形式给予了肯定，并为完善和规范企业劳动合同管理行为提供了直接的法律依据和保障。

一、劳动合同的概述

劳动合同（Labor Contract）也称劳动协议或者劳动契约，是指劳动者与用人单位之间为确立劳动关系，依法协商达成的双方权利和义务的协议。劳动合同是确立劳动关系的法律形式，理解这一概念，应注意把握以下几点①。

1. 劳动合同主体的特定性。劳动合同是劳动者与用人单位之前签订的协议。劳动合同的主体一方是劳动者个人，另一方是用人单位。

2. 劳动合同内容的特定性。劳动合同的内容是明确双方权利义务的协议。

3. 劳动合同的双方意思表示一致性。劳动合同是双方在平等自愿基础上意思一致达成的协议，对双方都具有约束力，也是维护双方合法权益的法律保障。

二、劳动合同的订立、内容和效力

（一）劳动合同的订立

1. 订立原则

《劳动法》第 17 条规定："订立和变更劳动合同，应当遵循平等自愿、协商一致的原则，不得违反法律、行政法规的规定。"按照这一规定，我国订立劳动合同的原则有②：

（1）合法原则。订立劳动合同的行为，不得违反法律、行政法规的规定。依法订立的劳动合同，当事人必须具备合法的资格。作为用人单位，应是依法成立的企业、个体经济组织、国家机关、事业组织、社会团体等用人单位。作为劳动者，必须具有劳动权利能力和劳动行为能力，即应是年满 16 周岁、具有劳动能力的中国人、外国人和无国籍人。劳动合同内容合法。劳动合同各项条款必须符合国家法律、行政法规的规定。订立劳动合同的程序和形式合法。只有依法订立的劳动合同，才能得到国家承认，并受法律保护。

（2）平等自愿、协商一致原则。平等，是指当事人双方以平等的身份订立劳动合同。自愿是指订立劳动合同完全出于当事人自己的意志。协商一致是指当事人在充分表达自己意思的基础上，经过平等协商，取得一致意见，签订劳动合同。

（3）协商一致原则。订立劳动合同时，用人单位和劳动者双方都应仔细研究合同的条款，在充分的沟通和协商的基础上解决分歧，达成一致意见。

（4）诚实信用原则。用人单位和劳动者双方都应遵循诚实信用原则。用人单位招用劳动者时，应当如实告知劳动者工作内容、工作条件、工作地点、职业危害、安全生产状况、

---

① 王玉姣. 人力资源管理. 273 页. 北京：清华大学出版社，2013.

② 程延园. 劳动法与劳动争议处理. 25-27 页. 北京：中国人民大学出版社，2012.

劳动报酬，以及劳动者要求了解的其他情况；用人单位有权了解劳动者与劳动合同直接相关的基本情况，劳动者也应当如实说明。

2. 劳动合同订立的时间

劳动合同订立的时间，依据其与劳动关系的建立来看，分为三种情况：

(1)用人单位和劳动者建立劳动关系同时订立劳动合同。即用人单位在开始用工的同时，与劳动者订立劳动合同，明确双方当事人之间的权利和义务。这种情况下，劳动合同生效和用人单位使用劳动者同时发生。

(2)用人单位和劳动者在建立劳动关系后一个月内订立劳动合同。即用人单位在开始使用劳动者时未能与其订立劳动合同，而是在已经使用劳动者的情况下，从用工之日起一个月内与劳动者订立劳动合同，明确双方当事人之间的权利和义务。这种情况下，用人单位先使用劳动者，然后才与劳动者订立劳动合同。

(3)用人单位和劳动者在建立劳动关系前订立劳动用工合同。即用人单位和劳动者订立的劳动合同约定在劳动合同订立后一段时间用人单位使用劳动者。这种情况下，用人单位先和劳动者订立了劳动合同，过了一段时间才开始使用劳动者。

用人单位在签订劳动合同时应注意以下问题：(1)注意劳动合同的签订及时间选择。为了避免不必要的风险，要把握好劳动合同的签订时间。应在法律规定的时限内及时完善书面劳动合同。(2)应当杜绝劳动者不签订合同的情况。(3)利用劳动合同到期预警制度和劳动合同到期顺延制度，正确规避合同到期不及时续订的风险。(4)重视劳动者完整信息和资料的搜集及责任的归属问题。正确处理劳动者不签订劳动合同的情况，收集和保留劳动者不签合同的有利证据，规避合同到期不及时续订的法律风险。

用人单位在订立劳动合同前履行如实告知的义务，正确行使用人单位的知情权，对劳动者作深入的了解。包括认真审核个人资料，进行必要的调查核实。可在面试的过程中，增加与本工作岗位有关的问题，帮助判定简历内容的真实性。完善《求职申请表》，避免虚假陈述，充分利用入职声明。严格程序，制定合法有效的规章制度，并在在相关制度中对该类事项作出明确规定。如应聘者简历的真实性等与工作直接相关的内容。比如要求劳动者承担自己提供给用人单位自己所在具体地址等资料不详或者有误而造成的后果，并让其签字确认。

用人单位需要注意的是在招用劳动者时，不得扣押劳动者的居民身份证和其他证件，不得要求劳动者提供担保或者以其他名义向劳动者收取财物。如果用人单位违反本法规定，扣押劳动者居民身份证等证件的，由劳动行政部门责令限期退还劳动者本人，并依照有关法律规定给予处罚。另外，如用人单位违反法律规定，以担保或者其他名义向劳动者收取财物的，由劳动行政部门责令限期退还劳动者本人，并以每人500元以上2000元以下的标准处以罚款；给劳动者造成损害的，应当承担赔偿责任。劳动者依法解除或者终止劳动合同，用人单位扣押劳动者档案或者其他物品的，依照上述规定予以处罚。①

3. 劳动合同订立的形式

劳动合同是确立劳动关系的法律依据。劳动合同的订立方式有以下几种情况。

---

① 《劳动合同法》第九条规定，用人单位招用劳动者，不得扣押劳动者的居民身份证和其他证件，不得要求劳动者提供担保或者以其他名义向劳动者收取财物。

(1)书面形式及要求

建立劳动关系应当订立书面劳动合同。自用工之日起一个月内，经用人单位书面通知后，劳动者不与用人单位订立书面劳动合同的，用人单位应当书面通知劳动者终止劳动关系，无须向劳动者支付经济补偿，但是应当依法向劳动者支付其实际工作时间的劳动报酬。

同时，针对一些用人单位不订立书面劳动合同的问题，《劳动合同法》加重了用人单位违法不订立书面劳动合同的法律责任。用人单位自用工之日起超过一个月不满一年未与劳动者订立书面劳动合同的，应当向劳动者每月支付两倍的工资，并与劳动者补订书面劳动合同；劳动者不与用人单位订立书面劳动合同的，用人单位应当书面通知劳动者终止劳动关系，并支付经济补偿。

用人单位自用工之日起满一年未与劳动者订立书面劳动合同的，自用工之日起满一个月的次日至满一年的前一日应当向劳动者每月支付两倍的工资补偿，并视为自用工之日起满一年的当日已经与劳动者订立无固定期限劳动合同，应当立即与劳动者补订立书面劳动合同。

(2)特殊情况

用人单位与劳动者对非全日制用工的有关事项则可以进行口头约定。但是用人单位最好签订书面非全日制用工劳动合同，以避免产生争议时用人单位承担举证不能的责任。

(3)事实劳动关系

所谓事实劳动关系，是指用人单位未与劳动者签订书面形式的劳动合同，但双方已经实际发生了劳动法规定的权利义务。这种现象在现实当中非常普遍，尤其是在《劳动合同法》施行以前。依照《劳动合同法》的规定，事实劳动关系是一种不符合法律规定的劳动关系，是指无书面合同或无有效书面合同形成的劳动雇佣关系以及口头协议达成的劳动雇用关系。事实劳动关系的确认需存在有偿劳动行为的事实，劳动者与用人单位之间形成从属关系。在事实劳动关系中，双方就劳动者提供劳动达成一致意见，只是欠缺法律规定的的形式上的要件。①

事实劳动关系是用人单位在劳动关系管理中风险较大的一种用工方式。除了欠缺有效书面合同这一形式要件之外，并不影响劳动关系的成立。目前，立法认定用人单位故意拖延不订立劳动合同但形成事实劳动关系的，劳动者享有劳动保障法律法规所规定的一切权利，并应履行劳动保障法律法规所规定的一切义务。用人单位必须承担最长11个月的双倍工资和签订无固定期限的劳动合同的责任。劳动合同法对事实劳动关系加重了用人单位的法律责任，规定了比标准劳动关系中无固定期限合同更高的劳动标准，以此迫使用人单位不得不签订标准化的书面合同。这些规定增加了用人单位的违法用工成本和风险，要求用人单位严格依法订立劳动合同，切实保障劳动者的合法权益。

案例 10-1

张某应聘到成都某公司工作，并与该公司签订了一年期的“劳务协议”。一年后某公司通知张某“劳务协议”到期终止不再与其续签。张某认为自己与公司存在劳动关系，而公司则主张张某的档案等关系不在公司，并且双方签订的是“劳务协议”，否认双方存在劳动关系。同时，公司认为“劳务协

① 王少东等. 企业人力资源管理. 254 页. 北京：清华大学出版社，2013.

议”不是劳动合同，拒绝张某的请求。后张某不服，向劳动争议仲裁委员会提出仲裁申请，要求公司支付终止劳动合同的经济补偿金。

分析：本案中劳动争议仲裁委员应如何界定张某与公司之间是属于劳动关系还是劳务关系？

4. 劳动合同的分类

按照劳动合同的期限不同，劳动合同分为三种：包括固定期限的劳动合同、无固定期限的劳动合同和以完成一定工作为期限的劳动合同。

（1）固定期限的劳动合同

固定期限的劳动合同也称定期劳动合同，是指双方当事人规定合同有效的起止日期的劳动合同。劳动合同期限届满，劳动合同即告终止。此种期限的劳动合同适用范围广，应变能力强，可以根据生产需要和工作岗位的不同要求来确定具体的劳动合同期限。但需要注意的是劳动者与用人单位订立劳动合同时，必须对劳动合同履行的起始时间进行明确的约定。合同期限届满，除法律规定必须续订的情形外，双方的劳动关系即行终止。①

（2）无固定期限的劳动合同

无固定期限的劳动合同也称无定期劳动合同，是指用人单位与劳动者约定无确定终止时间的劳动合同。《劳动合同法》第十四条规定，用人单位与劳动者协商一致，可以订立无固定期限劳动合同。有下列情形之一，劳动者提出或者同意续订劳动合同的，应当订立无固定期限劳动合同：（1））劳动者已在该用人单位连续工作满十年的；（2）用人单位初次实行劳动合同制度或者国有企业改制重新订立劳动合同时，劳动者在该用人单位连续工作满十年且距法定退休年龄不足十年的；（3）连续订立二次固定期限劳动合同且劳动者没有本法第三十九条和第四十条第 1 项、第 2 项规定的情形续订劳动合同的；（4）用人单位自用工之日起满一年不与劳动者订立书面劳动合同的，视为用人单位与劳动者已订立无固定期限劳动合同。

订立无固定期限的劳动合同只要不出现可以解除、终止劳动合同的条件，劳动者就可以长期在一个单位工作。这种类型的劳动合同适用于工作保密性强、技术复杂、工作又需要保持人员稳定的岗位。对于用人单位来说，这种劳动合同有利于维护其经济利益，减少频繁更换关键岗位的关键人员而带来的损失和工作的影响。而对于劳动者来说，这种劳动合同也有利于实现长期稳定职业。

应当注意的是无固定期劳动合同并非意味着“终身制”，只要出现了法律规定的情形，无固定期限劳动合同也同样能够解除。《劳动合同法》鼓励签订长期合同以及无固定期限劳动合同，以维持相对稳定的劳动关系。对于用人单位来说，无固定期限劳动合同的签订范围和条件扩大，单位举证责任的要求提高，违法赔偿责任加强，用人成本将会增加。当劳动者符合签订无固定期限劳动合同的条件而企业不与劳动者签订，需双倍工资赔付劳动者。如果用人单位在劳动合同到期后不续签，同样将会发生经济补偿金，解雇成本将高于现行标准。

（3）以完成一定工作为期限的劳动合同

以完成一定工作为期限的劳动合同是指双方当事人将完成某项工作或某项工程作为合

① 王玉姣. 人力资源管理. 274 页. 北京：清华大学出版社，2013.

同终止日期的劳动合同。当某项工作或工程完成后，劳动合同自行终止。用人单位可以根据自己的需要采用该种劳动合同。在建筑业、铁路交通、水利工程等行业，以及一些季节性、临时性的工作中较为常见。此种合同存在变更、解除、中止或终止的情形，但不存在续签问题。根据《劳动合同法》第十九条第三款的规定，以完成一定工作任务为期限的劳动合同禁止约定试用期。

(二)劳动合同的内容

1. 劳动合同的主要条款

劳动合同的内容是指当事人双方达成的劳动权利义务的具体规定。关于劳动合同的内容从法理可将其分为法定内容和约定内容。法定内容是指劳动法律规范规定的，劳动合同当事人必须遵照执行的具体内容。约定内容也称补充内容是指并非劳动合同成立必须具备的条件，缺少了它劳动合同依然成立，是当事人可以约定也可以不约定的条款。约定条款是用人单位在必备条款之外，根据具体情况经过协商可以与劳动者自主约定的内容。而约定条款一旦生效，只要不违反法律和行政法规，就具有与必备条款同样的约束力。

劳动合同的内容具体表现为劳动合同的条款。根据《劳动法》第十九条规定，劳动合同应具备如下条款：(1)劳动合同期限；(2)工作内容；(3)劳动保护和劳动条件；(4)劳动报酬；(5)劳动纪律；(6)劳动合同终止的条件；(7)违反劳动合同的责任。除以上条款外，当事人可以协商约定其他内容。

《劳动合同法》对劳动合同内容的法定条款进行了更新和完善。格式规范性的改进体现在《劳动合同法》规定劳动合同必须明确双方主体的基本情况。同时在内容的完备性上也有改进。主要体现在以下几个方面：(1)将工作地点作为新增的法定必备条款，补充工作内容条款。(2)新增工作时间和休息休假条款为法定必备条款，明确法定标准基础上的劳动者具体的工作时间和休息休假安排，包括每日工作时间和每周工作时间的限制规定、平时休息和法定节假日的休假以及正常工作时间以外工作的工资标准。具体内容详见表10-1。

表10-1　劳动合同的法定条款和约定条款

	性质	条款名称	具体内容
劳动合同的内容	法定条款	劳动合同当事人	用人单位名称、住所、法定代表人或主要负责人；劳动者姓名、住址、身份证或其他有效证件号码
		工作内容和地点	岗位或工种名称、工作性质、劳动指标或任务、实际工作地点，包括通勤条件
		工作时间和休息休假	标准工时、缩短工时、综合工时、不定时工时、计件工时；日常休假、年休假
		劳动合同期限	固定期限、无固定期限、完成一定工作任务为期限
		劳动报酬	不得低于最低工资、集体合同标准；同工同酬
		社会保险	基本社会保险，包括养老、医疗、失业、工伤和生育保险
		劳动保护、条件和职业病保护	提供安全、卫生、符合国家或行业标准的劳动条件；提供职业危害防护设施和用品
		法定应纳入的其他事项	兜底条款
	约定条款	试用期、培训和服务期、保守商业秘密、竞业限制、补充保险、福利待遇	

2. 劳动合同的特殊条款

(1)试用期

试用期是指对新录用的劳动者进行试用的期限。用人单位与劳动者可以在劳动合同中就试用期的期限和试用期期间的工资等事项作出约定，但不得违反劳动合同法有关试用期的规定。试用期条款属于约定条款，在试用期内，用人单位与劳动者之间的劳动关系尚处于不完全确定的状态。正因为如此，《劳动合同法》对试用期作了细致和严格的限制性规定，具体体现在以下几个方面。

第一，试用期的期限。① 劳动合同的长短、劳动合同的类型不同，试用期的长短也有所不同。同一用人单位与劳动或则只能约定一次试用期。用人单位不得以任何理由任意延长试用期。试用期包含在劳动合同期限内，劳动合同仅约定试用期的，试用期不成立，该期限为劳动合同期限。用人单位在确定试用期期限的长短时，首先考虑的应该试用期是否符合法律规定。

第二，试用期的工资。《劳动合同法》第二十条对试用期的工资做出了明确规定。劳动者在试用期的工资不得低于本单位相同岗位最低档工资或者劳动合同约定工资的80%，并不得低于用人单位所在地的最低工资标准。但是需要注意的是，针对上述条款的内容在理解上容易产生争议。试用期工资不得低于本单位相同岗位最低档工资或者劳动合同约定工资的80%是指不得低于其中之一，还是两者都不得低于呢。为了明确《劳动合同法》第二十条规定的具体含义，《劳动合同法实施条例》第十五条明确规定：劳动者在试用期的工资不得低于本单位相同岗位最低档工资的80%或者不得低于劳动合同约定工资的80%，并不得低于用人单位所在地的最低工资标准。这一规定具体包含三层含义：第一，80%既指劳动合同约定工资的80%，也指本单位相同岗位最低档工资的80%；第二，试用期工资只要不低于两者中的一个标准就可以；第三，无论用人单位和劳动者在试用期选择适用哪一个标准，都不得低于用人单位所在地的最低工资标准。

第三，试用期劳动合同的解除。《劳动合同法》第三十九条第(一)项规定，劳动者在试用期间被证明不符合录用条件的，用人单位有权解除劳动合同。因此，用人单位试用期解除合同不能随意为之，必须符合法律规定的条件。即用人单位如果认为劳动者不符合录用条件并解除劳动合同的，负有举证义务。否则，则属于违法解除劳动合同，须支付经济赔偿金。试用期考核的主要目的就是判定劳动者是否符合录用条件。而录用条件应当合法、具体、明确并且具有可操作性。录用条件应当向劳动者公示和确认。在对劳动者进行考核时，考核过程和结果应当由劳动者签订确认。这就要求企业人力资源管理部门必须严格程序，依法办事，把工作做细。

案例 10-2

A公司招聘工程师小杨，与其签订了一年的固定期限的劳动合同，约定试用期两个月。试用期内每月工资1500元，试用期期满转正后，正式工资每月3000元。签订劳动合同后，小杨在公司工作了

---

① 《劳动合同法》第十九条规定，劳动合同期限三个月以上不满一年的，试用期不得超过一个月；劳动合同期限一年以上不满三年的，试用期不得超过二个月；三年以上固定期限和无固定期限的劳动合同，试用期不得超过六个月。以完成一定工作为期限或者劳动合同期限不满三个月的，禁止约定试用期。

一个月，公司以其工作表现不符合录用条件为由提出解除与小杨的劳动合同。小杨认为公司与其约定的试用期工资低于法律规定，向劳动争议仲裁委员会提出仲裁申请。

分析：1. 劳动仲裁委员会将如何仲裁？

2. 结合该案例，对企业试用期管理提出建议。

(2)专项培训

用人单位为劳动者提供专项培训费用，对其进行专业技术培训的，可以与该劳动者订立协议，约定服务期。这里约定的服务期是劳动者因接受用人单位提供的专项专业技术培训待遇而承诺必须为用人单位服务的最短期限。期限长短法律并没有明文规定限制，用人单位可以与劳动者协商一致确定，但时间的长短应当公平合理。

《劳动合同法》对出资培训做出了明确规定：(1)企业为培训支付了费用，并且有有效的支付凭证证明；(2)企业支付的培训费是专项培训费用；(3)企业为员工提供的是专业技术培训。一项培训如果同时满足以上三个要件时，方可在培训协议中设置服务期和违约金条款。关于违约金的约定则采用分摊递减的原则。即未满服务期解除或者终止劳动合同的员工，其违约金的数额不得超过企业提供的培训费用。劳动者承担的违约金不得超过服务期尚未履行部分所应分摊的培训费用。

(3)保守商业秘密和竞业限制

商业秘密是不为大众所知悉，能为权利人带来经济利益，具有实用性并经权利人采取保密措施的技术信息和经营信息。用人单位可以在劳动合同中就保守商业秘密的具体内容、方式、时间等，与劳动者约定，防止自己的商业秘密被侵占或泄露，给企业造成损失。

竞业限制是用人单位对负有保守用人单位商业秘密的劳动者，在劳动合同、知识产权权利归属协议或技术保密协议中约定的竞业限制条款，即劳动者在终止或解除劳动合同后的一定期限内不得在生产同类产品、经营同类业务或有其他竞争关系的用人单位任职，也不得自己生产与原单位有竞争关系的同类产品或经营同类业务。限制的主体一般包括高级管理人员、高级技术人员和其他确实负有保密义务的人员。限制的时间由当事人事先约定，但不得超过二年。竞业限制条款在劳动合同中为延迟生效条款，也就是劳动合同的其他条款法律约束力终结后，该条款才开始生效。

案例 10-3

李某是深圳一家科技公司的技术总监，2012 年 3 月 10 日，李某与公司的劳动合同到期，公司与其签订了一份《竞业限制协议》。该协议约定，李某在离职后 2 年内不能到与原公司有竞争关系的其他公司工作，作为补偿，公司每月支付其竞业限制补偿金 1800 元。但李某离职后，公司并未按照约定支付其任何补偿金。2013 年 12 月，李某应聘到另一家高新技术公司上班，由于该公司一直与原公司存在竞争，故原公司得知情况后，要求李某不得到新公司上班，否则，将按竞业限制协议追究李某的法律责任。

分析：原公司的主张是否应当支持。

(4)补充保险

补充保险是指除了国家基本保险以外，用人单位根据自己的实际情况为劳动者建立的一种保险，它用来满足劳动者高于基本保险需求的愿望，包括补充医疗保险、补充养老保险等。补充保险的建立依用人单位的经济承受能力而定，由用人单位自愿实行，国家不作强制的统一规定，只要求用人单位内部统一。用人单位必须在参加基本保险并按时足额缴纳基本保险费的前提下，才能实行补充保险。因此补充保险的事项不作为劳动合同的必备条款，由用人单位与劳动者自行协商约定。

(5)劳动报酬和福利待遇

用人单位与劳动者约定工资有以下几种常见方法：最低工资约定法；工资全额约定法；实得工资法；基本工资法(正常工作时间工资)；基本工资加绩效工资法。对于企业基本工资法(正常工作时间工资)或基本工资加绩效工资法更适用。同时注意岗变薪变、绩效考核、企业经营效益的问题。随着市场经济的发展，用人单位给予劳动者的福利待遇也成为劳动者收入的重要指标之一。福利待遇包括住房补贴、通信补贴、交通补贴、子女教育等。不同的用人单位福利待遇也有所不同，福利待遇也成为劳动者就业选择的一个重要因素。

(6)职业危害防护

对于企业而言，有职业危害的工作在劳动合同必备条款中要告知劳动者，而告知的方法和对危害的严重性的估测可以根据实际情况做适当的调节。《职业病防治法》第三十条规定，用人单位与劳动者订立劳动合同时，应当将工作过程中可能产生的职业病危害及其后果、职业病防护措施和待遇等如实告知劳动者，并在劳动合同中写明，不得隐瞒或欺骗。劳动者在已订立劳动合同期间因工作岗位或工作内容变更，从事与所订立劳动合同中未告知的存在职业病危害的作业时，用人单位应当依照上述规定，向劳动者履行如实告知的义务，并协商变更原劳动合同相关条款。用人单位违反上述规定的，劳动者有权拒绝从事存在职业病危害的作业，用人单位不得因此解除或者终止与劳动者订立的劳动合同。

(三)劳动合同的效力

劳动合同的成立和生效是两个不同的概念。劳动合同成立是当事人双方意思表示一致，确立劳动合同关系；劳动合同生效是指劳动合同具有法律效力的起始时间。劳动合同的成立和生效是既有联系又有区别的两个法律概念。当事人双方就劳动合同内容协商一致，劳动合同即告成立，但劳动合同成立并不意味着劳动合同一定生效。根据我国劳动法规定，劳动合同依法成立，即具有法律效力，对当事人双方都有约束力。因此，依法订立的劳动合同，其生效的时间始于合同签订之日。劳动合同签订后，需要鉴证和公证的，其生效时间始于鉴证或公证之日。

劳动合同的无效。无效劳动合同是指当事人违反法律规定，订立的不具有法律效力的劳动合同。对无效的劳动合同，国家不予承认，法律不予保护。无效的劳动合同自始没有法律约束力。根据我国劳动法的规定，下列劳动合同无效：(1)违反法律、行政法规的劳动合同；(2)采取欺诈、胁迫等手段订立的劳动合同。采取欺诈手段一般是指当事人一方隐瞒或歪曲事实真相，致使对方当事人信以为真，同意签订劳动合同。采取威胁手段订立劳动合同，是指当事人一方要挟对方，迫使对方同意签订劳动合同；(3)用人单位免除自己的法定责任、排除劳动者权利的合同。

无效的劳动合同可分为全部无效和部分无效。全部无效劳动合同，是指劳动合同当事人和基本内容违反法律、行政法规的禁止规定，劳动合同条款全部无效。部分无效的劳动合同是指劳动合同部分条款违反法律、行政法规，但不影响劳动合同基本内容的，违反法律、行政法规的那部分条款无效。确认劳动合同部分无效的，如果不影响其余部分的效力，其余部分仍然有效。

劳动合同的无效，由劳动争议仲裁委员会或者人民法院确认。劳动合同被确认无效后，合同规定的当事人双方的权利义务关系自然终止，终止履行合同，尚未履行的不得履行。劳动者已经付出的劳动，用人单位仍然需要向其支付报酬。

三、劳动合同的履行和变更

劳动合同依法订立后，当事人双方必须全面履行合同规定的义务，任何一方不得擅自变更劳动合同。但在履行合同过程中，由于主、客观情况的变化，在具备法律规定的情形下允许双方当事人变更劳动合同的有关内容。《劳动合同法》第三十五条规定：“用人单位与劳动者协商一致，可以变更劳动合同约定的内容。变更劳动合同，应当采用书面形式。

允许变更劳动合同的条件有：(1)订立劳动合同时所依据的法律、法规已经修改或废止；(2)企业经有关部门批准转产、调整生产任务，或者由于上级主管机关决定改变单位的工作任务；(3)企业严重亏损或发生自然灾害，确实无法履行劳动合同规定的义务；(4)当事人双方协商同意；(5)法律允许的其他情况。变更后的劳动合同文本由用人单位和劳动者各执一份。变更劳动合同，如果双方没有采用书面形式，但是实际上已经履行，应当具有法律效力。

四、劳动合同的解除和终止

(一)劳动合同的解除

劳动合同的解除是指当事人双方提前终止劳动合同的法律效力，解除双方的权利义务关系。劳动合同的解除分为法定解除和协商解除两种。法定解除是指因发生法律、法规或劳动合同规定的情况，提前终止劳动合同的法律效力；协商解除是指当事人双方因某种原因，协商同意提前终止劳动合同的效力。

1. 劳动合同双方当事人协商解除劳动合同的规定

经劳动合同双方当事人协商一致，劳动合同可以解除。当事人协商解除劳动合同必须符合下列条件：一是双方自愿；二是平等协商；三是不得损害一方利益。

2. 用人单位有权单方解除劳动合同的规定

用人单位有权单方解除劳动合同的情况有如下三种。

(1)过失性辞退

过失性辞退是在劳动者有重大过错时，用人单位可以随时解除劳动合同并且不需要支付经济补偿金的的情形。《劳动合同法》第三十九条规定：“劳动者有下列情形之一的，用人单位可以解除劳动合同：① 在试用期间被证明不符合录用条件的；② 严重违反用人单位的规章制度的；③ 严重失职，营私舞弊，给用人单位造成重大损害的；④ 劳动者同时与其他用人单位建立劳动关系，对完成本单位的工作任务造成严重影响，或者经用人单位提出，拒不改正的；⑤ 因本法第二十六条第一款第一项规定的情形致使劳动合同无效的；⑥ 被依法追究刑事责任的。”

《劳动合同法》就过失性辞退的规定比《劳动法》更为完善，去除了“严重违反劳动纪律”可以解除劳动合同的情形，仅规定严重违反用人单位的规章制度情形，这可理解为《劳动合同法》更为强调企业内部规章制度的重要性，因为劳动纪律可在规章制度中规定。除此之外，《劳动合同法》还增加了劳动者同时与其他用人单位建立劳动关系以及劳动者使用欺诈等方式和用人单位订立劳动合同可解除劳动合同的情形。

（2）无过失性辞退

无过失性辞退是劳动者非过失性原因和用人单位因客观情况的需要而导致劳动合同无法履行时，用人单位可以单方解除劳动合同的情形。在此种情况下解除劳动合同，需提前 30 天书面通知劳动者或额外向其支付一个月的工资。其目的在于对劳动者的保护，为劳动者寻找新的工作提供必要的时间保障。用人单位因客观情况变化而解除劳动合同，主要包括以下三种情况。

第一，劳动者患病或者非因工负伤，在规定的医疗期满后不能从事原工作也不能从事由用人单位另行安排的工作的。劳动者患病或者非因工负伤，有权在医疗期内进行治疗和休息，不从事劳动。这种情况下劳动者不能履行合同，用人单位需提前 30 日以书面形式通知其本人或额外支付劳动者一个月工资后，解除劳动合同。

第二，劳动者不能胜任工作，经过培训或者调整工作岗位，仍不能胜任工作的。劳动者没有具备从事某项工作的能力，不能完成某一岗位的工作任务时，如果单位尽了培训或调整工作岗位的义务后，劳动者仍然不能胜任工作，单位可以在提前 30 日书面通知的前提下，解除与该劳动者的劳动合同。需要注意的是用人单位不能随意调动劳动者工作岗位或提高工作强度，借口劳动者不能胜任工作而解除劳动合同。

第三，劳动合同订立时所依据的客观情况发生重大变化，致使劳动合同无法履行，经用人单位与劳动者协商，未能就变更劳动合同内容达成协议的。这里的“客观情况”是指履行原劳动合同所必要的客观条件，因不可抗力或出现致使劳动合同全部或部分条款无法履行的其他情况。如自然条件、企业迁移、被兼并、企业资产转移等，使原劳动合同不能履行或不必要履行的情况。

（3）经济性裁员

《劳动合同法》第四十一条规定，有下列情形之一，需要裁减人员 20 人以上或者裁减不足 20 人但占企业职工总数百分之十以上的，用人单位应当提前 30 日向工会或者全体职工说明情况，听取工会或者职工的意见后，裁减人员方案经向劳动行政部门报告，可以裁减人员：依照企业破产法规定进行重整的；生产经营发生严重困难的；企业转产、重大技术革新或者经营方式调整，经变更劳动合同后，仍需裁减人员的；其他因劳动合同订立时所依据的客观经济情况发生重大变化，致使劳动合同无法履行的。裁减人员时，应当优先留用下列劳动者：与本单位订立较长期限的固定期限劳动合同的；订立无固定期限劳动合同的；家庭无其他就业人员，有需要扶养的老人或者未成年人的。用人单位在 6 个月内重新招用人员的，应当通知被裁减的人员，并在同等条件下优先招用被裁减的人员。

（4）用人单位解除劳动合同的禁止性规定

《劳动合同法》第四十二条增加了预告辞退和经济性裁员的限制情形。劳动者有下列情形之一的，用人单位不得依据本法第四十条、第四十一条的规定解除劳动合同：① 从事接触职业病危害作业的劳动者未进行离岗前职业健康检查，或者疑似职业病病人在诊断或医学观察期间的；② 在本单位患职业病或者因工负伤并被确认为丧失或部分丧失劳动能力的；③ 患病或者非因工负伤，在规定的医疗期内的；④ 女职工在孕期、产期、哺乳期的；⑤ 在本单位连续工作满十五年，且距法定退休年龄不足五年的；⑥ 法律和行政法规规定的其他情形。

3. 劳动者单方解除劳动合同的规定

(1) 预告解除

预告解除即提前通知用人单位解除劳动合同的情况。《劳动合同法》第三十七条规定："劳动者提前30日以书面形式通知用人单位，可以解除劳动合同。劳动者在试用期内提前三日通知用人单位，可以解除劳动合同。"这一规定是为了保障劳动者的择业自主权。这种情况下解除劳动合同，劳动者无须说明任何理由，也无须征得用人单位同意，只要提前30日以书面形式将解除劳动合同的决定通知用人单位即可，超过30日劳动者可以向用人单位提出办理解除劳动合同手续，用人单位应予办理。但如果劳动者违反劳动法规定的条件解除劳动合同，对用人单位造成经济损失的，应承担赔偿责任。

(2) 即时解除

即时解除即随时通知用人单位解除劳动合同的情况。《劳动合同法》第三十八条规定："用人单位有下列情形之一的，劳动者可以解除劳动合同：① 未按照劳动合同约定提供劳动保护或者劳动条件的；② 未及时足额支付劳动报酬的；③ 未依法为劳动者缴纳社会保险费的；④ 用人单位的规章制度违反法律、法规的规定，损害劳动者权益的；⑤ 因本法第二十六条第一款规定的情形致使劳动合同无效的；⑥ 法律、行政法规规定劳动者可以解除劳动合同的其他情形。用人单位以暴力、威胁或者非法限制人身自由的手段强迫劳动者劳动的，或者用人单位违章指挥、强令冒险作业危及劳动者人身安全的，劳动者可以立即解除劳动合同，不需事先告知用人单位。

4. 解除劳动合同的经济补偿

解除劳动合同的经济补偿，是指因解除劳动合同而由用人单位给予劳动者的一次性的经济补偿金。《劳动合同法》第四十七条规定，劳动合同解除或终止后，用人单位应当按照劳动者在本单位工作的年限，每满一年支付一个月工资的标准向劳动者支付经济补偿。6个月以上不满一年的，按一年计算；不满6个月的，支付半个月工资的经济补偿。

在掌握解除劳动合同的经济补偿问题时应首先明确在何种情况下劳动者可以享受经济补偿金待遇，在何种情况下用人单位不支付经济补偿金。另外，如果用人单位违反《劳动合同法》规定解除或者终止劳动合同，劳动者要求继续履行劳动合同的，用人单位应当继续履行；劳动者不要求继续履行劳动合同或者劳动合同已经不能继续履行的，用人单位依照经济补偿标准的两倍向劳动者支付赔偿金。由此可见，劳动合同解除的管理实践中，实体性规定、程序性规定和法律后果密不可分。不论是用人单位还是劳动者都要严格按照法律的规定进行劳动合同的解除，降低劳动合同解除过程中的法律风险，减少劳动争议。

在《劳动合同法》中，用人单位解除劳动合同不支付经济补偿金仅限用于过错性解除。对于用人单位来说，应慎重使用除名、开除和辞退；完善企业员工奖惩制度，充分利用协商一致与期满终止的原则；增强解除程序的意识。除此之外的由用人单位提出解除或者不续约的情况下，用人单位均需支付经济补偿金，否则将面临支付两倍经济补偿金的罚款。

另外，用人单位运用过错性条款解除劳动合同的，必须有证据证明劳动者存在该行为。对于人力资源部门来说，这就意味着要做好证据保全措施。证据在实践中主要看两方面：一是用人单位对某一岗位的工作职能及要求有没有作出描述；二是用人单位对员工在试用期内的表现有没有客观的记录和评价。因此，应设计并保存好招聘信息，作好相关的考核资料保全，员工对公司制度的认可，相关惩罚措施的告知书等。

（二）劳动合同的终止

劳动合同的终止是指终止劳动合同的法律效力。劳动合同的终止与劳动合同的解除不同：劳动合同的解除是在合同尚未履行完毕时提前终止合同的效力，而劳动合同的终止是劳动合同期满或当事人约定的劳动合同终止条件出现后，即终止合同的效力。

《劳动合同法》取消了《劳动法》中劳动合同的约定终止，规定劳动合同只能因法定情形出现而终止，并列举了劳动合同法定终止的情形。劳动合同法第四十四条规定，有下列情形之一的，劳动合同终止：(1)劳动合同期满的；(2)劳动者开始依法享受基本养老保险待遇的；(3)劳动者死亡，或者被人民法院宣告死亡或宣告失踪的；(4)用人单位被依法宣告破产的；(5)用人单位被吊销营业执照、责令关闭、撤销或用人单位决定提前解散的；(6)法律、行政法规规定的其他情形。

《劳动合同法实施条例》在此基础上又增加了四种劳动合同可以终止的情形。包括：(1)自用工之日起一个月内，经用人单位书面通知后，劳动者不与用人单位订立书面劳动合同的，用人单位应当书面通知劳动者终止劳动关系；(2)用人单位自用工之日起超过一个月不满一年未与劳动者订立书面劳动合同的，有证据证明是劳动者不与用人单位订立书面劳动合同的，用人单位应当书面通知劳动者终止劳动关系；(3)劳动者达到法定退休年龄的，劳动合同终止；(4)以完成一定工作任务为期限的劳动合同因任务完成而劳动合同终止。

根据《劳动合同法》第四十四条的规定，终止劳动合同，用人单位需要向劳动者支付经济补偿金的情形包括：(1)劳动合同期满，劳动者同意续订劳动合同而用人单位不同意续订劳动合同，由用人单位终止固定期限劳动合同的；(2)因用人单位被依法宣告破产而终止劳动合同的；(3)因用人单位被吊销营业执照、责令关闭、撤销或者用人单位决定提前解散而终止劳动合同的；(4)法律、行政法规规定的其他情形。

终止劳动合同关系应注意处理的问题包括：(1)企业劳动合同期满即行终止，不存在任何附带条件。确定是因生产或工作的需要，可以续签合同，但必须征得双方当事人的同意。否则，所续订的合同是无效的，续订行为本身也是违法的。(2)合同到期后，双方当事人既不办理续订合同手续，也不终止合同，继续保持事实上的劳动关系。这种情况的出现，往往是源于双方当事人或一方当事人的法律意识淡薄。保持事实上的劳动关系，往往会给双方当事人的权益带来损害，因为事实上的劳动关系得不到法律的保护。(3)应完善双方当事人续签劳动合同时的手续。比如，合同期限届满后，用人单位不与劳动者协商，不经劳动者签字，而是由他人代为办理。通过这种方式续签的合同不具有法律效力，对企业会带来后续的用工风险，后患无穷。劳动者一方一旦不承认续订合同的有效性，或采取不辞而别的行为，企业的损失无从追究。①

---

① 王玉姣. 人力资源管理. 283 页. 北京：清华大学出版社，2013.

案例 10-4

小陈就职于某公司，劳动合同将在一个月后期满，公司决定不再与其续签劳动合同。

分析：公司应如何支付小陈的经济补偿金？如果公司提前强行解除与小陈的劳动合同，将会有什么后果？

第三节 集体合同的协商与履行

一、集体合同的概念

集体合同(Collective Contract)也称团体协约、劳动协约、集体协议，是集体协商双方代表根据法律、法规的规定就劳动报酬、工作时间、休息休假、劳动安全卫生、保险福利等事项在平等协商一致基础上签订的书面协约。

集体合同与劳动合同虽然都是建立劳动法律关系的形式，但有明显的区别(参见表10-2)。

表 10-2 集体合同与劳动合同的比较

区 别	集体合同	劳动合同
合同主体	主体一方是工会或职工推举的代表，另一方是用人单位	主体一方是劳动者，另一方是用人单位
签订目的	协调、稳定劳动关系	确立劳动关系
合同内容	规定职工集体劳动条件	规定劳动者个人劳动条件
签订程序	提交职工代表大会或者全体职工讨论通过，由双方首席代表签字	由劳动者与用人单位签订
适用范围	适用于企业和实行企业化管理的事业单位及其全体职工	适用于劳动者个人和用人单位
合同效力	效力高于劳动合同，规定最低限度的集体劳动条件	规定的劳动者个人劳动条件低于集体合同规定的一律无效

二、集体合同的协商和订立

(一)订立原则

集体合同必须采用书面形式订立。订立集体合同必须遵循以下原则：(1)合法原则。集体合同订立的主体、内容、程序必须符合国家法律、法规的规定。(2)平等协商原则。集体合同的订立需建立在双方平等协商的基础上。(3)公平原则。即权利义务对等原则。

(二)订立程序

订立集体合同应严格遵循法定程序。(1)拟定草案，进行集体协商。工会或职工代表同企业或事业组织为签订集体合同进行商谈。集体协商时，双方代表就双方起草的集体合同草案进行协商，形成为双方共同起草的集体合同草案后提交企业或事业组织的职工大会或职工代表大会讨论通过。(2)双方签字。集体协商双方代表就集体合同草案经过协商取得一致意见，并经本单位职工大会或职工代表大会讨论通过后，由双方首席代表在集体合同文本上签字，集体合同即告成立。(3)报送审查。集体合同签订后，应当在7日内由用人单位一方将集体合同一式三份及说明报送劳动行政部门审查。劳动行政部门在收到集体合同书后15日内将《集体合同审查意见书》送达集体合同双方代表。签订集体合同双方在收到劳动行政部门的审查意见书后，对其中无效或部分无效的条款进行修改，并于15日内报送劳动行政部门重新审查。(4)公布。劳动行政部门自收到集体合同文本之日起15日内未提出异议的，集体合同即行生效。经劳动行政部门审查的集体合同，双方应及时以适当的形式向各自代表的全体成员公布。

三、集体合同内容和履行

(一)内容

集体合同应包括以下内容：(1)劳动报酬；(2)工作时间；(3)休息休假；(4)保险福利；(5)劳动安全与卫生；(6)合同期限；(7)变更、解除、终止集体合同的协商程序；(8)双方履行集体合同的权利和义务；(9)履行集体合同发生争议时协商处理的约定；(10)违反集体合同的责任；(11)双方认为应当协商约定的其他内容。

(二)履行

履行集体合同应当遵循实际履行、全面履行和协作履行的原则。集体合同的期限一般为1~3年，在集体合同期限内由于签订集体合同的环境和条件发生变化，致使集体合同难以履行时，任何一方均可提出变更集体合同的要求。签订合同的一方就集体合同的变更提出商谈时，另一方应给予答复，并在7日内双方进行协商。在集体合同规定的期限内，经双方协商一致，也可对集体合同进行修订。对原集体合同进行变更或修订后，应在7日内报送劳动行政部门审查。

经集体合同双方协商一致，可以解除集体合同，但是应在7日内向审查该集体合同的劳动行政部门提交书面说明。

集体合同期限届满、集体合同主体一方不复存在、集体合同主体双方约定的终止条件出现，集体合同即行终止。

四、集体合同的争议与处理

集体合同争议，是劳动争议的一种，是集体合同当事人对合同的内容、履行情况和不履行后果产生的争议。对集体合同内容的争议，是指当事人在集体合同协商时就确定合同的标准条件、义务条款产生的纠纷或对已签订的合同的标准条件、义务条款在理解和解释上产生的分歧。对集体合同履行情况的争议，是指当事人对合同是否已经履行或是否已经按约定的方式履行产生的分歧。对集体合同不履行后果的争议，是指当合同没有履行或没有完全履行时，当事人对应当由哪一方承担责任和承担多少责任产生的分歧。

根据我国《劳动法》的规定，我国集体合同争议可以分为因签订集体合同发生的争议和因履行集体合同发生的争议两类。与此对应，集体合同争议处理的两大内容也就是因签订集体合同发生的争议的处理和因履行集体合同发生的争议的处理。这两种集体合同争议处理的方式，其处理程序、处理机构都有所不同。

在我国，由于集体合同当事人之间没有根本的利害冲突，大多数合同纠纷通过当事人双方协商、政府协调、劳动争议仲裁机构仲裁便可得到解决。少数经协调、仲裁仍不能解决和当事人直接提起诉讼的案件，可由人民法院判决解决。[1]

第一，协商解决集体合同纠纷。协商解决集体合同纠纷是指企业与工会在自愿的基础上，互谅互让，按照法律、法规规定，解决双方纠纷。协商解决集体合同纠纷，简便易行，能够及时解决纠纷，且有利于双方团结，防止矛盾扩大。

协商解决集体合同纠纷的原则是：(1)在国家法律、法规允许的范围内协商解决。协议内容不得违反国家法律、法规，不得损害第三者的利益，即国家利益、社会利益和其他人的利益。对于违约责任的处理，只要集体合同中约定的违约责任条款是合法的，就应追究违约者的责任。(2)在平等的前提下协商解决。集体合同当事人双方的法律地位是平等的，在协商解决集体合同纠纷时，都应以平等的态度对待对方。

第二，协调解决集体合同纠纷。协调解决集体合同纠纷是指在当地人民政府劳动行政部门会同有关部门通过调解，使集体合同当事人双方解决纠纷。一般来讲，由当地人民政府出面协调，有利于企业内部的集体合同纠纷的解决。为此，劳动法规定："因签订集体合同发生争议，当事人协商解决不成的，当地人民政府劳动行政部门可以组织有关各方协调处理。"

当地人民政府劳动行政部门协调解决集体合同纠纷时，应首先通过调查查清事实，分清责任并耐心听取双方意见。通过协调，促使双方自愿的基础上达成协议。集体合同纠纷，经协调达成协议的，应制定书面的协议书，作为解决集体合同纠纷的根据。当事人双方和主持协调的部门应在协议书上签名盖章。

第三，集体合同争议的仲裁。集体合同争议仲裁是指劳动争议仲裁机关对集体合同纠纷的仲裁。它既不同于当地人民政府行政部门协调解决，也不同于法院的审判，它是具有法律效力的行政措施。通过仲裁，对不遵守集体合同的有过错的一方，采取强制措施，追究违约责任，以保护集体合同的全面履行。

第四，集体合同纠纷的审判。集体合同争议的审判是指人民法院审理集体合同争议案件的活动。目前我国集体合同争议案件，一般通过行政手段加以解决。通过司法手段解决行政手段不能解决的那部分集体合同争议案件，有利于集体合同制度的推行和生产、工作秩序的稳定。

第四节　劳动争议的处理

一、劳动争议概述

(一)劳动争议的概念

劳动争议(Labor Disputes)，又称劳动纠纷。是劳动关系当事人之间因劳动的权利与义务发生分歧而引起的争议。劳动争议是基于劳动关系发生的、有关劳动权利和劳动义务方面的冲突。凡不是基于劳动关系而发生的争议，不属于劳动争议，如民事争议、劳务纠纷

① 左祥琦. 用人单位劳动合同法操作实务. 272页. 北京：法律出版社，2009.

等。劳动争议是发生在劳动法律关系当事人即用人单位和职工之间的争议。劳动争议的当事人是特定的，因此用人单位与用人单位之间、劳动者与劳动者之间或用人单位与劳动行政部门之间等发生的争议不是劳动争议。当事人争议的标的必须是属于劳动关系中的权利和义务。不属于劳动关系中的权利义务之争也不是劳动争议，如公司与职工之间因股息分配、集资入股等发生的争议，不属于劳动争议。

当前，劳动争议是现实中较为常见的纠纷，是劳动关系不协调的一种表现。在生产劳动过程中，由于劳动关系主体之间的动机取向和利益要求不同，以及受各种因素的影响，发生劳动争议也就有其客观性。劳动争议一旦形成，影响企业正常的生产秩序，影响社会安定，因此必须及时依法进行处理。

(二)劳动争议的分类

1. 按照劳动争议的内容不同，划分为权利争议和利益争议。劳动权利争议，是指关于运用法律规定和劳动标准性条件方面的矛盾。劳动利益争议，是指要求新的权利方面的争执。

2. 按照依争议的职工方人数多少，划分为单个劳动争议与集体劳动争议。个人劳动争议是劳动者个人与用人单位发生的劳动争议；集体劳动争议是指劳动者一方当事人在 3 人以上，有共同理由的劳动争议。

3. 按照争议的当事人不同，划分为个别劳动争议和团体劳动争议。个别劳动争议，是指一个(或一对)劳动关系发生的争议。团体劳动争议，是指一类劳动关系的双方团体之间发生的争议。

4. 按照当事人的国籍不同，划分为国内劳动争议与涉外劳动争议。国内劳动争议，是指本国的用人单位与本国的职工方发生的争议。涉外劳动争议，是指当事人一方(用工方或者职工)为具有外国国籍的单位或者公民的争议。

(三)劳动争议受理的范围

根据《劳动争议调解仲裁》第二条的规定，劳动争议的范围包括：(1)因确认劳动关系发生的争议；(2)因订立、履行、变更、解除和终止劳动合同发生的争议；(3)因除名、辞退、辞职、离职发生的争议；(4)因工作时间、休息休假、社会保险、福利、培训、劳动保护发生的争议；(5)因劳动报酬、工伤医疗费、经济补偿或者赔偿金等发生的争议；(6)法律、法规规定的其他争议。

《最高人民法院关于审理劳动争议案件适用法律若干问题的解释(二)》第七条明确了不属于劳动争议案件受理范围的案件包括：(1)劳动者请求社会保险经办机构发放社会保险金的纠纷；(2)劳动者与用人单位因住房制度改革产生的公有住房转让纠纷；(3)劳动者对劳动能力鉴定委员会的伤残等级鉴定结论或者对职业病诊断鉴定委员会的职业病诊断鉴定结论的异议纠纷；(4)家庭或者个人与家政服务人员之间的纠纷；(5)个体工匠与帮工、学徒之间的纠纷；(6)农村承包经营户与受雇人之间的纠纷。

(四)劳动争议处理的原则

1. 着重调解，及时处理原则。此处的调解指广义的调解。根据这一原则的要求，在劳动争议处理的各个环节中都应在查清事实、分清责任的基础上着重调解，并在法律规定的期限内及时处理。

2. 依法处理原则。依法处理即要求在处理劳动争议时应在查清事实的基础上严格依照法律、法规、规定处理。此处的“法”应作广义上的理解，既包括劳动法律、法规，劳动合同与集体合同，也包括企业依法制定的规章制度。

3. 公正处理原则。劳动争议在处理时应保证对争议各方当事人适用法律一律平等。

4. 三方处理原则。劳动争议在处理时应由劳动行政机关、用人单位方、工会组织共同协调，处理争议。

二、劳动争议的处理机构

我国处理劳动争议的机构有：劳动争议调解委员会、劳动争议仲裁委员会、人民法院。

（一）劳动争议调解委员会

劳动争议调解委员会是群众性的自治组织，负责调解本企业发生的劳动争议。劳动争议调解委员会的组成。调解委员会由下列人员组成：职工代表、企业代表和企业工会代表。职工代表由职工推举产生，企业代表、工会代表由指定产生，企业代表不得超过代表总数的1/3。无工会的企业，调解委员会的设立由职工和企业双方商定。调解委员会设主任，由工会代表担任，其办事机构设于企业工会委员会。劳动争议调解委员会的职责主要是负责调解本企业发生的劳动争议。

（二）劳动争议仲裁委员会

劳动争议仲裁委员会是国家授权、依法独立处理劳动争议案件的专门机构。地方各级劳动争议仲裁委员会负责处理本地区的劳动争议，省、自治区、直辖市是否设立劳动争议仲裁委员会，由其自行确定并规定仲裁管辖范围。

劳动争议仲裁委员会由下列人员组成：劳动行政部门的代表、同级工会的代表和企业的代表；委员会代表的总数应为单数，上列三方代表人数相等；仲裁委员会主任由同级劳动行政机关的负责人担任，仲裁委员会的办事机构是劳动行政机关的劳动争议处理机构。劳动争议仲裁委员会的职责主要是负责处理管辖范围内的劳动争议。

三、劳动争议的处理程序

（一）概述

我国劳动争议处理适用下列形式：和解、调解、仲裁、诉讼。

1. 劳动争议的和解

劳动争议的和解是指争议当事人之间自行约定，通过协商，在法律允许的范围内相互让步或一方让步，从而求得矛盾解决的方法。和解不是劳动争议处理的必经程序，当事人仍有权申请仲裁或起诉。

2. 劳动争议的调解

劳动争议的调解是由第三者居间调和，通过疏导、说服，促使当事人互谅互让，从而解决纠纷的方法。

由于调解原则贯穿劳动争议处理的始终，因此有诉讼和仲裁中的调解与诉讼和仲裁外的调解，应加以区分。诉讼和仲裁中的调解是指审理和仲裁程序已经开始，在判决或裁决作出之前，在司法、仲裁机关及其工作人员的主持下所进行的调解，它是依法解决纠纷的一种活动。调解达成的结果，具有强制效力。

诉讼和仲裁外的调解包括调解委员会的调解以及进入仲裁、诉讼程序经过说服疏导后，当事人自行达成的和解。它具有以下特征：①它不行使任何权力，而是依靠调解人的威望和说服教育的方法解决争议；②调解活动完全遵循自愿原则；③调解活动不受固定程序约束；④不一定产生调解结果，形成调解结果的也不具有强制执行效力；⑤如已立案，经此种调解结案的，当事人应当撤诉(参见表 10-3)。

表 10-3　诉讼和仲裁中调解与诉讼和仲裁外调解的比较

		诉讼和仲裁中调解	诉讼和仲裁外调解
相同点		①都是解决争议的一种手段；②都有第三者参与；③都依法(或政策)进行；④都着重说服教育	
不同点	主持者不同	主持者为人民法院或仲裁委员会及其工作人员	主持者为社会组织(包括调解委员会)或公民
	性质不同	诉讼活动	非诉讼活动
	程序约束不同	严格程序	不拘程序和形式
	结果的表现形式和效力不同	调解书有强制效力	调解书无强制效力

3. 劳动争议的仲裁

劳动争议的仲裁也称公断，是指劳动争议仲裁委员会根据当事人的申请，依法对劳动争议在事实上作出判断、在权利义务上作出裁决的一种法律制度。需要注意的是，劳动争议仲裁是劳动争议处理的必经程序，是提起劳动争议诉讼的必经程序。

4. 劳动争议的诉讼

劳动争议诉讼是当事人不服仲裁裁决而向人民法院提起诉讼，人民法院依法对劳动争议案件进行审理的活动。诉讼是劳动争议处理的最终程序。

(二) 我国处理劳动争议的程序

我国劳动争议的处理程序为：劳动争议调解委员会的调解程序，劳动争议仲裁委员会的仲裁程序，人民法院的审判程序。

(1) 调解程序，即指劳动争议调解委员会对劳动争议案件进行调解应遵循的程序。调解应遵循自愿原则、协商原则。劳动争议当事人可以口头或书面申请调解，调解委员会接到申请后，应征询对方当事人的意见，双方同意调解后，调解委员会主持进行调解。经调解达成协议的，制作调解书，当事人对调解书应当自觉履行。调解不成的，当事人可在规定期限内申请仲裁。具体程序如图 10-1 所示。

调解不是劳动争议处理的必经程序，当事人不愿调解或调解不成，有权向劳动争议仲裁委员会申请仲裁。具体程序如图 10-2 所示。

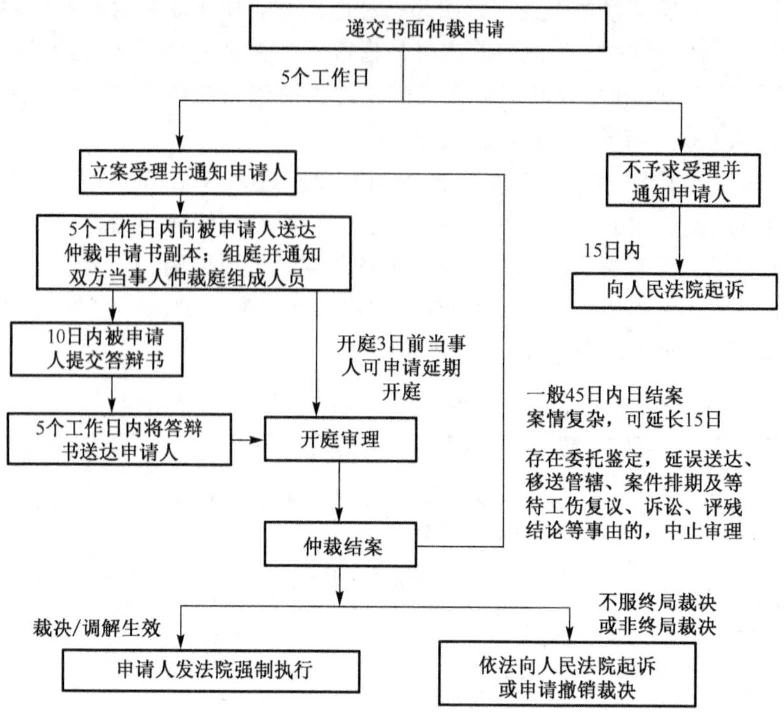

图 10-1　劳动争议调解程序①

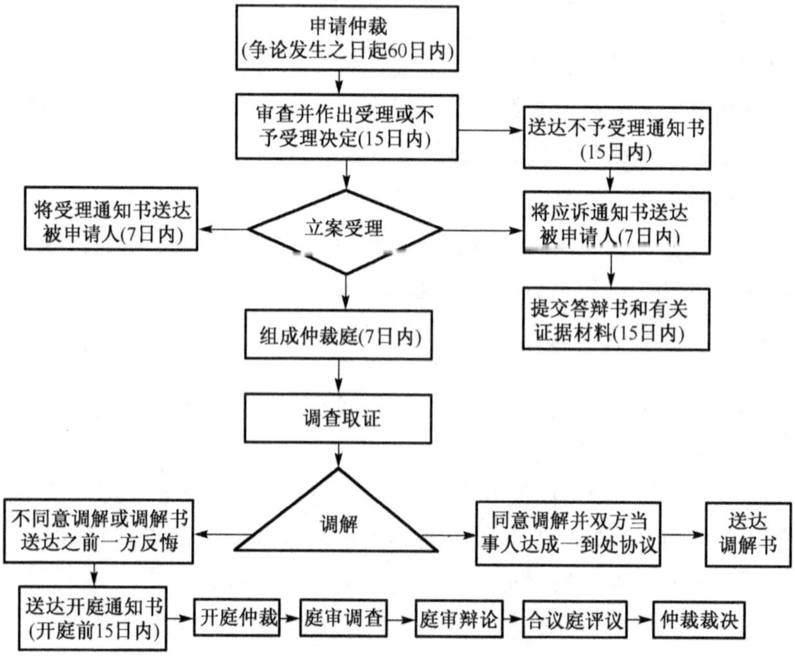

图 10-2　劳动争议仲裁程序

① 王少东. 企业人力资源管理. 北京:清华大学出版社,2012. 1

调解协议书由双方当事人签名或者盖章，经调解员签名并加盖调解组织印章后生效，对双方当事人具有约束力，当事人应当履行。调解协议书具有劳动合同性质，是劳动争议仲裁、诉讼的重要证据，必要时可作为仲裁机构和人民法院彩裁判的根据。就支付拖欠劳动报酬、工伤医疗费、经济补偿或者赔偿金事项达成的调解协议书用人单位逾期不履行的，劳动者可以持调解协议书依法向人民法院申请支付令。但是需要指出的是，调解协议书不具有强制执行的效力，一方当事人不履行的，另一方当事人不能向人民法院申请强制执行。这是它区别于仲裁机构和人民法院作出的调解书的不同之处，仲裁机构和人民法院作出的调解协议书具有强制执行效力。①

(2)仲裁程序。仲裁是劳动争议处理的必经程序，是提起劳动争议诉讼的必经程序。劳动争议仲裁委员会仲裁争议案件实行一案一庭及合议制，包括案件受理、案件审理和结案三个具体程序。案件开庭审理，经调解达成协议的，应制作仲裁调解书；未达成调解协议或反悔的，进入仲裁程序。仲裁裁决作出后，应当制作仲裁裁决书。

仲裁裁决书送达15日内当事人不起诉的，即发生法律效力；仲裁调解书一经送达即发生法律效力。生效的上列文书等同人民法院的判决。责任人逾期不履行生效的法律文书的，另一方当事人可向人民法院申请强制执行。

仲裁中的特别处理程序：依规定，劳动争议当事人职工一方在30人以上，基于同一事实经过，具有共同申诉理由的为集体劳动争议。对集体劳动争议的处理应当由县级以上的仲裁委员会指定3名以上(应为单数)仲裁员组成特别仲裁庭，必要时也可报送市级仲裁委员会处理。特别程序包括以下内容：仲裁委员会自收到申诉书之日起应于3日内作出是否受理的决定。决定不予受理的，应当说明理由；决定受理的应即组成特别仲裁庭，并采用书面通知或布告形式通知当事人。

仲裁庭处理劳动争议应先行调解，调解成立的，制作调解书；未达成协议的，应及时裁决。仲裁庭处理集体争议应依规定期限结案。结案后应及时向当地人民政府汇报。特别处理程序中还包括对签订集体合同发生的争议与履行集体合同发生的争议的处理程序。依我国劳动法规定，因签订集体合同发生的争议，采取双方协商和行政协调方式解决；因履行集体合同发生的争议，可采取双方协商、仲裁、诉讼方式解决。

需要强调的是证据是劳动争议仲裁、诉讼的基础。因此，用人单位应当提高证据意识，增强对证据的敏感度，注意在日常工作的各环节寻找、发现和收集证据。了解并掌握证据运用的方法和技巧，为日后在面对劳动争议仲裁和诉讼时，能够有证可查，顺利取得纠纷的胜利奠定基础。②

(3)诉讼程序。劳动争议诉讼程序是人民法院依法对劳动争议案件进行审理和判决的司法活动。人民法院处理劳动争议案件和处理一般民事纠纷一样，适用《民事诉讼法》的规定。其主要程序有包括一审程序、二审程序、审判监督程序和执行等一系列诉讼程序。需要强调的是仲裁程序是劳动争议案件的前置程序，未经仲裁，案件不能进入诉讼程序。当事人对仲裁裁决不服的，应自收到裁决书之日起15日内，向人民法院起诉。

---

① 刘茂林. 劳动合同关系管理操作指引. 228页. 北京：法律出版社，2009.

② 刘茂林. 劳动合同关系管理操作指引. 231页. 北京：法律出版社，2009.

（三）处理劳动争议的相关制度

1. 劳动争议处理的回避制度

劳动争议处理中的回避，是指负责处理争议的人员由于与案件或案件当事人有某种特殊关系而不得参与该案件的处理。

2. 劳动争议处理的时效制度

时效，是为保证处理劳动争议活动的正常进行而规定的时间范围。违反时效规定的行为将产生一定的法律后果。

第一，当事人应当遵守的时效包括：（1）当事人应当自劳动争议发生之日起 60 日内向劳动争议仲裁委员会申请仲裁，劳动争议发生之日从当事人知道或应当知道其权利被侵害之日起计算。当事人从知道或应当知道其权利被侵害之日起 30 日内向劳动争议调解委员会申请调解。（2）被诉人应于收到申诉副本之日起 15 日内提交答辩书和有关证据。（3）当事人不服仲裁裁决的，应于收到裁决书之日起 15 日内向人民法院起诉。（4）时效中止，指已经进行的时效期间，因发生法定事由而使时效暂停进行，待中止时效的事由消除，时效继续进行。前后经过的时效期间合并计算，直至时效完成。

第二，调解委员会应当遵守的时效包括：（1）接到调解申请后应即征询对方当事人的意见，如对方当事人不愿调解的，应于3 日内以书面形式通知申诉人，于4 日内作出是否受理的决定。（2）调解委员会调解争议应于受理之日起 30 日内结束，否则视为调解不成。

第三，仲裁委员会应当遵守的时效包括：（1）自收到申诉书之日起7 日内作出是否受理的决定；自决定之日起7 日内将申诉书副本送达被诉人；（2）仲裁机关审理争议案件，应于60 日内作出裁决；案情复杂需延期的，应经仲裁委员会批准，延长不得超过 30 日。（3）当事人申请撤诉的，仲裁庭应于7 日内作出裁决。（4）当庭裁决的，应于 7 日内发送裁决书；定期另庭裁决的，当庭发给裁决书。

3. 劳动争议处理的送达制度

送达是指司法和执法机关按照法定程序和方式，将法律文书和诉讼文书交付案件当事人的行为。送达方式主要包括：直接送达、留置送达、委托送达、邮寄送达、公告送达等五种。

（四）企业劳动争议的应对方案

劳动争议发生后，企业应该分析劳动者的仲裁请求是否合理合法。对于劳动者在劳动争议仲裁申请书中所陈述的事实和依据要进行认真的调查核实。在对事实进行调查的过程中，收集并整理相关证据。对案件的审理结果进行预测，从而制定出具体的处理方案。在劳动争议的处理过程中，要尽量避免给企业造成不良影响，首先选择协商解决的方式，不要激化矛盾，避免事态扩大。

四、劳动争议的预防

导致企业劳动争议产生的原因是多方面的，但大部分劳动争议的形成都与下列企业人力资源管理部门普遍存在的问题有关：（1）人力资源管理人员对劳动法律知识了解不够。（2）人力资源管理人员不能正确理解和应用国家或地方性劳动政策法规。（3）人力资源管理人员缺乏依法调整劳动关系的知识和技能，导致企业内的劳动争议数量增多。①

为避免劳动争议的产生，人力资源管理部门应做好日常劳动关系管理各环节的工作，做到依法管理。首先，劳动法律法规是调整劳动关系的主要手段。人力资源管理人员应在熟悉劳动法律法规的基础上做到准确适用。目前普遍存在的问题是，当法律法规之间出现冲突时或出现地方之间的差异时，许多企业的人事经理就不知该如何适用了。地方性法规或规章，主要用以调整本地区的劳动关系。作为人力资源管理人员既要熟悉并掌握国家的劳动法律，同时也要了解地方劳动政策法规，特别是企业所在地区的具体规定或规范，尤其要注意和了解各地法规之间的差异。保障不同地区的公司在人力资源管理上，均能遵守当地的劳动政策法规，使得人力资源的管理实现依法进行。

其次，企业内部规章制度是调整劳动关系的重要手段。需要提醒人力资源管理者的是，一定要注意企业内部规章制度的合法性和合理性。企业为了保障在生产经营的过程中有良好的工作秩序或劳动秩序，往往会制定各种规章制度和劳动纪律，要求员工遵守。但是企业即使适用这些规章制度和劳动纪律处罚违纪员工，也应做到合法合情合理，慎重处罚。

我国《劳动法》规定，用人单位应当依法建立和完善规章制度，保障劳动者享有劳动权利和履行劳动义务。用人单位应在此规定下细化一些细节问题。比如制定内部规章制度时应遵循的原则、规章制度具体包括的内容、内部规章制度的制定程序等。保证规章制度无论从实体要件还是从程序要件都能合乎法律要求。同时，企业还应及时依法更新相关制度，确保规章制度与国家法律法规的一致性。最高人民法院在《关于审理劳动争议案件适用法律若干问题的解释》中提出，用人单位通过民主程序制定的规章制度，不违反国家法律、行政法规及政策规定，并已向劳动者公示的，可以作为人民法院审理劳动争议案件的依据。由此可见，从制定程序方面，用人单位应注意执行内部规章制度的公示程序，即应通过民主程序，如职工代表大会向劳动者进行公示。同时，在企业内部培训中也应将规章制度的学习作为培训内容的一部分，并在完成培训后要求员工签字确认。只有经过这些程序制定出的内部规章制度，才可能是合法、合理的。否则会存在规章制度效力上的瑕疵。在发生劳动争议时这些规章制度也才能作为人民法院审理劳动争议案件的法律依据。

有了合法的内部规章制度后，当员工违反企业的规章制度时，企业通常采用给予该员工相应处罚的方式来维护制度的尊严。一般来说，企业对违纪员工的处罚有警告、经济处罚、解除劳动合同等。而这些处罚由于触动了员工的个人利益，如果处理不好的话，就极易引发劳动争议。因此，建议企业对违纪员工的处罚应建立在既合法又合理的基础之上，同时把握适当性原则，不能影响劳动者基本生活保障，更不能以牺牲劳动者基本生活保障为代价。

一些企业对违纪违规员工采取口头提醒、书面提醒、警告直至解除劳动合同这样循序渐进的处理办法，也起到了预防和减少劳动争议的作用。简单的经济处罚不仅会对员工心理造成较大冲击和抵触情绪，而且容易导致矛盾激化，引发劳动争议。因此，企业在处理

① 左祥琦. 劳动争议预防措施. 管理@人. 2008.(07).

违纪员工时应注意选择处理的方式。慎用、少用或者不用经济处罚。操作中可以通过其他的管理手段替代经济处罚，如企业可以将对员工的经济处罚通过考核的方式实现。这样操作的好处有两个：一是可以谨慎地通过使用经济处罚以外相对缓和的处罚手段，防止劳动关系发生破裂性的矛盾。二是通过考核评价体系，使劳动者因其违纪违规行为和收入直接挂钩，达到比处罚更好的正面和积极的效果。由于劳动力市场的残酷竞争，劳动者即使没有立即得到经济处罚，但是将这些违反规章制度或劳动纪律的行为，从考核的角度作为其是否晋升或续签劳动合同的依据，比起经济处罚的效果更具威慑力。

一般来说，员工的薪酬构成包括固定工资和奖金两部分，企业也可以把对员工的行为规范要求列入奖金发放的考评体系中，从而对违规违纪行为进行制约。用这种浮动奖金的方法来规范员工的行为，从企业的角度来说，成本没有丝毫的增加，没有损失。用这种方式来操作，同样可以达到对员工的约束作用，但却可以减少很多矛盾和争议。

除此之外，应构建有效的劳动争议内部防范和处理机制，建立现代企业风险控制体系。该体系建立的原则是以事前预防为主，以事中控制及事后补救为辅。同时，建立有效的劳动争议内部应对机制，建立健全企业劳动争议调解委员会。通过推行企业内部的调解制度，尽最大可能地将劳动争议的苗头扼杀在企业内部。企业劳动争议调解委员会的调解工作，往往可以使劳动争议不出企业就及时妥善地得到化解，把劳动争议消灭在萌芽状态。这样一方面可以及时防范、化解因企业劳动争议可能导致的劳动关系、劳资矛盾等问题的激化或群体性事件，保障生产经营活动的正常顺利开展，另一方面，在仲裁诉讼程序中可以最大限度地维护企业的利益。

应用与训练

1. 章某于2013年3月与宏达公司签订了为期一年的固定期限的劳动合同，2014年3月28日合同到期，现在宏达公司不打算与之续订劳动合同。任务：帮助公司为章某办理终止劳动合同的手续并出具相关的文书。

2. 小丽于2010年6月15日入职成都某公司，月薪人民币3000元。劳动合同每年一签，2011年6月15日，公司与小丽又签订了一份一年期的劳动合同，合同期限自2011年6月15日到2012年6月14日。2012年6月14日，劳动合同期限再次届满，公司决定不再与其续订劳动合同，终止了与小丽的劳动合同。任务1：2012年6月14日双方劳动合同终止，判断公司是否需要向小丽支付经济补偿金，如何支付？任务2：如果2012年4月20日公司以小丽不能胜任工作，经培训后仍不能胜任工作为由解除了与小丽的劳动合同，公司该如何支付经济补偿金？

3. 鑫源公司的助理工程师小张通过考试取得了工程师的资格，其与公司的劳动合同的相关内容需要变更。任务1：综合考虑劳动合同变更的事项，给小张发一份劳动合同变更通知书。任务2：假设小张完全同意公司提出的条件，再为小张拟定一份变更劳动合同的协议书。

思考与练习

1. 什么是劳动关系？劳动关系有哪些类型？
2. 在劳动关系中劳动者有哪些基本权利？

3. 劳动合同订立时应注意哪些问题？

4. 比较劳动合同与集体合同的异同。

5. 劳动合同根据哪些情形可以解除？用人单位在哪些情况下需要支付经济补偿金？如何计算经济补偿金？

6. 劳动合同根据哪些情形可以终止？哪些情况下用人单位需要支付经济补偿金？

7. 处理劳动争议的方法和途径有哪些？

8. 企业如何预防劳动争议的产生？

拓展阅读

“用生命在上班”

近日，OM中国北京分公司一名员工在办公室突发心脏病，后经抢救无效身亡。24岁的生命戛然而止，生前发布的微博——“世上最容易做的一件事就是失去联系”——一语成谶，令人哀痛惋惜。数日后，另一家知名网络公司旗下游戏网站的一名年轻员工，也因为病毒性心肌炎不幸去世。年轻白领接连死亡，再度为忙碌的上班族敲响了“过劳死”的警钟，也让现行的劳动保障制度又一次面对拷问。

“过劳死”已成为现代社会工伤的一种新形式，上班族们都在为自己的状态感到深深的焦虑和恐慌。有网友在凌晨1时30分发微博称：“终于下班了，OM公司员工11点下班就猝死了，那我们公司估计没几天就死一个吧！”而“繁草琉璃”则在凌晨4时诉苦：“加班到现在才到家，泡脚的时候居然听到鸡鸣声了！公司设计部和策划部哪个人没加班到晚上十二点后过？悲催的加班成常态，老板都不反思下吗？一把辛酸泪啊。”晚上7时40分，上海某会计师事务所审计员刘某还在办公室里加班，而这已是她“不算太忙”的时候。“现在正做一些专项审计，还有一些公司上市之前的审计，对时间要求没有那么严格，还是比较轻松的，每天差不多九点就能走了！”审计员最忙的时候是年前年后。“国家要求次年4月份之前出审计报告，但各个银行有不同的要求，大多数二月份三月份就要。银行业务量又大，只能拼命赶进度。”太仓、佛山、宁乡……在数月之前，她和同事们像赶场一样，从一个城市奔赴下一个城市，加班加点完成审计工作。

“过劳”已经成为我国白领的工作常态，而我国目前的法律法规中并无“过劳死”这一概念，更谈不上对其如何认定。中国人民大学劳动人事学院博士董尚雯坦言，认定“过劳死”的确十分复杂。“因为并没有一种直接的病叫做‘过劳死’，这是一个长期积累的过程，而且都以其他形式表现出来。如何证明这种积累的过程是由工作而非自身因素引起，存在很大争议。”

2012年一份统计数据显示，我国每年“过劳死”人数已达60万，超越日本成为“过劳死”大国。基于我国“过劳死”既不算工伤，又不算职业病，不断有业界人士提议，应将“过劳死”作为“视同工伤”的一种情况，纳入劳动保障范畴。

北京市人大代表、北京当代律师事务所律师卫爱民指出，之前，工伤都是指员工肢体受到伤害或者伤残，属于普通常识就可以判断的对员工身体的伤害，主要是由于体力劳动或者生产环境恶劣引起的。但随着社会的发展，劳动者尤其是那些坐在办公室的所谓白领，承受着巨大的工作压力。这种压力体现在他们的脑力劳动上，在精神上造成了看不见的对身体健康的损害。这种伤害也是巨大的，但往往不好判断。“过劳死”是现代社会工伤的一种新形式，应该予以重视。在《工伤保险条例》修改期间，北京义联劳动法援助与研究中心主任黄乐平呼吁过修改“视同工伤”规定，将“过劳死”纳入到“视同工伤”中，但没有得到采纳。资深劳动法专家董保华认为，被称为“双工+48小时死亡”的认定标准本身就存在着严重缺陷。

目前我国劳动者“过劳死”往往面临维权难度较大的现实问题。其中主要原因是“过劳死”仅为一个俗称，此说法既没有医学上的明确定义，也没有法律上的清晰界定。“过劳死”目前在我国仍属于法律盲区：一者，劳动保障范畴内尚不存在“过劳死”的概念，“过劳死者”无法获得相应赔偿；二者，对“过劳未死”的加班一族来说，法律更是“爱莫能助”。

资料来源：北京晚报，2013.05.17.

参考文献

[1] 董福荣. 劳动关系管理. 东北财经大学出版社，2009.

[2] 冯光明等. 人力资源开发与管理. 机械工业出版社，2013.

[3] 吴巍. 企业劳动关系管理. 东北财经大学出版社，2012.

[4] 左祥琦. 劳动争议预防措施. 管理@人，2008 年 07 期.

[5] 王玉姣. 人力资源管理. 清华大学出版社，2013.

[6] 程延园. 劳动法与劳动争议处理. 中国人民大学出版社，2012.

[7] 刘茂林. 劳动合同关系管理操作指引. 法律出版社，2009.

[8] 左祥琦. 用人单位劳动合同法操作实务. 法律出版社，2009.

[9] 王少东等. 企业人力资源管理. 清华大学出版社，2013.

参考文献

[1] Miller D. The genesis of configuration[J]. Academy of Management Review, 1987, 12: 686-701.

[2] Wrigh P M & McMahan G C. Theoretical perspective for strategic HRM[J]. Journal of Management, 1992(18): 295-320.

[3] Schuler R S. Strategic human resource management: linking the people with the strategic needs of the business. Organizational Dynamics, Summer, 1992: 18-31.

[4] (美)亨德里克斯著. 胡雅梅,张学渊,曹利群译,组织的经济学与管理学:协调、激励与策略[M]. 北京:中国人民大学出版社,2007.

[5] (美)巴里·西维尔斯泰恩著. 尚涤非,杨延伟译. 激励员工[M]. 长春:吉林出版社,2007.

[6] (美)加里·德斯勒(Dessler, G.)著. 人力资源管理[M]. 北京:清华大学出版社,2005.

[7] 赫尔曼·阿吉斯. 绩效管理(第三版). 北京:中国人民大学出版社,2013.

[8] 约瑟夫·J·马尔托奇奥. 战略薪酬管理. 中国人民大学出版社,2010.

[9] 陈维政,余凯成,程文文主编. 人力资源管理与开发高级教程[M]. 北京:高等教育出版社,2004.

[10] 罗碧华,李昱,谭谊. 人力资源管理理论与实务[M]. 长沙:湖南大学出版社,2008.

[11] 文跃然. 人力资源战略与规划[M]. 上海:复旦大学出版社,2007.

[12] 朱勇国. 工作分析. 高等教育出版社,2007. 8

[13] 萧鸣政. 工作分析的方法与技术. 中国人民大学出版社,2006

[14] 苏志霞. 工作分析. 浙江大学出版社,2011

[15] 李琦. 人力资源管理. 北京:北京大学出版社,2007. 8

[16] 吴志明. 招聘与选拔实务手册(第 2 版). 北京:机械工业出版社,2010. 7

[17] 陈筱芳. 人力资源管理——网络化互动教学系统配套教材. 北京:清华大学出版社,2008. 2

[18] 陈维政,程文文. 人力资源管理. 北京:高等教育出版社,2011. 3

[19] 陈洪权. 人力资源管理. 北京:清华大学出版社,2013. 2

[20] 方振邦. 绩效管理. 中国人民大学出版社,2003.

[21] 刘美凤,方圆媛. 绩效改进. 北京大学出版社,2011.

[22] 王吉鹏. 高管激励[M]. 中国劳动社会保障出版社,2008. 6.

[23] 刘昕. 薪酬管理 (第三版). 中国人民大学出版社,2011.

[24] 郑功成. 社会保障学. 中国劳动社会保障出版社,2008.

[25] 邹华,修桂华. 人力资源管理原理与实务. 中国农业大学出版社,2008.

[26] 颜爱民,方勤敏. 人力资源管理. 中国林业出版社,2007.
[27] 李蔚田,傅航. 人力资源管理. 中国林业出版社,2008.
[28] 胡昌全. 薪酬福利管理. 中国发展出版社,2006.
[29] 董福荣. 劳动关系管理. 东北财经大学出版社,2009.
[30] 冯光明. 人力资源开发与管理. 机械工业出版社,2013.
[31] 吴巍. 企业劳动关系管理. 东北财经大学出版社,2012.
[32] 左祥琦. 劳动争议预防措施,《管理@人》,2008.07.
[33] 王玉姣. 人力资源管理. 清华大学出版社,2013.
[34] 程延园. 劳动法与劳动争议处理. 中国人民大学出版社,2012.
[35] 刘茂林. 劳动合同关系管理操作指引. 法律出版社,2009.
[36] 左祥琦. 用人单位劳动合同法操作实务. 法律出版社,2009.
[37] 王少东. 企业人力资源管理. 清华大学出版社,2013.
[38] 阎剑平. 团队管理. 中国纺织出版社,2005.
[39] 孙健敏. 团队管理. 企业管理出版社,2004.
[40] 董克用,叶向峰. 人力资源管理概论. 中国人民大学出版社,2004.
[41] 彭剑锋. 人力资源管理概论. 复旦大学出版社,2003.
[42] 于桂兰,魏海燕. 人力资源管理. 清华大学出版社,2004.
[43] 张薇. 人力资源管理. 大连:大连理工大学出版社,2011.
[44] 李燕萍,李锡元. 人力资源管理. 武汉大学出版社,2012.
[45] 张江燕,樊晓熙,陈立华. 正略钧策看人力资源管理. 人民邮电出版社,2007.
[46] 苗宏慧,于桂兰. 人力资源管理(第 2 版). 清华大学出版社、北京交通大学出版社,2013.
[47] 鲍立刚,覃学强. 人力资源管理基本应用技术. 东北财经大学出版社,2010.
[48] 李浇,支海宇. 人力资源管理实训教程. 东北财经大学出版社,2009.